# 公安机关适用新行政诉讼法
# 实务与典型案例评析

主　编　陈天本
副主编　戴　锐　史全增
撰稿人　（以撰写章节先后为序）
　　　　陈天本　周　磊　戴　锐
　　　　周华兰　范安田　陈春会
　　　　史全增　高滢骐

中国人民公安大学出版社
·北京·

图书在版编目（CIP）数据

公安机关适用新行政诉讼法实务与典型案例评析/陈天本主编．—北京：中国人民公安大学出版社，2015.9
ISBN 978 - 7 - 5653 - 2369 - 0

Ⅰ.①公… Ⅱ.①陈… Ⅲ.①行政诉讼法—法律适用—中国②行政诉讼法—案例—中国 Ⅳ.①D925.305

中国版本图书馆 CIP 数据核字（2015）第 217503 号

**公安机关适用新行政诉讼法实务与典型案例评析**

主　编　陈天本

出版发行：中国人民公安大学出版社
地　　址：北京市西城区木樨地南里
邮政编码：100038
经　　销：新华书店
印　　刷：北京泰锐印刷有限责任公司

版　　次：2015 年 9 月第 1 版
印　　次：2015 年 9 月第 1 次
印　　张：13. 375
开　　本：880 毫米 ×1230 毫米　1/32
字　　数：336 千字

书　　号：ISBN 978 - 7 - 5653 - 2369 - 0
定　　价：42. 00 元

网　　址：www. cppsup. com. cn　www. porclub. com. cn
电子邮箱：zbs@ cppsup. com　　zbs@ cppsu. edu. cn

营销中心电话：010 - 83903254
读者服务部电话（门市）：010 - 83903257
警官读者俱乐部电话（网购、邮购）：010 - 83903253
法律图书分社电话：010 - 83905745

# 编者的话

《中华人民共和国行政诉讼法》（以下简称《行政诉讼法》）于1989年4月4日经第七届全国人民代表大会第二次会议通过。它确定了我国行政诉讼的一系列基本制度，在我国民主法制建设进程中具有划时代的里程碑意义。但是，这部法律的实施效果并不理想，实践中普遍存在"三难问题"——"立案难"、"审理难"、"审判难"。在总结《行政诉讼法》施行25年来的经验和教训基础上，通过广泛征求意见，反复修改，2014年11月1日，第十二届全国人民代表大会常务委员会第十一次会议审议通过了《关于修改〈中华人民共和国行政诉讼法〉的决定》，修订后的《行政诉讼法》自2015年1月1日起施行。人们对新《行政诉讼法》充满了期待。

本次修改，是对这部《行政诉讼法》颁布实施二十多年来的首次修改，完善了我国的行政诉讼制度，强化了对行政权力的监督制约，对监督行政机关依法行使职权，积极推动解决行政争议，保护公民、法人和其他组织的合法权益，保证人民法院及时审理行政案件，都具有十分重要的意义。修改的内容可以概括为七个方面：

一是扩大行政诉讼受案范围，体现为：摒弃"具体行政行为"的概念，将规章以下的规范性文件纳入到行政诉讼的受案范围；明确规定法律、法规、规章授权的组织作出的行政行为属于行政诉讼的受案范围；增加肯定列举属于行政诉讼受案范围的行政行为的种类；行政机关侵犯人身权、财产权以外的行政行为也可以纳入行政诉讼的受案范围。二是保障诉权、具体解决立案难问题，体现为：放宽行政诉讼原告资格；扩大行政诉讼受案范围；延长起诉期限；实行立案登记制度。三是完善诉讼参加人制度，被诉行政机关负责人应当出庭参加诉讼，体现为：进一步明确原告资格、进一步明确被告资格、增加规定诉讼代表人制度、细化第三人制度、被诉行政机关负责人应当出庭参加诉讼。四是完善管辖制度、解决审理难，体现为：增加中级人民法院一审管辖的权限、增加规定高级人民法院可以确定若干基层人民法院跨行政区域管辖第一审行政案件。五是完善了证据制度，促进公正审判，体现为：增加了电子数据证据种类、进一步完善被告举证制度和逾期举证后果、明确了原告的举证责任、明确了原告或者第三人申请人民法院调取证据的条件、明确证据的适用规则。六是完善了诉讼程序，推动了程序的科学化，体现为：增加规定简易程序、规定有限适用调解原则、完善对妨碍诉讼程序行为的处理、明确了民事争议与行政争议交叉处理机制、完善判决的种类。七是完善了制裁机制，解决行政判决执行难问题。

本书的编写目的是为公安机关适用新《行政诉讼法》提供指南，内容上贴近公安工作实践。新《行政诉讼法》的施行，必然要对公安行政执法和公安行政应诉工作提出一些新的和更高的要求。全书分上下编。上编分两章：第一章介绍了本次修法背景；第二章重点阐述了行政诉讼法修改对公安工作的影响，认为需要更加重视执法规范化建设，应用法治思维提升公安行政执法水平，并积极做好行政应诉工作。下编按照《行政诉讼法》的章节顺序进行编排。每章内容都包括三个部分，第一部分概括本章主要内容，第二部分对法条进行逐条解释，第三部分挑选典型公安行政诉讼案例，用本章涉及的主要行政诉讼制度及其法律规定对其进行评析。

在编写本书的过程中，我们借鉴、吸收了有关专家、学者的最新研究成果，得到了中国人民公安大学、中国人民公安大学出版社、北京警察学院、北京市公安局、吉林警察学院、合肥市公安局等单位有关领导和同人的帮助，在此致谢！特别要感谢中国人民公安大学出版社法律分社的杨玉生的大力支持！

本书编写组主要由中国人民公安大学的教师组成，同时邀请了北京警察学院、北京市公安局、吉林警察学院、合肥市公安局的有关教师和实务专家参加，兹将作者情况及撰写分工记载如下：

陈天本（上编：第一章；下编：第七章），中国人民公安大学治安学院副教授、硕士研究生导师、法学博士；周磊（上编：第二章），北京市公安局公交总队助理工程师；戴锐（下编：第一章、第二章），中国人民公安大学治安学院副教授、法学博士；周华兰（下编：第三章），中国人民公安大学公安管理学院教师、法学博士；范安田（下编：第四章、第八章），合肥市公安局干部、治安学硕士；陈春会（下编：第五章、第十章），吉林警察学院教师；史全增（下编：第六章、第九章），中国人民公安大学警务实战训练部教师、法学博士；高滢骐（下编：第七章），北京警察学院治安系教师、治安学硕士。

《公安机关适用新行政诉讼法
实务与典型案例评析》编写组
二〇一五年八月

# 目 录

## 上编　行政诉讼法修改概况及对公安工作的影响

## 下编　行政诉讼法解释与典型案例解读

# 上 编

## 行政诉讼法修改概况及对
## 公安工作的影响

# 第一章　行政诉讼法修改概况

## 第一节　修改行政诉讼法的背景

### 一、行政诉讼制度是法治国家的一块基石

我国于 1982 年开始建立行政诉讼法律制度。1982 年制定的《中华人民共和国民事诉讼法（试行）》规定，人民法院受理法律规定可以起诉的行政案件。1989 年 4 月 4 日第七届全国人民代表大会第二次会议通过了我国现行的行政诉讼法。总结行政诉讼法施行 25 年来的经验和教训，2014 年 11 月 1 日，第十二届全国人民代表大会常务委员会第十一次会议审议通过了《关于修改〈中华人民共和国行政诉讼法〉的决定》，修订后的行政诉讼法自 2015 年 1 月 1 日起施行。

行政诉讼制度是法治国家的一块基石，它的建立在我国民主法制建设进程中具有划时代的里程碑意义，成为依法治国、建设社会主义法治国家的重要推动力量。依法行政是现代法治国家政府行使行政权力所普遍遵循的基本准则，也是实施依法治国的重要环节和核心内容。行政行为能否以法治、公平、正义为价值尺度，调整社会关系，平衡社会利益，整合社会资源，维护社会秩序，直接关系到国家的法治建设，关系到社会和谐、稳定，关系到国家治理现代化的实现。历史实践和理论研究告诉我们，行政权力如果不能得到有效监督和约束，就会被滥用，就会破坏社会

公平、正义，破坏社会秩序和社会稳定。行政诉讼制度是监督和制约行政权力滥用的有效制度，是相对人可资使用的维护合法权益的有效制度。法治国家的建立不能没有行政诉讼制度。

在国家治理体系中，政府无疑是最重要的治理主体，政府治理法治化会直接影响国家治理现代化和法治化。因此，一个国家的法治状况无疑与行政权的有效监督和制约密切关联，作为法治国家在进行国家治理时，无疑都必须考虑把行政权关进制度笼子里。从目前来看，行政诉讼制度作为国家治理体系的重要组成部分，理应发挥在法治轨道上把行政权关进制度笼子的特殊职能作用。在我国刑事诉讼、民事诉讼和行政诉讼三大诉讼中，行政诉讼调整的是不平等主体之间的行政法律关系，行使审查监督各级行政机关行政行为的合法性的重要职责，体现的是司法权对行政权的监督与制约机制。人民法院通过依法受理和审判行政诉讼案件，引导各个利益群体以合法、理性的方式表达自己的意愿和要求；通过依法支持合法的行政行为，纠正违法和显失公正的行政行为，并对因其给相对人乃至利害关系人的权益造成的损害给予相应补救，协调公共权力与公民权利的关系，促进社会公平和正义，从根本上减少社会不安定因素，充分发挥"减压阀"和"化解器"的作用；妥善处理人民内部矛盾，密切政府与人民群众的关系，树立党和国家良好的法治形象，这是推进法治国家、法治政府、法治社会一体建设的重要司法保障。

## 二、原行政诉讼法存在的问题

在充分认识行政诉讼制度在建设法治国家中的重要地位和作用的同时，还必须清醒地看到我国原行政诉讼制度在实施中遇到的一些困难和问题。这些困难和问题与原行政诉讼法的规定具有密切联系，欲完善和改进我国的行政诉讼制度，必须要对原行政诉讼法进行修改。简言之，这些困难和问题主要体现在行政诉讼案件立案难、审判难、执行难三个方面。

### （一）行政诉讼案件立案难

在行政诉讼的立案方面，国家出台了一些相关的规定，如2009年11月9日最高人民法院发布的《关于依法保护行政诉讼当事人诉权的意见》中规定"各级人民法院的立案庭和行政庭要在行政案件受理环节加强协调、沟通与配合"，"完善立案工作机制，不能决定是否受理的应先受理"等，同时还要求，对于情况紧急且涉及人民群众切身利益或公共利益符合立案条件的案件，要及时立案，尽快审理。这些规定受到了好评，但实践中，一些地方仍存在一些不遵从上述规定，对行政相对人的起诉设置障碍的问题。如一些地方规定，涉及拆迁、信访等方面的纠纷，不予立案。甚至还有地方规定涉及一些特殊人群的纠纷不予立案。长期从事行政审判工作的程琥法官说过：据统计，我国每年的行政纠纷约有400万~600万件，而全国法院年均受理的一审行政案件数量仅有10万件左右，约占行政纠纷总量的3%。①

立案难不仅让当事人告状无门，合法权益被侵害后难以得到司法救济，更让大量行政行为游离于司法审查之外，为行政权恣意滥用以及社会安全稳定留下隐患。大量的行政纠纷不能进入行政诉讼程序，而流入信访渠道，导致信访案件越积越多，政府的维稳成本越来越高。

导致立案难的原因是多方面的，简单地说，既有传统文化的因素，也有整体制度设置的因素，还有原行政诉讼制度方面的原因。从传统文化上看，人们是厌恶诉讼的，更加厌恶当被告。行政机关也是如此，不愿意当被告。传统文化中，人们常把行政官员比作"父母"官，父母是要被子女恭敬的，如果子女状告父

---

① 程琥：《行政诉讼制度的独特作用》，载人民网—理论，http：//theory.people.com.cn/n/2014/1027/c40531-25912190.html。

母，固然有子女的"不孝"问题，也会有父母的"不慈"问题。所以，行政机关一旦被起诉，容易产生用手中拥有的行政权干预司法权的冲动。从整体制度设置上看，行政机关掌握着人民法院的"人、财、物"，有能力影响和干预人民法院的审判活动。从原行政诉讼制度来看，行政诉讼立案审查是导致行政诉讼立案难的一个主要原因，这主要体现在：其一，立案庭在审查案件时根据行政诉讼法的规定对其是否符合起诉条件的六个方面来进行形式上或程序上的审查，但实践中，由于行政案件所涉及主体或案情的特殊性，为了案件不被立案，大多数立案庭法官在进行立案审查时，超越法律规定，除应具备起诉条件外，还要求当事人将证明案件事实的证据提供齐备；其二，因行政立案审查所涉及的专业性较强，一些法院为了更好地维护当事人利益，将行政案件交由行政庭进行立案方面的审查，最终是否立案仍掌握在立案庭手中，初衷是好的，但在实践中两者存在分歧的情况下，就互相推脱，对当事人不予理睬或不给立案。①

**（二）行政诉讼案件审理难**

一部漂亮的法律如果不能得到有效执行，就只能成为一只"花瓶"。因此，修法要破解实践困境，激活这部法律，让其能真正运行起来。行政诉讼案件审理难，一方面具有如同立案难同样的原因，另一方面原行政诉讼法规定的可操作性以及有效避免干预方面尚存在不足。

我国立法技术有强调原则性的特点，原行政诉讼法也不例外。由于原行政诉讼法的规定较为原则、简单，缺乏可操作性，为了指导和方便全国法院审理行政诉讼案件，最高人民法院制定了大量的司法解释并作出了许多请示批复意见，在这些司法解释

---

① 张燕兰：《行政诉讼立案过程中存在的问题及制度的设计》，载《法学研究》2011 年第 4 期。

和请示批复中，既有对行政诉讼法条文的适用解释，也有个别地方对现行制度作了一定突破。无可置疑，行政诉讼法的修改需要对这些司法解释和请示批复作出回应，在全面梳理和分析论证的基础上，对这些司法解释和请示批复分别作出肯定或否定的处理。凡经过实践验证，确实是必要的和合理的，而且应该在法律层面规定的，如司法解释中对行政争议案件与民事争议案件合并审理的规定、对确认判决的规定等，都应吸收到行政诉讼法中。如果法律不宜直接规定，如关于法条的具体理解和解释，则以后仍可以司法解释的形式存在。除司法解释外，司法实践中还有一些有争议的个案，如学生的受教育权受影响的案件，其涉及类似学校这样的公共行政主体能否成为行政诉讼的被告，从实践来看，有的法院将其作为行政诉讼案件受理，而有的法院则不予受理，也需要在修法时作出回应。[①]

另外，近年来行政实体法上的改革创新和公民权利的扩展，要求行政诉讼制度作出相应回应。基于人民法院与行政机关的微妙关系，如果不对原行政诉讼法进行相应修改，增加了人民法院的审理行政案件的难度。例如，2007 年国务院制定的《政府信息公开条例》第三十三条第二款规定："公民、法人或者其他组织认为行政机关在政府信息公开工作中的具体行政行为侵犯其合法权益的，可以依法申请行政复议或者提起行政诉讼。"这一规定实际上确立了公民的知情权受司法保护的机制。然而，依据原行政诉讼法的规定，人民法院对这一类行政案件审理起来感到比较棘手。

### (三) 行政诉讼案件执行难

所谓行政诉讼案件执行难，是指行政诉讼的判决经常停留在

---

① 薛刚凌：《行政诉讼法修订基本问题之思考》，载《中国法学》2014 年第 3 期。

判决书的纸上，而不能得到实际执行，成了"空文"。

法律的权威在于得到执行。然而，对于行政诉讼案件，执行难是普遍存在的现象。尤其在行政机关败诉的行政诉讼案件中，部分行政机关不依法履行生效裁判的情形时有发生，导致原行政纠纷不仅没有得到妥善化解，还因此产生新的纠纷，严重损害了政府的公信力和权威性。

造成行政诉讼案件执行难的原因，很大程度上在于，原行政诉讼法对这个问题没有给予应有的重视。按照姜明安教授的说法："对行政机关拒不执行判决的，原来一点办法都没有。"

为了解决执行难问题，修改后的行政诉讼法规定了三个办法：一是原来罚行政机关的，不痛不痒，现在改为罚行政机关负责人。二是不执行的要予以公告。在报纸上、在互联网上公布行政机关不执行，这比罚款还厉害。三是情节恶劣的，还可以拘留，这一般不会实行，但有一个威慑作用。

# 第二节　行政诉讼法修改的内容

本次修改行政诉讼法，可以概括为如下七个方面的内容：

## 一、扩大行政诉讼受案范围

行政诉讼受案范围，是指人民法院受理行政诉讼案件的范围。这一范围决定着司法机关对行政主体的监督范围，决定着受到行政主体侵害的公民、法人和其他组织诉权的范围，也决定着行政终局裁决权的范围。

确定行政诉讼受案范围应当考虑若干变量，这些变量主要包括（1）行政行为的种类；（2）行政行为的性质；（3）受行政行为损害的权益的性质及损害程度；（4）原告资格的范围。

原行政诉讼法规定，行政相对人认为行政机关和行政机关工作人员作出的具体行政行为侵犯其合法权益，有权提起行政诉讼，并采用肯定列举加否定列举的方式进一步明确行政诉讼的受案范围。肯定列举了下列具体行政行为属于行政诉讼的受案范围：（1）对拘留、罚款、吊销许可证和执照、责令停产停业、没收财物等行政处罚不服的；（2）对限制人身自由或者对财产的查封、扣押、冻结等行政强制措施不服的；（3）认为行政机关侵犯法律规定的经营自主权的；（4）认为符合法定条件申请行政机关颁发许可证和执照，行政机关拒绝颁发或者不予答复的；（5）申请行政机关履行保护人身权、财产权的法定职责，行政机关拒绝履行或者不予答复的；（6）认为行政机关没有依法发给抚恤金的；（7）认为行政机关违法要求履行义务的；（8）认为行政机关侵犯其他人身权、财产权的。除上述规定外，人民法院还受理法律、法规规定可以提起诉讼的其他行政案件。否定列举了下列事项不属于行政诉讼的受案范围：（1）国防、外交等国家行为；（2）行政法规、规章或者行政机关制定、发布的具有普遍约束力的决定、命令；（3）行政机关对行政机关工作人员的奖惩、任免等决定；（4）法律规定由行政机关最终裁决的具体行政行为。

行政诉讼受案范围窄，一直是我国行政诉讼制度受到诟病的因素之一。

新行政诉讼法从如下四个方面扩大行政诉讼的受案范围：

第一，摒弃"具体行政行为"的概念。新《行政诉讼法》第二条第一款规定："公民、法人或者其他组织认为行政机关和行政机关工作人员的行政行为侵犯其合法权益，有权依照本法向人民法院提起诉讼。"不再使用具体行政行为这个概念，意味着某些抽象行政行为也可以纳入行政诉讼的受案范围。新《行政诉讼法》第五十三条第一款规定："公民、法人或者其他组织认为行政行为所依据的国务院部门和地方人民政府及其部门制定的规范性文件不合法，在对行政行为提起诉讼时，可以一并请求对该规范性文件进行审查。"该规范性文件不包括规章，按照新《行政诉讼法》的规定，规章仍然不属于行政诉讼的受案范围。

第二，明确规定法律、法规、规章授权的组织作出的行政行为属于行政诉讼的受案范围。新《行政诉讼法》第二条第二款规定："前款所称行政行为，包括法律、法规、规章授权的组织作出的行政行为。"修改前，虽然行政法理论和最高人民法院作出的司法解释确定了法律、法规、规章授权的组织作出的具体行政行为也可以被纳入行政诉讼的受案范围，但修改后的行政诉讼法直接在法律中加以规定，彰显了新行政诉讼法有扩大行政诉讼受案范围的意图。

第三，增加肯定列举属于行政诉讼受案范围的行政行为的种类。如前文所述，原行政诉讼法肯定列举了属于行政诉讼受案范围的八种情形，而新行政诉讼法将肯定列举的情形增加到 12 种。分别是：（1）对行政拘留、暂扣或者吊销许可证和执照、责令停产停业、没收违法所得、没收非法财物、罚款、警告等行政处罚不服的；（2）对限制人身自由或者对财产的查封、扣押、冻结等行政强制措施和行政强制执行不服的；（3）申请行政许可，行政机关拒绝或者在法定期限内不予答复，或者对行政机关作出的有关行政许可的其他决定不服的；（4）对行政机关作出的关于确认土地、矿藏、水流、森林、山岭、草原、荒地、滩涂、海域等自然资源的所有权或者使用权的决定不服的；（5）对征收、征用决定及其补偿决定不服的；（6）申请行政机关履行保护人身权、财产权等合法权益的法定职责，行政机关拒绝履行或者不予答复的；（7）认为行政机关侵犯其经营自主权或者农村土地承包经营权、农村土地经营权的；（8）认为行政机关滥用行政权力排除或者限制竞争的；（9）认为行政机关违法集资、摊派费用或者违法要求履行其他义务的；（10）认为行政机关没有依法支付抚恤金、最低生活保障待遇或者社会保险待遇的；（11）认为行政机关不依法履行、未按照约定履行或者违法变更、解除政府特许经营协议、土地房屋征收补偿协议等协议的；（12）认为行政机关侵犯其他人身权、财产权等合法权益的。

第四，行政机关侵犯人身权、财产权以外的行政行为也可以纳入行政诉讼的受案范围。原行政诉讼法规定相对人认为行政机关侵犯其他人身权、财产权的，属于行政诉讼的受案范围。这已经不符合司法实践，也不符合保护相对人合法权益的要求。新行政诉讼法在人身权、财产权后面加了一个"等"，为后来的立法留下了很大的空间，意味着以后相对人除了人身权和财产权之外的其他权益如果受到损害，只要法律、法规规定可诉，该类行政案件也属于行政诉讼的受案范围。

## 二、保障诉权，解决立案难的问题

关于解决行政诉讼立案难问题的研究颇丰，这次修改吸收了其中主要的研究成果。新《行政诉讼法》第三条第一款规定："人民法院应当保障公民、法人和其他组织的起诉权利，对应当受理的行政案件依法受理。"具体从如下四个方面解决立案难问题：

第一，放宽行政诉讼原告资格。根据原行政诉讼法的规定，一般认为享有原告资格的法定条件有三：（1）原告必须是个人或组织，即原告被定位于行政相对人；（2）原告必须是认为具体行政行为侵犯其合法权益的行政相对人；（3）原告必须是向人民法院提起行政诉讼的行政相对人。① 新《行政诉讼法》第二十五条第一款规定："行政行为的相对人以及其他与行政行为有

---

① 姜明安主编：《行政法与行政诉讼法》，北京大学出版社、高等教育出版社2005年版，第501页。

利害关系的公民、法人或者其他组织，有权提起诉讼。"根据该条规定，不但行政相对人具有原告资格，与行政行为有利害关系的公民、法人或者其他组织也具有原告资格。这为公益诉讼，如环境污染诉讼、行业垄断诉讼、腐败行为诉讼等行政诉讼，创造了条件。

第二，扩大行政诉讼受案范围。扩大行政诉讼受案范围，将更多的行政争议纳入到行政诉讼的范围中来，人民法院不得以不属于受案范围为由，拒绝受理案件，行政机关也不得以不属于受案范围为由来干扰立案。这对于解决立案难问题，无疑产生长远的积极的影响。关于怎样扩大了行政诉讼的受案范围，前面已经作了阐述，此处不再赘述。

第三，延长起诉期限。根据原行政诉讼法及其相关司法解释的规定，原先行政诉讼的起诉期限一般为3个月。行政机关作出具体行政行为时，未告知公民、法人或者其他组织诉权或者起诉期限的，起诉期限从公民、法人或者其他组织知道或者应当知道诉权或者起诉期限之日起计算，但从知道或者应当知道具体行政行为内容之日起最长不得超过2年。公民、法人或者其他组织不知道行政机关作出的具体行政行为内容的，其起诉期限从知道或者应当知道该具体行政行为内容之日起计算。对涉及不动产的具体行政行为从作出之日起超过20年、其他具体行政行为从作出之日起超过5年提起诉讼的，人民法院不予受理。新《行政诉讼法》第四十六条规定："公民、法人或者其他组织直接向人民法院提起诉讼的，应当自知道或者应当知道作出行政行为之日起六个月内提出。法律另有规定的除外。因不动产提起诉讼的案件自行政行为作出之日起超过二十年，其他案件自行政行为作出之日起超过五年提起诉讼的，人民法院不予受理。"根据上述规定，新行政诉讼法将行政诉讼的起诉期限，在一般情况下，由原先的3个月延长到6个月。

第四，实行立案登记制度。实行立案登记制度，学者呼吁已久，这次修法，终于得到实现。可以说，相对人的诉权得不到有效保障的罪魁祸首之一便是立案难。立案难使相对人的许多正当合理的诉求被拒之门外。而导致立案难的原因之一便是原行政诉讼立案制度的设置。原行政诉讼立案制度把立案程序当成一个独立的程序，将立案前的材料审查阶段和立案决定阶段割裂开来。我们应当把立案作为诉讼程序的一个过程来看待，是为了更好地进行一系列后续活动而进行的前期准备活动。新《行政诉讼法》第五十一条规定："人民法院在接到起诉状时对符合本法规定的起诉条件的，应当登记立案。对当场不能判定是否符合本法规定的起诉条件的，应当接收起诉状，出具注明收到日期的书面凭证，并在七日内决定是否立案。不符合起诉条件的，作出不予立案的裁定。裁定书应当载明不予立案的理由。原告对裁定不服的，可以提起上诉。起诉状内容欠缺或者有其他错误的，应当给予指导和释明，并一次性告知当事人需要补正的内容。不得未经指导和释明即以起诉不符合条件为由不接收起诉状。对于不接收起诉状、接收起诉状后不出具书面凭证，以及不一次性告知当事人需要补正的起诉状内容的，当事人可以向上级人民法院投诉，上级人民法院应当责令改正，并对直接负责的主管人员和其他直接责任人员依法给予处分。"第五十二条还规定："人民法院既不立案，又不作出不予立案裁定的，当事人可以向上一级人民法院起诉。上一级人民法院认为符合起诉条件的，应当立案、审理，也可以指定其他下级人民法院立案、审理。"立法意图非常明显，限制人民法院以不符合立案条件为由拒绝接受诉讼材料，从而限制了相对人的诉权。

## 三、完善诉讼参加人制度，被诉行政机关负责人应当出庭参加诉讼

新行政诉讼法主要从如下五个方面完善了诉讼参加人制度：

第一，进一步明确原告资格。前文对此问题已经作了阐述，此处不再赘述。

第二，进一步明确被告资格。原《行政诉讼法》第二十五条第一款规定："公民、法人或者其他组织直接向人民法院提起诉讼的，作出具体行政行为的行政机关是被告。"就是说，被告应当是行政机关。对于其他组织是否能够成为行政诉讼的被告，法律没有作出规定。相应的司法解释通过行政授权理论，解决了其他组织行使行政职权时的被告资格问题。新行政诉讼法很好地解决了这个问题。根据新行政诉讼法的规定，成为行政诉讼被告的，主要有如下情形：（1）公民、法人或者其他组织直接向人民法院提起诉讼的，作出行政行为的行政机关是被告。（2）经复议的案件，复议机关决定维持原行政行为的，作出原行政行为的行政机关和复议机关是共同被告；复议机关改变原行政行为的，复议机关是被告。（3）复议机关在法定期限内未作出复议决定，公民、法人或者其他组织起诉原行政行为的，作出原行政行为的行政机关是被告；起诉复议机关不作为的，复议机关是被告。（4）两个以上行政机关作出同一行政行为的，共同作出行政行为的行政机关是共同被告。（5）行政机关委托的组织所作的行政行为，委托的行政机关是被告。（6）行政机关被撤销或者职权变更的，继续行使其职权的行政机关是被告。

第三，增加规定诉讼代表人制度。原行政诉讼法规定了共同诉讼，但没有规定诉讼代表人制度。为了提高司法效率，方便案件审理，新《行政诉讼法》第二十八条规定了诉讼代表人制度。该条规定："当事人一方人数众多的共同诉讼，可以由当事人推

选代表人进行诉讼。代表人的诉讼行为对其所代表的当事人发生效力，但代表人变更、放弃诉讼请求或者承认对方当事人的诉讼请求，应当经被代表的当事人同意。"

第四，细化第三人制度。原行政诉讼法也规定了第三人制度，但是规定得比较原则。实践中，行政诉讼涉及第三方利益的情形逐渐增多，需要对第三人制度进行进一步明确及具体化，以便有效地解决行政争议。为此，新《行政诉讼法》第二十九条规定："公民、法人或者其他组织同被诉行政行为有利害关系但没有提起诉讼，或者同案件处理结果有利害关系的，可以作为第三人申请参加诉讼；或者由人民法院通知参加诉讼。人民法院判决第三人承担义务或者减损第三人权益的，第三人有权依法提起上诉。"

第五，被诉行政机关负责人应当出庭参加诉讼。这项修改，被称为新行政诉讼法的一大亮点，它解决了告官不见官的问题，有利于增强领导干部的法治意识，有利于增强人民群众对行政机关依法行政的信任，有利于从根本上解决行政争议。原行政诉讼法没有具体规定作为被告的行政机关出庭参加诉讼的人员的资格问题，导致一些行政机关委派本机关的一般工作人员，甚至没有参加过案件处理的人员参加诉讼，更有甚者，只委托律师参加诉讼。群众告官不见官，意见比较大。2010 年发布的《国务院关于加强法治政府建设的意见》明确要求，完善行政诉讼制度，对重大行政诉讼案件，行政机关负责人要主动出庭应诉。随后，一些地方建立了行政机关负责人行政诉讼出庭应诉制度，有的地方还将行政机关负责人出庭情况纳入依法行政考评，取得了很好的效果。新行政诉讼法回应了实践中的上述变化，规定了被诉行政机关负责人出庭参加诉讼制度。根据新《行政诉讼法》第三条第三款的规定："被诉行政机关负责人应当出庭应诉。不能出庭的，应当委托行政机关相应的工作人员出庭。"自 2015 年 5 月 1

日新行政诉讼法施行后，作为被告的行政机关应当派负责人出庭应诉，行政机关的负责人可以是正职负责人，也可以是副职负责人。行政机关负责人确有理由不能出庭的，必须委派相应的工作人员出庭，而不能仅委托律师参加诉讼。

## 四、完善管辖制度，解决审理难的问题

在实践中，行政诉讼原先存在的最大问题就是地方干预，而地方干预与行政诉讼管辖制度的设计关系密切。一般而言，我国行政诉讼法有关管辖制度的规定是根据民事诉讼有关管辖的理论和制度而设立的，在级别管辖方面也与民事诉讼有关级别管辖内容大同小异。民事诉讼法规定基层人民法院审理民事纠纷的一审案件，一是因为民事活动是公民社会生活的主要活动，民事纠纷也是最频繁和常见的纠纷。二是因为基层人民法院也有能力保证民事争议得到合理的公正的处理。而我国行政案件相对较少，比刑事案件还少。按照现行的管辖制度，我国的大多数行政案件集中于基层人民法院，一则案件得不到及时公正的解决，二则是中级人民法院的初审管辖权有限，导致不能及时地受理矛盾和解纷止争，既浪费宝贵的司法资源又不利于行政纠纷的解决。同时由于基层法院受制于地方权力机关，法官水平不是太高，导致公民的合法权益在受到侵害时得不到及时有效的救济。一个不公正的判决会导致一个不公正的执行，由于基层法院多少与地方行政机关有着千丝万缕的关系，即使法官作出了合理合法的判决，在执行的过程中也不一定能得到有效的执行。

新行政诉讼法关于管辖的修改主要体现在第十五条和第十八条的规定上，概括起来，包括两个方面：

第一，增加中级人民法院一审管辖的权限。新《行政诉讼法》第十五条规定："中级人民法院管辖下列第一审行政案件：（一）对国务院部门或者县级以上地方人民政府所作的行政行为

提起诉讼的案件；（二）海关处理的案件；（三）本辖区内重大、复杂的案件；（四）其他法律规定由中级人民法院管辖的案件。"与原《行政诉讼法》的规定有所区别，新《行政诉讼法》规定了对国务院各部门或者县级以上地方人民政府所作的具体行政行为提起诉讼的案件，中级人民法院均有权管辖。而原《行政诉讼法》规定，中级人民法院一审管辖权限是：对国务院各部门或者省、自治区、直辖市人民政府所作的具体行政行为提起诉讼的案件，以及本辖区内重大、复杂的案件。原《行政诉讼法》并没有明确将针对县级以上地方人民政府所作的具体行政行为提起诉讼的案件纳入中级人民法院的管辖。

需要指出的是，2000 年施行的《最高人民法院关于执行〈中华人民共和国行政诉讼法〉若干问题的解释》（以下简称1999 年通过的《行政诉讼法解释》）第八条规定，中级人民法院管辖的本辖区内重大、复杂的案件是指下列案件：（一）被告为县级以上人民政府，且基层人民法院不适宜审理的案件；（二）社会影响重大的共同诉讼、集团诉讼案件；（三）重大涉外或者涉及香港特别行政区、澳门特别行政区、台湾地区的案件；（四）其他重大、复杂案件。这样，通过司法解释，实际上将针对县级以上地方人民政府所作的具体行政行为提起诉讼的案件纳入到中级人民法院的管辖范围。

第二，增加规定高级人民法院可以确定若干基层人民法院跨行政区域管辖第一审行政案件。新《行政诉讼法》第十八条第二款规定："……高级人民法院可以……确定若干人民法院跨行政区域管辖行政案件。"这一法条肯定了这几年的地方上异地交叉管辖的试点经验，按照"成熟一个发展一个"的理念使其上升为法律规范，确定普遍的约束力。上述关于行政诉讼级别管辖的修改，是对原行政诉讼制度实践发展的总结和升华。

从目前的行政案件的审理情况来看，行政诉讼管辖制度的变化是实现公正的一个有效方法，但这个方法是治标不治本，要实现司法审查对行政机关起到监督的真正作用，还要进行司法制度改革。第十八条的规定为地方司法实践改革提供了很大的想象空间。

## 五、完善证据制度，促进公正审判

这次修法将很多成熟的证据规则吸收进来，增加了电子数据这个证据种类，进一步完善被告举证制度、逾期举证后果以及原告举证、法院调取证据制度、证据适用规则。

第一，增加了电子数据证据种类。电子数据是指以电子、光学、磁或其他类似手段生成、发送、接受或存储的信息证明案件事实的一种数据，包括短信、微信、微博、光盘、网页、电子交易信息、网络 IP 地址、通信记录、电子邮件等电子数据。电子数据是此次修法新增加的证据种类。电子数据第一次纳入法律是 2012 年 3 月 14 日刑事诉讼法第二次修正案，将电子数据与视听资料并列为一类证据。原行政诉讼法规定的证据种类包括如下七类：（1）书证；（2）物证；（3）视听资料；（4）证人证言；（5）当事人的陈述；（6）鉴定结论；（7）勘验笔录、现场笔录。新《行政诉讼法》将电子数据作为一类独立的证据种类，这样使得行政诉讼证据的种类，由原来的七类增加到八类。

将电子数据作为一类证据加以规定，是时代发展的需要。首先，随着计算机和网络技术的发展，网络已成为人们生活和工作中不可或缺的一部分，与此同时，行政管理与执法经常通过网络进行。电子数据已经深入到我们日常生活的方方面面，电子数据证据这一以高科技电子介质为载体的证据形式也应当随之进入司法领域，将其列为一个证据种类。其次，行政诉讼程序直接作用、影响相对人的日常行为以及行政机关的行政行为，将电子数据作为一类证据加以规定，用以作为判别行政行为是否合法的根据，对于规范和指引行政机关及时有效地收集和固定电子数据起到促进作用，为减少和及时解决纠纷，产生非常深远的影响。

第二，进一步完善被告举证制度和逾期举证后果。原《行政诉讼法》第三十二条规定："被告对作出的具体行政行为负有举证责任，应当提供作出该具体行政行为的证据和所依据的规范性文件。"这一规定确定了在行政诉讼中，被告负举证责任这个原则。但是，没有规定如果被告不提供或者无正当理由逾期提供证据的法律后果。① 新《行政诉讼法》第三十四条第二款对这个问题作了规定："被告不提供或者无正当理由逾期提供证据，视为没有相应证据。但是，被诉行政行为涉及第三人合法权益，第三人提供证据的除外。"

原行政诉讼法规定在行政诉讼过程中，被告不得自行向原告和证人收集证据。为了查明事实，新行政诉讼法增加规定，在两种情况下，经人民法院准许，被告可以补充证据：其一是被告在作出行政行为时已经收集了的证据，但因不可抗力等正当事由不能提供的；其二是原告或者第三人在诉讼程序中提出了其在行政程序中没有提出的理由或者证据。

第三，明确了原告的举证责任。原行政诉讼法没有规定原告的举证责任。但是在有些情况下，如果原告不举证，法院就难以查清事实，不能作出正确的裁判。因此，需要原告承担一定的举证责任，特别是在起诉被告不履行法定职责的案件中，如果原告不提供其向被告提出申请的证据，就无法查清事实真相。新《行政诉讼法》第三十八条第一款对此问题作了规定："在起诉

---

① 《最高人民法院关于执行〈中华人民共和国行政诉讼法〉若干问题的解释》第二十六条第二款将被告提供证据的期限以及不提供或无正当理由逾期提供证据的法律后果规定为："被告应当在收到起诉状副本之日起 10 日内提交答辩状，并提供作出具体行政行为时的证据、依据；被告不提供或者无正当理由逾期提供的，应当认定该具体行政行为没有证据、依据。"

被告不履行法定职责的案件中，原告应当提供其向被告提出申请的证据。但有下列情形之一的除外：（一）被告应当依职权主动履行法定职责的；（二）原告因正当理由不能提供证据的。"

行政赔偿和补偿的案件，具有类似于不履行法定职责案件的特点。由于原告对行政行为造成的损害最为清楚，也掌握着损害的证据，应当负有举证责任。但是，原行政诉讼法没有对此作出规定。新《行政诉讼法》第三十八条第二款对此完善规定如下："在行政赔偿、补偿的案件中，原告应当对行政行为造成的损害提供证据。因被告的原因导致原告无法举证的，由被告承担举证责任。"

第四，明确了原告或者第三人申请人民法院调取证据的条件。为了规范人民法院依申请调取证据行为，新《行政诉讼法》第四十一条增加规定："与本案有关的下列证据，原告或者第三人不能自行收集的，可以申请人民法院调取：（一）由国家机关保存而须由人民法院调取的证据；（二）涉及国家秘密、商业秘密和个人隐私的证据；（三）确因客观原因不能自行收集的其他证据。"司法行为具有被动性，一般情况下不去主动行为，特别是关于案件事实，一般都由当事人自己搜集和提供证据加以证明。但是考虑到在实践中，相对人或者第三人不能自行收集某些证据，从"以事实为根据，以法律为准绳"的法制原则以及保护当事人合法权益的角度，人民法院对于不是基于相对人或者第三人自身的因素，而不能自行收集的证据，经相对人或者第三人申请，人民法院给予调取证据。

第五，明确证据的适用规则。为了规范证据使用，增强判决的公正性和说服力，新《行政诉讼法》第四十三条增加规定："证据应当在法庭上出示，并由当事人互相质证。对涉及国家秘密、商业秘密和个人隐私的证据，不得在公开开庭时出示。人民法院应当按照法定程序，全面、客观地审查核实证据。对未采纳的证据应当在裁判文书中说明理由。以非法手段取得的证据，不得作为认定案件事实的根据。"这项规定，以法律规定的形式确定了出示证据规则、质证规则、审查核实秘密证据规则、不采纳证据的说明理由规则、非法证据排除规则等。这在行政诉讼的规定中，都属于新增加的内容。

## 六、完善诉讼程序，推动程序的科学化

新行政诉讼法回应了司法实践的需要和行政诉讼法理论研究的发展，在诉讼程序方面作了诸多完善，从而推动了程序的科学化。这些完善主要包括如下四个方面：

第一，增加规定简易程序。原行政诉讼法没有规定简易程序，行政诉讼不适用简易程序。从实践情况看，对于事实清楚、权利义务关系明确、争议不大的行政案件，如果使用简易程序，不但能够节约司法资源，提高司法效率，也有利于相对人合法权益的及时保障。

早在 2010 年 11 月 17 日，最高人民法院下发《关于开展行政诉讼简易程序试点工作的通知》。通知提出，在三类基本事实清楚、法律关系简单、权利义务明确的行政案件中，一审可以适用简易程序审理。这三类行政案件为：（1）涉及财产金额较小，或者属于行政机关当场作出决定的行政征收、行政处罚、行政给付、行政许可、行政强制等案件；（2）行政不作为案件；（3）当事人各方自愿选择适用简易程序，经人民法院审查同意的案件。同时，通知规定，发回重审、按照审判监督程序再审的案件不适用简易程序。通知要求，适用简易程序审理的案件，被告应当在收到起诉状副本或者口头起诉笔录副本之日起 10 日内提交答辩状，并提供作出行政行为时的证据、依据。被告在期限届满前提交上述材料的，人民法院可以提前安排开庭日期。此类案件经当事人同意，人民法院可以实行独任审理。人民法院可以采取

电话、传真、电子邮件、委托他人转达等简便方式传唤当事人。经人民法院合法传唤，原告无正当理由拒不到庭的，视为撤诉；被告无正当理由拒不到庭的，可以缺席审判。前述传唤方式，没有证据证明或者未经当事人确认已经收到传唤内容的，不得按撤诉处理或者缺席审判。通知称，适用简易程序审理的案件，一般应当一次开庭并当庭宣判。法庭调查和辩论可以围绕主要争议问题进行，庭审环节可以适当简化或者合并。适用简易程序审理的行政案件，应当在立案之日起 45 日内结案。当事人就适用简易程序提出异议且理由成立的，或者人民法院认为不宜继续适用简易程序的，应当转入普通程序审理。通知明确规定，最高人民法院确定的行政审判联系点法院（不包括中级人民法院）可以开展行政诉讼简易程序试点。同时，各高级人民法院可以选择法治环境较好、行政审判力量较强和行政案件数量较多的基层人民法院开展行政诉讼简易程序试点，并报最高人民法院备案。

上述试点取得了良好的效果。新行政诉讼法吸收了试点做法，在总结经验和教训的基础上，做了一定调整后，以法律的形式规定了行政诉讼的简易程序。根据新《行政诉讼法》第八十二条的规定，人民法院审理下列三类第一审行政案件，认为事实清楚、权利义务关系明确、争议不大的，可以适用简易程序：（1）被诉行政行为是依法当场作出的；（2）案件涉及款额二千元以下的；（3）属于政府信息公开案件的。对于那些不属于上述三类第一审行政案件的，当事人各方同意适用简易程序的，可以适用简易程序。修改后的法律对简易程序的适用还进行了一定的限制，规定简易程序只能适用于第一审程序，二审程序以及发回重审、按照审判监督程序再审的案件不适用简易程序。

新行政诉讼法吸收了试点工作的经验，规定适用简易程序审理的行政案件，由审判员一人独任审理，并应当在立案之日起45 日内审结。人民法院在审理过程中，发现案件不宜适用简易程序的，裁定转为普通程序。

第二，有限适用调解原则。我国行政法传统理论认为，作为被告的行政机关依法行使行政权，不能自由处分行政权，因此，在行政诉讼中不能适用调解。原行政诉讼法反映了这种理论，规定了"人民法院审理行政案件，不适用调解"，从而排除了行政诉讼中的和解制度。但是，在实践中，诉讼外的调解大量存在。

新行政诉讼法回应了实践的需要，第六十条第一款规定："人民法院审理行政案件，不适用调解。但是，行政赔偿、补偿以及行政机关行使法律、法规规定的自由裁量权的案件可以调解。"这项规定体现了有限适用调解原则。所谓有限适用调解原则，是指行政诉讼在一般情况下不适用调解，在列举规定的有限的几类行政诉讼案件中可以适用调解。这有限的几类行政诉讼案件是：（1）行政赔偿案件；（2）行政补偿案件；（3）行政机关行使法律、法规规定的自由裁量权的案件。人民法院审理行政案件不得滥用调解，调解应当遵循自愿、合法原则，不得损害国家利益、社会公共利益和他人合法权益。

第三，完善对妨碍诉讼程序行为的处理。为了保障行政诉讼程序的顺利进行，法律对妨碍诉讼程序的行为都作了禁止性规定，当事人违反规定，应当承担相应的法律后果。原《行政诉讼法》第四十九条规定，诉讼参与人或者其他人有下列行为之一的，人民法院可以根据情节轻重，予以训诫、责令具结悔过或者处1000元以下的罚款、15日以下的拘留；构成犯罪的，依法追究刑事责任：（1）有义务协助执行的人，对人民法院的协助执行通知书，无故推拖、拒绝或者妨碍执行的；（2）伪造、隐藏、毁灭证据的；（3）指使、贿买、胁迫他人作伪证或者威胁、阻止证人作证的；（4）隐藏、转移、变卖、毁损已被查封、扣押、冻结的财产的；（5）以暴力、威胁或者其他方法阻碍人民法院工作人员执行职务或者扰乱人民法院工作秩序的；（6）对人民法院工作人员、诉讼参与人、协助执行人侮辱、诽谤、诬陷、殴打或者打击报复的。罚款、拘留须经人民法院院长批准。当事人对决定不服的，可以申请复议。

新行政诉讼法根据经济和社会发展的实际情况，对上述规定作了相应完善。主要体现在四个方面：（1）增加对妨碍诉讼程序行为的惩罚力度。主要体现为增加了罚款的数额，罚款数额由原来的 1000 元上调为 10000 元。（2）增加规定予以惩罚的妨碍诉讼程序行为的种类。在原来列举规定六种妨碍诉讼程序行为的基础上，增加一种行为。增加的这种妨碍诉讼程序行为是"以欺骗、胁迫等非法手段使原告撤诉的行为"。另外，将妨碍人民法院的调查行为也列为妨碍诉讼程序行为，将原规定中的第一类行为调整规定为"有义务协助调查、执行的人，对人民法院的协助调查决定、协助执行通知书，无故推拖、拒绝或者妨碍调查、执行的"。（3）调整原来法条的内容，使得新的规定更加严谨。表现有二，其一是将原来规定中的第二类妨碍诉讼程序行为，增加了"妨碍人民法院审理案件的"措辞，规定为"伪造、隐藏、毁灭证据或者提供虚假证明材料，妨碍人民法院审理案件的"；其二是将原来规定中的第六类妨碍诉讼程序行为，调整为"对人民法院审判人员或者其他工作人员、诉讼参与人、协助调查和执行的人员恐吓、侮辱、诽谤、诬陷、殴打、围攻或者打击报复的"。（4）明确了单位主要负责人或者直接责任人员的责任。原行政诉讼法只规定了"诉讼参与人或者其他人"妨碍诉讼程序行为的责任，如果"诉讼参与人或者其他人"不是自然人，而是一个组织或者其他单位，如何追究责任，规定不详，难以执行。新行政诉讼法解决了这个问题，规定"人民法院对有前款规定的行为之一的单位，可以对其主要负责人或者直接责任人员依照前款规定予以罚款、拘留"。

第四，明确了民事争议与行政争议交叉处理机制。在行政诉讼中，有时会面临行政争议与民事争议交叉问题，如果分别立案、分别审理，不仅会浪费司法资源，有的还导致循环诉讼，影响司法效率与统一性，不利于保护当事人的合法权益。对此，新《行政诉讼法》第六十一条确定了行政争议与民事争议交叉问题的解决机制，即在涉及行政许可、登记、征收、征用和行政机关对民事争议所作的裁决的行政诉讼中，当事人申请一并解决相关民事争议的，人民法院可以一并审理。在行政诉讼中，人民法院认为行政案件的审理需以民事诉讼的裁判为依据的，可以裁定中止行政诉讼。

第五，完善判决的种类。原行政诉讼法规定了维持判决、撤销判决、履行判决和变更判决四种判决形式，这些判决形式不能完全适应审判实际需要，最高人民法院以司法解释的形式发展出了确认违法判决。新行政诉讼法回应了审判实际的需要，完善了行政判决的形式，主要表现在四个方面：

一是以判决驳回原告诉讼请求代替维持判决。维持判决与法院的中立性、裁决性地位不符，容易让当事人产生"官官相护"的误解，不利于行政争议的解决。新《行政诉讼法》第六十九条采用"判决驳回原告诉讼请求"的用语，规定："行政行为证据确凿，适用法律、法规正确，符合法定程序的，或者原告申请被告履行法定职责或者给付义务理由不成立的，人民法院判决驳回原告的诉讼请求。"

二是增加规定了给付判决。新行政诉讼法扩大了行政诉讼的受案范围，规定了行政机关没有依法支付抚恤金、最低生活保障待遇或者社会保险待遇等行为具有可诉性。因而，在行政诉讼判决的种类上必然要有相应规定。新《行政诉讼法》第七十三条规定："人民法院经过审理，查明被告依法负有给付义务的，判决被告履行给付义务。"

三是增加规定了确认违法或者无效判决。新《行政诉讼法》第七十四条规定行政行为有下列情形之一的，人民法院判决确认违法，但不撤销行政行为："（一）行政行为依法应当撤销，但撤销会给国家利益、社会公共利益造成重大损害的；（二）行政行为程序轻微违法，但对原告权利不产生实际影响的。"行政行为有下列情形之一，不需要撤销或者判决履行的，人民法院判决确认违法："（一）行政行为违法，但不具有可撤销内容的；（二）被告改变原违法行政行为，原告仍要求确认原行政行为违法的；（三）被告不履行或者拖延履行法定职责，判决履行没有意义的。"新《行政诉讼法》第七十五条创设了确认无效判决这种判决形式，规定："行政行为有实施主体不具有行政主体资格或者没有依据等重大且明显违法情形，原告申请确认行政行为无效的，人民法院判决确认无效。"对于被判决确认违法或者无效的行政行为，人民法院可以同时判决责令被告采取补救措施；给原告造成损失的，依法判决被告承担赔偿责任。

四是扩大变更判决的范围。新《行政诉讼法》第七十七条规定："行政处罚明显不当，或者其他行政行为涉及对款额的确定、认定确有错误的，人民法院可以判决变更。人民法院判决变更，不得加重原告的义务或者减损原告的权益。但利害关系人同为原告，且诉讼请求相反的除外。"原行政诉讼法也规定了变更判决，但只适用于"行政处罚显失公正"这一种情形。新行政诉讼法将变更判决的适用范围扩大了，行政处罚明显不当可以适用变更判决，行政行为涉及对款额的确定、认定确有错误的，也可以适用变更判决。需要注意的是，人民法院适用变更判决时，要坚持"诉讼禁止不利变更原则"，即不能增加原告的义务或者减损原告的权益，使得原告在判决后处于更为不利的境地。但是，也有例外，即"利害关系人同为原告，且诉讼请求相反的除外"。

## 七、完善制裁机制，解决行政判决执行难问题

在行政诉讼中，有的行政机关虽然败诉了，但是不配合执行是一个突出问题。为了解决行政判决执行难问题，修改后的《行政诉讼法》第九十六条对行政机关拒绝履行判决裁定、调解书规定了更为严厉和可行性的执行措施。这些措施包括：

第一，对应当归还的罚款或者应当给付的款额，通知银行从该行政机关的账户内划拨。

第二，在规定期限内不履行的，从期满之日起，对该行政机关负责人按日处五十元至一百元的罚款。

第三，将行政机关拒绝履行的情况予以公告。

第四，向监察机关或者该行政机关的上一级行政机关提出司法建议。接受司法建议的机关，根据有关规定进行处理，并将处理情况告知人民法院。

第五，拒不履行判决、裁定、调解书，社会影响恶劣的，可以对该行政机关直接负责的主管人员和其他直接责任人员予以拘留；情节严重，构成犯罪的，依法追究刑事责任。

以上这些措施的最大亮点在于，行政机关不履行行政判决的，人民法院可以追究该行政机关负责人、直接负责的主管人员和其他直接责任人员的法律责任。这样规定有利于督促行政机关积极主动地履行人民法院的生效判决、裁定和调解。

# 第二章　行政诉讼法修改对
# 公安工作的影响

　　2014 年 11 月 1 日，十二届全国人大常委会第十一次会议表决通过了关于修改行政诉讼法的决定，新修订的行政诉讼法自 2015 年 5 月 1 日起实施，这是行政诉讼法实施 25 年来的第一次修改。此次修改主要针对实践中立案难、审理难、执行难等"三难"问题，从保障当事人的诉讼权利、完善管辖制度等诸多方面进行完善。新法对公安机关带来的影响是巨大的，要求公安机关必须严格依法行政，否则就要承担败诉的风险。

## 第一节　重视执法规范化建设

### 一、行政诉讼与执法规范化建设之间的关系

　　《行政诉讼法》第一条规定了行政诉讼法的立法目的有三个：一是保证人民法院公正、及时审理行政案件，解决行政争议；二是保护公民、法人和其他组织的合法权益；三是监督行政机关依法行使职权。这与公安行政执法规范化建设之间的关系极为密切，二者之间的关系可以概括为如下三个方面：

　　（一）二者的目的具有一定的交叉性

　　执法规范化建设是由公安部适时作出的一项重大部署。在 2008 年 11 月 12 日公安部印发《关于大力加强公安机关执法规范化建设的指导意见》（以下简称《指导意见》）以来，公安部

先后制定并印发了《全国公安机关执法规范化建设总体安排》、《公安机关执法规范化建设阶段目标和成效标准》、《公安机关深化执法规范化建设工作任务和阶段目标》（以下简称《任务目标》）等重要文件，并相继出台了执法细则、执法资格等级考试、公安机关执法办案信息系统使用管理规定、法制员制度、执法场所设置规范等一系列的规章制度。这些文件和规章制度概括起来包括两类，其一是关于规范和指导执法规范化建设工作的文件；其二是完善执法规范化的各项制度。

《指导意见》是推进公安执法规范化建设的纲领性文件，明确了公安执法规范化建设的总体要求。《指导意见》指出加强公安机关执法规范化建设的总体要求是：高举中国特色社会主义伟大旗帜，以邓小平理论和"三个代表"重要思想为指导，深入贯彻落实科学发展观，坚持依法治国基本方略，以积极适应时代发展的新要求、不断满足人民群众的新期待为出发点，以全面提高公安机关的执法能力和执法公信力为目标，以大力解决人民群众最关心、反映最强烈的执法突出问题为突破口，立足当前、着眼长远，通过深化社会主义法治理念教育、规范执法主体、完善执法制度、规范执法行为、强化执法监督、推进执法信息化建设等措施，全面推进执法规范化建设，在更大范围、更高水平上实现执法思想端正、执法主体合格、执法制度健全、执法行为规范、执法监督有效，确保严格、公正、文明、理性执法。

根据上述规定，有学者认为公安行政执法规范化建设的目的，可以表述为："通过执法规范化建设达到执法思想端正、执法主体合格、执法制度健全、执法行为规范、执法监督有效的目标；建立以提高执法能力和公信力为总目标，以执法思想（理念）、执法主体、执法制度、执法行为、执法监督为子目标的政策目标体系。"因此应通过设定公安行政执法行为的规范目标、公安行政执法队伍建设的规范目标、公安行政执法行政管理的规范目标、公安行政执法行为监督的规范目标，来实现公安机关的严格、公正、文明、理性执法。①但是，作为一种系统工程，对执法规范化建设的推进应当有更高的理想和担当精神，应当从权力产生的源头来审视权力的规范化建设。"权利的内容和性质决定了法律的内容和性质，权利是法律得以存在的前提和运行的逻辑起点。"② 因此，执法规范化建设也应以更好地保障公民权利为出发点和归宿。

综上，我们可以认为，行政诉讼法和公安执法规范化建设的目的都在于规范公安机关的行政执法行为，监督和制约行政机关违法使用行政权，确保公安机关的权力依法行使，提高公安机关的执法能力和执法公信力，保护公民的合法权益。行政诉讼是一种外部监督形式，对公安行政执法行为进行事后监督。在行政诉讼中，人民法院对公安机关的行政行为是否合法和是否合理进行评判，仔细审查公安机关作出的行政决定证据是否充分确凿、适用法律是否正确、是否符合法律程序。人民法院认为公安机关作出的行政行为具有下列情形之一的，判决撤销或者部分撤销，并可以判决被告重新作出行政行为：（1）主要证据不足；（2）适用法律、法规错误；（3）违反法律程序；（4）超越职权；（5）滥用职权；（6）明显不当的。人民法院在审理行政案件中，认为行政机关的主管人员、直接责任人员违法违纪的，应当将有关材料移送监察机关、该行政机关或者其上一级行政机关；认为有犯罪行为的，应当将有关材料移送公安、检察机关。通过上述外部监督，人民法院纠正了公安机关的不规范执法行为。公安执法规范化建设是完善公安执法制度、提高公安执法水平的自我制

---

① 易继苍：《公安机关执法规范化建设研究综述》，载《公安学刊》2011 年第 1 期。

② 范进学著：《权利政治论》，山东人民出版社 2003 年版，第 43 页。

度完善。从而在源头上和行政过程中防止了公安机关的不规范执法行为。

**（二）行政诉讼检验公安执法规范化建设的水平**

公安行政诉讼是公安机关办案的"体检表"，反映出公安机关执法办案的质量，也反映了人民群众对公安机关执法工作的信任和满意程度，是公安执法规范化建设水平的真实体现。

首先，公安行政诉讼的案件数真实反映了公安执法规范化建设的水平。近年来，涉及公安的行政诉讼案件数量和其在所有行政诉讼案件中所占比例呈现不断下降趋势。长期以来，涉及公安机关的行政诉讼曾是行政诉讼的"大户"，特别是在1987年治安管理处罚条例实行，允许百姓对公安机关的行为提起诉讼以后，仅在当年，在所有的行政诉讼案件中，涉及公安机关的就占到了45%。自2008年，公安机关推进执法规范化建设以来，涉及公安机关的行政诉讼占全部行政诉讼的比例有了较大幅度的降低，到2014年，这个比例下降到10%以下，案件数量从1996年的1.5万件降至1万件左右。①

"究其原因，我个人初步判断，公安执法的整体状况确实取得了明显的改进。原来公安机关不愿意当被告，现在公安机关积极应诉，尽量在法制轨道上运作。尤其是公安部制定的《公安机关办理行政案件程序规定》，是我所看到的国务院部委中行政执法程序规定最好的规章之一，这也是公安机关努力的结果。从另一方面也反映出行政诉讼确实能够倒逼行政机关改进执法，能够推进行政机关依法行政。"清华大学法学院教授何海波在全国人大常委会于2014年11月4日在北京组织的行政诉讼法专题集

---

① 载包头市公安局网：http：//www.btgaj.gov.cn/fsmcms/html/FJ_JY/col1599/2014－11/05/20141105092045203996382_1.html。

体采访会上作了上述陈述。①

其次，公安行政诉讼的判决情况更加直观地反映了公安行政执法建设的水平。根据行政诉讼法的规定，人民法院要对被起诉的公安行政行为是否合法进行审查。行政行为证据确凿，适用法律、法规正确，符合法定程序的，或者原告申请被告履行法定职责或者给付义务理由不成立的，人民法院判决驳回原告的诉讼请求。因此，在公安行政诉讼中，人民法院作出驳回原告诉讼请求判决的情况，直观地反映了公安行政执法的规范性水平。笔者没有查阅到全国的数据，从公开的互联网上，查阅到一些地方公安行政诉讼的判决情况。从查阅到的部分地方的情况来看，近年来，人民法院在公安行政诉讼中，判决驳回原告诉讼请求的比例有逐渐增大的趋势。例如，据宁夏长安网报道，2015年1月至5月间，宁夏回族自治区青铜峡市公安局共出庭应诉行政诉讼案件8件，其中上诉3件，分别被青铜峡市人民法院、吴忠市中级人民法院判决驳回原告的诉讼请求，判决驳回原告的诉讼请求的比例达100%。②另据人民网记者黄庆畅报道，2009年与2003年相比，全国公安行政复议、诉讼案件的维持率，分别上升6.3%、9.4%；撤销率分别下降了9.7%、4.7%，也反映了公安执法规范化取得的成效。③

**（三）减少公安行政诉讼必须深化公安执法规范化建设**

深化执法规范化建设是提高公安机关执法质量、减少公安行政诉讼的必然选择。各级公安机关只有认真贯彻落实全国公安机关深化执法规范化建设推进会精神和《公安机关深化执法规范化建设工作任务和阶段目标》提出的各项要求，才能不断改进

---

① 载包头市公安局网：http：//www.btgaj.gov.cn/fsmcms/html/FJ ＿ JY/col1599/2014 – 11/05/20141105092045203996382＿ 1.html。

② 载宁夏长安网：http：//www.nxzfw.org.cn/xxbs/jtxfzfw/21069.htm。

③ 载人民网：http：//politics.people.com.cn/GB/1026/12936628.html。

和加强公安执法工作，减少因公安执法不规范等问题引发的公安行政诉讼案件。

从我国的传统文化来看，行政相对人是不愿意提起行政诉讼的。公安行政执法行为如果符合法律规范，相对人一般就不会提起行政诉讼。公安执法规范化建设的直接目标就是使得公安行政执法行为更加符合规范。可以肯定的是，公安行政执法行为越符合法律规定，越能减少行政诉讼。

## 二、公安行政执法规范化建设的主要内容

根据《指导意见》的要求，我国公安执法规范化建设主要从如下六个方面全面推进：

### (一) 大力加强执法思想建设

正确的执法思想是加强执法规范化建设的重要保证，是做好执法工作的前提和基础。要通过深入开展学习实践科学发展观、深化社会主义法治理念教育等活动，不断解决"为谁掌权、为谁执法、为谁服务"的思想认识问题，努力克服特权思想和地方、部门保护主义思想，坚决杜绝漠视群众疾苦、伤害群众感情、损害群众利益等问题，使各级公安机关领导和广大民警始终把党的事业至上、宪法法律至上、人民利益至上作为公安执法工作的出发点和落脚点。要通过坚决查处以权谋私、徇私枉法、不作为、乱作为等执法不严、执法不公的违法违纪行为，切实落实执法责任和执法过错责任追究制度，坚决惩处害群之马，使各级公安机关领导和广大民警把维护社会公平正义作为公安执法工作的首要价值追求。要通过加强人民警察职业道德教育、严格执法管理，使各级领导和广大民警把尊重法律、敬畏法律、捍卫法律、忠于职守作为公安民警职业道德的底线，成为忠于党、忠于祖国、忠于人民、忠于法律，有除暴安良之志，有恪尽职守之德，有规范执法之能，以维护公平正义为己任的模范执法者。

### （二）大力加强执法主体建设

执法主体合格是执法规范化、职业化、专业化的前提和保证，也是执法队伍建设的基础。要切实加强对各级公安机关领导和广大民警的教育培训，进一步加大执法培训力度，全面落实"三个必训"制度、领导干部法律学习培训等制度，全面实施集中教育训练与岗位自学自练有机结合的经常性练兵机制，不断提高领导干部和广大民警的法律素养和执法能力。要积极按照中央政法委关于全面推行执法资格考试考核的要求，认真总结"三考"和部分地方开展执法资格考试工作的经验，借鉴国家司法考试的成功做法，抓紧研究建立全国统一的公安民警执法资格考试制度及相应的奖惩机制，逐步提高执法岗位门槛，做到凡从事执法工作的民警必须取得相应执法岗位的执法资格，确保执法主体合格。要建立专门人才库，充分发挥专门人才在执法办案中的指导作用。要建立优胜劣汰机制，对不适合从事公安执法工作的，坚决调离执法岗位。要加强对辅助人员的管理，尽快出台辅助人员管理相关规定，严禁其单独从事执法工作。要通过坚持不懈的努力，使公安机关直接从事执法工作的所有执法民警都具备所在执法岗位必需的政治素质、法律素质、业务素质、道德素质和体能素质。

### （三）大力加强执法制度建设

只有把公安执法工作全部纳入程序化、规范化、法制化的轨道，才能确保严格、公正、文明、理性执法，使广大民警养成规范执法的习惯。各级公安机关和各部门、各警种要认真查找本地区、本部门、本警种执法规范化建设中的薄弱环节和空白点，特别是要针对当前执法活动中最容易发生问题的环节，如交警纠正交通违法、治安巡逻盘查、武器警械使用、群体性事件处置等，抓紧制定明确的操作程序和执法标准，完善防止随意执法的各种管理制度，明确各执法岗位的职责要求，为执法工作提供法律上、制度上、规范上的保障和支持。各级公安机关和各部门、各警种要针对各自存在的问题，确定执法制度建设的工作重点，区分轻重缓急，逐步加以解决。要通过坚持不懈的制度建设，使执法依据充分有效，各个执法领域、执法岗位、执法环节的程序性、实体性制度健全、可操作性强，每一个执法行为、执法动作都纳入制度和规范的有效约束之中，执法职责界定明确，切实从源头上遏制执法的随意性。

### （四）大力加强执法行为规范化建设

公安民警的执法行为是否规范，直接影响公安机关的执法质量、执法形象和执法效果。要针对当前执法行为方式上存在的突出问题，抓紧制定公安机关执法大纲，围绕各警种执法的基本环节和流程，研究制定具有要点性、原则性、指导性的执法基本要求和标准，便于民警了解和掌握，指导民警正确执法、规范执法和高效执法，努力提高执法的规范化、专业化、标准化水平。要按照中央政法委关于执法责任体系建设的要求和《国务院办公厅关于推行行政执法责任制的若干意见》，进一步梳理、细化法律赋予本级公安机关的执法职责，并分解落实到每个执法单位和每个执法岗位。要按照"谁审批，谁负责"、"谁执法，谁负责"、"职权与责任相统一"的原则，进一步明确主要领导、分管领导、内设机构负责人和执法民警个人等不同层级的执法责任，进一步明确执法办案的呈报、审核、审批、执行等各个岗位、环节的责任，切实解决职权不清、责任不明、出现过错难以查究的问题。要狠抓法律制度的贯彻执行，在新的法律、法规和执法制度实施一段时间后，组织对执行情况进行专项检查，并加强经常性的执法监督，坚决纠正、有效预防不严格执行法律、不按照制度规范操作、随意执法甚至滥用执法权等问题。要以开展创建"执法规范化建设合格单位"活动为载体，把执法规范化建设合格单位作为执法示范单位的必备条件，迅速掀起执法规范化建设的热潮。要继续深入开展执法示范单位培养、创建工作，下大力气培养、创建不同层次的执法示范单位，使基层公安机关和广大民警身边有看得见、学得到的榜样。要认真总结、及时推广执法示范单位的先进经验，并将这些先进经验和成熟做法上升为制度、规范，不断推动公安机关整体执法质量和执法水平的提升。

（五）大力加强执法监督体系建设

及时、有效的执法监督，是保证公安机关和民警规范执法的重要途径。针对当前执法工作中存在的突出问题，要进一步深化执法质量考评工作，把执法质量的高低纳入对执法单位及其领导和民警个人工作绩效的考评，不断完善执法质量考评标准、范围，实行平时考评、阶段考评与年度考评相结合，全面建立领导和民警执法档案，实现执法质量考评工作的动态化、经常化，并将考评结果作为主要指标，与领导和民警的政治荣誉、经济利益、职务升降紧密挂钩。要完善案件法律审核把关制度，按照决策、执行、监督相协调的要求，结合本地区、本部门、本警种执法工作实际，明确法律审核把关的主体、确定把关的案件范围和执法环节，建立完善把关机制。要建立不同意见备案制度，将法律审核、案件审议中的不同意见记录在案，作为执法检查和责任追究的依据。要完善个案监督和执法过错责任追究制度，抓紧建立个案执法监督和执法过错责任追究启动机制，健全个案监督程序。要充分发挥警务督察部门的现场监督作用和法制部门的内部执法监督作用，确保执法过错责任追究制度严格落实。对执法检查中发现、群众举报控告、新闻媒体曝光、上级机关交办、司法机关确认以及其他机关移交的，依法应当追究执法过错责任的个案，要及时进行立案调查、作出认定，并依法处理，坚决纠正执法过错，坚决追究审批人、审核人和承办人的责任，促使领导和民警自觉依法办事。要完善警务公开制度，依法公开执法依据、执法程序、执法进度、执法结果和执法文书，提高执法工作的透明度，依法保障管理相对人、利害关系人的知情权、参与权和救济权，自觉接受外部监督。要通过多种方式，为公众查阅公安机关公开的执法信息提供便利条件。要积极推行执法告知、治安案件公开调解、火灾和道路交通事故公开认定、疑难信访案件公开听证等公开制度，充分听取当事人的申辩，保证执法公平、公正。要通过不断健全完善执法监督机制，使监督制约措施科学、有效，错误的执法行为得到依法、及时纠正，执法过错责任得到严格追究，执法奖惩措施得到全面落实。

（六）大力加强执法工作信息化建设

执法工作信息化是实现执法规范化的重要途径和手段。各地公安机关要按照中央政法委关于加强执法工作信息化建设的总体要求，将执法工作信息化建设列入规划，加大人力和财力投入。要充分借助公安部开发的"执法与监督信息系统"，充分利用信息化这一有效手段，积极推行执法办案的网上流程管理、网上审批、网上监督和网上考评，把信息化手段渗透到执法办案的各个环节，做到以信息化规范执法程序、落实执法制度、强化执法监督、提高执法质量。要在公安网上建立执法网页，设置法规查询、执法问答、执法情况反馈等功能，搭建网上执法工作平台，加强网上执法指导和服务，提高执法效率，节约执法成本。

## 三、总结行政应诉经验，进一步深化公安执法规范化建设

公安机关经过近年来的执法规范化建设，执法规范化水平得到了显著提高。但是，不可否认依然存在一些问题，需要进一步深化执法规范化建设。公安行政诉讼对于维护和监督公安机关依法行使行政职权，及时解决公安机关因行政执法而与相对人发生的行政争议，保护公民、法人和其他组织的合法权益具有重要意

义。行政诉讼是一面很好的镜子，每一起公安行政诉讼案件都是公安机关反思行政执法行为是否合法、合理，是否符合法治要求的重要契机。2013 年 11 月 20 日，公安部在总结五年来公安执法规范化建设取得的成效和存在的不足的基础上，印发了《公安机关深化执法规范化建设工作任务和阶段目标》（简称《深化任务与目标》)，对今后三到五年全国公安机关深化执法规范化建设工作进行全面部署。《深化任务与目标》提出了建设法治公安的目标，并从执法能力建设、执法制度建设、执法管理建设、错案预防机制建设、执法信息化建设、执法办案场所使用管理建设、执法公开建设和执法示范单位建设八个方面，提出了总计43 项具体的工作任务。

**（一）深化执法能力建设**

执法能力建设，是公安执法队伍公正文明执法的保证。深化执法能力建设主要做好下面七个方面的工作：（1）深化法治理念教育。健全社会主义法治理念经常性教育培训机制，培养广大公安民警严格依法履行职责、尊重和保障人权、自觉接受监督的观念，增强运用法治思维、法律手段做好本职工作、维护社会稳定的能力。（2）加强执法培训，使广大民警熟练掌握规范取证、排除非法证据、正确适用强制措施、保障嫌疑人权利等法律的具体要求。（3）落实领导干部学习法律制度。公安机关领导班子每半年至少开展一次法律专题学习，提高依法决策能力。（4）建立网上学法制度。建立、运行和不断更新网上学法系统，方便广大民警自学与测试，提高学习效率。（5）开展执法实战培训。推进法律要求与实战应用相结合的执法培训模式，一线执法民警特别是派出所和治安、刑侦、经侦、交管、禁毒等承担大量执法任务的警种每年至少参加一次针对现场处置、调查取证、规范使用办案区、出庭作证、信息化应用、警务技能以及战术、枪支使用管理等方面的实战模拟训练；有条件的地方，执法业务骨干每四年接受一次不少于三个月以执法办案为主要内容的警种脱产培训，切实提高民警依法办案能力。（6）深化执法资格等级考试工作。办案民警全面通过基本级执法资格考试，公安机关内设执法勤务类机构和派出所主要负责人全面通过中级执法资格考试，力争使规模较大的执法勤务类机构和派出所至少有一名具备高级执法资格的民警；建立并落实考试结果与职级待遇挂钩的激励机制。（7）强化执法指导。省级和设区的市一级公安机关选择具有普遍指导、警示作用的案件，定期发布案例指导；依托法制在线等公安信息网法律服务平台，及时收集、解答基层民警执法中遇到的法律问题。

### （二）深化执法制度建设

执法制度建设是规范执法行为的前提和基础。在深化执法制度建设方面，要做好如下四个方面的工作：（1）完善制度建设工作机制。省级、设区的市一级公安机关根据执法实际需要，制定年度执法制度立改废计划，年终形成年度制度汇编；在公安信息网建立执法制度交流平台，汇总优秀执法制度，供互相借鉴。（2）提高立法质量。对涉及群众切身利益的重大决策和执法制度，原则上应当向社会公开征求意见，并落实事前合法性审查，提高执法制度的科学性和可操作性。（3）细化完善操作规范标准。制定完善110接处警、受案立案撤案、人身安全检查、信息采集、现场勘查检查等执法重点环节的工作规范，为执法活动提供具体标准。（4）制定完善取证指引制度。针对常见多发性案件，制定证据收集、固定、保存、审查等环节的工作指引，引导民警规范取证。

### （三）深化执法管理建设

通过执法管理，对执法过程进行控制，有利于及时发现和纠正执法问题。深化执法管理建设要做好如下六个方面的工作；（1）建立、运行执法管理机制。省级以下公安机关建立由法制部门牵头，纪检监察、督察、信访和主要执法办案部门参加的执法管理工作机制，制定并落实相关工作制度，及时通报执法情况，预警执法问题，并形成年度通报，切实发挥执法质量的整体掌控作用。（2）整改执法突出问题。制定年度专项检查整改计划，将日常检查与集中检查相结合、网上检查与实地检查相结合，对发现的执法问题进行通报并督促整改，力争每年解决一至两个突出的问题。（3）健全案件法律审核把关制度。法制部门对案件定性处理和程序进行全面审核，案件没有经过法律审核的，不得审批；配备与工作任务相适应的案件审核队伍，实行审核与日常考评同步进行，实行"一案一审一评"。（4）建立实行个案监督制度。对执法过错案件，由法制部门牵头，与纪检监察、督察、信访和主要执法办案部门联合配合，及时启动个案监督程序，纠正执法过错案件，通报执法问题，追究执法过错责任。（5）全面落实法制员制度。县级公安机关执法勤务类机构和派出所法制员全部配备到位；在执法任务较重、规模较大的县级公安机关执法勤务类机构和派出所实行派驻或者专职法制员制度；法制员的职责任务、选拔任免、管理使用、绩效考核、待遇奖惩有明确规定并得到落实。（6）改革完善执法质量考评机制。将执法质量考评作为绩效考核的主要内容，清理、取消刑事拘留数、发案数、退查率、破案率等不合理的办案考评指标，以及各种不必要的排名通报，优化考评指标体系，增强考评公信力。

**（四）深化错案预防机制建设**

立足执法现状，以强化刑事执法立案监督为源头，注重现场勘查检验为抓手，重视程序规范化为根本，严格落实办案终身、案件首办、执法强制入轨、五级审核把关等规章制度，进一步加强刑事执法办案力度，积极探索命案办理新机制，探寻防范冤假错案的治本之策。

### （五）深化执法信息化建设

执法信息化建设是深化执法规范化建设的重要内容和有力支撑。深化执法信息化建设要做好如下六个方面的工作：（1）完善各级公安机关警综平台的执法办案与执法监督功能。接报警、执法办案、监督、考试考核等各类信息系统之间实现关联互通和数据共享，省级公安机关能够依托各级警综平台实现对全省、区、市案件的网上巡查；及时维护、更新服务器、数据传输系统等设施，保证系统运行通畅、快捷。（2）全面实现网上办案。案件信息、主要证据材料上传信息系统，并通过信息系统制作法律文书，进行审核审批，开发应用电子签章、电子签名，实现案件电子卷宗自动生成，案件质量网上逐案考核。（3）实现执法档案自动生成。为执法办案单位及其民警逐一建立网上执法档案，自动、规范生成档案内容，准确记载执法办案的数量和质量，为绩效考核提供重要依据。（4）实现案件全程信息化监控。将110接警、群众到公安机关报案等接报警信息整合至警综平台，并依托警综平台，将接报警信息、信息现场信息、办案场所视频监控、执法办案流转信息综合关联应用，实现对案件的全流程监控。（5）实现对执法问题的预警和发现功能。完善办案期限即将届满预警提示功能，增加对受立案、行政处罚、强制措施、涉案财物管理等办案数据异常变动情况的检测功能，及时发现、提醒、纠正执法问题。（6）实现统计分析和辅助决策功能。优化执法办案信息系统的数据查询和统计分析功能，形成对发案数量、种类、区域以及办案质量的数据年度分析报告，为执法决策提供准确参考。

### （六）深化执法办案场所使用管理建设

执法办案场所的建设、管理和使用，对于规范执法行为、防止刑讯逼供和发生执法安全事故起到积极作用。执法办案场所使用管理建设要做好如下六个方面的工作：（1）承担办案任务的省级公安机关设置办案区和涉案财物管理区，或者相对固定地借用当地基层公安机关执法办案场所办案；建设和改造工作应当坚持因地制宜，并要与全国公安基础建设"十二五规划"同步进行。（2）落实办案区使用管理制度。将违法犯罪嫌疑人带到公安机关后一律进入办案区并进行登记，杜绝违反规定不在办案区办案；县级以上公安机关指定有关部门管理执法办案中心和涉案财物管理中心，执法勤务类机构和派出所指定专人负责办案区和涉案财物保管室的管理。（3）消除安全隐患。确保讯问室、询问室、候问室墙面使用防火材料，避免有悬挂支点以及其他可能被用来行凶、自杀、自伤的物品；完善落实人身安全检查操作规范，对每一个进入办案区的违法犯罪嫌疑人，落实看管责任；杜绝安全事故；各级公安机关及派出所等所属单位，都要从本地实际出发，加强确保自身安全的人防、物防、技防措施。（4）规范信息采集。严格按照规定全面采集违法犯罪嫌疑人的相关个人信息，并录入相应信息系统，实现及时核实、比对。（5）严格对讯问过程录音录像。对所有刑事案件讯问过程全程录音录像，并作为案件审核的必要项目；对容易产生争议的治安行政案件的违法嫌疑人询问过程录音录像。（6）强化对执法活动的音频、视频监控。办案区、羁押场所相关功能区电子监控设备按照要求开通运行，本级和上级公安机关监督部门按照规定权限实时监控办案区内执法活动，并落实办案保密要求。

**（七）深化执法公开建设**

深化执法公开建设的主要工作包括如下四个方面：（1）建立运行互联网执法公开平台。省、市、县三级公安机关在互联网公安机关门户网站上建设运行满足执法公开需求的信息平台，实现行政许可、行政审核和备案类事项的网上受理、审批、告知，提供在线预约、咨询、申请、受理等服务，提升执法公开效果。（2）全面公开执法信息。通过公告栏、宣传材料、信息屏终端或者电话、互联网查询等方式，依照规定向社会公众或者特定对象公开行政、刑事执法的依据、流程、进展、结果等信息，充分实现执法公开要求。（3）开展开门评警活动。完善走访群众、警民恳谈等长效机制，借助110短信评警、警情案件回访、窗口单位满意度评价、互联网群众评议等方式，建立健全群众意见建议收集、办理、反馈机制，有针对性地改进执法工作，主动接受群众监督。（4）改进执法方式。坚持以群众满意为导向，充分运用公开听证、调解、质证等方式，增强办理治安案件、行政案件过程的透明度和处理结果的说理性，实现案结事了。

### （八）执法示范单位建设

关于执法示范单位建设主要做好如下三个方面的工作：（1）完善执法示范单位创建机制。建立完善不同层次的执法示范单位培养、选树工作制度，打造全面领先和专项工作突出的执法示范单位。（2）发挥执法示范单位的引领作用。被命名的执法示范单位不断采取有针对性的措施，提高执法水平，确保不发生重大执法问题，并认真总结、及时上报经验做法，上级公安机关要通过建立示范点、结对帮扶等形式及时总结、推广其成熟经验，通过示范引领全面推进执法规范化建设。（3）建立执法示范单位年度评估和激励制度。上级公安机关要对示范单位进行年度评估、跟踪管理，对发生执法问题不符合示范单位条件的，严格按照程序撤销称号；被评为执法示范单位的，对成绩突出的集体和个人予以表彰奖励。

# 第二节　应用法治思维提升公安
# 行政执法水平

行政诉讼法的施行，是我国建设法治国家的一个重要里程碑，对于提高公安机关的依法执法水平具有重大的推动作用。公安机关应当自觉地应用法治思维，提升自己的行政执法能力，使公安行政执法水平再上一个台阶。

## 一、法治思维的提出

在我国，法治思维有一个逐渐形成的过程。

我国第一代领导集体将马列主义的法学理论与我国革命和建设的具体实践紧密结合，提出了丰富而深邃的法学思想，为我国社会主义法制的建立和发展，为丰富和发展马克思主义法学理论作出了重大贡献，为依法治国思想方略的提出奠定了良好的理论基础。毛泽东亲自主持并制定了第一部具有社会主义性质的宪法，指出"一个国家要有一个章程，使全国人民群众有一条清楚的轨道，使全国人民具有明确的道路可走，调动全国人民的积极性"，并详细阐述了"我们的法律制度是由劳动人民制定的，并为劳动人民服务的，维护社会秩序，保护人民利益的有力武器"。刘少奇一贯强调："宪法是全国人民和一切国家机关都必须遵循的。"董必武是新中国法治的先驱，也是中国共产党第一代领导集体中少有的专修过法律和从事过律师职业的领导人之一。董必武在中共八大上第一次提到了八字方针，也就是依法办事的基本原则，即"有法可依，有法必依"。

以邓小平为核心的第二代领导集体进一步发展了我国的法治思想。邓小平同志曾经说过："不能将国家的稳定发展建立在个人威望上，而应当建立在完善的民主与法制上。"在1978年的中央工作会议上，邓小平同志提出了社会主义初期的法制原则："有法可依，有法必依，执法必严，违法必究"。1992年，邓小平同志在深圳再次强调："还是要靠法制，搞法制靠得住些。"为后来所提出的"依法治国、建设社会主义法治国家"的治国路线提供了重要的理论基础。江泽民、胡锦涛时期首次提出了依法治国方略，并把"依法治国"正式写入了宪法。1997年9月

12 日，中共十五大首次在我国提出依法治国方略，指出"建设有中国特色社会主义的政治，就是在中国共产党领导下，在人民当家作主的基础上，依法治国，发展社会主义民主政治。"这对于具有几千年历史的中国来说，是一种全新的治国方略。表明了与"人治"思想彻底决裂的态度。1999 年 3 月 15 日，第九届全国人民代表大会第二次会议通过了第三次宪法修正案，把"依法治国"正式写入了宪法，规定"中华人民共和国实行依法治国，建设社会主义法治国家"，从而把中国共产党的政治目标转变为国家的政治目标，或者更准确地说，转变为国家的宪政目标。胡锦涛在 2007 年的全国政协会议上第一次提出了"党的事业至上，人民利益至上，宪法法律至上"的重要观点。到 2010 年年底，中国已制定现行有效法律 236 件、行政法规 690 多件、地方性法规 8600 多件。

至此，法治思维的提出，已经水到渠成。国务院 2010 年发布的《关于加强法治政府建设的意见》，要求行政机关工作人员特别是领导干部要"切实提高运用法治思维和法律手段解决经济社会发展中突出矛盾和问题的能力"。该意见发布之后，全国各地方人民政府相继通过会议和文件向所辖行政机关工作人员、领导干部重申这一要求。有的地方还以党委和人大的决议形式将这一要求从行政机关工作人员进一步扩大适用到整个国家工作人员（包括党的干部）。例如，湖南省委发布的《法治湖南建设纲要》要求各级国家工作人员特别是领导干部要"切实提高运用法治思维和法律手段推动工作，促进发展、解决经济社会发展中突出矛盾和问题的能力"。湖南省人大常委会《关于推进法治湖南建设的决议》亦对所有国家工作人员提出了这样的要求。从而，"提高运用法治思维和法律手段能力"的问题在全国范围内得到了高度的重视。

2011 年 3 月 10 日，吴邦国向十一届全国人大四次会议作全国人大常委会工作报告。他宣布,一个立足中国国情和实际、适应改革开放和社会主义现代化建设需要、集中体现党和人民意志的,以宪法为统帅,以宪法相关法、民法商法等多个法律部门的法律为主干,由法律、行政法规、地方性法规等多个层次的法律规范构成的中国特色社会主义法律体系已经形成。

2014 年 10 月 20 日召开的党的十八届四中全会,通过了《中共中央关于全面推进依法治国若干重大问题的决定》(以下简称《决定》),对建设法治国家的目标必将产生深远的影响。《决定》将依法治国提到了前所未有的高度,指出,"依法治国,是坚持和发展中国特色社会主义的本质要求和重要保障,是实现国家治理体系和治理能力现代化的必然要求,事关我们党执政兴国,事关人民幸福安康,事关党和国家长治久安"。《决定》将全面推进依法治国的总目标确定为:建设中国特色社会主义法治体系,建设社会主义法治国家。这就是,在中国共产党领导下,坚持中国特色社会主义制度,贯彻中国特色社会主义法治理论,形成完备的法律规范体系、高效的法治实施体系、严密的法治监督体系、有力的法治保障体系,形成完善的党内法规体系,坚持依法治国、依法执政、依法行政共同推进,坚持法治国家、法治政府、法治社会一体建设,实现科学立法、严格执法、公正司法、全民守法,促进国家治理体系和治理能力现代化。《决定》彰显了宪法的重要性:将每年 12 月 4 日定为国家宪法日;决定建立宪法宣誓制度,凡经人大及其常委会选举或者决定任命的国家工作人员正式就职时公开向宪法宣誓;建立违宪审查制度。《决定》首次提到了诸多关于法治的论断,如"依法治国,事关我们党执政兴国,事关人民幸福安康,事关党和国家长治久安""法律是治国之重器,良法是善治之前提""法律的生命力在于实施,法律的权威也在于实施""法律的权威源自人民的内心拥护和真诚信仰"……

依法治国，已经成为我党领导人民治理国家的基本方略，成为国家长治久安的重要保证。作为我们这样一个发展中大国，大力弘扬法治精神，增强全体公民的法律意识，对于稳定社会秩序、维护国家利益，保障公民权利，具有至关重要的意义。公安机关在执法过程中，要注意避免脱离法治思维治事理政，运用非法律手段解决维护社会治安与稳定的问题。

一个没有法治思维的人，就不能胜任当前的行政执法工作！

## 二、法律思维的四个维度①

### （一）法治思维是一种底线思维

法治思维作为一种思维方式，是以合宪性、合法性判断为基本内容的。依照宪法和法律规定办事，是各级领导干部法治思维的最基本的要求；合宪性与合法性是法治思维的底线。法治思维是以合宪性与合法性为起点、以公平正义为中心的一个逻辑推理过程。法治思维强调的是尊重宪法和法律的法治理念、维护宪法和法律尊严与权威的法治信念，遇到问题时运用宪法和法律的原则、规范、精神及法律逻辑进行合宪与违宪、合法与违法的分析判断与正确决策的思维模式。公安机关，无论是履行维护社会治安与稳定还是进行社会管理提供公共服务，无论是在作出决策还是在执行相关法律或决议，都应当以宪法和法律规定为底线，不能突破这一底线。这种底线思维主要体现在以下三个方面：

第一，要按照宪法和法律的基本价值进行合法性判断。法治思维是指按照法治的逻辑来观察、分析和解决社会问题的思维方式，它是将法律规定、法律知识、法治理念付诸实施的认识过程，直接关系到依法行政、依法办事的效果。它是以合法性为起

---

① 本部分参考殷啸虎：《法治思维内涵的四个维度》，载《毛泽东邓小平理论研究》2014 年第 1 期。

点，以公平正义为中心的一个逻辑推理过程。法治思维的过程首先是一个价值判断的过程，这种合法性判断依据的是宪法和法律的基本价值，它是法治思维的"魂"。只有把握住了这个"魂"，才能作出准确判断，在决策和执行的过程中坚守宪法和法律的底线。第二，要按照宪法和法律的基本内容进行合法性判断，这是法治思维的基本要求。法律的原则和精神主要是通过法律文本的具体规定体现的，法治思维的过程就是一个严格按照法律规定的内容进行思考、分析和判断的过程，它是法治思维的"体"，贯穿于法治思维的整个过程之中。第三，要按照宪法和法律的基本程序进行合法性判断。程序本身也是法治的重要组成部分，是法律实施的正当性与有效性的前提。静态的法律原则、法律精神乃至法律文本规定要在动态的现实生活中得到运用，必须依照特定的程序，包括立法程序、执法程序和司法程序。因此，它是法治思维的"用"，决定了法治思维的"魂"与"体"的实现。可以说，整个法治思维的合法性判断的过程，就是这种"魂"、"体"、"用"结合的过程。

因此，法治思维从本质上说就是一种底线思维，公安机关在行使权力的过程中，应当首先从宪法和法律的角度去思考问题，包括严格依照法律的价值、法律的内容以及法律的程序进行判断。无论是进行决策，还是提出解决问题的思路等，都不能突破宪法和法律的底线，这也是我们通常所说的合法性要求。近年来，一些涉及民生问题的改革政策在讨论和推广过程中，之所以会引发社会的争议乃至质疑，除了一些客观方面的原因，重要的一点是政策的起草者、决策者在制定这些政策的过程中，往往是从自身的主观愿望出发，忽视了决策本身的合宪性与合法性，甚至突破了宪法和法律的底线所造成的。

### （二）法治思维是一种规则思维

法律是由一整套规则组成的，规则构成了法律的基本单位。

分析实证主义法学的创始人凯尔森指出："法是人的行为的一种秩序（order）。一种'秩序'是许多规则的一个体系（system）。法并不是像有时所说的一个规则，它是具有那种我们理解为体系的统一性的一系列规则。""每个法律规则使人们在一定的情况下负有遵从一定行为的义务。"① 法治思维是基于法律规则的一种思维方式，具体体现为一种规则意识。这种规则意识主要是指对各种规则的遵守和执行意识。法律意识、法治观念都是法治思维的思想基础，而在法律意识、法治观念中，规则意识是最重要的归结点，强化和提高全社会的规则意识，成为法律实施乃至建设法治国家的关键性因素。

依法治国的核心与实质是依宪治国，依法治国的基础是依法行政，它首先要求公安机关及其人民警察严格按照法定的规则行使权力。因此，法治思维首先是一种规则思维，这种规则思维的基本要求是：首先，法治思维的提升，应当从规则意识的培养、规则思维的提升入手。公安机关及其人民警察在行使权力的过程中不仅要了解、熟悉相关的法律规则，更要树立对法律规则的信仰，养成自觉遵守法律规则的习惯，并形成一种基本的思维方式，用于指导具体工作实践。其次，公安机关及其人民警察在行使权力的过程中，应当严格遵守既定的法律规则，依照法律规则行使权力，既不能缺位，也不能越位。再次，公安机关及其人民警察在行使权力的过程中，应当符合基本的法律规则，而不能在法律规则以外去寻求解决问题的方案。应当说，目前在公安行政管理尤其是在公安行政执法过程中面临的一些问题，在很大程度上是由于这种规则思维的缺失造成的。一方面，要求我们的管理部门尤其是领导干部要创新管理方式，提高执法效能；另一方

---

① ［奥］凯尔森著：《法与国家的一般理论》，沈宗灵译，中国大百科全书出版社1996年版，第3页。

面，又要求依法行政，严格遵守既定的法律规则。要处理好这两者之间的矛盾，核心是要运用规则思维来准确把握好改革创新与遵守规则之间的关系。例如，为了有效治理行人乱穿马路的违法行为，上海市杨浦区交警对违法者采取了"罚读报"的做法，即对乱穿马路、闯红灯的行人进行教育之后，采取当街读报5分钟的处理方式。在不少人看来，这一做法显然比简单的罚款更人性化，不仅减少了违法者和执法者之间的抵触情绪，还大大提高了高峰时段路口民警纠违的效率。据悉，交警部门将在上海全市范围内推广这一举措。① 乱穿马路、闯红灯等行人违法行为一直是影响道路交通安全的一个顽症。虽然《道路交通安全法》明确规定，行人违反道路交通安全法律、法规关于道路通行规定的，处警告或者5元以上50元以下罚款，但实际执行却很难。往往为了10元罚款，要对被处罚者花上大量时间进行说服解释，而"罚读报"的方式既强调了教育为主，同时也提高了对违法行为处罚的效率。但如果从依照法律规则办事的角度看，"罚读报"的方式同样存在问题：根据《道路交通安全法》的规定，行人违反道路交通安全法律、法规关于道路通行规定的，处罚方式只有警告或者罚款，"罚读报"如果是一种行政处罚方式，那么明显违反了法律规则；如果不是行政处罚方式，那么它的法律规则依据又是什么？如果因此损害了公民的合法权益，如何进行救济？可以说，这是目前困扰行政管理与行政执法的一个比较突出的问题。近年来，随着行政生态的变化，行政管理和执法面临着不少新的情况、问题和挑战，尤其是在所谓维稳压力之下，执法者和执法机关必须考量诸多法外因素，往往陷于两难之中：执法者必须在"优先平息事态"还是"严守法律底线"之间作出

---

① 罗剑华、李辉、杨梅：《本市推广乱穿马路"罚读报"》，载《新闻晨报》2013年7月23日。

选择。执法者自身在价值判断和行为选择上也存在矛盾甚至分裂：一方面认为这样做是违背法治精神和法律规则的，另一方面又自觉不自觉地倾向于采用"有用"的方法。因此，破解这一难题的关键，还是要在大胆创新的同时，要严格依规则办事，增强国家机关工作人员尤其是领导干部的规则意识，提升领导干部运用规则思维的能力。

### （三）法治思维是一种权利思维

法治的终极价值目标是通过规范公权力的运行，达到保护公民权利的目的。法的整个运行过程，包括立法、执法、司法，都是围绕这一终极目标进行的。法治思维作为一种权利思维，其基本要求就是在行使权力的过程中，应当明确其终极目标是维护公民的合法权利而不是损害甚至是侵犯公民的合法权利。目前，在公安机关不少干部和民警的心目中，占主导地位的依然是一种管控思维，认为有效行使权力的目的就是提高管理的效能，而忽视了对公民权利的保护。做坏事不可以不择手段，做好事同样也不能不择手段。以侵犯公民权利的方式提高管理效能，与法治精神相背离。权利思维应当包含以下三个方面的内容：

第一，不得侵犯公民的合法权利。公安机关履行职能的终极目标就是保证宪法和法律规定的公民的各项权利和自由得到充分的实现，各级公安机关及其人民警察应当将人民的利益放在首位，绝不能为了所谓政绩的需要而侵犯公民的合法权利。应当努力推动形成办事依法、遇事找法、解决问题用法、化解矛盾靠法的良好法治习惯和法治环境，在法治轨道上推动各项工作，解决实际问题，维护和实现广大人民群众的根本利益。第二，实现权力与权利的平衡。公权力和私权利都是有边界的，要实现权力与权利的平衡，应当明确公权力与私权利之间的边界，这也是权利思维所要着重关注的问题。但这两种边界的划分标准是不一样的。公权力和私权利的边界都是由法律划定的，所不同的是，对以公安机关行使的公权力，应适用"法无授权即禁止"的原则，凡是未经法律明确授予的权力都不是合法权力；而对私权利来说，则是"法无禁止即自由"，每个公民，只要他不违背正义的法律，就应允许他按照他的方式追求其利益，法律禁止之外的都属于私权利的范围。公权力的有限性决定了其边界和慎用。现在一些因公权力行使不当所引发的事件，包括一些群体性事件，大都是由于行使公权力的机关对自身的权力边界不清所造成的。因此，权利思维的基本要求就是行使权力的人要明确自身权力行使的边界，真正做到依法办事。第三，实现权利与义务的平衡。现代社会是利益主体多元的社会，不同的利益主体和个体之间，必然存在利益矛盾和利益冲突。要实现深化改革、推动发展、化解矛盾、维护稳定的目的，就必须依法协调不同的利益关系，平衡权利和义务的关系。权利的行使和义务的履行，是建立在他人权利的享有和义务的履行的基础上的。也就是说，公民权利的行使，同时意味着要求他人履行相应的不妨碍权利行使的义务；与此相对应，公民在行使权利的时候，也必须承担不妨碍他人权利行使的义务。在公民之间，权利的行使和义务的履行是相互对应、互为条件的。这也就是《宪法》第五十一条所规定的"中华人民共和国公民在行使自由和权利的时候，不得损害国家的、社会的、集体的利益和其他公民的合法的自由和权利"。法治思维是以权利义务作为思考主线的思维活动。通过确定公权力行使的基本规则，规范公权力的运行，依法保障公民权利的行使。提升广大人民警察运用法治思维的能力，重要的一点就是要提升广大人民警察运用权利思维思考问题、分析问题、处理问题和解决问题的能力，处理好权力与权利、权利与义务的关系，保障公民的人身权、财产权、基本政治权利等各项权利不受侵犯，保证公民的经济、文化、社会等各方面权利得到落实，努力维护最广大人民群众的根本利益，保障人民群众对美好生活的向往和追求。

### （四）法治思维是一种契约思维

现代社会法律关系从本质上说是一种契约关系。契约作为商品交换的条件和手段，本身就是当事人各方为了实现各自的利益预期所设计的、必须共同遵循的行为规则。它既是一种纳权利和义务于一体的价值理念，又是一系列保障权利与义务实现的行为规范；它既充当了当事人之间利益分配的中介，又最大限度地体现了当事人合意这一公平原则；它既超越于当事人的意志之上，又包含各当事人的意志于其中；而契约范畴所体现的自由、平等、自律、自主等一系列原则一旦得到国家的认可，并以法的形式确定下来，也就为经济生活的规范化、法治化提供了可靠的制度保障。① 现代社会的法律具有鲜明的契约色彩，是契约精神的体现。法治思维是对这种契约精神的尊重与体现。因此，无论底线思维也好，规则思维也好，权利思维也好，具体都是通过契约思维体现出来的。

法治思维就是一种契约思维，这种契约思维在现代法治的价值取向与制度安排上，就公安机关而言，具体反映在以下三个层面：第一，宏观层面：公安机关的权力来自人民的授权。按照人民主权原则的基本观点，国家的一切权力属于人民，公安机关的权力也来自人民的授权。在公安机关和人民的关系中，人民是主人，公安机关及其人民警察只是受托者。既然公安机关的权力来自人民，人民就有权要求公安机关为人民服务。第二，中观层面：公安机关行使权力的终极价值目标是为人民服务。如上所述，既然公安机关的权力来自人民，人民就有权要求公安机关为人民服务。为人民服务的基本含义是指公安机关及其人民警察要一切从群众利益出发，树立群众观点，坚持群众路线，做人民的

---

① 蒋先福著：《契约文明：法治文明的源与流》，上海人民出版社 1999 年版，第 2~3 页。

公仆。第三，微观层面：公安机关在权力行使过程中应当遵守契约。讲究诚信契约精神是法治社会之本，契约精神是一种由于契约关系存在，因而对契约负责而产生的自由、平等、尚法、守信的精神，是为法治社会所公认的行为准则。契约精神对我国社会主义法治国家的建设，以及建立和完善社会主义市场经济起着不可替代的作用。契约是法治社会体现公平原则最主要的载体，是现代法治的构成要素之一。

底线思维、规则思维、权利思维、契约思维从不同的维度，诠释了法治思维的具体内涵。公安机关要自觉提高运用法治思维和法治方式深化改革、推动发展、化解矛盾、维护稳定的能力，用法治思维引导工作思维，将法治思维的运用内化为公安机关自觉的行动。

## 三、法治思维对公安行政执法的要求

公安机关领导干部和普通民警，在行使国家公权力时，无论是决策还是执行，或者是解决社会矛盾、争议，基于法治思维，都应遵守下述五项要求，并在整个决策、执行和解纷的过程中随时和不断审视其行为是否遵守和符合这些要求：目的合法、权限合法、内容合法、手段合法、程序合法。如在行为过程中发现违反，应及时主动纠偏。

### （一）目的合法

目的合法是指公安机关作出某一决策，实施某一行为（包括执法行为、解纷行为、服务行为等），应当符合法律、法规明示或暗含的目的。

每一部法律，甚至每一个法律条文，都有其立法目的，公安机关只有正确理解和遵循在立法目的的前提下，去作出行政行为，才符合法治思维对行政执法的要求。以《治安管理处罚法》为例，该法开宗明义，规定"为维护社会治安秩序，保障公共安全，保护公民、法人和其他组织的合法权益，规范和保障公安机关及其人民警察依法履行治安管理职责，制定本法"。确定了该法的立法目的有三：一是为了维护社会治安秩序，保障公共安全；二是为了保护公民、法人和其他组织的合法权益；三是为了规范和保障公安机关及其人民警察依法履行治安管理职责。显然，该法在努力寻求"保护公民、法人和其他组织的合法权益"与"规范和保障公安机关及其人民警察依法履行治安管理职责"二者之间的平衡点，即既要加强公安机关治安管理处罚权和强制权的配置，严格规范公安机关权力的运用，又要保护公民、法人和其他组织的合法权益。其价值取向并不是单一的，而是将规范和保障治安处罚权与切实保护公民的合法权益有机地统一起来，从而达到更好地"保护公民、法人和其他组织的合法权益"的根本目的，体现了权利本位、以人为本的立法目的。如果公安机关在执行《治安管理处罚法》时，过分强调维护社会治安秩序，保障公共安全的立法目的，忽略了保护公民、法人和其他组织的合法权益的立法目的，就很容易作出错误甚至是违法的管理决定。例如，据《南方日报》报道，2010 年 7 月 3 日，广东东莞清溪镇一派出所抓获了 4 名涉嫌卖淫嫖娼的违法人员，责罚卖淫女赤脚、戴着手铐前往指认卖淫现场。① 该派出所的做法，就不符合立法目的，必然受到人们谴责。

## （二）权限合法

权限合法是指公安机关作出某一决策、实施某一行为，必须在法律、法规为之确定的职权范围内，符合相应的权限规则。法律针对不同的行政主体或行政主体的不同职能确定了相应的职责、权限。公安机关的权限，法律同样也作了明确的规定。公安机关只能依据法定职权来实施行政行为，否则无效。同时，任何

---

① 载搜狐网 http://news.sohu.com/20100718/n273587691.shtml。

行政职权都有一定的限度，法律在确定公安机关的职权时，往往在地域、时间等各方面设定了各种限度，这些限度是公安机关作出行政行为时所不能超越的。综合起来，行政职权的限制表现在以下几个方面：

1. 行政事项管辖权的限制

我国由不同的国家机关构成一个体系，共同管辖各项事务，不同的国家机关各有分工。公安机关属于国家机关体系中的一个组成部分，管辖其中部分事项。公安机关管辖的事项集中由《人民警察法》加以规定，其他单行法律、法规中也有规定，内容比较多而且复杂，此处不再展开阐述。

2. 行政地域管辖权的限制

每一个行政机关只能对一定地域内的行政事务享有管辖权。也就是说，公安机关只能对属于本行政区域内的相应事项享有管辖权，超出其管辖的行政区域行使职权的，就需要取得相应区域内公安机关及其他国家机关的支持与协助。

3. 不同层级公安机关职权上的限制

我国公安机关系统存在上下级的划分，不同层级的公安机关，在职权范围上存在限制。下级公安机关不能越级行使上级公安机关的职权。同时，上级公安机关也不得随意越下级公安机关的职权，确有必要的，应当按照法定程序去行使。

4. 手段上的限制

公安机关履职责、行使职权不得在法定手段外自设手段，否则会构成手段上的越权。

（三）内容合法

内容合法是指公安机关作出某一决策、实施某一行为，应符合法律、法规的具体规范以及法律的原则、精神。

公安机关实施行政行为，必然要涉及相对人的权利和义务，需要对相对人的权利和义务作出处理，有时还会涉及社会公共利益。法治思维要求公安机关及其人民警察必须熟悉法律的具体规范，了解和把握法律的原则、精神。

内容合法包括如下几个方面的要求：（1）符合法律、法规的规定；（2）符合法定幅度和范围；（3）行政决定的内容必须明确具体；（4）行政决定的内容必须适当；（5）行政决定必须公正、合理。

**（四）手段合法**

手段合法是指公安机关作出某一决策、实施某一行为，其运用的方式、采取的措施应符合法律、法规的具体规范以及法律的原则、精神。法治思维要求，公权力行为不仅目的要合法，而且手段也要合法。少数民警往往对手段合法的要求不以为然，认为只要目的合法、目的正当，至于采取什么手段达到目的可以不予计较。这种做法和认识显然没有法治思维的影子，而是人治思维的体现。

**（五）程序合法**

程序合法是指公安机关作出某一决策、实施某一行为，其过程、步骤、方式、时限等应符合法律、法规的规定（即法定程序）和正当程序的要求。

法定程序的基本原则是公权力行为应公开、公正、公平。正当程序的基本要求是公权力执掌者对相对人作出不利行为应说明理由、听取申辩，不得自己做自己的法官等。对于法治思维的程序合法要求，一些民警还重视不够。

行政诉讼法将行政行为的程序是否合法作为人民法院评判行政行为是否合法的必要条件之一，如果程序不合法，可能导致人民法院作出撤销判决或者部分撤销判决，还可能导致人民法院作出确认行政行为违法的判决。例如，《行政诉讼法》第七十条规定："行政行为有下列情形之一的，人民法院判决撤销或者部分撤销，并可以判决被告重新作出行政行为：（一）主要证据不足的；（二）适用法律、法规错误的；（三）违反法定程序的；（四）超越职权的；（五）滥用职权的；（六）明显不当的。"第七十四条第一款规定："行政行为有下列情形之一的，人民法院判决确认违法，但不撤销行政行为：（一）行政行为依法应当撤销，但撤销会给国家利益、社会公共利益造成重大损害的；（二）行政行为程序轻微违法，但对原告权利不产生实际影响的。"行政行为证据确凿，适用法律、法规正确，同时还要符合法定程序，人民法院方可判决驳回原告的诉讼请求。

# 第三节　积极做好行政应诉工作

2010 年发布的《国务院关于加强法治政府建设的意见》明确要求完善行政诉讼制度，对重大行政诉讼案件，行政机关负责人要主动出庭应诉。随后，一些地方建立了行政机关负责人行政诉讼出庭应诉制度，有的地方还将行政机关负责人出庭情况纳入依法行政考评。由此推动了行政机关积极做好行政应诉工作，公安机关也不例外。2015 年 5 月 1 日施行的新行政诉讼法对公安机关的应诉工作提出了更高的要求，

## 一、明确公安机关在行政诉讼中的法律地位

公安机关在行政诉讼中要么是被告，要么是第三人。无论是被告还是第三人，在行政诉讼中都应当承担相应的义务，同时享有相应的权利。

### （一）公安行政诉讼被告

公安行政诉讼被告，是指原告指控其行政行为侵犯了原告的合法权益，并经人民法院通知参加行政诉讼的公安机关。公安机关在行政诉讼中处于被动地位，在第一审程序中，公安机关一般以被告的身份参加诉讼，而不会以原告身份参加公安行政诉讼。

根据新《行政诉讼法》及相关的司法解释，公安机关成为行政诉讼的被告主要有以下几种情形：

第一，公安机关作出了行政行为，行政相对人不服并向人民法院提起行政诉讼的。

第二，经上级公安机关批准作出行政行为，在行政处理决定书上署名的公安机关。

第三，公安复议机关为被告。经复议的案件，复议机关改变原行政行为的，复议机关是被告；复议机关决定维持原行政行为的，作出原行政行为的行政机关和复议机关是共同被告；复议机关在法定期限内未作出复议决定，公民、法人或者其他组织起诉原行政行为的，作出原行政行为的行政机关是被告；起诉复议机关不作为的，复议机关是被告。

第四，公安派出所根据法律、法规或者规章的规定作出的行政行为，当事人不服提起行政诉讼的，该公安派出所是被告。

第五，公安机关和其他行政机关以共同的名义作出行政行为的，该公安机关和其他行政机关是共同被告。

此外，公安机关委托的组织作出行政行为的，委托的公安机关是被告。作出行政行为的公安机关被撤销的，继续行使其职权的行政机关是被告。

**（二）公安行政诉讼第三人**

公安行政诉讼第三人，是指在公安行政诉讼过程中，因与被诉的行政行为有法律上的利害关系，经自己申请或者人民法院通知，参加到公安行政诉讼活动中的公民、法人或者其他组织。第三人在公安行政诉讼中具有独立的法律地位，享有与公安行政诉讼原告和被告基本相同的权利、义务。

公安机关成为公安行政诉讼第三人的主要情形有：

第一，两个或两个以上公安机关针对同一事件作出相互矛盾的行政行为，非被告的公安机关可以作为第三人参加诉讼。

第二，应当追加为被告而原告不同意追加的，人民法院应该通知该公安机关以第三人的身份参加诉讼。

**（三）公安机关在公安行政诉讼中的权利和义务**

1. 公安机关在公安行政诉讼中的权利

公安机关在公安行政诉讼中主要有以下权利：（1）委托代理权。在公安行政诉讼中，公安机关可委托其内部工作人员或律师1至2人代为参加行政诉讼。（2）应诉和答辩权。公安机关有提交答辩状的权利，但不享有反诉权。（3）申请回避权。公安机关认为审判人员或书记员、翻译人员、鉴定人、勘验人等与案件有利害关系或其他关系，可能影响案件公正和正确审判的，有申请他们回避的权利。（4）申请查阅庭审材料权。经人民法院许可，行政诉讼的当事人和其他代理人可以查阅本案庭审材料，但涉及国家秘密和个人隐私的除外。（5）辩论权。公安机关可以就其据以作出行政决定的事实认定、法律适用和程序等方面进行辩论。（6）有向证人、鉴定人和勘验人员发问的权利。（7）最后陈述权。（8）在诉讼过程中变更原行政行为的权利。公安机关在一审期间改变被诉行政行为的，应当书面告知人民法院。（9）上诉权。公安机关不服一审判决或裁定的，可以在法定期限内提起上诉。（10）依法强制执行或申请人民法院强制执行的权利。原告拒绝履行人民法院已经发生法律效力的判决或裁定的，公安机关可以强制执行，或申请人民法院强制执行。

2. 公安机关在公安行政诉讼中的义务

公安机关在行政公安诉讼过程中应当履行如下义务：（1）按时提交答辩状、提供作出行政行为所依据的证据和依据。（2）按时参加诉讼，遵守法庭秩序，服从法庭指挥。（3）按照人民法院的要求，提供或补充证据、依据或者其他材料。（4）要客观地陈述案情、说明真相，不得捏造事实、伪造证据，不得对证人、鉴定人或其他人员施加压力或打击报复。（5）自觉履行已经生效的行政判决。（6）依法交纳诉讼费。

## 二、公安机关可以申请适用简易程序

新行政诉讼法增加规定了简易程序。根据公安行政诉讼的阶段不同，公安行政诉讼程序分为第一审程序、第二审程序、审判监督程序和执行程序等，第一审程序又包括第一审普通程序和简易程序。应诉的公安机关应当熟悉上述行政诉讼程序，掌握简易程序的相关规定，对于符合适用简易程序条件的，可以申请适用简易程序。如果人民法院适用简易程序审理公安行政诉讼案件，也可以提高公安机关的应诉效率。

### （一）简易程序适用的条件

简易程序适用的条件有三个：一是属于特定范围的案件。根据《行政诉讼法》第八十二条的规定，只有属于下列范围的三类案件，才可以适用简易程序：（1）被诉行政行为是依法当场作出的；（2）案件涉及款额二千元以下的；（3）属于政府信息公开案件的。二是人民法院认为上述案件事实清楚、权利义务关系明确、争议不大。三是案件处于第一审程序中。人民法院审理第一审行政案件，才可以适用简易程序。发回重审、按照审判监督程序再审的案件不适用简易程序。

为了尊重当事人的诉权，除前款规定以外的第一审行政案件，当事人各方同意适用简易程序的，可以适用简易程序，不受上述条件限制。

### （二）简易程序的特点

与行政诉讼的普通程序相比，简易程序的简易主要表现在合议庭的组成和案件的审理期限上。

适用简易程序审理的行政案件，由审判员一人独任审理，而适用普通程序审理的行政案件，由审判员组成合议庭，或者由审判员、陪审员组成合议庭。合议庭的成员，应当是3人以上的单数。

适用简易程序审理的行政案件，人民法院应当在立案之日起45 日内审结，且不得延长审理期限，而适用普通程序审理的行政案件，人民法院应当在立案之日起 6 个月内作出第一审判决。有特殊情况需要延长的，由高级人民法院批准，高级人民法院审理第一审案件需要延长的，由最高人民法院批准。

### 三、公安机关负责人应当出庭，出庭人员认真准备证据材料

#### （一）确定出庭人员

《行政诉讼法》第三条第三款规定："被诉行政机关负责人应当出庭应诉。不能出庭的，应当委托行政机关相应的工作人员出庭。"

据此，公安机关在接到人民法院送达的起诉状副本和应诉通知书后，其负责人应当出庭应诉。这是新《行政诉讼法》确定的一项新制度。根据 2015 年 4 月 20 日最高人民法院审判委员会第 1648 次会议通过的《最高人民法院关于适用〈中华人民共和国行政诉讼法〉若干问题的解释》（法释〔2015〕9 号）的解释，公安机关负责人可以是正职负责人，也可以是副职负责人。

如果公安机关负责人不能出庭应诉，应当委托行政机关相应的工作人员出庭应诉。相应的工作人员可以是 1 至 2 名。如果委托 1 名行政机关工作人员出庭应诉，行政机关还可以委托 1 名律师代为诉讼。根据新行政诉讼法的规定，在行政诉讼中，作为被告的行政机关必须派出至少 1 名工作人员参加诉讼。

公安机关负责人出庭应诉的，可以另行委托 1 至 2 名诉讼代理人。这 1 至 2 名诉讼代理人，既可以是公安机关的工作人员，如法制机构的工作人员，也可以是律师。

### （二）提交答辩状和相关证据材料

行政诉讼答辩状是被告（或被上诉人）在行政诉讼中，对原告（或上诉人）的诉讼请求和事实理由的答复与辩解。

出庭应诉人员应认真研究原告的起诉状，整理相关的证据和法律依据，做好出庭应诉准备，并在收到起诉状副本之日起15日内，应向人民法院提交答辩状，并提交作出行政行为所依据的有关证据材料。行政诉讼答辩状是被告（或被上诉人）在行政诉讼中对原告（或上诉人）的诉讼请求和事实理由的答复与辩解。答辩状在形式上应包括：

第一，当事人部分，应写明答辩人的名称、地址及其法定代表人或主要负责人的姓名、职务、联系方式等；诉讼代理人的姓名、单位、职务、联系方式等。

第二，案由部分，应写明是对原告因何项行政行为起诉进行答辩；对何时收到法院送达的起诉状副本，可以不写。

第三，答辩部分，在内容上与行政复议答复书类似，应重点阐述行政行为合法性的依据，包括事实、证据、法律适用和程序等方面，并针对原告的诉讼请求和事实与理由进行辩解。公安机关应本着实事求是的原则，对起诉状中符合事实的部分应予以确定，对其不符合事实的地方也要明确指出并予以纠正。

第四，尾项，应写明致送法院，答辩人的署名和日期，并加盖答辩人的印章。

第五，附卷的材料目录，主要包括答辩状副本份数、物证或书证的名称及件数、法律和法规复印件的名称及份数。

## 四、承担举证责任，熟悉公安行政诉讼证据规则

### （一）承担举证责任

1. 举证责任的含义

举证责任，是指由法律预先规定，在行政案件的真实情况难

以确定的情况下，由一方当事人提供证据予以证明，如提供不出证明相应事实情况的证据则承担败诉风险及不利后果的制度。新《行政诉讼法》第三十四条第一款规定："被告对作出的行政行为负有举证责任，应当提供作出该行政行为的证据和所依据的规范性文件。"该规定确立了在公安行政诉讼中，作为被告的公安机关对被诉行政行为的合法性负主要举证责任。

2. 举证责任的内容

公安机关在公安行政诉讼中应承担以下举证责任：（1）事实证据，即被告作出的行政行为所依据的事实；（2）法律依据，即被告作出的行政行为所依据的法律规范；（3）程序依据，即被告作出行政行为的程序是合法有效的证据；（4）正确履行职权依据，即被告所作出的行政行为没有超越职权和滥用职权的证据；（5）被告没有不履行或者拖延履行法定职责的证据；（6）公安行政处罚没有显失公正的证据。

3. 公安机关的举证时限

作为被告的公安机关应当在收到起诉状副本之日起 15 日内提交答辩状，并提供作出行政行为时的证据、依据；被告不提供或者无正当理由逾期提供的，应当认定该行政行为没有证据、依据。被告因不可抗力或者客观上不能控制的其他正当事由，不能在前款规定的期限内提供证据的，应当在收到起诉状副本之日起 10 日内向人民法院提出延期提供证据的书面申请。人民法院准许延期提供的，被告应当在正当事由消除后 10 日内提供证据。逾期提供的，视为被诉行政行为没有相应的证据。原告或者第三人提出其在行政程序中没有提出的反驳理由或者证据的，经人民法院准许，被告可以在第一审程序中补充相应的证据。

（二）熟悉公安行政诉讼的证据规则

证据规则，一般适用于诉讼法领域，按照《英美法律词典》的解释，是指适用于庭审时证据提交的标准。其重点是规定证据的关联性和可采性，尤其是可采性。我国学者对证据规则的理解与英美法系不同，认为证据规则是针对证据的收集、举证、质证及认证而制定的规则。①本书下编将对这些证据规则作具体阐述，此处不再赘述。

新《行政诉讼法》第四十三条第三款增加规定了"以非法手段取得的证据，不得作为认定案件事实的根据"，即学理上的"非法证据排除规则"。下文对这一新规定的证据规则作一阐述。

非法证据，是指在公安机关违反法律规定的权限或者程序，以不正当的方法取得的证据材料。非法证据排除规则，是指非法证据不具有证据能力，不能作为认定案件事实的根据。确定非法证据排除规则的价值在于违反法律规定所收集的证据"无效"，也就是"程序违法导致实体无效"。非法证据排除规则属于证据采纳规则之一，是对证据合法性规则的补充，是现代法治国家普遍采纳的一项证据规则。

我国关于非法证据排除规则，早有法律规定。我国《宪法》第十三条第一款规定了"公民的合法的私有财产不受侵犯"，第三十三条第三款规定了"国家尊重和保障人权"，第三十七条规定："中华人民共和国公民的人身自由不受侵犯。任何公民，非经人民检察院批准或者决定或者人民法院决定，并由公安机关执行，不受逮捕。禁止非法拘禁和以其他方法非法剥夺或者限制公民的人身自由，禁止非法搜查公民的身体。"第三十九条规定："中华人民共和国公民的住宅不受侵犯。禁止非法搜查或者非法侵入公民的住宅。"第四十条规定："中华人民共和国公民的通信自由和通信秘密受法律的保护。除因国家安全或者追查刑事犯罪的需要，由公安机关或者检察机关依照法律规定的程序对通信进行检查外，任何组织或者个人不得以任何理由侵犯公民的通信

---

① 　沈志先主编：《刑事证据规则研究》，法律出版社 2011 年版，第 4 页。

自由和通信秘密。"根据宪法的上述规定，我国国民的人身自由、住宅、通信自由和通信秘密不受非法侵犯，为我国规定非法证据排除规则确定了宪法性基础。《治安管理处罚法》第七十九条第一款规定："公安机关及其人民警察对治安案件的调查，应当依法进行。严禁刑讯逼供或者采用威胁、引诱、欺骗等非法手段收集证据。"该条第二款还规定："以非法手段收集的证据不得作为处罚的根据。"

2012年12月19日，公安部颁发的《公安机关办理行政案件程序规定》第二十四条也规定："公安机关必须依照法定程序，收集能够证实违法嫌疑人是否违法、违法情节轻重的证据。严禁刑讯逼供和以威胁、欺骗等非法方法收集证据。采用刑讯逼供等非法方法收集的违法嫌疑人的陈述和申辩以及采用暴力、威胁等非法方法收集的被侵害人陈述、其他证人证言，不能作为定案的根据。收集物证、书证不符合法定程序，可能严重影响执法公正的，应当予以补正或者作出合理解释；不能补正或者作出合理解释的，不能作为定案的根据。"

新行政诉讼法关于"非法证据排除规则"的规定，对于公安机关来说并不陌生，各级公安机关一定要按照修改后的行政诉讼法的要求，进一步强化证据意识，提高科学取证能力，切实按照法定程序，全面、客观、公正地收集证据，防止冤假错案的发生，确保公安机关办理的每一起案件都经得起人民法院的审判。

## 五、遵守诉讼秩序，履行法院判决

### （一）遵守诉讼秩序

新行政诉讼法关于制裁妨碍行政诉讼秩序行为的规定，有了一些新发展，主要体现在四个方面：（1）增加对妨碍诉讼程序行为的惩罚力度，罚款数额由原来的1000元上调为10000元。（2）增加规定对"以欺骗、胁迫等非法手段使原告撤诉的行为"

和"妨碍人民法院的调查行为"进行制裁。（3）将"伪造、隐藏、毁灭证据或者提供虚假证明材料的"调整后，规定为"伪造、隐藏、毁灭证据或者提供虚假证明材料，妨碍人民法院审理案件的"；将"对人民法院工作人员、诉讼参与人、协助调查和执行的人员恐吓、侮辱、诽谤、诬陷、殴打、围攻或者打击报复的"调整后，规定为"对人民法院审判人员或者其他工作人员、诉讼参与人、协助调查和执行的人员恐吓、侮辱、诽谤、诬陷、殴打、围攻或者打击报复的"。（4）明确了单位主要负责人或者直接责任人员的责任，规定"人民法院对有前款规定的行为之一的单位，可以对其主要负责人或者直接责任人员依照前款规定予以罚款、拘留"。

这些新发展使得人民法院对妨碍行政诉讼秩序行为的处罚，更加具有可操作性，应当引起公安机关的重视。公安机关依法参加公安行政诉讼，不得实施妨碍行政诉讼秩序的行为。要充分认识到，公安机关及其人民警察的权利来自于人民，只要严格依照法律规定履行职责、行使职权，严格规范文明公正执法，就不怕当被告。相对人起诉公安机关的行政行为侵犯其合法权益，是相对人的合法权利，公安机关无权干涉；人民法院依法审判、主持审判工作，是法律赋予人民法院的司法审判权，任何人和组织不得干涉和妨碍。人民法院审理公安行政案件，公安机关应当做好行政应诉准备工作，积极出庭应诉，遵守秩序，通过诉讼活动来展示公安机关严格规范公正文明执法的形象，树立公安机关的执法权威和执法公信力。

### （二）履行法院判决

为解决执行难问题，新行政诉讼法对行政机关履行人民法院的判决提出了严格的要求，该法第九十六条规定："行政机关拒绝履行判决、裁定、调解书的，第一审人民法院可以采取下列措施：（一）对应当归还的罚款或者应当给付的款额，通知银行从该行政机关的账户内划拨；（二）在规定期限内不履行的，从期满之日起，对该行政机关负责人按日处五十元至一百元的罚款；（三）将行政机关拒绝履行的情况予以公告；（四）向监察机关或者该行政机关的上一级行政机关提出司法建议。接受司法建议的机关，根据有关规定进行处理，并将处理情况告知人民法院；（五）拒不履行判决、裁定、调解书，社会影响恶劣的，可以对该行政机关直接负责的主管人员和其他直接责任人员予以拘留；情节严重，构成犯罪的，依法追究刑事责任。"特别是新增加规定的第（二）项至第（五）项措施，使得人民法院对拒不履行行政判决的行政机关的处罚力度更大，也更加具有针对性和可操作性。我们有理由相信，这在一定程度上解决了执行难问题。

公安机关是国家重要的执法机关，应当带头严格规范公正文明执法，如果在执法办案中出现侵犯当事人合法权益的问题，应当主动纠正。对于人民法院作出的生效判决、裁定和调解书，应当积极履行，带头维护人民法院的司法权威。如果不积极履行生效判决，在法律上将承担更不利的后果，对公安机关的形象也将造成更大的负面影响。特别是对于拒不履行判决、裁定和调解书，社会影响恶劣的，该公安机关直接负责的主管人员和其他直接责任人员可能被人民法院采取司法拘留措施；情节严重，构成犯罪的，将依法承担刑事责任。对此，各级公安机关领导一定要有清醒的认识，自觉地履行人民法院的生效判决、裁定和调解书。

## 六、认真做好应诉总结

公安行政诉讼对于维护和监督公安机关依法行使行政职权，及时解决公安机关因行政执法而与相对人发生的行政争议，保护公民、法人和其他组织的合法权益具有重要意义。每一起公安行政诉讼案件都是公安机关反思行政执法行为是否合法、合理，是否符合法治要求的重要契机。公安机关在应诉过程中和法院作出终审判决后，要认真总结。总结的内容主要包括三个方面：一是引起争议的行政行为是否符合依法行政的要求。主要总结作出的行政行为是否建立在证据确凿、充分，适用法律、法规正确，符合法定程序的基础上，自由裁量是否合理。二是引起相对人不服，产生行政争议的原因是什么，以后如何避免。公安民警在面对相对人时，一定要秉持理性、平和、文明、规范的要求，严格遵循法定程序和正当行政程序，尊重相对人的合法权利。三是应诉的经验。主要总结被相对人起诉后，如何按照行政诉讼法的规定，委托相关人员、整理案件材料、撰写答辩材料、提供证据资料、进行庭审质证和辩论的工作，总结在诉讼中如何与审判人员和相对人进行有效沟通等。

# 下 编

## 行政诉讼法解释与
## 典型案例解读

# 第一章　总　则

## 【本章概述】

本章共 11 条，主要规定了行政诉讼法的立法目的和立法依据，适用范围以及行政诉讼中应当遵循的一些基本制度和原则。本章中的主要修改之处如下：首先，在立法目的方面，将原法条"为保证人民法院正确、及时审理行政案件"中的"正确"审理改为"公正"审理，符合司法权的功能定位。删除原法条"维护和监督行政机关依法行使行政职权"中的"维护"，彰显"保护公民、法人和其他组织的合法权益"的立场。此外，增加了"解决行政争议"的立法目的。其次，在受案范围方面，本次修法将原法条规定的"具体行政行为"修改为"行政行为"。将作出行政行为的主体范围由"法律、法规"授权的组织扩大到"法律、法规、规章"授权的组织。再次，增加了诉权保护规定，在法律制度上明确被诉行政机关负责人应当出庭应诉。

## 【法律条文及其释义】

**第一条**　为保证人民法院公正、及时审理行政案件，解决行政争议，保护公民、法人和其他组织的合法权益，监督行政机关依法行使行政职权，根据宪法，制定本法。

本条是关于行政诉讼法对立法目的和立法根据的规定。

本条将原法条"为保证人民法院正确、及时审理行政案件"中的"正确"审理改为"公正"审理，符合司法权的功能定位。删除原法条"维护和监督行政机关依法行使行政职权"中的"维护"，彰显"保护公民、法人和其他组织的合法权益"的立场。此外，本条增加了"解决行政争议"的立法目的。

## 一、行政诉讼法的立法目的

行政诉讼法的立法目的包括：

### （一）保证人民法院公正、及时审理行政案件

行政诉讼法作为诉讼制度的基本法，主要是确定人民法院审理行政案件的基本程序性制度，以及诉讼参加人在诉讼中的权利、义务等，所以制定行政诉讼法的首要目的是为保证人民法院公正、及时审理行政案件。

所谓公正审理行政案件，是指人民法院在查明事实的基础上，正确适用法律、法规，作出正确的判决、裁定。这里所说的"正确适用法律、法规"，既包括正确适用行政诉讼法规定的诉讼制度，也包括正确适用有关实体法律、法规的规定。例如，人民法院审理公民不服公安机关作出的治安管理处罚的案件，既要在审理过程中遵循行政诉讼法关于诉讼制度的规定，也要遵循治安管理处罚法这一实体法的相关规定来对公安机关的治安管理处罚行为进行审查。

所谓及时审理行政案件，是指人民法院在行政诉讼的各个阶段，都要依照行政诉讼法规定的期间要求审理案件，避免案件久拖不决，从而使公民、法人和其他组织的合法权益得到及时的司法救济，也可以使行政行为的合法性得到及时确认。

### （二）解决行政争议

解决行政争议这一立法目的是此次修法新增加的。行政争议

是行政机关在实施行政管理活动中与行政相对人的争议，它是行政活动实施中的一种障碍、阻塞和不畅，在一定时期内还使行政关系处于一种不确定的状态。构成行政争议必须具备以下条件：第一，争议的双方为行政机关和行政管理相对人；第二，争议是由行政机关实施行政管理行为引起的。行政争议起因于行政机关的行政活动，涉及一定的专业技术知识。这种争议解决不好，或者会影响行政效率，影响对国家事务的行政管理活动，或者会使公民、法人或者其他组织的合法权益受到侵害。所以必须通过建立良好的法律制度加以解决，使合法、正确的行政决定得以贯彻执行，违法、不当的行政行为得以撤销或者废止，公民、法人或者其他组织的合法权益受到的损害得以恢复，从而为公民、法人或者其他组织提供良好的救济。按照传统法学的一般理论和国家机关的职能分工，裁决争议应当是司法机关的职能，人民法院既然可以通过民事诉讼解决民事争议，那么通过行政诉讼解决行政争议也是司法权运行的应有之义。

### （三）保障公民、法人和其他组织的合法权益

行政诉讼是一项法律救济制度，是行政相对人面对处于不对等的法律地位的行政机关所作出的行政行为，寻求法律保护的一条渠道，是保障公民、法人及其他组织合法权益的重要途径。法律救济制度实质上是确立行政相对人的诉权。如同公民的实体权利一样，公民的诉权也经历了一个漫长的历史过程。资产阶级革命带来了诉权的革命性变革，诉权在形式上成为公民的平等权利，任何人和任何机关均不得对其加以剥夺和限制。"有权利必有救济"，"无救济的权利是无保障的权利"。随着诉权的范围从刑事诉讼、民事诉讼扩大到行政诉讼领域，诉权的地位逐步提高，成为公民抵制行政违法行为、保护自身合法权益的最重要的法律手段。

行政机关的行政行为如果超越法定职权，或者滥用权力，或

者不遵循正当程序，或者行政机关工作人员徇私舞弊、渎职、失职，必然对公民、法人及其他组织的合法权益造成侵害。对这种侵害，从法律制度上就要建立消除侵害、加以救济的机制。

### （四）监督行政机关行使职权

行政机关进行行政管理活动，应当坚持依法行政。依法行政的一个最基本的原则就是职权法定。行政机关的权力是人民赋予的，是人民通过人民代表大会制定的法律所规定的。人民政府是人民代表大会产生的，人民政府要对人民代表大会负责，受人民代表大会监督。政府的权力由宪法和人民代表大会及其常务委员会制定的法律所规定，行政机关必须按照法律的规定行使职权，坚持依法行政。因此，对行政权的行使，应当加强监督与制约。行政机关超越权限、滥用权力、个人专断、玩忽职守等行为造成公民、法人或者其他组织的合法权益受到侵害，应当予以纠正和补救。行政诉讼制度的作用之一，就是人民群众通过对有问题的行政行为向法院申请救济，使行政机关能够在司法权的监督下改正违法的和不当的行政行为。

## 二、行政诉讼法的立法依据是宪法

行政诉讼法的立法依据是宪法。宪法具有最高法律效力，其他所有法律都要根据宪法制定，不得与宪法相抵触。宪法规定，公民"对于任何国家机关和国家工作人员的违法失职行为，有向有关国家机关提出申诉、控告或者检举的权利"，"由于国家机关和国家工作人员侵犯公民权利而受到损失的人，有依照法律规定取得赔偿的权利"。行政诉讼法对公民、法人或者其他组织有权依法向人民法院起诉行政机关的违法具体行政行为、有权依法取得赔偿等问题作出规定，它对宪法原则加以具体化，以保障宪法的贯彻实施。

　　**第二条**　公民、法人或者其他组织认为行政机关和行政机关工作人员的行政行为侵犯其合法权益，有权依照本法向人民法院提起诉讼。

　　前款所称行政行为，包括法律、法规、规章授权的组织作出的行政行为。

　　本条是对公民、法人或者其他组织的诉权以及行政行为范围的规定。

　　本次修订，将原法条规定的"具体行政行为"修改为"行政行为"，将作出行政行为的主体范围由"法律、法规"授权的组织扩大到"法律、法规、规章"授权的组织。本书从以下几点解析本条款的含义：

## 一、行政诉讼的当事人

　　按照本条之规定，行政诉讼的原告必须是认为自己的合法权益受到行政机关和行政机关工作人员的具体行政行为侵犯的公民、法人或者其他组织，不包括自己的合法权益未受到具体行政行为侵犯的公民、法人或者其他组织。

　　被告包括行政机关，不包括司法机关、立法机关、军事机关和党的机关。此外，新法还规定被告包括法律、法规、规章授权的组织，扩大了被告的范围。作出扩大规定的原因首先是吸收了之前相关法律解释的规定。1999年通过的《行政诉讼法解释》第二十条第三款规定，法律、法规或者规章授权行使行政职权的行政机关内设机构、派出机构或者其他组织，超出法定授权范围实施行政行为，当事人不服提起诉讼的，应当以实施该行为的机构或者组织为被告。该条款已经将规章授权的组织、机构在一定情况下视为具有被告资格的主体，新法的扩大是承继了该解释的规定。其次，按照《立法法》的规定，规章属于"法"的范畴，规章授权组织与法律、法规授权组织相类似，应当具有被告资格。再次，规章的制定部门是国务院部委、省政府和较大市的政府，如果不承认规章授权组织的被告地位，那么势必有很多诉讼以规章制定部门为被告，这既增加当事人的经济、心理负担，也不利于法院审理相关争议。

## 二、行政诉讼的主持人

行政诉讼的主持人是人民法院。由于我国尚未设立专门的行政法院，因此是由各级人民法院的行政庭来担任行政诉讼裁判者的角色。由与行政争议没有直接关系的法院作为中立的第三方来处理原、被告等各方之间的争议，符合诉讼程序构造的一般原理，有利于行政争议的公正审理。

## 三、行政诉讼标的

### (一) 行政争议

诉讼标的是指诉讼当事人争议质辩的目标以及裁判者审理的对象。行政诉讼的标的是当事人之间的行政争议。可以提起诉讼的是因为行政机关和行政机关工作人员行使行政权力，同公民、法人或者其他组织发生行政法律关系进而引发行政争议。行政诉讼的标的不包括行政机关同公民、法人或者其他组织发生民事法律关系而引起的民事争议。

### (二) 行政争议因各类行政行为而生

行政诉讼实际上是一种司法审查制度，按照之前的行政诉讼法，法院审查有关行政行为受到了很大的限制。按照以前的规定，可以提起诉讼的是具体行政行为，不包括抽象行政行为。

具体行政行为是指行政主体在国家行政管理活动中行使职权，针对特定的行政相对人，就特定的事项，作出有关该行政相对人权利义务的单方行为。具体行政行为的法律特征是：一是具体行政行为是行政主体的法律行为，是以它所拥有的行政职权为前提的；二是具体行政行为只对特定对象有效，不具有普遍约束力；三是具体行政行为能直接产生有关权利义务的法律效果，使行政相对人的权利义务发生变化、增加或者减少；四是具体行政行为是一种单方行为。抽象行政行为是指行政主体非针对特定人、事与物所作出的具有普遍约束力的行政行为。它包括有关政府组织和机构制定的行政法规、行政规章、行政措施，作出具有普遍约束力的决定和命令。其法律特征是：一是抽象行政行为具有普遍约束力；二是抽象行政行为具有间接的法律效果，它不能对行政相对人发生直接的权利义务的变化；三是抽象行政行为具有往后效力。

如果公民、法人或者其他组织认为行政机关制定的行政法规、规章等抽象行政行为违法，依照宪法、《地方各级人民代表大会和地方各级人民政府组织法》的规定，可以向制定该规范性文件的同级人民代表大会常务委员会或者该行政机关的上一级行政机关提出。

现行行政诉讼法确立了规范性文件一并审查的制度。因为在实践中，有些具体行政行为侵犯公民的合法权益，是因为行政机关所依据的规范性文件违法造成的。为从根本上减少违法行为，新法第五十三条第一款规定，公民、法人或者其他组织认为行政行为所依据的国务院部门和地方人民政府及其部门制定的规范性文件不合法的，在对行政行为提起诉讼时，可以一并请求对该规范性文件进行审查。在审查时，需要注意以下问题：一是要注意提出规范性文件审查的时间为一审开庭审理前，有正当理由的，可以在法庭调查中提出；二是法院认为规范性文件不合法的，不作为认定行政行为合法的依据，要在裁判理由中予以阐明；三是法院应当向规范性文件的制定机关提出处理建议，这是法院必须履行的一项义务。正是由于一并审查制度的确立，"具体行政行为"的概念已经无法涵盖可诉性行政行为的范围，因此由更广义的"行政行为"的概念来替代是更为适宜的。

### （三）侧重于行政行为的合法性审查

行政行为是指行政机关或者法律、法规、规章授权的组织在实施行政管理过程中的所有作为、不作为的行为。包括抽象、具体，内部、外部，合法、违法，法律、事实，单方、双方等各类行政行为。新法采用"行政行为"的概念替代"具体行政行为"的概念，从三个方面扩大了法院审理的范围：第一，将抽象行政行为纳入法院的审查范围；第二，将事实行为纳入法院的审查范围；第三，将双方或多方协商行为纳入法院的审查范围。

不过，鉴于行政行为的专业性和实效性，目前，人民法院原则上只审查不合法的行政行为。行政行为侵犯公民、法人或者其他组织合法权益中的"侵犯"，是指违法情形。对于行政机关在法定范围内行使自由裁量权不当的、不合理的行政行为，法院一般不予审查监督，只有在行政处罚显失公正的情况下才破例进行审查。

### 四、提起行政诉讼的标准

按照本条规定，公民、法人或者其他组织的权利受到行政机关的侵犯，可以提起诉讼，他们的合法利益受到行政机关的侵犯，也可以提起诉讼。不过公民、法人或者其他组织的权利、利益是否存在，是否合法，相关的行政行为是否存在，是否侵犯公民、法人或者其他组织的权益，在提起诉讼时，其判断主体是公民、法人或者其他组织自身，判断标准是其主观认识，即其认为自身的合法权益受到了行政主体行为的侵犯即可。当然，提起诉讼后，还需要满足法律规定的形式起诉条件，才可以为法院受理。不过应当注意区分起诉标准和裁判标准，避免立案审查过严，制约当事人的起诉权。

**第三条** 人民法院应当保障公民、法人和其他组织的起诉权利，对应当受理的行政案件依法受理。

行政机关及其工作人员不得干预、阻碍人民法院受理行政案件。

被诉行政机关负责人应当出庭应诉。不能出庭的，应当委托行政机关相应的工作人员出庭。

本条是关于保障公民、法人和其他组织起诉权利和行政机关负责人应当出庭应诉的规定。其包括如下三个方面的内容：

## 一、人民法院应当保护公民、法人和其他组织的起诉权利

起诉权利，是指公民、法人和其他组织对侵害其合法权益的行为，通过诉讼的渠道寻求司法保护和救济的权利。起诉权利是公民诉权的基本内容之一。从实践情况来看，目前我国每年的行政诉讼案件相比刑事案件和民事案件，数量非常少。当前，行政诉讼面临的"三难"问题，即立案难、审理难、执行难，其中最突出的是立案难。公民、法人或者其他组织与行政机关产生纠纷，行政机关不愿当被告，法院不愿受理，导致许多应当通过诉讼解决的纠纷进入信访渠道，在有些地方形成了"信访不信法"的局面。之所以会出现这样的情况存在多方面的原因。既有法院怕惹麻烦，不敢得罪行政机关而不依法立案、受理的原因，也有行政机关因为不愿当被告而对法院立案施加压力，阻止法院受理案件的原因，还有公民个人行政法律素质不高，行政法律援助制度不健全的原因。公民、法人和其他组织的起诉权利没有得到很好的保护，为通畅行政诉讼的入口，有必要加强对公民、法人和其他组织起诉权利的保护。

修改后的行政诉讼法增加规定了相应起诉权利保障制度：一是强化人民法院对案件的受理程序约束，增加规定人民法院应当在接到起诉状时，对符合本法规定的起诉条件的，应当登记立案。对当场不能判定是否符合法律规定的起诉条件的，应当接收起诉状，出具注明收到日期的书面凭证，并在7日内决定是否立案。不符合起诉条件的，作出不予立案的裁定。裁定书应当载明不予受理的理由。原告对裁定不服的，可以提起上诉。起诉状内容欠缺或者有其他错误的，应当给予指导和释明，并一次性告知当事人需要补正的内容。不得未经指导和释明即以起诉不符合条件为由不接收起诉状。二是明确了法院的立案责任，对于不接收起诉状、接收起诉状后不出具书面凭证，以及不一次性告知当事人需要补正的起诉状内容的，当事人可以向上级人民法院投诉，上级人民法院应当责令改正，并对直接负责的主管人员和其他直接责任人员依法给予处分。人民法院既不立案，又不作出不予受理裁定的，当事人可以向上一级人民法院起诉。上一级人民法院认为符合起诉条件的，应当立案、审理，也可以指定其他下级人民法院立案、审理。三是为了方便当事人行使起诉权利，明确可以口头起诉。增加规定书写起诉状确有困难的，可以口头起诉，由人民法院记入笔录，出具注明日期的书面凭证，并告知对方当事人。

## 二、行政机关及其工作人员不得干预、阻碍人民法院受理行政案件

在行政诉讼中，行政机关是被告。在实践中，有的地方政府以影响当地经济发展大局为由，干扰法院受理行政案件；有的政府部门怕败诉，不愿意当被告，干预、阻碍人民法院受理行政案件。为解决这一问题，《国务院关于加强法治政府建设的意见》已经明确规定：做好行政应诉工作，完善行政应诉制度，积极配

合人民法院的行政审判活动，支持人民法院依法独立行使审判权。对人民法院受理的行政案件，行政机关要依法积极应诉。此次修改行政诉讼法，在法律制度上对此问题也作出了回应，明确规定行政机关及其工作人员不得干预、阻碍人民法院受理行政案件。在实务中，干预、阻挠的主体既可能是行政机关，也可以是作为个人的工作人员，特别是担任领导职务的人员。干预、阻挠的方式多种多样，有个人行为，如打电话、作批示、当面谈话、请托说情等；有依托组织的行为，如召开联席会议、协商会议、制定各类政策等，对法院依法受理案件进行干预。面对这类行为，参照本法关于妨碍诉讼秩序的强制措施的规定，人民法院如果认为构成违纪的，应当将有关材料移送该行政机关或者上一级行政机关或者监察、人事机关，并可以提出行政处分的建议。如果认为构成犯罪的，应当移送公安机关、检察机关，追究刑事责任。

### 三、行政机关负责人应当出庭应诉

行政诉讼是"民告官"的制度，但在审判实践中常常是"告官不见官"。同时，为解决在司法实践中出现的行政机关负责人基本上不出庭应诉，只派诉讼代理人出庭，有的甚至只委托律师出庭，导致群众"告官不见官"的问题，本条从法律制度上明确被诉行政机关负责人应当出庭应诉。

按照 2015 年 4 月 2 日发布的《最高人民法院关于适用〈中华人民共和国行政诉讼法〉若干问题的解释》（以下简称 2015 年通过的《行政诉讼法解释》）第五条的规定，行政诉讼法第三条第三款规定的"行政机关负责人"，包括行政机关的正职和副职负责人。行政机关负责人出庭应诉的，可以另行委托一至两名诉讼代理人。这样有利于原告充分发表意见，有利于行政机关正确认识自身行政行为的合法性和合理性，有利于法院推动调解。

不过，现在很多案件发生在基层，如果每个案件，局长、县长都出庭，也不现实。因此，法律也规定，实在不能出庭的，应当委托行政机关相应的工作人员出庭。行政机关负责人未必每个案件都要出庭，但是每个案件都必须委派行政机关的工作人员出庭，对此要予以保证，不能只派律师出庭。当然，对于实在不能出庭的具体事由，应当由法律规定予以进一步的规定和细化。

**第四条** 人民法院依法对行政案件独立行使审判权，不受行政机关、社会团体和个人的干涉。

人民法院设行政审判庭，审理行政案件。

本条是关于人民法院依法独立行使审判权的原则，以及设立行政审判庭的规定。

其包括如下两个方面的内容：

## 一、人民法院依法独立行使审判权原则

### （一）依据和意义

我国宪法明确规定，人民法院依照法律规定独立行使审判权，不受行政机关、社会团体和个人的干涉。此外，刑事诉讼法、民事诉讼法均规定了人民法院依法独立审判的原则。可见人民法院独立行使审判权不仅是一项重要的宪法原则，而且是一项重要的诉讼原则。这一原则的确立，为人民法院公正审判案件提供了诉讼制度上的保障，因此为世界各国所普遍奉行。就行政诉讼而言，行政审判权是人民法院根据当事人的请求，依照诉讼程序居中审理，裁判行政争议的权力。由于行政案件是"民告官"的案件，行政机关是被告，与作为原告一方的公民、法人等相比，行政机关显然具有强势地位。所以在行政诉讼中，强调人民法院依法独立行使审判权，不受行政机关、社会团体和个人的干

涉尤为重要。只有坚持了这一原则，人民法院才能做到公正审理，从而真正取信于民，当公民、法人的合法权益受到行政机关侵害时，才会愿意走入法院，通过诉讼的渠道去维权。如果没有了这一原则的保障，群众会认为行政机关和司法机关"官官相护"，不信任法院，这样行政诉讼制度就很难真正发挥作用。

**（二）行政案件审判权由人民法院依法独立行使的原则**

主要包括以下内容：

第一，行政案件的审判权由人民法院统一行使。对外而言，是行使国家主权，外国人、无国籍人、外国组织在中华人民共和国领域内进行行政诉讼，必须由人民法院统一审理；任何国家都无权干涉我们国家的主权。对内而言，是根据国家机关职权分工的原则，行政案件只能由各级人民法院审理，其他任何机关或者组织都无权审理。

第二，人民法院独立行使审判权，必须依照法律规定的权限、程序和规范进行，而不能脱离法律规范。这里所说的法律包括全国人大及其常委会制定的法律，国务院的行政法规、地方性法规和民族自治地方的自治条例、单行条例，包括实体法和程序法。

第三，任何行政机关、社会团体和个人不得干涉人民法院依法独立行使审判权，即任何行政机关、社会团体和个人不得利用职权地位或者利用非正当的手段，干扰和影响人民法院的审判活动。对于任何依仗权势以言代法、以权压法，非法干涉办案活动的行为，人民法院都有权抵制。

第四，人民法院独立行使审判权，是指由人民法院作为一个整体独立行使审判权，并不是"下放"到审判员、合议庭独立行使审判权。人民法院集体领导审判工作的组织机构是审判委员会，作为审理具体案件的职能机构合议庭，在审判业务上应当接受审判委员会的领导和监督。合议庭在审判行政案件遇到重大问题时，应当向庭长、院长请示；遇到意见不一致的情形时，应当由院长提交审判委员会讨论决定，合议庭对审判委员会的决定应当服从。

第五，这里需要指出的是，人民法院依法独立行使审判权，并不意味着法院的审判活动不受任何监督。人民法院的审判工作，应当接受党的领导，接受国家权力机关、检察机关的监督。根据我国宪法的规定，各级人民代表大会及其常务委员会是国家的权力机关，各级人民法院由其产生并受其监督，所以人民法院的审判活动必须接受人民代表大会及其常务委员会的监督。人民检察院作为国家的法律监督机关，也有权对人民法院的审判活动进行监督。党的领导是做好司法工作的根本保证，法院当然要接受党的领导，党的领导是方针政策的领导，而不是包办代替办理具体案件。

## 二、人民法院设行政审判庭审理行政案件

这是从人民法院开展行政审判工作的实际需要作出的规定。目前，世界上的行政法院体制主要有两种，一种是独立的行政法院型，以法国、德国为代表；一种是普通法院型，以英国、美国为代表。我国立法采用在普通法院内部设立行政庭的组织设置，兼采两种体制之长，既可以避免单独设立行政法院的浩大工程，又可以保障审理法官的专业性。人民法院的机构设置，本应由人民法院组织法规定。但是，因为人民法院组织法没有规定基层人民法院可以设行政审判庭，为了解决这一问题，行政诉讼法对此作了规定。

其实，在行政诉讼法立法之前，各地人民法院有许多都已经设立了行政庭，立法只不过是确认了实践中的做法。当然，有的地方行政案件较少，现在不一定马上都设行政审判庭，可以仍由经济审判庭或者民事审判庭审理行政案件，以后再根据需要逐步设立。

**第五条**　人民法院审理行政案件，以事实为根据，以法律为准绳。

本条是对审理行政案件原则的规定。

人民法院审理案件，以事实为根据，以法律为准绳的原则，是我国刑事诉讼法、民事诉讼法和行政诉讼法这三大诉讼法均明确规定的一个基本原则。这一原则是人民法院根据司法实践总结的审判工作的根本经验，其要求人民法院在审理案件过程中，要查明案件事实真相，并以法律为尺度，作出公正的裁判。

以事实为根据，是指人民法院在审判活动中，积极探求事实真相，使认定的事实尽量符合案件的客观真相。这就要求人民法院在审判活动中必须重视证据，依照法定程序查清案件的事实真相。人民法院审理行政案件，应当依照法定程序调查、认定客观存在的事实，切忌主观性、片面性。为此，首先应当掌握证据，应向诉讼参与人和其他有关部门或者个人收集、调取与案情有关的证据；其次应当审查证据，分析证据和待证事实的相关性，审查证据的客观真实性，审查证据是否具有适格性，只有经法庭审查属实，才能将证据作为定案的事实根据。在此基础上，应当厘清案件事实，人民法院要查清被诉的行政行为是否真实存在、该行政行为的法律依据和实施程序，以及该行政行为与原告的权益损害之间是否存在因果关系等事实问题。

以法律为准绳，就是只有法律才是人民法院在认定事实的基础上，衡量具体行政行为是否合法的客观尺度。任何机关或者个人不能"以言代法"、"以权代法"。这里所说的法律是指广义的法律，包括全国人大及其常委会制定的法律，国务院的行政法规、地方性法规和民族自治地方的自治条例、单行条例，包括实体法和程序法。

以事实为根据，以法律为准绳的原则，不只是要求人民法院遵守，同样要求当事人和其他诉讼参与人在行政诉讼的各个阶段都严格遵守，都应当尊重事实，服从法律。以事实为根据，以法律为准绳，是正确处理案件不可分割的两个方面，二者互相联系，缺一不可。事实是前提，是基础和根据，法律是标准、尺度。只有把二者结合起来，作为一个重要原则贯彻执行，才能保证行政诉讼的正确进行，才能完成行政诉讼的任务。

**第六条** 人民法院审理行政案件，对行政行为是否合法进行审查。

本条是关于行政诉讼合法性审查原则的规定。

合法性审查原则是行政诉讼的一个特有原则，合法性审查原则，指的是行政诉讼只审查行政行为的合法性，而不审查其合理性问题。尽管对于一个行政行为来说，不合法因素与不合理因素的存在都有可能给公民、法人和其他组织的合法权益带来损害，但基于司法权与行政权之间的基本分工，对于行政行为的合理性问题，法院原则上不能加以审查。合法性审查原则的存在，在根本上是由法院的性质与任务所决定的，法院是法律的适用者，只有法律调整的问题，法院才可以审理。具体而言，该原则包括两方面的含义：

## 一、人民法院有权依法对被诉行政行为是否合法进行审理并作出裁判

行政行为合法性的标准，主要包括如下几个方面：

第一，权限合法。这是指行政主体行使行政权力有法律、法规、规章的明确规定或者授权，并且在行使权利时，不能超过法律赋予的权限，否则就被视为滥用行政权力，构成违法。此外，

在依法应当行使权力的情况下，应当积极实施作为。

第二，实体合法，即行政机关所作出的行政行为适用的法律、法规应当正确。例如，行政机关作出一个治安管理处罚行为，法院在审查时，要看该行政机关是否为具有处罚权的执法主体，被处罚的当事人是否存在治安管理处罚法规定的违法行为，处罚决定所适用的法律条款是否正确等。

第三，程序合法。程序合法是依法行政的重要组成部分。所谓行政程序合法，至少包含如下内容：一是任何人不能成为审理自己案件的法官，落实这一原则的是回避制度；二是行政机关在裁决行政争议时不能偏听偏信，应当给予当事人同等的辩论机会；三是作出对当事人不利的行政决定时，应预先通知当事人并给其发表意见的机会。如果一个行政行为在程序方面出现违法，即使其实体方面没有问题，该行政行为依然是违法的。例如，对于责令停产停业、吊销许可证或者执照、数额较大的罚款等较重的行政处罚，根据行政处罚法的规定，行政机关作出行政处罚决定之前，应当告知当事人有要求听证的权利，当事人要求听证的，行政机关应当组织听证。如果行政机关没有遵守这一程序性规定，就作出处罚决定，则属于程序违法，应予依法撤销。

第四，证据充分、事实清楚。证据充分，才能认定行政行为的要件事实是否成立，才能判断行政行为是否具有合法性。例如，在治安处罚中，只有充分收集、审查判断证据，才能够认定嫌疑人的行为是否构成治安违法行为，适用相关的治安处罚规定是否正确，在此基础上也才能认定整个治安处罚行为是否具有合法性。由此可见，证据充分、事实清楚是判断合法性的基石，失去了这个基石，合法性问题的判断就犹如缘木求鱼。

## 二、人民法院在例外情况下对行政行为是否合理进行审查

行政合理性原则主要是针对行政机关拥有的自由裁量权所确立的法治原则。行政机关作出的行政行为，除了有法律明确具体规定的羁束行政行为外，有相当一部分是属于在行政职权范围内，可以由行政机关自由裁量的行政行为，如在数量控制、范围确定、时限长短、处罚幅度等方面，行政机关享有一定的"自由度"。所谓行政行为的合理性，通常的理解是指行政机关在其法定的自由裁量权范围内所作出的行政行为是否准确、恰当。例如，法律规定对一项违法行为的处罚幅度为罚款一万元至十万元，行政机关在此幅度内作出的罚款决定是否合适，原则上即属于合理性问题。如果行政机关没有自由裁量权，则不能保障其有效实施行政管理和应有的行政效率，为了实现有效管理，法律通常会赋予行政机关在法定幅度内享有一定的自由裁量权，在此权限范围内，法院原则上不会干涉行政权力的行使。

但是行政机关具有自由活动的空间和权力，必然会因此产生在这个空间范围内作出的决定是否适当、合理、是否公正的问题。面对行政权的日益扩张，如果对行政机关的自由裁量权不加限制，则极易发生滥用权力，随意侵害公民、法人或者其他组织合法权益的现象。行政法确立行政合理性原则，目的就是保障行政机关依法行政，在行使自由裁量权的时候，基于合理动机、遵循正当程序，作出合法适当的行政行为。行政诉讼法也授权法院对于严重不合理的行政行为进行审查，即对显失公正的行政处罚进行变更、纠正。行政行为的合法性问题与合理性问题之间的区别并不是绝对的，如果行政行为的合法性问题达到了十分严重的程度，严重到了违背合理行政的基本原则的地步时，这实际上就已经构成了一个合法性上的问题了。也就是说，一个严重不合

理、不适当、不公正的行政行为，就应当被视为一个不合法的行为。而所谓显失公正的行政处罚，就是十分不公正、严重不公正的行政处罚，就是一个严重的合理性问题，法律上可以将这种问题作为合法性问题来对待。因此，允许法院审查这种行为、变更这种行为，并不违背合法性审查的原则。

**第七条**　人民法院审理行政案件，依法实行合议、回避、公开审判和两审终审制度。

本条是对审理行政案件几项基本制度的规定。

人民法院审理行政案件，依法实行合议、回避、公开审判和两审终审制度，这是行政诉讼的四个重要制度，也是刑事诉讼、民事诉讼的共有制度。具体内容如下：

## 一、合议制度

合议制度是指人民法院的审判组织形式，即由三名以上的审判人员组成合议庭，共同进行审判工作并对承办的案件负责的审判制度。行政诉讼中合议制的主要内容包括：

第一，行政诉讼法规定，人民法院审理行政案件，由审判员组成合议庭，或者由审判员、陪审员组成合议庭。合议庭的成员，应当是三人以上的单数。

第二，合议制度在行政诉讼一审程序、二审程序和审判监督程序中均需要贯彻。此次修改行政诉讼法，对二审程序中贯彻合议制度作了进一步的完善。旧法第五十九条规定，人民法院对上诉案件，认为事实清楚的，可以实行书面审理。而修改后的新法第八十六条规定，人民法院对上诉案件，应当组成合议庭，开庭审理。经过阅卷、调查和询问当事人，对没有提出新的事实、证据或者理由，合议庭认为不需要开庭审理的，也可以不开庭审理。此修改强调二审中应当组成合议庭开庭审理，并由合议庭来决定何种情况不开庭审理，这就强化了二审中合议庭的作用。

第三，在不同的审判阶段应当分别组成合议庭。第一审案件由审判员或者审判员、陪审员组成合议庭；在第二审程序中，人民法院必须组成合议庭，合议庭成员一律由审判员组成，不吸收陪审员参加；二审发回重审的，原审人民法院审理发回重审案件按照第一审程序另行组成合议庭，原审合议庭成员不能参加新组成的合议庭；再审案件要区分由第一审法院还是由第二审法院再审的情况，按照第一审或者第二审合议庭组成的规定，另行组织合议庭，原来参加合议庭的成员也不能参加新组成的合议庭。

第四，关于行政诉讼中合议庭评议案件的规则，也可以适用民事诉讼法中的规定，即合议庭评议案件，实行少数服从多数的原则。评议应当制作笔录，由合议庭成员签名。评议中的不同意见，必须如实记入笔录。

第五，合议庭应当接受和服从审判委员会的领导和监督。

## 二、回避制度

回避制度是指审判人员具有法定情形，必须回避，不参与案件审理的制度。所谓法定情形，是指法律规定禁止审判人员参加对案件审理的情形。按照民事诉讼法的相关规定，主要包括以下情形：是本案的当事人或者是当事人的近亲属的；本人或者他的近亲属和本案有利害关系的；与本案当事人有其他关系，可能影响公正处理案件的；担任过本案的证人、鉴定人、诉讼代理人的。

行政诉讼中的回避方式有当事人申请回避和审判人员自行回避两种。这两种情形同样适用于书记员、翻译人员、鉴定人、勘验人。

当事人申请回避是当事人认为审判人员与本案有利害关系或

者有其他关系可能影响公正审判，有权申请审判人员回避。根据最高人民法院相关司法解释的规定，当事人申请回避，应当说明理由，在案件开始审理时提出；回避事由在案件开始审理后知道的，应当在法庭辩论终结前提出。对当事人提出的回避申请，人民法院应当在3日内以口头或者书面形式决定。被申请回避的人员，在人民法院作出是否回避的决定前，应当暂停参与本案的工作，但案件需要采取紧急措施的除外。

审判人员自行回避是指审判人员如果认为自己与本案有利害关系或者其他关系，应当主动回避。

对于当事人或者审判人员提出的回避申请，行政诉讼法明确规定了决定程序和救济制度。对于院长担任审判长时申请回避的，由审判委员会决定；审判人员申请回避的，由院长决定；申请人对驳回回避申请决定不服的，可以向作出决定的人民法院申请复议一次。复议期间，被申请回避的人员不停止参与本案的工作。

## 三、公开审判制度

公开审判是指人民法院审理案件，除法律规定的特别情况外，一律公开进行。人民法院开庭审理时的各种诉讼活动，除合议庭评议案件以外，要对群众公开，对社会公开，允许群众旁听，允许记者采访报道案情和审判情况。行政诉讼中贯彻公开审判原则的具体要求是：

第一，公开审判包括审判过程的公开和审判结果的公开。审判应当向社会公众包括媒体公开，法院应当在开庭之前将审理的案件日期予以公告。对于公开审理的案件，社会公众可以径行旁听，有关媒体可以自由报道和评判，但媒体不应故意误导公众，左右法院的审判。法院应当在判决书中，将判决的事实依据和法律依据公开。

第二，涉及国家秘密、个人隐私或者法律另有规定的案件应当不公开审理。对于涉及商业秘密的案件，当事人申请不公开的，法院一般也不得公开审理，以保护正常的商业秩序。对于不公开审理的案件，法院仍应公开宣告判决。

第三，适用第二审程序审理的案件，除依法可以实行书面审理以外，应当尽量开庭审理，从而可以尽量贯彻公开审理原则。

## 四、两审终审制度

两审终审是指行政案件经过第一审、第二审两级人民法院审判，就宣告终结的制度。两审终审制的基本内容包括以下几个方面：

第一，行政诉讼案件一审裁判作出后，当事人不服提出上诉的，只要上诉符合法定的程序要件，上诉审法院都应受理。一审法院以及上诉审法院不得借助各种理由限制甚至剥夺当事人的上诉权。

第二，案件经过两级法院审理后，在正常情况下，诉讼程序即告终结。需要说明的是，由最高人民法院受理的一审行政案件，只能一审终审。

第三，两个审级的法院，应当分别独立对案件进行审判。两审终审要求两个审级法院分别独立对案件进行审理，上诉审法院在案件未被上诉前，不得对一审法院的审判工作进行干涉。上诉审提起后，一审法院也不得干涉上诉审法院对案件的审理。如果不同审级法院之间不能相互独立审判，上诉审法院在案件被依法上诉到本院之前，就直接"指导"案件的审理，甚至"决定"案件的审判结果，就会影响审级制度功能的正常发挥，使法律规定的两审终审制流于形式，变成事实上的一审终审制。

第四，两个审级法院皆应有权对案件涉及的事实和法律问题进行审理。有些国家的上诉审法院仅对上诉案件的法律适用问题进行审理，不对案件事实进行审理，此种上诉审被称为法律审。按照我国行政诉讼法的规定，上诉审法院不仅要审理案件的法律适用问题，还应对案件所涉及的事实问题进行审理，即我国上诉审法院既进行事实审，也进行法律审。

**第八条** 当事人在行政诉讼中的法律地位平等。

本条是关于当事人在行政诉讼中法律地位平等原则的规定。

当事人平等原则，是指在行政诉讼中，当事人平等地享有和行使行政诉讼权利，平等地履行其诉讼义务。当事人在行政诉讼中的法律地位平等，是"中华人民共和国公民在法律面前一律平等"这一宪法原则在行政诉讼中的具体体现。在行政诉讼的双方当事人中，一方是行政机关，它在行政管理活动中代表国家行使行政权力，处于管理者的地位；另一方是公民、法人或者其他组织，他们在行政管理活动中处于被管理者的地位，是行政管理相对人。但是，当双方发生行政争议依法进入行政诉讼程序后，他们之间就由原来的管理者与被管理者的关系，转变为平等的行政诉讼关系，成为行政诉讼的双方当事人。在整个诉讼过程中，原告与被告的诉讼法律地位是平等的，没有领导与服从的关系，而是处于相同的法律地位，共同受人民法院裁判的约束。作为被告的行政机关不能因自己在行政管理中所处的管理地位而在行政诉讼中享有特权。

当事人平等原则包括以下三个方面的内容：

首先，当事人的诉讼权利、义务具有平等性。行政诉讼当事人的诉讼地位是平等的，没有优劣之分和高低之别。在诉讼过程中，当事人应当平等地享有诉讼权利，平等地履行诉讼义务。这种平等性主要是通过对当事人的诉讼权利作同一性规定和对等性规定而得以具体化的。平等性主要表现为下面两种情况：一方面，双方当事人享有某些内容完全相同的诉讼权利。例如，委托诉讼代理人、收集和提供证据、申请回避、进行辩论、提起上诉等。另一方面，双方当事人所享有的某些诉讼权利虽然在具体内容上有所不同，或者说虽然由当事人双方分别享有，但这些权利却因具有彼此对应的关系而呈现出对等性。例如，原告享有起诉权，被告则享有反驳权；原告有权选择管辖法院，被告则有权提出管辖权异议；原告可以放弃或者变更诉讼请求，被告则可以承认或者反驳诉讼请求。这些具有对等性的诉讼权利同样体现了当事人之间的平等性。因此，应当明确，诉讼权利的平等并不意味着当事人双方的诉讼权利完全相同，平等和相同并非一个概念。

诉讼权利和诉讼义务是相互对应的，双方当事人的诉讼权利平等，同时也就意味着其诉讼义务也应当是平等的。例如，双方当事人都负有遵守诉讼秩序、履行生效裁判的义务；原告对部分事实负有举证义务和证明责任，被告则对大部分事实负有举证义务和证明责任等。

其次，人民法院应当保障和便利当事人平等地行使诉讼权利。行政诉讼法赋予双方当事人平等的诉讼权利，但这只是当事人享有平等诉讼权利的前提。要使当事人能够真正地行使和实现这些诉讼权利，还有赖于法院在诉讼中切实地予以保障。因此，当事人平等原则的另一重要内容在于，人民法院在诉讼过程中应当为当事人行使诉讼权利提供保障和便利，使当事人能够充分地、实际地行使法律所规定的诉讼权利。同时，人民法院对当事人行使诉讼权利的保障应当具有平等性，不能偏袒或者歧视任何一方。

最后，对当事人在适用法律上一律平等。这是为保证当事人平等原则能够实现而对法院所作的另一要求。从广义上来说，"对当事人在适用法律上一律平等"既包括在程序法的适用上对当事人一律平等，也包括在实体法的适用上对当事人一律平等；

而对当事人在适用程序法上一律平等，主要表现为人民法院应当平等地保障和便利当事人充分地行使其诉讼权利。因此，这里所谓"对当事人在适用法律上一律平等"，主要是指对当事人在适用实体法上一律平等，即不论当事人的身份和地位如何，在享有权利、承担义务方面都应当具有平等性，人民法院对双方当事人在适用实体法上应当平等对待，应当公平地对案件作出裁判，而不能给予某一方当事人某种特权。

**第九条**　各民族公民都有用本民族语言、文字进行行政诉讼的权利。

在少数民族聚居或者多民族共同居住的地区，人民法院应当用当地民族通用的语言、文字进行审理和发布法律文书。

人民法院应当对不通晓当地民族通用的语言、文字的诉讼参与人提供翻译。

本条是关于使用民族语言文字进行诉讼原则的规定。

我国《宪法》第四条规定，中华人民共和国各民族一律平等。国家保障各少数民族的合法的权利和利益，维护和发展各民族的平等、团结、互助关系。各民族都有使用和发展自己的语言文字的自由。《宪法》第一百三十四条明确规定，各民族公民都有用本民族语言文字进行诉讼的权利。我国是统一的多民族的社会主义国家，各民族不分大小，一律平等。在行政诉讼中，规定各民族公民都有用本民族语言文字进行诉讼的权利，是我国宪法规定各民族一律平等原则的体现，也是民族平等的法律保证。这也是刑事诉讼法、民事诉讼法和行政诉讼法三大诉讼法均规定的基本原则。

本条分为三款。第一款是关于各民族公民都有用本民族语言文字进行行政诉讼的权利的规定。使用本民族的语言文字进行诉讼，是法律规定的各民族的诉讼参与人享有的诉讼权利，司法机关在行政诉讼中应当为他们行使这项权利提供必要的便利和帮助。

第二款是关于在少数民族聚居或者多民族杂居的地区，用什么语言、文字审讯、发布判决书、布告的规定。在少数民族聚居或者多民族杂居地区存在多种民族语言的情况下，在行政诉讼各个阶段询问当事人、证人应当使用当地通用的语言，发布判决书、布告和送达传票、通知等文件，也应当使用当地通用的一种或者几种文字。

第三款要求对于不通晓当地通用的语言文字的诉讼参与人，包括当事人、第三人、诉讼代理人、证人、鉴定人、勘验人等，人民法院都应当为他们提供翻译。各民族有权用本民族语言进行诉讼是民族平等的重要体现，各民族公民在行政诉讼中虽可以使用本民族的语言文字，但当他不通晓当地通用的语言文字时，就应当有翻译人员为他们进行口头的和文字的翻译，这是司法机关应尽的义务。"通用的语言文字"，是指当地的国家权力机关和行政机关行使权力和履行职务时正式使用的语言文字。通用的语言文字可能是一种，也可能是多种。

**第十条** 当事人在行政诉讼中有权进行辩论。

本条是关于当事人在行政诉讼中有权进行辩论原则的规定。

## 一、辩论原则的含义和内容

当事人在行政诉讼中有权进行辩论。辩论权是法律赋予行政诉讼各方当事人重要的诉讼权利。所谓辩论，是指当事人在法院主持下，就案件的事实问题、程序问题、适用法律等问题，充分陈述各自的主张和意见，互相进行质辩和论证，以维护自己的合法权益。辩论原则体现了行政诉讼当事人在诉讼中平等的法律地位，是诉讼程序民主化的重要表征，也是审判公正性与合理性的内在要求，是世界各国普遍遵循的诉讼制度。其主要内容是：

**（一）当事人在行政诉讼中有辩论权**

辩论权是当事人享有的一项重要的诉讼权利，辩论原则确立了当事人在诉讼中享有这一权利。通过行使辩论权，双方当事人可以积极地参加到诉讼程序中，彼此之间进行有意义的对话，并向法院充分说明自己的主张和理由，反驳对方当事人提出的不真实的情形、不合法的主张，以澄清案件事实，明确双方的法律关系。同时，辩论原则还要求法院应当在充分听取当事人的辩论后才能对有争议的事实和权利义务关系作出认定，只有通过辩论核实的事实才能作为判决的根据。

**（二）辩论的具体内容极为广泛**

辩论的内容，既可以是程序方面的问题，也可以是实体方面的问题。前者如当事人是否适格、诉讼代理人是否有代理权、受诉法院有无管辖权、是否属于在法定期间内不能起诉的案件等。后者是指对案件的实体权利义务问题进行辩论，如行政行为是否成立并有效、合法权益是否受到侵害、是否存在免责事由等。实体方面的问题往往是辩论的焦点。

辩论的内容，既可以是案件的事实问题，也可以是法律问题。前者是指当事人各方所主张的事实是否真实、是否清楚，对所提出的证据是否具有适格性以及证明力大小等方面进行辩论。后者是指对如何适用法律进行辩论，如应当适用哪个实体法、哪项条款等。

**（三）辩论的表现形式和方式具有多样性**

辩论的形式，既可以是口头的，也可以是书面的。在法庭辩论阶段，当事人的辩论主要是采取口头形式进行，而原告的起诉状、被告的答辩状等则属于书面形式的辩论。

行使辩论权的方式也具有多样性，当事人既可以自己行使辩论权，也可以委托诉讼代理人代为辩论。

**（四）辩论原则贯穿于行政诉讼的全过程**

辩论原则贯穿于行政诉讼的全过程，在第一审程序、第二审程序和再审程序中，当事人都有权进行辩论。从起诉时起，原告对于自己的诉讼请求有权收集、提供证据，陈述事实，说明理由，论证自己提出的请求的正当性，同时反驳对方请求。开庭审理过程中的质证和法庭辩论阶段，则是体现辩论原则最明显的阶段，集中反映了辩论原则的主要精神。法庭辩论阶段只是当事人集中行使其辩论权的阶段，是贯彻辩论原则的重要场合之一，而当事人之间的辩论并不仅仅局限于这一阶段。在诉讼的各个阶段和过程中，当事人双方均可通过法定的形式展开辩论。

## 二、法院在行政诉讼中对辩论权的保障

辩论原则能够有效地维护当事人的合法权益，但这往往是以法院为当事人行使辩论权提供切实的保障为重要条件的。因此，在诉讼过程中，审判人员应当充分尊重当事人的辩论权，为其行使辩论权提供各种便利条件。同时，审判人员要善于发挥主持、指挥和引导作用，使当事人的辩论紧紧围绕案件的争议焦点进行。在当事人的辩论内容不当或不充分时，应及时地行使阐明权予以指导。

保障当事人在行政诉讼中充分行使辩论权，具有如下重要意义：

首先，有助于保证案件的公正审理。法院是解决纠纷的地方，也是讲理的地方。当事人双方就有争议的问题，相互进行辩驳，通过辩论揭示案件的真实情况。法官通过听取当事人双方的辩论，特别是对有争议问题的辩论，可以更好地查明案件的事实，从而作出正确的判决。如果法官在审判活动中，对当事人的

辩论权不予尊重，甚至设置某些限制，让当事人不敢、不能充分行使自己的辩论权，那么势必会造成法官偏听偏信，其结果很难保证所作判决、裁定的公正。

其次，有助于当事人接受判决结果，实现案结事了，有效解决行政争议。通过双方当事人在法庭上就有争议的问题进行充分的辩论，陈述各自的主张和理由，可以使当事人有机会充分了解对方的观点，进而反过来再重新审视自己原有的主张是否符合法律的规定。从这个意义上说，辩论权行使的过程，也是对当事人进行法制教育的过程，无论最后判决结果如何，可以让当事人双方都因为参与了裁判制作的过程而认同或者能够接受裁判结论。

**第十一条**　人民检察院有权对行政诉讼实行法律监督。

本条是关于人民检察院对行政诉讼实行法律监督原则的规定。

我国《宪法》第一百二十九条规定："中华人民共和国人民检察院是国家的法律监督机关。"在行政诉讼中，人民检察院不仅对人民法院的行政审判活动实行法律监督，还包括对诉讼当事人和其他诉讼参与人的诉讼活动实行法律监督。

关于人民检察院如何对行政诉讼活动实施法律监督，旧法第六十四条只规定人民检察院对人民法院已经发生法律效力的判决、裁定，发现违反法律、法规规定的，有权依照审判监督程序提出抗诉。此次修改，按照党的十八届四中全会关于加强对司法活动的监督，完善检察机关行使监督权的法律制度，加强对行政诉讼的法律监督的精神，同时也与修改后的民事诉讼法的相关规定相衔接，在旧法第六十四条规定的基础上，对人民检察院对行政诉讼的检察监督制度进行了完善，增加了对调解、立案和执行等裁判和程序阶段的监督和检察建议等监督方式。人民检察院主要通过以下两种方式，对行政诉讼实行法律监督：

第一，提出抗诉。抗诉是指人民检察院对人民法院作出的已经生效的判决、裁定，认为确有错误时，依法向人民法院提出重新审理要求的诉讼活动。抗诉是法律授予人民检察院代表国家行使的一项法律监督权。

新法第九十三条规定，最高人民检察院对各级人民法院已经发生法律效力的判决、裁定，上级人民检察院对下级人民法院已经发生法律效力的判决、裁定，发现有当事人可以申请再审的法定情形之一的，或者发现调解书损害国家利益、社会公共利益的，应当提出抗诉。

地方各级人民检察院对同级人民法院已经发生法律效力的判决、裁定，发现有当事人可以申请再审的法定情形之一的，或者发现调解书损害国家利益、社会公共利益的，可以提请上级人民检察院向同级人民法院提出抗诉。

第二，提出检察建议。检察建议是检察机关在行政诉讼和民事诉讼中行使法律监督权的一个新举措。2012 年通过的修改后的民事诉讼法增加规定了"检察建议"这一监督方式，此次修法，也正式在行政诉讼中规定了此种检察监督方式。

地方各级人民检察院对同级人民法院已经发生法律效力的判决、裁定，发现有当事人可以申请再审的法定情形之一的，或者发现调解书损害国家利益、社会公共利益的，可以向同级人民法院提出检察建议，并报上级人民检察院备案。

各级人民检察院对审判监督程序以外的其他审判程序中审判人员的违法行为，有权向同级人民法院提出检察建议。

此外，新法第一百零一条规定，有关人民检察院对行政案件受理、审理、裁判、执行的监督，本法没有规定的，适用民事诉讼法的相关规定。

至于人民检察院能否对涉及国家、整体或者公共重大利益而又无人起诉的行政案件提起诉讼，怎样参加这样的诉讼并实行法律监督等问题，理论和实务界还有不同意见，需要在实践中进一步探索总结，因此新行政诉讼法对这些问题暂不作规定。

## 【公安行政诉讼典型案例】

### 1. 王某不服公安机关行政处罚决定案

### 【案情简介】

2006年11月1日下午，某市某街道会同规划局对王某兄嫂家的违法建筑进行拆除，遭到王某兄嫂的阻拦。同日下午5时30分许，王某及其兄嫂、侄子至该街道居委会主任周某家责询，与周某的儿子朱某发生争执。争执中，朱某用菜刀将王某砍成轻微伤。2006年11月9日，某区公安分局根据《治安管理处罚法》第四十三条的规定，对朱某作出治安罚款200元的行政处罚决定。王某不服该处罚决定，认为某区公安分局对朱某的处罚畸轻，故向某市公安局申请复议，某市公安局经过复议，维持原处罚决定，因此王某又向区人民法院提起诉讼，请求法院作出变更判决，变更某区公安分局对朱某作出治安罚款200元为治安拘留。

区人民法院经审理认为，被告作出的治安罚款200元的行政处罚决定责罚不当、显失公正，应依法判决变更。依照《治安管理处罚法》第四十三条和《行政诉讼法》第五十四条第四项的规定，判决变更某区公安分局2006年11月9日对第三人朱某作出治安罚款200元的处罚为治安拘留7天。案件受理费人民币30元，由某区公安分局负担。

### 【分析】

本案涉及作为行政诉讼基本原则之一的审查行政行为合法性原则。

审查行政行为的合法性，是指人民法院通过依法审理行政案件，对行政行为是否合法进行审查，并作出判决。审查行政行为的合法性，是指人民法院原则上只能审查行政行为是否违法的问题，对于行政主体在自由裁量权范围内作出的行政行为原则上不作审查。之所以作出这种规定，是因为根据宪法关于国家机关职权分工的原则，行政机关和人民法院分别行使国家的行政权和审判权。为了使行政主体能够对大量错综复杂的具体事件作出适当处理，法律法规赋予行政主体在法定范围内享有自由裁量权。在行使自由裁量权的过程中产生的适当与否的问题，原则上应该由行政机关内部通过行政程序解决，人民法院不能代替行政机关作出决定。所以，审查行政行为的合法性，并不审查行政行为的适当性，是我国行政诉讼法的基本原则。审查行政行为合法性原则包括两个方面的内容：一是审查行政行为；二是审查行政行为的合法性。

但是坚持审查行政行为的合法性并不等于完全排斥人民法院对某些行政行为的适当性作相应的审查。行政诉讼法规定，人民法院对行政处罚显失公正的，可以判决变更。这就是对行政行为的合法性审查的一个例外表现。除了显失公正的行政处罚外，人民法院不得对行政行为的适当性进行审查。在适用变更判决时，除行政处罚存在显失公正的情况外，该行政处罚还必须在形式上是合法的，即作出被诉行政处罚的行政机关具有行政处罚权、处罚程序符合法定程序、主要证据确凿、适用法律法规正确四个条件。如果行政行为存在超越职权、滥用职权、违反法定程序、主要证据不足、适用法律法规错误等问题，均应判决撤销，不能变更判决。

具体到本案，首先，某区公安分局认定第三人朱某殴打王某并致轻微伤，有证人证言、当事人陈述和鉴定结论予以证明，其行政处罚决定认定事实清楚，证据确凿。其次，根据《治安管理处罚法》的有关规定，某区公安分局系拥有治安行政处罚权的主体资格，其行政处罚决定程序合法。另外，根据《治安管理处罚法》第四十三条的规定，殴打他人的，或者故意伤害他人身体的，处 5 日以上 10 日以下拘留，并处 200 元以上 500 元以下罚款。某区公安分局以殴打他人造成轻微伤为由对第三人处以 200 元罚款的处罚决定也是在法律设定的罚种和幅度内作出的。因此，本案中的治安处罚是合法行为。

但是，《行政处罚法》第四条第二款规定："设定和实施行政处罚必须以事实为依据，与违法行为的事实、性质、情节以及社会危害程度相当。"这就设置了治安处罚中的过罚相当原则。本案虽系原告王某上门造成冲突，但第三人采取过激行为，用菜刀将原告砍伤，违法行为的性质较为严重。属责罚不当、显失公正。本案被告对于情节较为严重、社会危害程度较大的违法行为却选择了较轻的处罚，该行政处罚虽然表面形式上合法，但明显存在不合理，在实质上不合法。而且，法律之所以赋予行政机关以自由裁量权，目的在于责成行政机关根据具体情况选择恰当的处罚种类和幅度。被告在本案的处理中，却违反了法律赋予行政机关自由裁量权的本意，责罚不当，处罚显失公正，违背了法律的精神和目的，人民法院应当进行变更公安机关的行政处罚决定。

### 2. 某大厦偷窥案

**【案情简介】**

某派出所接到报警，称在某大厦二楼女厕所有人偷窥，偷窥人已被保安控制。民警向受害者甲询问了有关情况，甲称在上厕所时听到隔壁有动静，然后有人走出厕所，她觉得不对劲，起身去看时，见到违法嫌疑人乙正走进厕所，违法嫌疑人见状夺路而逃。但是其未能证实目击偷窥行为。保安证实听到受害者喊叫后，看到嫌疑人从二楼跑下，随后便抓住了他。监视探头显示，违法嫌疑人进出过女厕所。

违法嫌疑人刚被带回派出所的时候，被安置在调解室。其拒不承认违法嫌疑的事实，对于民警的问话拒而不答。该民警见状，对其高声呵斥，称再不老实就要打他，并用腿侧面敲击了他一下。违法嫌疑人这才慢慢地回答民警的讯问，承认了自己有偷窥的念头和行为，但是绝对没有用手机拍摄。民警扣留了违法嫌疑人的手机，请来大厦保安和受害者一道用电脑浏览嫌疑人的手机资料，并试图用电脑软件恢复嫌疑人手机里被删除的照片和视频文件，但是最终未能找到偷拍的影像资料。

由于天色已不早，受害者和保安都离开派出所回家，嫌疑人也被送往留置室。最后，民警在之前制作的其他案件中关于保安的询问笔录和辨认笔录的基础上稍加修改，就完成了本案中关于该保安的询问笔录和辨认笔录，并找其他人签名、按手印。接着，民警在嫌疑人询问笔录上补填了比实际入所时间更晚的询问时间。制作完材料后，准备报请批捕。最后，该案件由于情节轻微，嫌疑人被释放，而案件也未作立案登记，未留下记录。

【分析】

本案涉及行政合法性审查原则以及以事实为依据，以法律为准绳原则。

前者要求在行政诉讼中审查行政行为的合法性，具体到治安处罚案件，就是要审查公安机关是否具有行政处罚权、强制权，行为程序是否符合规定，主要证据是否确凿，适用法律法规是否正确四个条件。其中主要证据是否确凿，不仅包括是否有证明力以及证明力大小的问题，也包括证据是否具有适格性的问题。所谓适格性，就是证据是否合法获取、质辩、认定，是否符合证据规则的要求等。该案不能定案的主要原因是什么？是因为缺少偷窥照片这样的直接证据。那么如果本案有这样的一份直接证据，是否就可以定案？答案是仍然不能定案，因为存在着更多的不能补正的违法问题。按照我国《治安管理处罚法》第七十九条和

《公安机关办理行政案件程序规定》第二十四条的规定，违法获得的证据都应当排除。具体分述如下：

## 一、方式违法

首先，是取证方式违法，方式违法主要包括如下几种方式。首先是强制，包括精神上的强制和身体上的强制。威胁就是一种典型的精神上的强制，在本案中，民警在询问时就使用了威胁，即不回答的话就打，这会使嫌疑人产生恐惧，在意志不自由的情况下回答。刑讯逼供是一种身体上的强制，不仅会让人意志不自由，而且会损害人身安全。本案中，民警踹了嫌疑人，使用了暴力。其次是引诱，该手段是利用利益为引导，诱使询问人如实陈述。最后是欺骗，包括强制性的欺骗和引诱性的欺骗。本案中民警在询问时，使用了带有一定欺骗色彩的引诱，就是老实回答，就让你早点回去。其实，如果如实交代，真被确认为违法的话，是回不去的。

## 二、程序违法

本案中，存在的第二种违法是程序违法。首先是询问场所违法。《公安机关办理行政案件程序规定》第五十七条要求，询问应当在办案场所进行。公安机关的三室：询问室、讯问室、候问室是指定的办案场所，里面有完善的约束机制、记录工具和监控设备，可以全程录音、录像，并保持录音、录像资料的完整性。上述措施能够保障询问的依法依规进行。在本案中，竟然放在调解室进行询问，显然是违法的。

其次是询问时间违法。按照《公安机关办理行政案件程序规定》第五十三条和第五十六条的规定，口头传唤、投案自首、群众扭送，并在询问笔录中注明违法嫌疑人到案经过、到案时间和离开时间。到案时间和离开时间，无疑是必须符合实际情况的，而在本案中，到案时间和离开时间却显然是伪造的。

再次是制作笔录违法。无论是询问笔录、还是辨认笔录，都应当根据辨认、询问时的实际情况来制作。《公安机关办理行政案件程序规定》第二百三十六条规定，行政案件的法律文书及定性依据材料应当齐全完整，不得损毁、伪造。而本案中，民警直接用了前一个案件的询问、辨认笔录的模板来制作，询问的问题、顺序都差不多，辨认的过程也差不多。这严重违背了实际的询问情况。按照《公安机关办理行政案件程序规定》第六十三条，应当宣读笔录，并由被询问人签字。而本案笔录没有向被询问人宣读，也没有他们的签字。

## 三、权限违法

第三个问题是权限问题。案件应当在受理后，才表明本公安机关有管辖权，才能开展强制调查。而本案最后没有立案受理，没有标明本案派出所的管辖权，却采用了带有强制性质的调查取证措施，如限制自由的询问、对手机资料的检查等。因此，本案根本没有调查取证的权限。正常程序是，应当按照《公安机关办理行政案件程序规定》第二百三十三条作终止调查决定书。

## 四、主体违法

第四个问题是主体违法。按照《治安管理处罚法》，讯问嫌疑人应当由两人进行，而本案中只有一位民警。从治安案件查处的原理上来看，讯问中应当保持讯问主体的稳定，不能换人，避免影响亲历性。而本案中，民警中途换了好几个人。此外，进行物品检查应当由具有执法资格的民警进行，而不是让受害人、保安、辅警也参加检查。

此外，检查手机的程序也存在违法问题，与案件有关的证据扣押应当遵守法定程序，如出具扣押手续等。检查内容违法，应当集中于与案件相关的图片、视频，而不是扩大检查范围。

### 3. 廖某某诉重庆市公安局交通管理局第二支队道路交通管理行政处罚决定案

【案情简介】

2005 年 7 月 26 日 8 时 30 分，原告廖某某驾驶车牌号为渝 AA47××的小轿车，沿滨江路向上清寺方向行驶。在大溪沟滨江路口，被告交警二支队的执勤交通警察陶某某示意原告靠边停车。陶某某向廖某某敬礼后，请廖某某出示驾驶执照，指出廖某某在大溪沟嘉陵江滨江路加油（气）站的道路隔离带缺口处，无视禁止左转弯交通标志违规左转弯。

陶某某认为廖某某违反禁令标志行车的事实是清楚的，其行为已违反道路交通安全法的规定，依法应受处罚，遂向廖某某出具 516 号处罚决定书。廖某某拒不承认违法事实，拒绝在处罚决定书上签字，陶某某均在 516 号处罚决定书上注明，并将该处罚决定书的当事人联交给廖某某。

廖某某不服 516 号处罚决定书，向重庆市公安局申请行政复议。2005 年 9 月 13 日，重庆市公安局作出行政复议决定，维持了 516 号处罚决定书。廖某某仍不服，遂向重庆市渝中区人民法院提起行政诉讼。法院经审理作出裁判，要点如下：

一、事实部分：对廖某某是否在此处违反禁令左转弯，虽然只有陶某某一人的陈述证实，但只要陶某某是依法执行公务的人员，其陈述的客观真实性得到证实，且没有证据证明陶某某与廖某某之间存在利害关系，陶某某一人的陈述就是证明廖某某有违反禁令左转弯行为的优势证据，应当作为认定事实的根据。

二、《道路交通安全法》第一百零七条第一款规定："对道路交通违法行为人予以警告、二百元以下罚款，交通警察可以当场作出行政处罚决定，并出具行政处罚决定书。"

三、《道路交通安全违法行为处理程序规定》第八条第二款规定:"公安机关交通管理部门按照简易程序作出处罚决定的,可以由一名交通警察实施。"因此,交通警察一人执法时,当场给予行政管理相对人罚款200元的行政处罚,是合法的具体行政行为。

**【分析】**

本案虽然是一个交通行政案件,但是其作为最高法院公报刊选的行政处罚及诉讼案例,对于类似公安行政处罚案件的办理都具有一定的参考作用。

本案的核心点在于,在一对一行政执法时,如何实现有效证明,从而落实以事实为依据,以法律为准绳的原则。在该案诉讼中,法院作出了支持交警陶某某的判决,理由是陶某某是依法执行公务的人员,且与被处罚人廖某某之间很可能没有利害关系。因此,陶某某的证言更为可信。该事实推理依据的是一项经验法则,即依法执行公务的人员,在与被执法对象无利害关系的情况下,所陈述的话具有更高的可信度。然而,法院并没有对该经验法则在当时案件发生的时空情况下能够成立的可能性大小作出令人信服的说明,执法主体也没有能够进行有效证明。实际上,在该案中,执法者和被执法人当场已经发生了比较大的矛盾,不属于毫无利害关系,上述经验法则的可信度是让人怀疑的。由此,在该案中,支持违法成立的证据并没有越过优势证据标准。此外,在一对一简易程序执法中,是否应当适用优势标准,法律并无明文规定,法院判决应当对此进行比较详细的说理,而判决中缺乏相关的论证。综上,该判决所作出的事实基础并不牢固。

本案可以对治安简易处罚程序中的证明提供一些有益的启示。首先,适用简易程序进行处罚时,应当注意证据的保全。执法者应当全程开启执法记录仪,保全、固定最直接可靠的证据。在无法使用执法记录仪时,应当尽量寻找见证人,或者在有视频监控的地方对嫌疑人进行调查,以便留下第三方证据。其次,如果上述条件都不具备，而违法嫌疑人已经就案件基本事实提出异议或者彻底否认，那么实际上，本案事实已经不清，丧失了用简易程序当场处理的可能，应当转为普通程序处理，将嫌疑人带回法定场所进行问话，不应当坚持当场作出治安处罚。最后，经过问话，仍然不能查清违法事实的，应当对嫌疑人予以释放。对嫌疑人所采取的讯问或继续盘问措施，由于开启标准低，不易被其事后提出复议或者诉讼确认违法，这样就避免了当场强行适用简易程序处罚带来的因证据不足而被复议、诉讼确认违法的风险。

# 第二章　受案范围

## 【本章概述】

本章共 2 条，是关于行政诉讼受案范围的规定。

确定行政诉讼受案范围的模式有三种，一是概括式，即规定一条提起行政诉讼的抽象标准，德国、美国、日本等国都采用了此种方式。其好处在于受案范围宽，有利于权利保障，缺点在于标准笼统不易把握，对一线法官提出了很高的法律素养要求，也对法院受理案件增加了很大的压力。二是列举式，即具体列明每种可以提起诉讼的争议类型。其好处在于易于操作，缺陷在于受案范围较窄，而且无法适用社会发展变化的需要。三是混合式或者结合式，其典型形式是以法院受理行政争议作为一般原则，而将不予受理的争议类型具体列出。这被认为是一种较为理想的模式。

我国原行政诉讼法对行政受案范围采取的是一种肯定性列举式为主、概括式为辅的混合模式。原《行政诉讼法》第十一条列举了 8 项可诉的具体行政行为，第十二条列举了 4 种不可诉的事项。这些属于列举式的规定。原《行政诉讼法》第二条规定了侵犯其合法权益的具体行政行为都可诉，第十一条第二款规定，除列举出的 8 项可诉的具体行政行为外，人民法院受理法律、法规规定可以提起诉讼的其他行政案件。这些属于概括式规定。列举为主的模式明确、具体，便于操作，使得一线办案人员有了明确的工作标准。尤其当时行政诉讼刚刚起步，通过列举明确受案范围，是一种谨慎、稳妥的方式。但列举方式的弊端也显而易见，如列举不完备，导致受案范围过窄；列举的标准也不够统一，交叉重复、遗漏等情况在所难免。

针对旧法受案模式的局限性，理论界和实务界都多有批评。行政诉讼的受案范围是公民权利受到行政权侵害时受司法保护的范围。按照法治原则，行政行为侵犯了公民的合法权益，都应当受到监督，公民都应当得到司法救济，因此，行政诉讼的受案范围应当是非常宽的，不应当限定哪些受理，哪些不受理。原行政诉讼法通过列举的方式，在很大程度上限制了受案范围，在本法修改过程中，有人建议采取概括方式规定受案范围，使受案范围有更大的包容性，便于在司法实践中逐步扩大。

但目前我国仍处于并将长期处于社会主义初级阶段，我国还在法治国家建设的过程中，扩大受案范围不能做到一步到位，而是要循序渐进，逐步扩大。经过利弊权衡，综合考虑，修改后的行政诉讼法维持现行的列举方式，将原法列举的 8 项增加到 12 项，扩大了受案范围。同时保留了原法规定的"人民法院受理法律、法规规定可以提起诉讼的其他行政案件"的兜底条款，为以后的立法扩大受案范围留下空间。此外，如前所述，新法第二条将"具体行政行为"改为"行政行为"，"人身权、财产权"受到侵犯改为"合法权益"受到侵犯，这都为今后继续扩大受案范围铺垫好了法律依据，有利于推动司法救济的继续发展。

# 【法律条文及其释义】

**第十二条** 人民法院受理公民、法人或者其他组织提起的下列诉讼：

（一）对行政拘留、暂扣或者吊销许可证和执照、责令停产停业、没收违法所得、没收非法财物、罚款、警告等行政处罚不服的；

（二）对限制人身自由或者对财产的查封、扣押、冻结等行政强制措施和行政强制执行不服的；

（三）申请行政许可，行政机关拒绝或者在法定期限内不予答复，或者对行政机关作出的有关行政许可的其他决定不服的；

（四）对行政机关作出的关于确认土地、矿藏、水流、森林、山岭、草原、荒地、滩涂、海域等自然资源的所有权或者使用权的决定不服的；

（五）对征收、征用决定及其补偿决定不服的；

（六）申请行政机关履行保护人身权、财产权等合法权益的法定职责，行政机关拒绝履行或者不予答复的；

（七）认为行政机关侵犯其经营自主权或者农村土地承包经营权、农村土地经营权的；

（八）认为行政机关滥用行政权力排除或者限制竞争的；

（九）认为行政机关违法集资、摊派费用或者违法要求履行其他义务的；

（十）认为行政机关没有依法支付抚恤金、最低生活保障待遇或者社会保险待遇的；

（十一）认为行政机关不依法履行、未按照约定履行或者违法变更、解除政府特许经营协议、土地房屋征收补偿协议等协议的；

（十二）认为行政机关侵犯其他人身权、财产权等合法权益的。

除前款规定外，人民法院受理法律、法规规定可以提起诉讼的其他行政案件。

本条列举规定了可以提起行政诉讼的事项。

修改后的肯定式列举共 12 项，1 至 6 项，11 项属于对可诉的行政行为的列举，7 至 10 项属于对可能受到侵犯的合法权益的列举，第 12 项是兜底条款。分述如下：

## 一、对行政处罚不服的

行政处罚是指具有行政处罚权的行政机关或者组织依照法律、法规以及规章的规定对公民、法人或者其他组织违反行政管理秩序的行为给予的制裁。我国大量的行政管理法律、法规和规章都规定有行政处罚，1996 年 3 月 17 日第八届全国人大第四次会议通过的行政处罚法系统地对行政处罚的设定、种类、实施机关、处罚程序等作了规定，是行政机关实施处罚的主要法律依据。按照该法规定，行政处罚有 7 类：警告，罚款，没收违法所得、没收非法财物，责令停产停业，暂扣或者吊销许可证、暂扣或者吊销执照，行政拘留，法律、行政法规规定的其他行政处罚等。

由于制定旧行政诉讼法时，行政处罚法尚未通过，因此原条文对处罚种类的列举和表述并不准确和全面，此次修法时作了改正。首先，将"拘留"改为"行政拘留"。因为拘留包括刑事拘留、民事拘留、行政拘留，只有行政拘留具有行政处罚的性质，是可诉的行政处罚行为。其次，将"没收财物"改为"没收违法所得、没收非法财物"。没收财物没有区分合法财物和非法财物，行政处罚中的财产罚应当只限于非法财物、违法所得，行政机关没有没收合法财物的权力，这一点不同于刑罚中的没收财产。最后，增加了"暂扣许可证、执照"作为可诉的行政处罚行为。这是因为在旧行政诉讼法制定时尚未明确"暂扣"行为为行政处罚，而该问题在行政处罚法制定时已经得到解决。

行政机关在对公民、法人或者其他组织实施处罚时应当严格按照行政处罚法和其他有关行政管理的法律、法规和规章的规定，否则，公民、法人或者其他组织就可以申请行政复议。行政机关违反行政处罚的实体和程序规定，都可以向法院起诉。需要注意，1996年《行政处罚法》第二十三条规定，行政机关实施行政处罚时，应当责令当事人改正或者限期改正违法行为。其他法律、法规也有许多责令改正的规定。这里的责令改正是一种行政强制措施，目的是为了制止违法行为的继续和扩大，如果其存在侵犯相对人合法权益的可能，就应当可以提起行政诉讼。因此，无论责令改正是与其他处罚同时适用，还是单独适用，当事人对责令改正不服的，可以提起行政诉讼。

## 二、对行政强制措施和行政强制执行不服的

行政强制措施是指行政机关在行政管理过程中，为制止违法行为、防止证据损毁、避免危害发生、控制危险扩大等情形，依法对公民的人身自由实施暂时性限制，或者对公民、法人或者其他组织的财物实施暂时性控制的行为。行政强制措施可以分为对人身自由的强制措施和对财产、场所的强制措施两大类。对人身自由的强制措施包括收容教育、收容遣送、强制传唤、强制戒毒、强行约束、强制带离、强制搜查等，对财产、场所的强制措施包括查封、扣押、冻结财产、场所等。

行政强制执行是指行政机关或者行政机关申请人民法院，对不履行行政决定的公民、法人或者其他组织，依法强制履行义务的行为。行政强制执行措施有直接强制和间接强制，直接强制包括对物的强制，如强制划拨、强制收缴、强制拆除、强制销毁、强制收兑等，对人的强制包括强制拘留、驱逐出境等；间接强制包括执行罚和代执行。在制定行政强制法的过程中，有人提出，行政强制执行是执行已生效的行政决定，没有给行政相对人增加新的义务，因此，不能对行政强制执行提起诉讼。不过，行政强

制执行决定是一个独立的行政行为，有独立的程序要求，执行中可能影响到行政相对人的行为、财产等权益，因此，《行政强制法》第八条明确规定，行政相对人可以对行政强制执行提起诉讼。需要注意，本项中的行政强制执行，仅指行政机关实施的强制执行，不包括法院实施的强制执行。

行政强制措施和行政强制执行统称为行政强制。行政强制法对行政强制措施的种类、行政强制执行的方式以及它们的实施程序作了规定。相关法律、法规也规定了一些行政强制措施，相关法律也规定了一些行政强制执行。原行政诉讼法制定时，理论和实务界对于行政强制的内涵和外延都还不清楚，因此只对查封、扣押、冻结等财产性的行政强制措施作了列举。在行政强制法通过后，为了使可诉的行政强制行为的列举更为周延，新行政诉讼法补充规定了行政强制执行，另外将限制人身自由的强制措施也列入本款。这样就从外延上将所有可能侵犯合法权益的行政强制行为都纳入了可诉范围。

行政相对人认为行政机关违反行政强制法的有关程序和实体规定的，可以向法院起诉。

## 三、对行政许可不服的

行政许可是指行政机关根据公民、法人或者其他组织的申请，经依法审查，准予其从事特定活动的行为。行政许可法对行政许可的实施程序作了规定，相关法律、法规和省级人民政府规章对行政许可有具体的实体性规定。行政许可的常见形式是颁发许可证、执照。许可证和执照是指行政机关根据相对人的申请颁发的允许其从事某种活动的书面证明。许可证和执照的适用范围非常广泛，涉及社会生活各个方面。与之类似的还有资质证和资格证。资质证一般是指企业或其他组织能够从事某种活动的能力证明。主要是在一些特定行业实行，如建筑业对建筑企业的资质要求。资格证书是公民具备某种能力的书面证明，也是其能够从事某项工作的前提条件，主要是对一些职业的要求，如从事律师职业要有律师资格，从事医师职业要有医师资格，从事注册会计师职业要有注册会计师资格等。许可证、执照与资质证、资格证在性质上有一定区别，颁发许可证和执照是一种行政许可行为，而颁发资格证、资质证是行政认可行为或证明行为，是公民或组织具备某种条件或者具备某种能力的证明，在有些情况下，它是取得许可证或执照的前提条件。

原行政诉讼法仅规定拒绝颁发或者不予答复的行政许可行为可诉，这显然没有将可诉的行政许可行为列举全面。《行政许可法》第七条规定，公民、法人或者其他组织对行政机关实施行政许可，有权依法提起行政诉讼，明显扩大了可诉行政许可行为的范围。与之相适应，新行政诉讼法也在此款增加了"对行政机关作出的有关行政许可"的表述，从而增进了可诉范围的包容性。

2009年12月14日最高人民法院颁布的《关于审理行政许可案件若干问题的规定》第一、二、三条对可诉行政行为的范围作了细化规定，包括如下四类：第一，公民、法人或者其他组织申请行政许可，行政机关拒绝或者法定期限内不予答复，这里所称的法定期限，是指《行政许可法》第四十二条、第四十三条、第四十四条规定的期限。第二，行政机关作出的有关行政许可的准予、变更、延续、撤销、撤回、注销行政许可等决定不服的。除法律、法规明确规定的情形外，行政机关不得违法变更、中止、撤销公民、法人或者组织的许可证、执照、资质证或资格证。对行政机关作出的有关资质、资格等证书变更、中止、撤销的决定不服的，可以提出诉讼。第三，公民、法人或者其他组织认为行政机关未公开行政许可决定或者未提供行政许可监督检查记录侵犯其合法权益。第四，公民、法人或者其他组织仅就行政许可过程中告知补正申请材料、听证等通知行为提起行政诉讼的，如果导致许可程序对上述主体事实上终止的，可以提起诉讼。

## 四、对行政机关权属裁决行为不服的

所谓行政裁决，是指行政机关依照法律授权，对当事人之间发生的、与行政管理活动密切相关而与合同无关的民事纠纷进行审查，并作出裁决的行政行为。

根据我国宪法的规定，矿藏、水流、森林、山岭、草原、荒地、滩涂等自然资源，都属于国家所有，由法律规定属于集体所有的森林和山岭、草原、荒地、滩涂除外。城市的土地属于国家所有，农村和城市郊区的土地，除法律规定属于国家所有外，还属于集体所有。对于国有和集体所有的自然资源，公民、法人或者其他组织可以依法取得使用权。根据土地管理法、矿产资源法、水法、森林法、草原法、渔业法、海域使用管理法等法律的规定，县级以上各级政府对土地、矿藏、水流、森林、山岭、草原、荒地、滩涂、海域等自然资源的所有权或者使用权予以确认和核发相关证书。本项列举的自然资源中有"海域"，这是宪法中没有明确列举的，但也应当包括在宪法规定的"等"之内。海域的所有权属于国家，但公民或集体可以获得使用权，我国在领海和毗连区法、专属经济区和大陆架法以及渔业法、水法等都涉及海域的管理和利用。因此，对行政机关作出的关于海域的使用权不服的，也可以提出行政诉讼。

本款所称的"确认"，包括颁发确认所有权或者使用权的证书，也包括所有权或者使用权发生争议后由行政机关作出的裁决，确认权利归属。这是本法修改后新增加的一项内容，在司法实践中，人民法院已根据相关法律受理过此类案件。

需要注意，根据行政复议法的规定，公民、法人或者其他组织认为行政机关侵犯其已经依法取得的土地、矿藏、水流、森林、山岭、草原、荒地、滩涂、海域等自然资源的所有权或者使用权的，应当先申请行政复议；对行政复议决定不服的，可以向法院提起诉讼。根据国务院或者省、自治区、直辖市人民政府对行政区划的勘定、调整或者征用土地的决定，省、自治区、直辖市人民政府确认土地、矿藏、水流、森林、山岭、草原、荒地、滩涂、海域等自然资源的所有权或者使用权的行政复议决定为最终裁决，不得向法院起诉。

## 五、对征收、征用决定及其补偿决定不服的

行政征收是指行政主体凭借国家行政权，根据国家和社会公共利益的需要，依法向行政相对人强制地、无偿地征集一定数额金钱或实物的具体行政行为，如为了公共设施、基础设施建设需要，人民政府征收农村集体土地和城乡居民房屋，又如税务机关收税的行为。行政征用是指行政主体出于公共目的，为满足公共利益需要，依法强制取得相对人财产所有权或使用权的行政行为。根据法律规定，征收、征用都应当依法给予权利人相应的补偿。相关法律、法规有关于征收、征用程序和实体性的规定。

公民、法人和其他组织对征收、征用决定不服，或者对征收、征用的补偿决定不服的，除法律规定复议终局的外，都可以提起诉讼。本项规定是本法修改新增加的内容，但相关法律、法规已有相应规定，司法实践也已受理过这类行政案件。值得注意的是征收还包括征税和行政收费，本条第一款第九项已经规定对于摊派费用和违法要求履行其他义务的行为可以提出行政诉讼。因此对于征税和行政收费引起的争议，行政相对人可以在两个条款中择一向法院提起诉讼。

## 六、对行政合同行为不服的

行政合同，也称为行政契约，是指行政主体与相对人之间为执行公共事务，实现行政管理目标，适用行政法规则，依双方意思表示一致，设立相互权利和义务的协议。行政合同的主要类别有：国家订货合同；公用征收合同；行政委托合同；国土使用权有偿出让合同；国企承包、租赁合同；公共工程合同等。

关于行政合同的性质长久以来存在争议。民法学界认为行政合同属于特殊的民事合同，应当遵守合同法的规定，发生争议应当适用民事诉讼程序来解决。行政法学界认为行政合同是公共管理和服务的一种方式，行政机关签订合同有行使公权力的属性，发生争议应当适用行政诉讼程序来解决。为了与民事合同相区别，称其为行政协议。以前由于缺乏统一规定，各地法院受理标准不一，有的按照民事案件受理，有的按照行政案件受理，也导致审理程序，适用法律，裁判结果各方面的不一致，不利于争议化解和法治统一。

此次修法中认为行政协议具有特殊性的观点获得了采纳。该观点认为，行政协议与民事合同相比，具有四个方面的特殊性：第一，目的不同。行政协议的目的是实现公共利益或者行政管理目标，民事合同是为了私法目的。第二，主体不同。行政协议的双方是行政主体和行政相对人，行政主体处于主导地位，享有优益权，双方地位不对等。第三，职责限制不同。行政机关签订协议必须在其法定职责范围内，程序应当符合法律规定。第四，内容不同。行政协议的内容涉及行政主体和相对人在行政法上的权力、权利和义务，而不是单纯的民事权利、义务。此外，在行政协议履行实务中，行政机关违约的情况较多，按照行政案件受理，有利于监督公权力的行使。并且行政协议争议中往往伴随着行政行为争议，作为行政案件受理，有利于争议的一并解决。鉴于上述原因，新行政诉讼法及其司法解释将行政协议作为可诉行为列入了受案范围。

新行政诉讼法司法解释第十一条对行政协议作出了界定，认为行政协议是指行政机关为实现公共利益或者行政管理目标，在法定职责范围内，与公民、法人或者其他组织协商订立的具有行政法上权利义务内容的协议。该条第二款列举了可以提起诉讼的行政协议种类，包括：政府特许经营协议；土地、房屋等征收征用补偿协议；其他行政协议。

政府特许经营协议是指在特定公共事业领域，由政府根据法律，通过市场竞争机制选择公用资源投资者或者经营者，并授权其在一定期限和范围内经营某种公共事业的制度。典型的是BOT。所谓 BOT 方式，英文是 Build-Operate-Transfer，即"建设—经营—移交"的运作方式，也称 BOT 政府特许工程项目，它是 1984 年正式提出来的，其首倡者是当时的土耳其总理厄扎尔，他首先推动将 BOT 方式应用于该国的公共设施的私有化项目。此后，BOT 方式就在世界许多国家特别是发展中国家推广开来。例如，美国在 20 世纪 80 年代和 90 年代出现私有化浪潮，BOT 项目方式几乎覆盖了美国基础设施的全部领域。在发达国家和地区已进行的 BOT 项目中，以三大海底隧道工程（英吉利海峡、悉尼港、香港海底隧道工程）最为著名。

土地、房屋等征收、征用补偿协议。这是指为了公共利益，国家依法对土地、地上房屋进行征收或者征用，并给予相对人以补偿。双方就补偿方式、金额、期限等事项订立的协议，属于典型的行政协议。当然，实务中，征收、征用补偿协议的对象不限于土地、房屋，还可以涉及自然资源和交通工具、通讯工具等动产。

其他行政协议则一般认为包括国有土地使用权出让合同，矿产资源使用权出让合同，治安处罚担保协议，强制执行和解协议，教学科研协议等。

## 七、对不履行法定职责不服的

该项实际属于一种义务之诉。值得注意的是，行政机关不履行法定职责并不全是不作为。行政机关不予答复的行为，确属不作为类行为；而行政机关明确拒绝履行职责或者拖延履行的行为，系作为类行为。本条第一款第六项中的合法权益，主要是人身权、财产权，但不限于这两项权利。人身权、财产权是公民的基本权利，我国法律、法规将保护公民的人身权、财产权以及其他合法权益明确为行政机关的法定职责，只要公民、法人或者其他组织认为法律、法规明确规定行政机关负有保护权益的职责而行政机关不履行的，都可以提起诉讼，要求行政机关履行职责。

2015 年通过的《行政诉讼法解释》第四条规定，公民、法人或者其他组织依照行政诉讼法第四十七条第一款的规定，对行政机关不履行法定职责提起诉讼的，应当在行政机关履行法定职责期限届满之日起六个月内提出。按照旧行政诉讼法司法解释的规定，如果行政机关未告知诉权或起诉期限的，起诉期限为两年，从该行政机关履行法定职责期限届满之日起算。

## 八、认为行政机关侵犯经营自主权或者农村土地承包经营权、农村土地经营权的

前述七项是从可诉行政行为的角度列举。从本项开始，是从所保护的合法权益的角度来列举受案范围。经营自主权是企业、个体经营者等依法享有的调配使用自己的人力、物力、财力，自主组织生产经营活动的权利。我国已确立了市场经济体制，各类市场主体享有广泛的经营自主权，除法律、法规对投资领域、商品价格等事项有明确限制外，行政机关不得干预其生产经营。赋予企业经营自主权是搞活企业的必要措施，保护企业的经营自主

权，使企业真正成为自主经营、自负盈亏的商品生产者和经营者，是建立社会主义市场经济的内在要求，是深化经济体制改革的重要环节。企业的经营自主权也是法律、法规赋予企业的法定权利，如果干预，市场主体可以向法院提起诉讼。私有企业、中外合资企业、中外合作企业、外资企业因所有制不同，企业所享有的经营自主权的范围也不一样，它们的经营自主权同样也受法律保护。需要注意的是，对国有企业而言，其生产经营受到作为履行出资人职责的国有资产监督管理机构的管理，但这种管理，是从股东角度进行的，不属于行政管理，因此，不能提起行政诉讼。

农村土地承包经营权是农村集体经济组织的成员或者其他承包经营人依法对其承包的土地享有的自主经营、流转、收益的权利。农村承包经营责任制是我国改革开放以后在农村推行的一项重要经济政策，它是由村（组）集体经济组织与其内部成员或其他承包者之间通过签订承包合同的方式，确立双方在生产、经营和分配过程中的权利义务。作为农村集体经营组织的发包方与作为承包方的农户或者其他经营人之间发生的纠纷，是民事争议，可以申请仲裁或者提起民事诉讼。但是，如果乡（镇）政府或者县级以上地方农村部门等干涉农村土地承包，变更、解除承包合同，或者强迫、阻碍承包方进行土地承包经营权流转的，就侵犯了农民的经营自主权和财产权，属于行政权力行使导致的行政争议，可以对此提起行政诉讼。

农村土地经营权是从农村土地承包经营权中分离出的一项权能，是已经通过政府转让获得承包经营权的个人之间通过合同的方式对经营权的再转让，其性质属于债权而非物权。这种转让在经济生活中已经很常见，有利于土地经营权的流动和集约化经营，当经营权受到行政权力侵害时，也可以对此提出行政诉讼。

## 九、认为行政机关滥用行政权力排除或者限制竞争的

该项保护的是市场主体的竞争权。我国实行市场经济体制，国家制定和实施与社会主义市场经济相适应的竞争规则，完善宏观调控，健全统一、开放、竞争、有序的市场体系。滥用行政权力排除或者限制竞争会破坏这种良性的市场体系，危害经济安全，最终损害经营者和消费者的利益。

按照反垄断法的规定，滥用行政权力排除或者限制竞争主要有如下表现形式：（1）行政机关和法律、法规授权的具有管理公共事务职能的组织限定或者变相限定单位或者个人经营、购买、使用其指定的经营者提供的商品；（2）实施妨碍商品在地区之间的自由流通的行为：（3）以设定歧视性资质要求、评审标准或者不依法发布信息等方式，排斥或者限制外地经营者参加本地的招标投标活动；（4）采取与本地经营者不平等待遇等方式，排斥或者限制外地经营者在本地投资或者设立分支机构；（5）强制经营者从事反垄断法规定的垄断行为；（6）制定含有排除、限制竞争内容的规定。行政机关违反上述规定侵害经营者竞争权的，经营者可以向法院提起行政诉讼。

## 十、认为行政机关违法要求履行义务的

该项保障的是个人、组织的各类合法权益，针对的行政行为主要是命令类的行为。在我国，权利义务都是依法确定的，对于法定义务，公民、法人或者其他组织应当认真履行；不履行的，行政机关可以依法强制其履行。但是，行政机关无权要求公民、法人或者其他组织履行法定义务以外的其他义务，否则就是侵犯他们的合法权益。

行政机关违法要求履行义务的行为有多种，其中最主要的是

乱集资、乱收费、乱摊派，人们称之为"三乱"。据统计，每年各种行政收费就与国家税收大致相当。"三乱"的原因，有的是因为税收制度和财政体制存在一定问题，财政收入不能保证不断膨胀的行政机关的正常开支，行政机关就运用手中的权力，收取各种费用，用于事业费用或单位福利；有的是一些地方政府违背量力而行的原则，当地方财政困难、经济脆弱的情况出现时，就急功近利，追求政绩，不顾企业、个人的承受能力，向企业、个人乱集资、乱摊派，用于搞建设、办教育等。"三乱"行为干扰了国家正常的财政、税收制度，加重了群众的负担。此次修法，特别在此项中列举了"违法集资、摊派费用"的具体情形，鼓励人民提起行政诉讼，推动制止"三乱"行为，从而保护自身合法权益。

这里的"违法要求履行其他义务"是指违法要求承担"三乱"以外的其他财产或劳务负担。

## 十一、认为行政机关没有依法实施行政给付的

该项保护的是公民获得物质帮助的权益，对应的行政行为属于给付类行为。行政给付又称行政物质帮助、行政资助，它是指行政机关对公民在年老、疾病或丧失劳动能力等情况或其他特殊情况下，依照有关法律、法规、规章或政策等规定，赋予其一定的物质权益或与物质有关的权益的具体行政行为。

行政给付的形式较为复杂，这主要是因为我国有关行政给付的法律、法规的规定较为零散，各种具体的行政给付散见于法律、法规之中，名称各异，含义不一，致使行政给付的形式很难准确界定。目前，我国有关行政给付形式的法律、法规、规章主要有：《残疾人保障法》、《森林法》、《消防法》、《军人抚恤优待条例》、《中国人民解放军志愿兵退出现役安置暂行办法》、《退伍士兵安置条例》、《革命烈士褒扬条例》、《国营企业职工待

业保险暂行规定》、《城市生活无着的流浪乞讨人员救助管理办法》、《城市生活无着的流浪乞讨人员救助管理办法实施细则》等。综合这些法律、法规、规章和政策的规定，可将行政给付的形式概括为以下几种：（1）抚恤金。这是因公或者因病致残、死亡时发给本人或者家属的费用，以维持本人或其家属的日常生活。这是最为常见的一种行政给付形式。一般包括对特定牺牲、病故人员的家属的抚恤金、残疾抚恤金、烈军属、复员退伍军人生活补助费、退伍军人安置费等。（2）特定人员离退休金。这里指由民政部门管理的军队离休、退休干部的离休金或退休金和有关补贴。（3）社会救济、福利金。这里包括农村社会救济，城镇社会救济，精简退职老弱病残职工救济以及对社会福利院、敬老院、儿童福利院等社会福利机构的经费资助。（4）自然灾害救济金及救济物资。这里包括生活救济费和救济物资、安置抢救转移费及物资援助等。（5）社会保险金。社会保险金是公民在失业、年老、疾病、生育、工伤等情况发生时，向社会保障机构申请发放的社会救济金。社会保险金包括养老保险金、失业保险金、医疗保险金、工伤保险金和生育保险金。目前，我国的社会保险制度正在建立之中，各项保险制度还不健全。（6）最低生活保障费。最低生活保障费是向城镇居民发放的维持其基本生活需要的社会救济金。建立最低生活保障线制度是现代社会保障制度的重要组成部分，是维护社会稳定的防线。各地根据本地区的经济发达程度和生活水平确定一个最低生活保障线的标准，达不到最低生活保障线的，可以向有关行政机关申请发放最低生活保障费。目前，最低生活保障费主要是由民政部门发放。

根据本项规定提起诉讼时要注意两点：第一，实施行政给付必须是法律、法规明确规定的，没有法律、法规明确规定的，不能以未实施行政给付而提起诉讼。第二，必须是行政机关如民政机关未依法实施行政给付的，才可以根据本项提起行政诉讼。这一点和企事业单位未给予物质帮助的行为有所区分。企事业单位未依法给予物质帮助，形成的争议不属于行政争议，即使提起诉讼也不属于行政诉讼。

## 十二、其他可诉性的案件

前十一项规定具体列举了可能侵犯公民合法权益的行政行为，以及可能受到侵害的合法权益类型。但未必全面，还可能出现其他侵犯公民合法权益的行政行为以及可能受害的合法权益类型。本项的规定是为了弥补前十一项列举不全面可能带来的遗漏，是一项兜底性规定，属于受案范围的抽象规定模式。其目的是更好地保护公民、法人或者其他组织的合法权益。它表明，只要公民、法人或者其他组织认为行政机关的行政行为侵犯了其合法权益，都可以申请复议。

公民、法人或者其他组织的权利包括但不限于人身权、财产权、受教育权、采光权等权利和利益。人身权利是指没有直接经济内容，与公民人身相关的权利，它包括人格权和身份权。其中人格权包括姓名权、名誉权、荣誉权、肖像权等。财产权是指有一定物质内容，直接体现为经济利益的权利，主要包括所有权及其他物权、债权和知识产权等。受教育权是指公民达到一定年龄并具备可以接受教育的智力时，通过学校或者通过其他教育设施和途径学习科学文化知识的权利。采光权指每天接受一定时间、强度日光照射的权益。

理论和实务界认为，有些案件也应当作为其他可诉的行政案件予以受理。例如，国际贸易行政案件、反倾销行政案件、反补贴行政案件等。

**第十三条** 人民法院不受理公民、法人或者其他组织对下列事项提起的诉讼：

（一）国防、外交等国家行为；

（二）行政法规、规章或者行政机关制定、发布的具有普遍约束力的决定、命令；

（三）行政机关对行政机关工作人员的奖惩、任免等决定；

（四）法律规定由行政机关最终裁决的行政行为。

本条为原法第十二条，未作修改，是对行政诉讼的受案范围作出否定性的列举。

行政诉讼受案范围受国家机关之间职权分工和法院在国家权力架构中的定位的影响。我国实行的是人民代表大会制度，人民政府在人民代表大会及其常委会监督下开展工作，人民法院对行政行为的监督，应当符合这一制度的特点。具体而言，司法权对于行政权的监督并不是无限的，需要有一条界线；并且，行政权所受的监督是多样的，有行政复议、人大的监督、群众监督、党的监督等，司法权的监督是监督链条上的一环，其范围应当与其他环节有所区别。因此根据本法规定，对于下列行为，法院不受理：

## 一、国防、外交等国家行为

国家行为是基于国家主权并且以国家名义实施的行为。国家行为带有高度的政治性，不同于一般的行政行为，不适宜由法院来监督。各国法院对这类行为都没有司法审查权。根据1999年通过的《行政诉讼法解释》第二条的规定，国家行为是指国务院、中央军事委员会、国防部、外交部等根据宪法和法律的授权，以国家的名义实施的有关国防和外交事务的行为，以及经宪法和法律授权的国家机关宣布紧急状态、实施戒严和总动员等行为。国防行为是指国家为了防备和抵抗侵略，制止武装颠覆，保卫国家的主权、领土完整和安全所进行的军事活动，如宣战、发布动员令、戒严令、军事演习、设立军事禁区等。外交行为是指国家之间或者国家与国际组织之间的交往行为，如对外国国家和政府的承认、建交、断交，缔结条约、公约和协定等。上述行为，在我国主要是由全国人大及其常委会决定的，国务院作为执行机关，在行使国防、外交方面的职权时，只能由全国人大及其常委会监督，法院没有监督权。

## 二、行政法规、规章或者行政机关制定、发布的具有普遍约束力的决定、命令

制定行政法规、规章是立法行为，按照我国宪法、立法法的规定，由全国人大及其常委会和地方同级人大及其常委会或者国务院监督，不由法院监督。因此，不能对行政法规、规章提起行政诉讼。

行政机关制定、发布的具有普遍约束力的决定、命令，即学理上所称的"抽象行政行为"，本法也称为"规范性文件"。上述决定、命令虽然在行政管理中发挥了重要作用，但有些存在违法的问题，侵犯了公民、法人或者其他组织的合法权益，后果比行政行为更严重。因此，本法修改过程中，有的建议将这类决定、命令纳入受案范围，赋予法院监督权。但是，也有反对意见。一方面，我国宪法、地方组织法、立法法、行政复议法等法律对上述决定、命令的监督权作了规定，如宪法规定，国务院有权改变或者撤销各部、各委员会发布的不适当的命令、指示和规章，改变或者撤销地方各级国家行政机关的不适当的决定和命令；地方各级人民代表大会和地方各级人民政府组织法规定，县级以上地方各级人大及其常委会有权撤销本级人民政府不适当的决定和命令；县级以上的地方各级人民政府有权改变或者撤销所属各工作部门的不适当的命令、指示和下级人民政府的不适当的决定、命令。除了撤销权以外，对抽象行政行为的监督机制还包

括备案审查、法规清理以及行政复议中对抽象行政行为的审查。另一方面，抽象行政行为不会对相对人的权益发生直接影响，只有在将规范性文件适用于具体事项，形成具体行政行为时，才会对相对人权益产生直接影响。因此，修法时没有将本项列入受案范围。

但是，鉴于规范性文件对不特定多数相对人权益潜在的巨大影响，新法第五十三条、第六十四条建立了对规范性文件的附带审查制度，使得相对人在起诉时可以要求对行政行为所依据的规范性文件的合法性一并进行审查，从而得到适当的救济。

## 三、行政机关对行政机关工作人员的奖惩、任免等决定

本项涉及行政机关的人事管理关系以及内部行政行为。行政机关与其工作人员之间的人事管理关系包括行政处分和其他人事处理决定。行政处分是行政机关对违法、违纪的国家公务员所给予的惩戒。根据《公务员法》第五十五条的规定，公务员因违法违纪应当承担纪律责任的，依照本法给予处分。第五十六条规定，处分分为警告、记过、记大过、降级、撤职、开除。给予国家公务员行政处分，依法分别由任职机关或行政监察机关决定。其他人事决定是指除行政处分外，行政机关在内部人事管理活动中，对国家公务员个人作出的具体人事处理决定，它包括公务员定级、考核、回避、晋级、增资、辞职、辞退以及退休等涉及其个人权益的决定。

基于特别权力关系理论，公务员的任职关系属于一种典型的特别权力关系，行政机关在公务员任职期间对公务员所作的奖惩、任免以及其他人事处理决定属于内部行政行为，在大陆法系许多国家都不属于法院受理范围。行政诉讼法的目的是解决行政机关在行使行政权的过程中与管理相对人之间产生的行政争议，

是为管理相对人提供的一项权利救济途径，是解决外部行政行为争议的一项法律制度。外部行政行为引起的争议与内部行政行为引起的争议在性质、内容等方面都有所不同，因此，在处理机关、程序和后果等方面都不一样，它们适用不同的法律。

行政诉讼法将行政处分和其他人事处理决定排除在行政复议范围之外，并不是说国家公务员的合法权益不受法律保护，而是有关法律、行政法规已经有相应的规定。

值得注意的是，公务员与任免机关的国家职务关系只存在于该关系存续期间，在公务员考试录用阶段，以及丧失公务员身份之后与行政机关产生的行政纠纷不属于内部行政行为争议，可以依法提起诉讼。

## 四、法律规定由行政机关最终裁决的行政行为

行政权行使涉及的事项有些事关国家机密，有的具有高度的专业性，有的需要应急处置，有的已经有高度完善的程序保障，因此可以由行政机关自我监督来保障，排除法院的司法救济。当然，这种排除范围按照1999年通过的《行政诉讼法解释》第五条的规定，只能由法律来界定，其他位阶的规范性文件都无权规定。

以前规定行政机关最终裁决权的法律有商标法、专利法、外国人入出境管理法和公民出入境管理法、集会游行示威法、行政复议法等。随着法律的修订，目前只有行政复议法保留了两项行政机关终局裁决的行政行为。

一是《行政复议法》第十四条规定，对国务院部门或省、自治区、直辖市人民政府的具体行政行为不服的，向作出该具体行政行为的国务院部门或省、自治区、直辖市人民政府申请行政复议。对行政复议决定不服的，可以向人民法院提起行政诉讼，也可以向国务院申请裁决，国务院依照本法作出最终裁决。二是

《行政复议法》第三十条第二款规定，根据国务院或省、自治区、直辖市人民政府对行政区划的勘定、调整或者征收土地的决定，省、自治区、直辖市人民政府确认土地、矿藏、水流、森林、山岭、草原、荒地、滩涂、海域等自然资源的所有权或者使用权的行政复议决定为最终裁决。

## 五、其他不予受理的行为

按照 1999 年通过的《行政诉讼法解释》第一条的规定，除了上述四类事项不可诉以外，还有如下五类事项被排除出行政诉讼受案范围：

### （一）公安、国家安全等机关依照刑事诉讼法的明确授权实施的行为

该类行为属于刑事侦查行为。主体只能是公安、国家安全机关、海关、军队保卫部门、监狱具有侦查职能的机关，并且通常由其内部专门负责刑事侦查的机构和工作人员具体实施；必须在刑事立案之后在侦查犯罪行为的过程中实施；必须在刑事诉讼法的明确授权范围之内；必须对犯罪嫌疑人等对象实施的。不满足上述条件的，可能构成违法行政行为，具有可诉性。

### （二）调解行为以及法律规定的仲裁行为

行政调解是指行政机关劝导发生民事争议的当事人自愿达成协议的一种行政活动。没有公权力的属性，没有可诉性。但是行政机关借调解之名，违背当事人的意志作出具有强制性的决定或者行政机关为了实施调解或者在调解过程中实施了行政行为。例如，采取了强制措施，那么公民可以针对强制性决定和强制措施起诉。

仲裁是法定机构以中立身份按照法定程序对平等主体之间的民事纠纷作出有法律约束力的裁决的行为。目前主要是劳动争议仲裁，已经纳入民事诉讼范畴。

## （三）不具有强制力的行政指导行为

行政指导是指行政机关以倡导、示范、建议、咨询等方式引导公民自愿配合而达到行政管理目的的行为。其不具有公权力的强制性，依靠当事人自愿实施，一般不具有可诉性。如果行政机关在实施行政指导是通过利益引诱或者威胁的方式强迫行政相对人服从，那么公民可以起诉。

## （四）驳回当事人对行政行为提起申诉的重复处理行为

重复处理行为是指当事人在超过复议申请期限和起诉期限的情况下对已经生效的行政行为不服而向有关行政机关提出申诉，行政机关对申诉作出答复，与原先作出的行政行为完全一致，未改变原行为内容。重复处理行为没有增加或者减少当事人的权益，没有对当事人产生影响，属于不可诉行为。如果允许其可诉，则起诉时效制度会名存实亡。

## （五）对公民、法人或者其他组织权利义务不产生实际影响的行为

这是指行政机关在作出的行政行为尚未成熟，没有达到终了阶段，无法对相对人的权益产生实际影响，此时提出诉讼，为时过早，因此排除出受理范围。

# 【公安行政诉讼典型案例】

## 1. 冯某某与淮南市公安局某分局治安行政强制纠纷案
### 【案情简介】

2014 年 6 月 17 日 9 时许，该公安分局某派出所民警吴某等三人着制式警服到××网吧送达处罚决定书。因当时网吧内有人正在上网，民警进行日常检查。在检查过程中，发现该网吧存在未按规定核对、登记上网消费者有效身份证件的情形，民警即对网吧经营者冯某某进行口头传唤，要求其配合调查。冯某某以无

法律依据，违反法定程序为由予以拒绝，且鼓动上网消费者不要配合民警的调查，并在网吧内大喊"警察打人了"。该公安分局下属单位民警吴某以涉嫌阻碍依法执行职务为由，对冯某某进行口头传唤。冯某某认为没有违法犯罪行为，当场拒绝传唤。该公安分局单位民警吴某等人即对冯某某强制传唤。

之后，冯某某以该公安分局下属民警吴某未经公安机关办案部门负责人批准，未使用传唤证，系违法行使职权为由，提起行政诉讼，要求确认该公安分局使用暴力手段强制传唤冯某某的行政行为违法，并对冯某某公开赔礼道歉。一审法院经审理，认为公安机关强制行为合法，随判决驳回冯某某诉讼请求。

宣判后，冯某某不服提起上诉称：第一，一审法院适用法律错误。人民警察可以查验居民身份证，但必须符合《居民身份证法》第十五条规定的五个前提条件。本案中，上网消费者正在上网的行为，不属于五个前提条件范围，该公安分局进入网吧查验上网消费者身份证的行为，系非法查验居民身份证。第二，该公安分局对冯某某实施行政强制措施，依据不足，程序违法。根据《治安管理处罚法》的规定，传唤只能针对具有治安管理违法行为的人实施，本案中，该公安分局未提供证据证明上诉人存在治安违法行为，对上诉人进行传唤明显违法。上诉人对该公安分局的违法检查除口头发表意见外，未实施任何阻碍行为，所谓的"阻碍该公安分局民警依法执行职务"无依据。第三，该公安分局作出的所谓口头传唤是突然发生的，未进行事先审批，程序严重违法。该公安分局提供的审批手续是事后制作的，不能证明其程序的合法性。综上，请求撤销一审判决，确认该公安分局作出的强制传唤行为违法，并判令该公安分局向上诉人赔礼道歉。

二审法院经审查，认为一审判决认定事实清楚，适用法律正确。驳回上诉，维持了一审判决。

**【分析】**

本案的焦点在于查验身份证行为和传唤行为这两种行为，是否属于行政诉讼法的规定的受案范围，公安机关实施该两种行为的适用条件、适用程序是否符合《居民身份证法》、《治安处罚法》、《公安机关办理行政案件程序规定》等法律的规定。

第一，查验身份证和传唤是否属于行政诉讼法的规定的受案范围。

依据《居民身份证法》第十五条第一款第一项规定："对有违法犯罪嫌疑的人员，需要查明身份的。"人民警察经出示执法证件后，有权查验居民身份证，拒绝查验的依照有关法律规定，分不同情形，采取措施予以处理。是否存在违法情形，由在场的执法人员裁量。在本案中，公安机关民警吴某等认为该网吧存在未按规定核对、登记上网消费者有效身份证件的违法情形，足可以证明违法情形存在，因此，某公安分局可以依法对居民身份证进行查验。再者，冯某某以《互联网上网服务营业场所管理条例》为依据，认为公安机关无权对网吧日常经营进行检查，因《居民身份证法》系法律，《互联网上网服务营业场所管理条例》系部门法规，以部门法规无法对抗上位法律规定。

查验身份证和传唤属于公安机关行使行政职权的行为，符合新《行政诉讼法》第二条、第十一条第一款第二项规定的行政诉讼的受案范围。该法第二条规定："公民、法人或者其他组织认为行政机关和行政机关工作人员的具体行政行为侵犯其合法权益，有权依照本法向人民法院提起诉讼。"姑且不去探讨查验身份证和传唤行为的种类归属，二者属于"行政机关工作人员的行政行为"当无争议，依据《行政诉讼法》的规定，相对人不服的，可以向人民法院提起行政诉讼，属于人民法院的受案范围。《行政诉讼法》第十一条第一款第二项规定："对限制人身自由或者对财产的查封、扣押、冻结等行政强制措施不服的。"

人民法院应当受理。查验身份证行为可以理解为公安机关实施行政行为中的一种实施行为。而传唤则具有限制公民人身自由的强制措施的属性。传唤，是公安机关的人民警察责令违法嫌疑人在指定时间到达指定地点接受询问的一种调查取证方式，该行为具有明显的强制性，而且对被传唤人的人身自由构成了实质上的限制，本书认为，其属于行政强制措施行为，属于人民法院的受案范围。

第二，传唤行为是否合法。

一方面，本案中的传唤符合适用条件。根据《治安管理处罚法》第八十二条规定："需要传唤违反治安管理行为人接受调查的，经公安机关办案部门负责人批准，使用传唤证传唤。对现场发现的违反治安管理行为人，人民警察经出示工作证件，可以口头传唤，但应当在询问笔录中注明。公安机关应当将传唤的原因和依据告知被传唤人。对无正当理由不接受传唤或者逃避传唤的人，可以强制传唤。"在本案中，某公安分局派出所民警着制式警服到网吧送达处罚决定书，现场发现网吧内有人正在上网，民警进行日常检查。在检查过程中，发现该网吧存在未按规定核对、登记上网消费者有效身份证件的情形，民警即对冯某某进行口头传唤，要求其配合调查，这符合在现场发现违法嫌疑人时，可以口头传唤的规定。冯某某无正当理由拒不配合传唤，故民警强制传唤冯某某，由口头传唤转为强制传唤也符合上述法律规定。

另一方面，本案中的补办审批手续合法。《公安机关办理行政案件程序规定》第四十四条规定，情况紧急，当场实施行政强制措施的，办案人民警察应当在 24 小时内依法向其所属的公安机关负责人报告，并补办批准手续。本案中，该派出所民警当场对冯某某实施强制传唤时间是 2014 年 6 月 17 日 9 时许，之后，在 10 时左右即补办了相关审批手续，审批程序符合上述办案程序规定。冯某某认为潘集公安分局行政强制无事实依据，且程序违法的上诉理由不能成立。

### 2. 杨某某诉某县公安局不服行政许可案

【案情简介】

2004 年 10 月杨某某经江西省某县水务局批准与他人合伙开办某水电站。同年 10 月 12 日合伙人之一的周某某持原告的身份证复印件以原告的名义向被告县公安局申请刊刻 "某水电站"和 "某水电站财务专用章"印章两枚，同月 13 日县公安局准许刊刻编号为 3624290000501 的 "某水电站"公章和编号为 3624290000502 的 "某水电站财务专用章"印章两枚，某水电站于同日提取了该两枚印章。2005 年 5 月 8 日该县工商行政管理局给某水电站补发了营业执照。2005 年 7 月 30 日，原告在盖有 "某水电站"公章的湖南省某设备有限公司供货合同上以订货单位法定代表人的身份签名。2006 年 1 月 19 日原告杨某某在《江南都市报》上刊登了内容为 "某水电站遗失公章一枚，声明作废"的遗失启事。同年 9 月 15 日原告申请被告县公安局撤销核准刊刻 "某水电站"公章和 "某水电站财务专用章"的决定及收缴该两枚印章遭拒绝，杨某某遂于于 2006 年 11 月 27 日向法院提起行政诉讼，诉称 2004 年 10 月 13 日，某县公安局在某水电站还未办理公商登记，未取得工商执照，且经办人在伪造原告签名的情况下，核准刊刻某水电站公章及财务专用章。原告为维护自己的合法权益特向法院提起行政诉讼，请求撤销该县公安局 2004 年 10 月 13 日核准刊刻水电站公章及财务专用章的决定；收缴编号为 3624290000501 水电站公章及编号为 3624290000502 水电站财务专用章。

县公安局辩称，第一，按照国务院第 412 号令《国务院对确需保留的行政审批项目设定行政许可的决定》，自 2004 年 7 月 1 日起，公安机关有 37 项（其中 2 项由其他部门主管）原由法律、行政法规以外的规范性文件设定的行政审批项目被予以保留，并设定行政许可。而机关、事业单位、社会团体、企业、个体工商户等刊刻公章并不在公安机关被保留的行政许可范围之列，公安机关只需备案。按照《行政诉讼法》第十一条之规定，被告认为原告杨某某的诉讼请求不属于行政诉讼的受案范畴。第二，水电站编号为 3624290000501 的公章和编号为 3624290000502 的财务专用章于 2004 年 10 月 13 日被刊刻后，原告杨某某在随后的业务往来中多次使用该公章签订了多份协议书及合同等。后来由于股东内部产生纠纷，原告杨某某又虚构事实，于 2006 年 1 月 19 日在《江南都市报》上刊登遗失启事，声明公章作废。因此，即使刊刻公章是被告作出的具体行政行为，按照《行政诉讼法》第三十九条之规定，原告杨某某于 2006 年 11 月 27 日才向法院起诉，已超过法定的诉讼时效。第三，该水电站于 2004 年 10 月 13 日刊刻的编号为 3624290000501 的公章和编号为 3624290000502 的财务专用章已于 2006 年 11 月 1 日被被告扣押。综上所述，请法院驳回原告的诉讼请求。

经过审理，法院以超过诉讼时效为由，驳回原告的诉讼请求。

【分析】

本案的焦点在于原告起诉是否在行政诉讼法的受案范围内，起诉是否超过诉讼时效以及公安机关批准刻制印章的行为是否合法。

第一，本案是否应当受理。虽然，按照国务院第 412 号令《国务院对确需保留的行政审批项目设定行政许可的决定》，刊刻公章并不在公安机关被保留的行政许可范围之列，公安机关只需备案。但是按照《江西省特种行业治安管理条例》第十条第一款规定，刻字企业承刻企业印章和个体工商户营业用印章，必须凭公安机关的刊刻通知单，方可刊刻。该条例属于地方性法规，县公安局依据有效的地方性法规准许刊刻"某水电站"和"某水电站财务专用章"的行政行为是行政许可，事后备案也发挥着与许可相同的作用。无论是依据旧行政诉讼法还是新行政诉讼法，都属于可诉性的行政行为。

第二，原告起诉是否超过诉讼时效。某水电站编号为3624290000501的公章和编号为3624290000502的财务专用章于2004年10月13日被刊刻后，原告杨某某在随后的业务往来中多次使用该公章签订了多份协议书及合同等文件。后来由于股东内部产生纠纷，原告杨某某又虚构事实，于2006年1月19日在《江南都市报》上刊登遗失启事，声明公章作废。原《行政诉讼法》第三十九条规定，公民、法人或者其他组织直接向人民法院提起诉讼的，应当在知道作出具体行政行为之日起三个月内提出。原告在2005年7月30日就已经使用了"某水电站"的公章，就应该知道被告作出的具体行政行为，因此原告的起诉期限应从2005年8月1日起至10月8日。并且原告在2006年1月19日刊登了遗失"某水电站"公章的启事，即使从此时起算时效，也应当在2006年4月19日前起诉，原告迟至2006年11月27日才提起诉讼，因此原告的起诉超过了法律规定的诉讼时效。即使按照新法规定的6个月起诉时效，原告也超过了诉讼时效。

第三，被告的行政许可行为是否合法。被告行政许可行为的具体法律依据是《江西省特种行业治安管理条例》，该条例第十条规定，刻字企业承刻企业印章和个体工商户营业用印章，必须凭公安机关的刊刻通知单，方可刊刻。该条例第十一条规定，公安机关应凭企业和个体工商户的营业执照颁发刊刻通知单。因此，公安机关许可刊刻印章的前提条件是企业申请人提交营业执照。在本案中，原告向被告申请刻制印章是在2004年10月12日，而原告企业的营业执照是在2005年5月8日由安福县工商行政管理局补发的。因此，在本案中，被告并未审核营业执照就批准了刻字申请,不符合许可的实体条件,属于非法的行政许可。此外,周某平持原告的身份证复印件以原告的名义向被告提出申请时,并无合法有效的授权委托证明,申请本身也存在瑕疵。所以,如果本案没有超过诉讼时效的话,被告的行政许可应当被确认为非法。

### 3. 王某诉某区公安分局不同意变更姓名案

【案情简介】

2002 年 9 月 26 日,原告王某向某区公安分局某派出所提出要求变更姓名的申请,要求将自己的姓名变更为"奥古幸耶",并提交了变更姓名登记申请书、户口簿、身份证等材料。2002 年 11 月 4 日,该公安分局在王某更改姓名审批表上签署决定意见:根据《公安部三局关于执行户口登记条例的初步意见》第九条的规定,不同意该同志更改姓名。原告王某因不服被告不同意变更姓名一案,向法院提起行政诉讼,要求被告撤销原具体行政行为,并请求法院裁定被告重新作出具体行政行为。

法院立案庭收到原告的起诉材料后,决定立案并进行审理。在审理过程中,被告公安分局认可其作出的行政行为缺乏法律依据,变更了行政行为,将王某户籍卡上登记姓名一栏中的原告姓名变更为"奥古幸耶"。原告以被告为自己变更了姓名为由,申请撤回起诉。法院予以准许。

【分析】

本案是由公民申请变更姓名登记行为而引起的,焦点在于其是否属于行政诉讼的受案范围,以及被告行为是否合法。

第一,本案是否属于行政案件受理范围。

《民法通则》规定公民享有生命健康权、姓名权等权利。旧《行政诉讼法》第十一条第一款第八项规定,公民、法人和其他组织认为行政机关侵犯其人身权、财产权的案件属于行政诉讼受案范围。

一方面，公安机关拒绝变更原告姓名的决定是否是行政行为。国家已经以法律的形式将变更姓名权的行政职权授予公安行政机关。在本案中，公安分局是行政机关，主体合格，根据《户口登记条例》的有关规定，享有法律授予的进行户口登记、变更事项等内容的行政职权，公安分局作出的不同意变更原告姓名的决定属于其依职权作出的行政行为，

另一方面，是否侵犯公民的合法权益。旧行政诉讼法对于公民合法权益具体有哪些，并没有进行明确地列举式规定。在以往的司法实践中，行政诉讼在保护人身权方面提供的救济一般局限于治安案件中的限制公民人身自由等。但《民法通则》第九十九条规定："公民享有姓名权，有权决定、使用和依照规定改变自己的姓名，禁止他人干涉、盗用、假冒。"《户口登记条例》第十八条规定："公民变更姓名，依照下列规定办理……十八周岁以上的人需要变更姓名的时候，由本人向户口登记机关申请变更登记。"据此，公民依法享有变更姓名的权利，这属于姓名权的组成部分。

因此，公民王某认为公安分局拒绝为其办理变更登记的行为，侵犯了他的姓名权，两者之间的关系属于行政法律关系调整范围，故本案属于行政案件受理范围，法院应当立案。

第二，被告公安分局作出的不同意变更原告姓名的决定是否有法律上的依据。

被告作出该行政行为依据的是《公安部三局关于执行户口登记条例的初步意见》（1958年4月）第九条的规定：公民申报变更姓名，可参照下列意见处理：年满十八周岁的人，要变更现用姓名时，应当适当加以控制，没有充分理由，不应轻易给予更改。有充足理由的也应经派出所长或乡长批准。机关、团体、学校、企业、事业等单位的职工需要变更姓名时，必须有所在单位人事部门准予变更的证明，才可给以变更。根据上述规定，对于

公民变更现用姓名，公安机关应当依规定加以控制，当事人要变更现用姓名应具备两个条件：（1）首先要有充足的理由；（2）要经派出所所长或乡长的批准，机关、团体、企事业单位的职工必须有所在单位人事部门的批准。但在上述公安部内部机构作出的规定中并未对"充分理由"加以具体的列举式解释，使得公安机关在实际操作中缺乏法律依据。

另外，关于原告欲改为四个字的姓名，并不违反国家有关规定。《公安部三局关于对中国公民姓名用字有关问题的答复》（2001年6月14日）第二条规定：关于我国公民姓名字数是否需要限制的问题。依据《民法通则》第九十九条"公民享有姓名权，有权决定、使用和依照规定改变自己的姓名……"的规定，并考虑到我国民族众多，姓氏较为复杂，有关风俗习惯各异等诸多情形，户口登记机关不应也不便对公民姓名字数加以限制。根据上述内容的规定，王某有权使用和依照规定变更自己的姓名，他人不得干涉。

在本案中，王某做到了如实申请，且原告的申请符合法律规定，不具有违反法律所明文禁止的行为。虽然原告要求变更的姓名比较怪异，但并不违反法律和社会公德，因此被告拒绝为原告变更姓名缺乏法律方面的依据。

### 4. 沈某、蔡某诉南通市公安局某分局行政不作为案

【案情简介】

2013年9月20日13时5分左右，江苏省南通市某小区内1号门面店主与2号门面店主因空油桶堆放问题引发纠纷，双方人员由争执进而引发殴打。南通市公安局某分局（以下简称某分局）接到报警后，指令民警出警并对涉案人员及证人调查取证。2013年9月22日，该分局将该纠纷正式作为治安案件立案，并多次组织双方调解。10月9日，沈某在被传唤接受询问时明确表示不同意调解。12月2日，沈某、蔡某以该分局不履行治安

管理行政处罚法定职责为由，向法院提起行政诉讼，要求确认被告未在法律规定期限内作出治安处罚决定的行为违法。在诉讼期间，被告于12月9日根据《治安管理处罚法》的规定分别对涉案人员作出行政处罚决定。

南通市港闸区人民法院一审判决确认被告未在法律规定的期限内作出行政处罚决定的行为违法。一审宣判后，双方当事人均未上诉。

**【分析】**

本案的焦点在于，被告某分局是否在法定期限内履行了法定职责。

被告显然负有查处治安案件的职责，如果其拒绝履行这种职责，或者拖延履行、履行有瑕疵，就构成了行政法上的不作为。在现代法治国家，一个明显违反法定期限的行政行为，即使实体内容完全合法，也会因为姗姗来迟而被贴上违法的标签。在本案中，被告是否存在未在法定办案期限内履责而拖延履行的行为呢？应当从法律、法规规定的办案期限的长短，以及是否存在不计入办案期限的正当事由两个方面审查。

根据《治安管理处罚法》第九十九条第一款规定："公安机关办理治安案件的期限，自受理之日起不得超过三十日；案情重大、复杂的治安案件，经上一级公安机关的批准，可以延长三十日。"这就意味着公安机关办理治安案件的一般期限为三十日，最长期限不得超过六十日。被告于2013年9月22日立案，至2013年12月9日作出行政处罚决定，办案期限明显超过了法律规定的一般办案期限，也超过了最长六十日的办案期限。并且，被告没有提供本案有需要鉴定等不计算在期限内的事项的证据，也没有提供报上一级公安机关批准延长办案期限的证据，办案明显超期。

根据公安部《公安机关办理行政案件程序规定》的相关规

定，对于因民间纠纷引起的殴打他人等违反治安管理的行为，情节较轻的，可以调解处理。调解案件的办案期限从调解未达成协议或者调解达成协议不履行之日起开始计算，但调解不能成为公安机关不及时履行职责的借口。调解亦应当坚持自愿原则，当事人明确表示不愿意调解的，则不应适用调解处理。在本案中，在沈某已经明确表示不同意调解的情况下，公安机关就应在三十日内依法作出处罚决定。对超过三十日办案期限的，应提供证据证明经过上一级公安机关批准延长。从原告沈某10月9日拒绝调解之日起至被告12月9日作出行政处罚决定，长达六十一天，也超过了最长六十日的办案期限。被告也没有提供报上一级公安机关批准延长办案期限或者有不计入办案期限事项的证据。所以超期是明显的，被告办案未能遵循法定的期间。

综上，在本案中被告构成了拖延履行的不作为行为。本案的典型意义在于：通过行政审判职能的发挥，对公安机关在治安管理领域的履责要求作出规范，有利于治安纠纷的及时化解。

# 第三章　管　辖

## 【本章概述】

本章共 11 条，主要规定行政诉讼的管辖，包括级别管辖、地域管辖、选择管辖、移送管辖、指定管辖和管辖权转移。行政诉讼的管辖是指人民法院之间受理第一审行政案件的分工和权限，确定管辖即确定由哪一级和哪一个人民法院具体行使行政审判权的问题。行政诉讼法有关管辖权的规定既为行政相对人提起诉讼指明了方向，也为法院对具体行政诉讼案件行使审判权提供了依据。

2014 年行政诉讼法基本保留了 1989 年行政诉讼法有关管辖权规定的体例，同样是 11 条，同样依次对级别管辖、一般地域管辖和特殊地域管辖、选择管辖、移送管辖、指定管辖以及管辖权转移等核心问题进行了规定。在此基础之上，新行政诉讼法对旧法有关管辖权的规定进行了一定调整和适当突破，以更加便于相对人诉讼，维护相对人诉讼权益，保障人民法院依法独立公正审判。具体体现在以下几个方面：一是将县级以上地方人民政府行政行为的一审管辖权统一收归中级人民法院，并删除原有关知识产权案件的管辖规定，为司法改革预留空间（第十五条）。二是赋予经复议案件的原告更加广泛的地域管辖选择权，既可以由最初作出行政行为的行政机关所在地人民法院管辖，也可以由复议机关所在地人民法院管辖，而不以复议决定是否改变原行政行为为限；创设跨行政区域管辖制度，探索保障司法公正的新路径

（第十八条）。三是将旧行政诉讼法选择管辖条款中"由最先收到起诉状"（的人民法院管辖）的规定修改为"由最先立案"（的人民法院管辖），从而使选择管辖的规定更加准确、严密，更能有效保护相对人权益（第二十一条）。四是限制移送管辖中受移送人民法院的再次移送权，规定受移送的人民法院应当受理，或者如认为确无管辖权时，需报请上级人民法院指定管辖，而不得再自行移送，防止法院间推诿（第二十二条）。五是删除原管辖权转移条款中有关上级人民法院可以将其管辖的一审案件移交下级人民法院的规定，只保留管辖权由下级人民法院转移给上级人民法院一种形式，防止地方法院滥用管辖权转移机制，规避法定级别管辖的规定；扩大指定管辖的适用范围，当下级人民法院因为地方保护、行政干预等原因不宜行使管辖权时除了可以提请上级人民法院审理，还可以提请上级人民法院指定管辖，从而更加灵活、有效地保障了案件的公正审判（第二十四条）。

　　需要注意的是，除了新行政诉讼法外，最高人民法院司法解释中有关管辖权的规定也是确定行政诉讼管辖的重要依据。主要包括：《最高人民法院关于适用〈中华人民共和国行政诉讼法〉若干问题的解释》（法释〔2015〕9号）、《最高人民法院关于执行〈中华人民共和国行政诉讼法〉若干问题的解释》（法释〔2000〕8号）、《最高人民法院关于行政案件管辖若干问题的规定》（法释〔2008〕1号）、《最高人民法院关于国有资产产权管理行政案件管辖问题的解释》（法释〔2001〕6号）、《最高人民法院关于海关行政处罚案件诉讼管辖问题的解释》（法释〔2002〕4号）、《最高人民法院办公厅关于海事行政案件管辖问题的通知》（法办〔2003〕253号）、《最高人民法院对广西壮族自治区高级人民法院〈关于覃正龙等四人不服来宾县公安局维都林派出所林业行政处罚一案管辖问题的请示报告〉的复函》〔法（行）函〔1991〕102号〕等。

## 【法律条文及其释义】

**第十四条** 基层人民法院管辖第一审行政案件。

本条规定了级别管辖的基本原则。

级别管辖是对不同层级人民法院管辖权限的划分，具体包括基层人民法院、中级人民法院、高级人民法院和最高人民法院。按照本条规定，一审行政案件原则上由基层人民法院管辖，法律另有规定的除外。

根据 2006 年修正的《人民法院组织法》的规定，我国审判权由地方各级人民法院、专门人民法院和最高人民法院行使；地方各级人民法院包括基层人民法院、中级人民法院和高级人民法院（第二条）。① 其中，基层人民法院包括县人民法院、县级市人民法院、自治县人民法院、市辖区人民法院和开发区人民法院。② 确立第一审行政案件原则上由基层人民法院管辖主要是因为我国有

---

① 目前，我国绝大多数法院已在"百度·中国法院地图"上登记，登录网站即可找到任何一家登记的法院，查询其办公地址、电话、网站等信息。http://baike.baidu.com/court，2015 年 7 月查询。

② 《人民法院组织法》第十七条规定："基层人民法院包括（一）县人民法院和市人民法院；（二）自治县人民法院；（三）市辖区人民法院。"原条文所指的"市人民法院"实际是县级市人民法院。开发区人民法院与市辖区人民法院有所不同。开发区是指经国务院或者省、自治区、直辖市人民政府批准设立的、推行特殊经济政策和管理模式的地方政府辖区。开发区分为国家级和省级两级，国家级开发区主要包括经济技术开发区、高新技术产业开发区、保税区、边境合作经济区等类型，省级开发区包括经济开发区和工业园区（产业园区）两种类型。与市辖区不同，开发区不是行政区，一般不设区委、区政府、区人大和区政协领导班子，只设立一个管委会来管理该区的经济和发展问题，但在经济上受市政府直管，不受其所属行政区干预。在开发区设立人民法院是近年来我国司法组织结构改革为适应经济技术快速发展需要而进行的一种探索。开发区人民法院一般是经最高人民法院批准，在市中院或市辖区人民法院的审判庭或人民法庭基础上逐步发展、建立起来的，从层级上来看属于基层人民法院。

3000 多个基层人民法院，且其设置与行政区划基本一致，数量多、分布广，便于当事人就近诉讼、节约诉讼成本。此外，基层人民法院所在地一般也是行政争议发生地，由其管辖便于人民法院及时调查取证、审理判决和予以执行，也便于纠纷的彻底解决，将矛盾化解在基层。当然，由基层人民法院管辖第一审行政案件也存在一定弊端。由于基层人民法院的人、财、物都受同级政府管理，人民法院的行政审判工作难免受到地方政府的影响，有的地方行政干预严重，有的地方法院迫于压力推诿不作为，致使行政诉讼陷入"立案难、审理难、执行难"的三难困境。面对这种情况，新行政诉讼法一方面增强了中级人民法院在一审案件管辖中的作用（第十五条），加强了级别管辖和指定管辖的灵活应用（第二十四条），另一方面也确立了跨行政区域管辖制度（第十八条），为司法独立公正审判提供了更加有力的保障。

**第十五条** 中级人民法院管辖下列第一审行政案件：

（一）对国务院部门或者县级以上地方人民政府所作的行政行为提起诉讼的案件；

（二）海关处理的案件；

（三）本辖区内重大、复杂的案件；

（四）其他法律规定由中级人民法院管辖的案件。

本条规定了中级人民法院对一审行政案件的管辖权限。

属于中级人民法院管辖的第一审行政案件有四类。第一类是对国务院部门或者县级以上地方人民政府所作的行政行为提起诉讼的案件。"国务院部门"主要包括国务院组成部门、国务院直属特设机构、国务院直属机构、国务院直属事业单位、国务院部委管理的国家局等。其中，国务院组成部门包括国务院各部、各委员会、中国人民银行和审计署；国务院直属特设机构包括国资委；国务院直属机构包括海关总署、国家税务总局、国家工商行政管理总局、国家质量监督检验检疫总局、国家新闻出版广电总局、国家体育总局、国家统计局、国家知识产权局等；国务院直属事业单位包括新华社、中国科学院、社会科学院、中国工程院、国家行政学院、中国银监会、中国证监会、中国保监会等；国务院部委管理的国家局包括国家信访局、国家能源局、国家公务员局、国家民航局、国家中医药局、国家食品药品监管局等。规定这些单位作出的行政行为所引起的一审行政案件由中级人民法院管辖，主要是考虑这些案件的被告涉及国家部委，由中级人民法院管辖在级别上更加对应，更有助于排出不当干扰，实现公正审判。同时，这类案件一般在中级人民法院辖区内产生重大影响，或者案情较为疑难、复杂，涉及较强的政策性和较高的专业技术性，由中级人民法院管辖更为适宜。"县级以上地方人民政府"包括省、自治区、直辖市、自治州、设区的市、县、自治县、不设区的市、市辖区的人民政府。2014 年新行政诉讼法将"县级以上地方人民政府"全部纳入中级人民法院管辖，改变了之前对于市、县级（包括自治州、设区的市、县、自治县、不设区的市、市辖区）人民政府作为被告的案件，只有在基层人民法院不适宜审理时才由中级人民法院管辖的做法。① 之所以做这样的调整主要是考虑到在现实中，以市、县级人民政府为被告的案件主要集中在对土地、林地、矿产等所有权和使用权争议案件，土地征用及其安置、补偿案件，城镇拆迁及其安置、补偿案

---

① 《最高人民法院关于执行〈中华人民共和国行政诉讼法〉若干问题的解释》（法释〔2000〕8 号）第八条规定："有下列情形之一的，属于行政诉讼法第十四条第（三）项规定的'本辖区内重大、复杂的案件'：（一）被告为县级以上人民政府，且基层人民法院不适宜审理的案件；（二）社会影响重大的共同诉讼、集团诉讼案件；（三）重大涉外或者涉及香港特别行政区、澳门特别行政区、台湾地区的案件；（四）其他重大、复杂的案件。"

件等上面，这些案件往往涉及相对人重大权益，在当地有较大影响，且案情复杂，容易受到地方保护主义和行政干预阻挠，由中级人民法院管辖有利于公正司法，妥善解决人民内部矛盾。

第二类是海关处理的案件。本条修订时将之前第十四条第一款中的"确认发明专利权的案件"删去，仅保留"海关处理的案件"。主要原因是由于十八届三中全会作出的《中共中央关于全面深化改革若干重大问题的决定》提出，要加强知识产权的运用和保护，健全技术创新激励机制，探索建立知识产权法院。根据这个决定，全国人大常委会于 2014 年 8 月 31 日通过了《关于在北京、上海、广州设立知识产权法院的决定》，授权北京、上海、广州新设立的知识产权专门法院管辖有关专利、植物新品种、集成电路布图设计、技术秘密等专业技术性较强的第一审知识产权民事和行政案件。此外，有的地方正在试点知识产权案件"三审合一"制度，即将涉及知识产权的民事、刑事和行政案件全部集中到知识产权审判庭统一审理，以期达到同案同判和彻底解决争议的效果。也就是说，目前有关知识产权类案件的管辖处于"分散不一"的状态，如再统一规定由中级人民法院管辖已不合时宜，且知识产权类案件的司法审判体制处于改革当中，为了给改革预留空间，新行政诉讼法删除了"确认发明专利权的案件"由中级人民法院管辖的规定。

"海关处理的案件"是指公民、法人或者其他组织对海关管理机关作出的行政行为不服向人民法院起诉的行政案件。虽然我国设有专门的海事法院，但其对海事行政案件并无管辖权。根据《最高人民法院办公厅关于海事行政案件管辖问题的通知》以及《最高人民法院关于海关行政处罚案件诉讼管辖问题的解释》，行政案件、行政赔偿案件和审查行政机关申请执行其具体行政行为的案件仍由各级人民法院行政审判庭审理，海事等专门人民法院不审理行政案件、行政赔偿案件，亦不审查和执行行政机关申请执行其具体行政行为的案件。之所以规定由中级人民法院而非基层人民法院一审管辖，主要是考虑到海事案件涉及的专业性比较强，有的还涉及对外贸易和科技文化交流，以中级人民法院的业务水平更能有效地解决争议，并且海关的设置多在大中城市，中级人民法院管辖既利于当事人诉讼也方便法院调查、取证。

第三类是本辖区内重大、复杂的案件。"本辖区内重大、复杂的案件"是指在中级人民法院辖区内案情疑难、复杂，案件涉及面广，具有重大社会影响的案件。所谓案情疑难、复杂是指涉及较强的专业技术性或者政策性，需要较高的专业技能、设备或者业务能力，由基层人民法院审理将十分困难的案件。案件涉及面广是指涉及多方面的人、财、物或者与相当一部分相对人的权益相联系从而使案件的处理涉及多方利益。具有重大社会影响是指案件虽然涉及的人员不多、范围不广，但由于其性质而在当地产生强烈影响，引起当地群众的广泛关注，对这类案件的处理结果往往会引起很大的社会反响。最高人民法院司法解释对中级人民法院管辖的"本辖区内重大、复杂的案件"进行了列举，包括：社会影响重大的共同诉讼、集团诉讼案件，重大涉外或者涉及香港特别行政区、澳门特别行政区、台湾地区的案件以及其他重大、复杂的案件。[①]

需要注意的是，"本辖区内重大、复杂的案件"是以案件性质作为划分标准的，其可以突破本条第一项，即"对国务院部门或者县级以上地方人民政府所作的行政行为提起诉讼的案件"以被告行政级别为划分标准确定级别管辖的规定。第一项仅规定了以国务院的部门为被告的行政案件归中级人民法院管辖，言下之意省级政府的部门、市县级政府的部门作为被告的行政案件尚

---

① 《最高人民法院关于执行〈中华人民共和国行政诉讼法〉若干问题的解释》（法释〔2000〕8号）第八条。

不够归中级人民法院管辖的级别，除非从案件性质上看其构成"本辖区内重大、复杂的案件"。为了使当事人在实际中能够享受到这样的级别管辖利益，《最高人民法院关于行政案件管辖若干问题的规定》第二条①赋予相对人主动向中级人民法院寻求更高级别管辖的权利，"当事人以案件重大复杂为由或者认为有管辖权的基层人民法院不宜行使管辖权"的，可以直接向中级人民法院起诉，后一种情况甚至不以案件重大复杂为限。也就是说，哪怕被告为市、县公安局这样的市、县级人民政府组成部门，哪怕案件并不重大复杂，只要相对人认为有管辖权的基层人民法院不宜行使管辖权，如行政干预影响公正审判，就可以向中级人民法院提起诉讼。中级人民法院应当根据不同情况在七日内分别作出以下处理：（一）指定本辖区其他基层人民法院管辖；（二）决定自己审理；（三）书面告知当事人向有管辖权的基层人民法院起诉。

第四类是其他法律规定由中级人民法院管辖的案件。这是一个兜底条款，即当立法作出特殊规定时，依照特殊立法规定来确定管辖，哪怕新行政诉讼法规定不明确或者未规定属于中级人民法院管辖的案件。我国司法体制改革正在展开，管辖制度改革是司法体制机制改革的重要组成部分。《中共中央关于全面推进依法治国若干重大问题的决定》提出，要"完善行政诉讼体制机制，合理调整行政诉讼案件管辖制度，切实解决行政诉讼立案难、审理难、执行难等突出问题"。本条款规定为行政诉讼管辖制度的改革保留了余地。

**第十六条** 高级人民法院管辖本辖区内重大、复杂的第一审

---

① 《最高人民法院关于行政案件管辖若干问题的规定》（法释〔2008〕1号）第二条。

行政案件。

高级人民法院只管辖本辖区内重大、复杂的第一审行政案件是因为高级人民法院除了管辖第一审、第二审和再审案件外，还肩负对辖区内的基层人民法院和中级人民法院进行业务指导和监督的职责，因而由其管辖的第一审行政案件不宜过多。所谓"本辖区内重大、复杂"是指就高级人民法院所在的省、自治区、直辖市范围而言，案情疑难、复杂，案件涉及面广，具有重大社会影响。在实践中，是否由高级人民法院管辖往往考虑案件涉及的权利是否重大、标的额是否较大、是否涉及群体性利益、是否受到社会普遍关注等。此外，对于一些类型较新、需要统一裁判尺度从而在辖区内起到示范案例作用以及外来阻力较大、涉及土地征收征用等敏感事项的案件也根据需要由高级人民法院管辖。

**第十七条** 最高人民法院管辖全国范围内重大、复杂的第一审行政案件。

最高人民法院是我国的最高审判机关，其主要任务是对全国各级人民法院和军事法院等专门法院进行业务指导和监督，总结审判工作经验，作出有关法律、法规适用的批复、指示或者司法解释，审判不服高级法院判决、裁定的上诉案件以及当事人申请再审的案件等。因此，最高人民法院管辖的第一审行政案件的范围应该很小，到目前为止，还没有一起由最高人民法院管辖一审行政案件的实例。所谓全国范围内重大、复杂的案件主要指在全国范围产生重大影响的案件、具有确立统一裁判尺度示范案例作用的案件以及在国内外产生重大影响的涉外案件等。需要注意的是，最高人民法院是我国最高审判机关，由它审理的一审行政案件实行一审终审，所作出的判决裁定是终审判决裁定，送达当事人之后即发生法律效力。

**第十八条**　行政案件由最初作出行政行为的行政机关所在地人民法院管辖。经复议的案件，也可以由复议机关所在地人民法院管辖。

经最高人民法院批准，高级人民法院可以根据审判工作的实际情况，确定若干人民法院跨行政区域管辖行政案件。

本条是有关地域管辖的重要条款。

地域管辖是对同级的不同人民法院之间管辖权限的划分。比如，同样是基层人民法院，应当由被告行政机关所在地、原告行政相对人所在地还是其他基层人民法院管辖，这是由地域管辖规范的内容。本条有关地域管辖的规定具体包括三个方面的内容：一是确定了地域管辖的基本原则，即行政案件由最初作出行政行为的行政机关所在地人民法院管辖。二是确定了经复议案件的地域管辖规则，既可以由原行政机关所在地也可以由复议机关所在地人民法院管辖。三是创设了跨行政区域管辖制度。

行政诉讼地域管辖的基本原则为"原告就被告"原则，即由原告到被告行政机关所在地人民法院起诉，之所以这样规定主要是为了方便人民法院在审理行政案件时的调查、取证工作以及判决的执行，避免行政机关异地应诉奔波，降低行政成本。同时，在大多数情况下，原告的居住地与作出行政行为的行政机关所在地都在一个行政区域，由行政机关所在地的人民法院管辖也不会给原告增加太多负担。当然，由被告行政机关所在地人民法院管辖也存在弊端，由于我国司法管辖与行政管辖相重合，法院在人、财、物各方面受同级政府牵制，由被告行政机关所在地管辖必然影响法院的公正审判，这也正是本次行政诉讼法修改着重要解决的问题。

对于经过复议的案件的管辖，新行政诉讼法取消了之前是否由复议机关所在地人民法院管辖取决于复议机关是否改变原具体行政行为的做法，统一规定经复议的案件，可以由复议机关所在地人民法院管辖，无论复议机关是否改变原行政行为。之所以作出这样的修订，是因为在之前的制度下，复议机关只有在改变原具体行政行为的情况下才可能成为行政诉讼被告，维持原具体行政行为则不会成为行政诉讼被告，在趋利避害心理的作用下，复议机关往往更加倾向于维持原具体行政行为，结果是既无法充分发挥复议机关作为一级争议解决机制的功能，也不利于有效保护相对人的权利。新行政诉讼法赋予复议案件的行政相对人管辖选择权，而不以复议机关是否改变原行政行为为限，既可以由复议机关所在地人民法院管辖，也可以由原行政机关所在地人民法院管辖，由当事人根据自身需要决定，充分保护当事人诉讼权益。

需要注意的是，本款的适用须结合第四章"诉讼参加人"第二十六条以及有关司法解释的规定进行。行政诉讼法第二十六条第二款规定，复议机关改变原行政行为的，复议机关是被告，复议机关维持原行政行为的，作出原行政行为的行政机关和复议机关是共同被告。何为"改变"，何为"维持"？根据司法解释，"复议决定改变原行政行为"是指复议机关改变原行政行为的处理结果，"复议机关决定维持原行政行为"包括复议机关驳回复议申请或者复议请求的情形，但以复议申请不符合受理条件为由驳回的除外。① 综上，经复议的案件，无论复议机关是否改变原行政行为，均将被列为被告，只不过是单独被告还是共同被告的差别。又根据最新的司法解释，作出原行政行为的行政机关和复

---

① 《最高人民法院关于适用〈中华人民共和国行政诉讼法〉若干问题的解释》（法释〔2015〕9号）第六条。

议机关为共同被告的，以作出原行政行为的行政机关确定案件的级别管辖。①比如，某行政相对人因不服重庆市公安局作出的行政处罚决定而向公安部提起行政复议，如果公安部经审查维持原行政处罚决定的，原告应以公安部和重庆市公安局为共同被告，在地域管辖上既可以选择公安部所在地北京也可以选择重庆市公安局所在地重庆提起诉讼，而级别管辖上则应以重庆市公安局来确定，即应由基层人民法院（北京市东城区人民法院或者重庆市渝北区人民法院），而不是中级人民法院管辖。

　　还有一种情况需要注意，即如果复议机关在法定期间内没有作出复议决定呢，既谈不上"维持"也谈不上"改变"，因为复议机关根本没有表态。遇到这种情况，根据新行政诉讼法第二十六条第三款的规定，复议机关在法定期限内未作出复议决定，当事人起诉原行政行为的，作出原行政行为的行政机关是被告；起诉复议机关不作为的，复议机关是被告。② 同样的，如果复议机关以复议申请不符合受理条件为由驳回申请的，也即是根本未受理，更谈不上"维持"还是"改变"的问题，相对人是否可以对复议机关驳回复议申请的决定提起诉讼，又应当向哪个法院提起诉讼呢？对此，行政诉讼法并无明确规定。鉴于行政复议机关以当事人复议申请不符合要求为理由驳回当事人复议申请的行为对当事人权益产生重大影响，如果当事人不服的，应当可以提起诉讼；至于被告及管辖法院的确定，可以参照复议机关在法定期限内未作出复议决定的情形来处理。在实践中，最高人民法院的

---

① 《最高人民法院关于适用〈中华人民共和国行政诉讼法〉若干问题的解释》（法释〔2015〕9号）第八条。

② 《最高人民法院关于执行〈中华人民共和国行政诉讼法〉若干问题的解释》（法释〔2000〕8号）第二十二条。

案例也是遵循这个思路。①

第十八条第二款有关跨行政区域管辖制度的规定是本次行政诉讼法修订的一个亮点。一直以来，行政干预和地方保护是妨碍行政司法公正、影响行政诉讼制度健康发展的主要因素。为了解决这个问题，司法学界和实务界进行了长期的、多方的探索，如提级管辖、异地交叉管辖以及相对集中管辖等。

提级管辖是指将行政一审案件提交给比按照行政诉讼法法定管辖规定的人民法院更高层级的人民法院管辖，如原本由基层人民法院管辖的案件转由中级人民法院管辖，原本由中级人民法院管辖的案件转由高级人民法院管辖。提级管辖在一定程度上能够解决行政干预和地方保护的问题，但是我国中级人民法院和高级人民法院审判资源有限，除了承担一审案件之外，还承担二审、再审以及对下级人民法院业务指导与监督的职责，对行政一审案件完全实行提级管辖，将使中级以上人民法院的业务工作量"井喷"，造成新的困难。正因为此，本次行政诉讼法修订仅在一定范围内采纳了提级管辖的思路，第十五条将县级以上地方人民政府一审行政案件统一划归中级人民法院管辖，改变过去根据需要确定是否由中级人民法院管辖的做法，主要目的就是通过提高一审管辖级别克服行政干预和地方保护。异地交叉管辖也是近年来司法实践积极探索的改革路径之一。异地交叉管辖是指两个平级人民法院交换管辖对方行政案件的制度。从实践情况来看，异地交叉管辖实行之初成效比较显著，但随着时间的推移，行政机关之间天然的关联性使其翻越地域的隔离，形成新的行政干预和地方保护，严重削弱异地交叉管辖的效果。相对集中管辖是指

---

① 参见董永华等诉重庆市人民政府拆迁行政复议案，载中华人民共和国最高人民法院行政审判庭编：《中国行政审判指导案例》（第1卷），中国法制出版社2010年版，第16页。转引自大连市中级人民法院网站，http://court.dl.gov.cn/info/136_47921.vm。

利用指定管辖机制，对特定行政区域内的部分一审行政案件的管辖权进行重新调整和合理配置，交由一个或者几个特定人民法院管辖的制度。相对集中管辖也是对建立与行政区划适当分离的司法管辖制度的一种探索，在一定程度上也较能有效地克服行政干预、地方保护，但同时存在执行困难、相对人起诉不便等弊端。

　　第十八条第二款的规定，主要采纳了集中管辖的思路，但又比通过指定管辖进行集中管辖的司法尝试更加规范、慎重。首先，跨行政区域管辖需要最高人民法院批准，而不是各地高级人民法院可以自己决定的事项。其次，跨行政区域管辖目的是保障司法公正、方便群众诉讼、节约司法资源等，而不是为了其他目的或者可以任意为之。再次，被确立为跨行政区域管辖的人民法院并不限于基层人民法院，而是既可以是基层人民法院也可以是中级人民法院，具体视实际需要而定。但有一点是明确的，即被确立为跨行政区域管辖的人民法院是普通法院，而非专门法院。这是立法针对有关建立专门行政法院，与海事法院、军事法院等并行的建议的一种回应。当然，今后是否向专门行政法院方向发展还要视本次改革后司法实践的效果而定。最后，跨行政区域管辖并不限于一审行政案件，出于审判实际的需要，如保障司法公正，保护相对人权益，部分二审行政案件同样可以适用跨行政区域管辖。

　　跨行政区域管辖是我国行政司法改革道路上一次重要的尝试。尽管之前我国实践中有的地方事实上已经实行了跨行政区域管辖，如北京的第一、第二中级人民法院之前就是跨区域设置的（若干区域设置一个），但将这一模式推广到全国，并赋予高级人民法院视需要予以设立的权利，这在行政诉讼法历史上还是第一次。跨行政区域管辖制度是否是行政司法体制改革的最终路径、能否有效解决行政诉讼"立案难、审理难、执行难"的问题，跨行政区域管辖未来发展方向如何，现在对这些问题进行回答还为时过早。从目前情况看，十八届三中全会《中共中央关于全面深化改革若干重大问题的决定》提出，"改革司法管理体制，推动省以下地方法院、检察院人财物统一管理，探索建立与行政区划适当分离的司法管辖制度，保证国家法律统一正确实施"。十八届四中全会《中共中央关于全面推进依法治国若干重大问题的决定》更进一步提出，"最高人民法院设立巡回法庭，审理跨行政区域重大行政和民商事案件。探索设立跨行政区划的人民法院和人民检察院，办理跨地区案件。完善行政诉讼体制机制，合理调整行政诉讼案件管辖制度，切实解决行政诉讼立案难、审理难、执行难等突出问题"，保障司法依法独立、公证审判是司法体制改革的核心目的，跨区域管辖、审理不失为一条具有实际意义的探索路径。

**第十九条** 对限制人身自由的行政强制措施不服提起的诉讼，由被告所在地或者原告所在地人民法院管辖。

本条是关于对限制人身自由的行政强制措施实行特殊地域管辖的规定，是一般地域管辖的例外。

按照地域管辖一般规定，行政诉讼实行"原告就被告"原则，原告应到最初作出行政行为的行政机关所在地提起诉讼。与地域管辖一般规定不同，行政诉讼法规定对限制人身自由的行政强制措施不服提起的诉讼，由被告所在地或者原告所在地人民法院管辖，并且"原告所在地"包括原告户籍所在地、经常居住地和被限制人身自由地。[①] 户籍地为公民的户口所在地；经常居住地是指公民离开住所地，最后连续居住满一年以上的地方；限

---

① 《最高人民法院关于执行〈中华人民共和国行政诉讼法〉若干问题的解释》（法释〔2000〕8号）第九条。

制人身自由所在地是指被告行政机关将原告收容审查、强制治疗等场所所在地。

　　之所以赋予被采取限制人身自由行政强制措施的当事人选择管辖的权利主要是为了便于行政行为相对人就近提起、参加起诉，充分保护行政相对人的合法权益。一方面是因为行政行为在行政诉讼期间一般不停止执行，如果要求被限制人身自由的行政相对人到被告所在地提起和参加诉讼往往非常不便，有时甚至有可能使原告失去通过司法途径获得救济的权利。从保护行政相对人利益的角度，除被告所在地管辖之外也允许在原告所在地提起诉讼，这是更加人性化、更加合理的规定。当然，对于作出限制人身自由行政强制措施的行政机关来说，到外地应诉会带来一些不便，但相比起被限制人身自由的行政相对人来说，行政机关的财力和人力都更加充足，更容易克服困难。另一方面，出于节约司法、行政成本，方便调查取证、审判执行和化解争议的考虑，行政诉讼法仅规定对限制人身自由的行政强制措施采取特殊地域管辖，不包括其他行政强制措施，也不包括限制人身自由的行政处罚，以免适用范围过宽。

　　关于第十九条还有两点需要注意。一是限制人身自由的行政强制措施与其他行政强制措施或者行政处罚相竞合的情形。当行政机关既对相对人采取了限制人身自由的行政强制措施，又对其采取了其他行政强制措施或者行政处罚时，按照第十九条地域管辖特殊规定，对限制人身自由的行政强制措施提起诉讼，既可以由被告所在地也可以由原告所在地人民法院管辖，而根据地域管辖一般规定，其他行政行为实行"原告就被告"原则，应由被告行政机关所在地人民法院管辖，这就可能出现同一案件事实分别在两地审理的情况。为了节约司法成本，简化诉讼程序，也为了真正实现第十九条规定充分保护相对人利益的立法意图，遇有这种情况应该允许受诉人民法院一并管辖。只要有限制人身自由的行政强制措施存在，无论是单独存在还是有竞合措施存在，原告就既可以向被告所在地人民法院提起诉讼，也可以向原告所在地人民法院提起诉讼，受诉法院可以一并管辖。① 二是在法律适用上，本条适用特殊法优于普通法原则。本条有关限制人身自由的行政强制措施的地域管辖的规定是地域管辖特殊规定，遇有一个案件兼具一般和特殊两种性质时，应当按照特殊法优于普通法原则，优先适用本条有关特殊地域管辖的规定。例如，一个经过复议，同时也属于限制人身自由的行政强制措施案件，在管辖下就应该适用本条规定，而不应该只能由复议机关所在地人民法院管辖。

**第二十条** 因不动产提起的行政诉讼，由不动产所在地人民法院管辖。

本条是关于对不动产行政案件实行专属管辖的规定。

"不动产"是指土地以及土地上的附着物，不能移动或移动会损害其用途或价值的物，比如土地、房屋等。所谓专属管辖是指此类案件只能由法律规定的法院管辖，其他法院无管辖权，当事人没有选择管辖的余地，人民法院之间也不得协议变更。因不动产提起的诉讼由不动产所在地人民法院管辖几乎是各国的通例，主要是为了便于法院调查、勘验、测量、取证以及就地执行判决等。

对于什么是因不动产提起的行政诉讼，实践中存在一定争议。一般认为，因不动产提起的行政诉讼包括因不动产所有权、使用权发生纠纷而起诉的案件，如房屋登记、土地确权案件、房

---

① 《最高人民法院关于执行〈中华人民共和国行政诉讼法〉若干问题的解释》（法释〔2000〕8号）第九条。

屋拆迁案件。这类案件适用不动产案件的专属管辖规定，由不动产所在地人民法院管辖。对于行政行为不是直接针对不动产，但涉及不动产的情形，比如国有资产产权界定行为是针对包含不动产在内的整体产权作出的，由最初作出产权界定的行政机关所在地人民法院管辖；经过复议的案件，复议机关改变原产权界定行为的，也可以由复议机关所在地人民法院管辖。①

**第二十一条**　两个以上人民法院都有管辖权的案件，原告可以选择其中一个人民法院提起诉讼。原告向两个以上有管辖权的人民法院提起诉讼的，由最先立案的人民法院管辖。

本条是有关共同管辖的规定。

所谓共同管辖是指两个以上人民法院对同一个案件都有管辖权的情形。在一般情况下，行政案件的管辖法院只有一个，即被告行政机关所在地人民法院，但在特定情况下有可能出现两个以上人民法院都有管辖权的情形，从而构成共同管辖。比如，前述第十九条规定，对限制人身自由的行政强制措施不服提起的诉讼，可以由被告所在地也可以由原告所在地管辖。如果被告所在地与原告所在地不在同一个辖区，或者原告户籍所在地、经常居住地和被限制人身自由地不在同一个辖区，即会出现两个或者两个以上人民法院享有管辖权的情形。又比如，根据第十八条的规定，经过复议的案件，既可以由最初作出行政行为的行政机关所在地管辖，也可以由复议机关所在地人民法院管辖。如果复议机关与最初作出行政行为的行政机关不在同一个辖区，也会出现两个以上人民法院享有管辖权的情形。

---

① 《最高人民法院关于国有资产产权管理行政案件管辖问题的解释》（法释〔2001〕6号）

两个以上人民法院都有管辖权，并不意味着多个法院可以同时或者分别审理同一个案件。出现共同管辖情形时，应根据原告的选择来确定管辖，由原告选择的人民法院最终行使管辖权。而原告一旦选定其中一个法院，该法院既获得案件的管辖权，其他法院同时丧失对案件的管辖权。

在实践中，原告为了及时维护自己的利益，有可能同时向两个以上有管辖权的法院提起诉讼。为了避免一事多头审理，也为了防止法院间相互推诿或者争夺管辖权，本条规定原告向两个以上有管辖权的人民法院提起诉讼的，由最先立案的人民法院管辖，相应地其他人民法院同时失去对该案的管辖权。2014年行政诉讼法修改之前，原法规定的是"最先收到起诉状"的人民法院管辖，行政诉讼法修订将"最先收到起诉状"改为了"最先立案"，这样修改主要是考虑最先收到起诉状不等于立案，如果最先收到起诉状的人民法院不立案，而其他法院又失去了管辖权，则不利于最大限度保护当事人的诉权。因此，新行政诉讼法使用了"最先立案"而非"最先收到起诉状"。

**第二十二条** 人民法院发现受理的案件不属于本院管辖的，应当移送有管辖权的人民法院，受移送的人民法院应当受理。受移送的人民法院认为受移送的案件按照规定不属于本院管辖的，应当报请上级人民法院指定管辖，不得再自行移送。

本条是有关移送管辖的规定。

移送管辖是人民法院在受理之后经审查发现案件不属于本院管辖而将案件移送给有管辖权的人民法院处理的制度，是对管辖错误的一种纠偏措施。移送管辖需满足以下条件：第一，人民法院已经立案受理，而不仅仅是收到起诉状。第二，已经受理的人民法院经审查发现自己没有管辖权。如果受理的法院有管辖权，只是因为某种原因无法或者不适宜行使管辖权，那涉及的是指定管辖或者管辖权转移问题，而不是移送管辖。第三，受移送的人民法院是已经受理的人民法院认为其享有管辖权的法院。发现自己没有管辖权之后，受理案件的人民法院应当查明哪个人民法院对案件享有管辖权，并主动将案件移送给其认为享有管辖权的法院。需要强调的是，受移送的人民法院是受理案件的人民法院认为享有管辖权的法院，但在实际中有可能出现受移送的人民法院依照法律规定并不具有管辖权的情形。因此，第二十二条同时规定，受移送的人民法院认为移送的案件按照规定不属于本院管辖的，应当报请上级人民法院指定管辖，不得再自行移送，防止法院间推诿，案件迟迟无法立案。

移送管辖是一种单方的法律行为，一经做出即产生程序上的法的效力，对受移送的人民法院产生拘束力。这种拘束力包括：受移送的人民法院必须及时受理，不得拒收或者退回；案件一经移送，受移送的人民法院原则上即对案件享有管辖权，不能再自行移送，如果对管辖权确有争议，只能按照程序规定报请上级人民法院确定，而不能自行处理。这里的"不能再自行移送"是指既不能将案件再退回原移送的人民法院，也不能移送给其他人民法院，而只能依照规定报请上级人民法院指定管辖。

**第二十三条**　有管辖权的人民法院由于特殊原因不能行使管辖权的，由上级人民法院指定管辖。

人民法院对管辖权发生争议，由争议双方协商解决。协商不成的，报它们的共同上级人民法院指定管辖。

本条是有关指定管辖的规定。

指定管辖是指在特定情况下上级人民法院依职权指定下级人民法院对行政案件行使管辖权。指定管辖是对法定管辖的补充，其目的是在法定管辖不能确定管辖权或者虽能确定却无法实际行使时，及时定纷止争，提供切实可行的管辖方案，以及时审理案件，保障相对人权益。

指定管辖主要适用于两种情形：一是有管辖权的人民法院由于特殊原因不能行使管辖权。在这种情形下，人民法院对其享有管辖权的事实没有疑问也没有争议，但由于法律或者事实上的原因而无法行使管辖权。前者比如当事人申请回避，相应人民法院无法组成有效合议庭审理行政案件的，后者是指有管辖权的人民法院因不可抗力或者其他障碍，比如自然灾害、战争、意外事故等不能或者难以行使管辖权的情形。本条强调的是"不能"行使管辖权，原则上不包括因为行政干预而不宜行使管辖权的情形。对于后者，第二十四条有关管辖权转移的规定中有专门规定。二是两个以上人民法院对管辖权发生争议的，包括相互争夺与相互推诿管辖权的情形，此时由上级人民法院指定管辖来确定管辖权。另外需要注意的是，指定管辖中被指定的是下级人民法院，而非上级人民法院的同级法院，这是指定管辖与提级管辖的区别。指定管辖是上级人民法院依职权作出的行为，上级人民法院一旦指定某下级人民法院管辖，该被指定的下级人民法院即为相应案件的管辖法院，不再存在管辖权悬而未决的问题。

**第二十四条** 上级人民法院有权审理下级人民法院管辖的第一审行政案件。

下级人民法院对其管辖的第一审行政案件，认为需要由上级人民法院审理或者指定管辖的，可以报请上级人民法院决定。

本条是有关管辖权转移的规定。

管辖权转移是指经上级人民法院同意或者决定，将案件由具有管辖权的下级人民法院移交给上级人民法院管辖的制度。

管辖权转移是对法定管辖和指定管辖的补充，以应对复杂多变的情况。与移送管辖不同，管辖权转移并非是下级人民法院没有管辖权，而是在下级人民法院具有管辖权的条件下，由于特殊原因不宜行使管辖权而将管辖权转移给上级人民法院行使。从本质上说，移送管辖"移送"的只是案件而非管辖权，因为移送方本身不享有管辖权，而管辖权转移"转移"的是管辖权，转移方本身是具有管辖权的，只不过因为某些特殊原因不适宜行使而已。管辖权转移既可以因为上级人民法院依职权主动发生，也可以因为下级人民法院报请上级人民法院决定而发生。但不管怎样，管辖权转移都表现为原本应由下级人民法院管辖的案件"提一级"由上级人民法院管辖，因而也被称为提级管辖。

此外，本条还规定了一种特殊的指定管辖。所谓特殊的指定管辖是指与第二十三条规定的指定管辖普通情形不同，这里的指定管辖适用于因特殊原因原管辖人民法院不适宜行使管辖权的情形，比如行政干预明显，影响公正审判，不宜行使管辖权等。相比前述提级管辖，特殊的指定管辖是管辖权在同级人民法院之间的转移，只不过是由上级人民法院来指定。

2014年行政诉讼法修订之前，第二十三条第一款还有一项规定，即（上级人民法院）也可以把自己管辖的第一审行政案件移交下级人民法院管辖。新行政诉讼法删除了这一项规定，主要是因为在实践中有的地方为了使案件不出本省或者本市，将本应由高级人民法院或者中级人民法院审理的一审案件下放给下级人民法院审理，规避法定级别管辖的有关规定，影响案件公正审判，损害相对人利益。为了避免发生这样的情况，新行政诉讼法删除了该项规定。

# 【公安行政诉讼典型案例】

## 1. 吴某不服高邮市公安局治安行政处罚案

### 【案情简介】

原告吴某系高邮市某浴室业主，其所经营的浴室由于多次被发现存在卖淫嫖娼活动且屡禁不止，于 2006 年 12 月 18 日被高邮市公安局再次给予行政处罚［邮公（治）决字〔2006〕第 2399 号公安行政处罚决定书（以下简称 2399 号处罚决定）〕。该处罚决定认定在该浴室多次发生卖淫嫖娼活动，严重败坏社会风气，并根据全国人大常委会《关于禁止卖淫嫖娼的决定》第七条，决定对其罚款人民币 3 万元。原告诉称，其在经营时经常告诫服务员严禁卖淫嫖娼，并非放任不管、不采取措施制止，被告适用法律错误；被告作出行政处罚时，未告知原告有要求举行听证的权利，程序违法；被告在对浴室作出 2399 号处罚决定之后，又对原告本人作出 2400 号处罚决定，违反了《行政处罚法》中一事不再罚原则。江苏省高邮市人民法院受理了原告提起的行政诉讼，经审理发现，原告所经营的浴室确实存在多次被查获从事卖淫嫖娼活动的事实，并被多次查处和要求停业整顿，但原告并未按照有关治安管理规定和公安机关整改要求加强对浴室设施、人员的管理，如浴室敲背房仍然设置门锁、玻璃用不明物遮挡、从业人员无上岗证等，因而，被告行政机关在认定事实、适用法律方面并无错误。被告行政机关在作出行政处罚决定之前已履行了说明理由、告知权利等义务，原告自行放弃听证权利，并不能说明被告程序违法。被告行政机关所作出的两个处罚决定是分别对浴室和浴室经营者作出的，只不过由于本案中浴室的所有者和经营者同为一人，呈现出对同一人实施两次处罚的表象，因此被告行政机关的行为并未违反"一事不再罚"原则。一审法院判决维持被告高邮市公安局作出的第 2399 号行政处罚决定书，由原告承担 50 元的案件受理费。原告不服，上诉到扬州市中级人民法院，二审法院判决驳回上诉，维持原判。

**【分析】**

本案涉及行政诉讼的地域管辖和级别管辖问题。

本案是一起典型的相对人因不服公安机关治安管理行政处罚决定而提起诉讼的案件。被诉行政处罚决定由高邮市公安局作出，根据行政诉讼地域管辖基本原则，即行政案件由最初作出行政行为的行政机关所在地人民法院管辖（第十八条），本案应由高邮市公安局所在地高邮市的人民法院管辖。从级别管辖方面看，高邮市是一个由扬州市代管的县级市，公安局仅是高邮市人民政府的一个部门，而非高邮市人民政府本身，由高邮市公安局作出的行政行为尚未达到由中级人民法院管辖的"县级以上地方人民政府所作的行政行为"的标准，同时也并非"本辖区内重大、复杂"的案件，因而应由基层人民法院管辖。本案中，高邮市人民法院是基层人民法院，原告向其提起诉讼，即向适格的人民法院提起诉讼；之后原告因不服高邮市人民法院判决，向上一级人民法院扬州市中级人民法院提起上诉，也是符合有关二审管辖规定的。

这里需要注意，我国行政区划与法院等级划分的对应关系。我国宪法规定，我国地方行政区划分为三级，即省、自治区、直辖市；自治州、县、自治县、市；乡、民族乡、镇。我国宪法所规定的市制只有直辖市和市两种：直辖市不入省的行政区域范围，由中央直接领导，其法律、行政地位与省、自治区平行，也被称为省级市；除此之外则都是隶属于省、自治区的市。在隶属于省、自治区的市中，除了直辖于自治州的自治州辖市之外，则都是直辖于省、自治区的省辖市。实践中，在长期地市机构改革中，我国市制逐步形成副省级市、地级市和县级市三级划分体制。地级市是指行政地位相当于地区和自治州的市，主要是省辖设区的市，也有少数不设区。县级市是指行政地位相当于县的市，包括省辖县级市和自治州辖县级市。县级市不设市辖区，从直接行政领导管辖看，省辖县级市一般由地区、地级市代管，自治州辖县级市则由自治州领导。副省级市是从 20 世纪 80 年代的计划单列市发展而来的。当时，我国为了促进城市的快速发展，对一些城市，主要是部分省会城市，实行计划单列，即将这些城市的计划指标基数与省分别开来，经济和社会发展计划直接纳入国家计划进行综合平衡，并赋予其省一级的经济管理权限，以调动这些城市的积极性，加快城市经济体制改革，促进经济发展。但随着该项制度的推进，计划单列省会城市与省之间的矛盾日益突出，中央取消了省会城市的计划单列，之后又在 20 世纪 90 年代中期将 16 个省会城市确立为副省级城市。这些副省级城市处于省的统一领导下，但被赋予比其他地市级城市更多的管理自主权，同时，在机构设置、干部配备、工作部署等方面也与一般地市级城市有着不同的政策规定。由于我国正式的行政区划中并无"副省级市"这一级，实践中一般在行政区划上将其归入"地市级"一级。

我国人民法院的设置与行政区划是基本相对应的。尽管《人民法院组织法》对法院组织结构的规定没有那么细化，但其与我国行政区划实际上是相吻合的。我国法院分为四级，即（县、县级市、区）基层人民法院、（地级市、自治州）中级人民法院、（省、自治区、直辖市）高级人民法院、（中央）最高人民法院。首先，基层人民法院包括县人民法院和市人民法院、自治县人民法院和市辖区人民法院（第十七条）。这里所说的"市"是指县级市。其次，中级人民法院包括在省、自治区内按地区设立的中级人民法院，如新疆维吾尔自治区阿克苏地区中级人民法院；在直辖市内设立的中级人民法院，如跨市辖区设置的北京市第一中级人民法院、第二中级人民法院；省、自治区辖市的中级人民法院，如成都市中级人民法院、内江市中级人民法院；自治州中级人民法院（第二十二条）。这里的"市"并不包括省、自治区管辖，而由地区、地级市代管的县级市，也不包括自治州管辖的县级市。最后，高级人民法院包括省高级人民法院、自治区高级人民法院和直辖市高级人民法院（第二十五条）。高级人民法院的设置是与省级行政区划的设置和规定是完全对应的。在实际操作中，要将基层人民法院与中级、高级人民法院区别开来是比较容易的，因为中级和高级人民法院的名称都会带有"中级人民法院"和"高级人民法院"的字样，如北京市第一中级人民法院，北京市高级人民法院等。

### 2. 臧某某不服北京市公安局房山分局治安行政处罚案

**【案情简介】**

2007年9月18日13时，原告臧某某因电费纠纷在房山区12区史某某家中与高某某发生口角，后双方发生殴打行为。经法医鉴定，高某某的伤势为轻微伤，臧某某为轻伤。2007年9月28日，北京市公安局房山分局作出京公房（预）行决字〔2007〕第3088号行政处罚决定书（以下简称3088号处罚决定），认定"臧某某与高某某发生口角，后双方互殴"，并依据《治安管理处罚法》第四十三条第一款的规定，对臧某某作出行政拘留7日并处人民币200元罚款的处罚决定。原告认为，其没有动手打人，不存在与高某某互殴的情况，遂向北京市公安局提起行政复议。2007年12月5日，北京市公安局作出京公复决字〔2007〕第220、221、222号行政复议决定书（以下简称复议决定），认定"高某某、史某某、史某三人对臧某某进行殴打，在此过程中臧某某亦将高某某打伤"，决定维持房山公安分局作出的3088号处罚决定，并责令房山公安分局在60日内对史某某、史某殴打臧某某的行为依法作出处理决定。臧某某不服，认为房山公安分局认定事实不清、与客观实际不符，侵害其合法权益，诉至房山区人民法院，请求依法撤销房山公安分局作出的 3088 号处罚决定。房山区人民法院经审理认为，按照《最高人民法院关于执行〈中华人民共和国行政诉讼法〉若干问题的解释》第七条第一项、第三项的规定，北京市公安局作出的行政复议决定属于"改变原具体行政行为"的情形。根据《行政诉讼法》第二十五条第二款的规定，经复议的案件，复议机关决定维持原具体行政行为的，作出原具体行政行为的行政机关是被告；复议机关改变原行政行为的，复议机关是被告。北京市公安局的复议决定改变了 3088 号处罚决定认定的主要事实并变更了 3088 号处罚决定的处理结果，属于行政诉讼法规定的"改变原具体行政行为"，因此，臧某某应当以作出行政复议决定的北京市公安局为被告，针对行政复议决定提起行政诉讼。由于臧某某坚持以房山公安分局为被告、针对行政处罚决定提起行政诉讼，一审法院依法裁定驳回原告臧某某的起诉。后原告向北京市第一中级人民法院提起上诉，上诉法院裁定驳回上诉，维持一审裁定。

【分析】

本案涉及经过复议的行政诉讼管辖问题。

本案发生于 2007 年，2014 年新行政诉讼法以及 2015 年 5 月 1 日起施行的《最高人民法院关于适用〈中华人民共和国行政诉讼法〉若干问题的解释》对其并不适用。根据 1989 年《行政诉讼法》的规定，经复议的案件，复议机关维持原具体行政行为的，作出原具体行政行为的行政机关是被告，由原行政机关所在地的人民法院管辖；复议机关改变原具体行政行为的，复议机关是被告（第二十五条），也可以由复议机关所在地人民法院管辖（第十七条）。本案争议的一个焦点既是北京市公安局作为行政复议机关是否变更了房山分局所作出的 3088 号处罚决定。北京市公安局的复议决定一方面维持房山公安分局对臧某某所作出的

3088 号处罚决定，但在事实认定上与房山公安分局有所不同，其认定"高某某、史某某、史某三人对臧某某进行殴打，在此过程中臧某某亦将高某某打伤"，另一方面又责令房山公安分局对史某某、史某进行处罚，那么北京市公安局的复议决定是否构成对房山公安分局的 3088 号处罚决定的"变更"呢？尽管 2000 年 3 月 10 日起施行的《最高人民法院关于执行〈中华人民共和国行政诉讼法〉若干问题的解释》第七条对"改变原具体行政行为"进行了补充说明，包括改变原具体行政行为认定的主要事实和证据、所适用的规范依据且对定性产生影响或撤销、部分撤销或者变更处理结果，但本案中北京市公安局所改变的事实认定是否是本案的主要事实、其在维持原处罚决定之外又要求对其他两人追加处罚的决定是否构成对原处罚决定的修改，要对此做出的判断仍然难免有争议。可见在旧法制度下，将经复议案件的被告确定、管辖确定按照复议机关是否变更原行政行为的标准一分为二的做法本身存在实务操作上的困难。此外，本案还暴露出了旧法制度的另一个弊端，即经复议的案件，如果原告执意要以原行政机关为被告、向原行政机关所在地人民法院提起诉讼，而法院认为复议决定改变原行政行为的，法院将驳回原告的起诉，哪怕向原行政机关所在地人民法院起诉对于原告来说更加方便、原告的诉求实际上只涉及原行政行为。显然，这并不利于充分保护原告诉讼权益，也不利于节约公共司法资源。

假设本案发生在 2015 年 5 月 1 日，即新行政诉讼法实施之后，对于本案的管辖又将是怎样一种情况呢？如之前对第十八条所分析的那样，根据最新的司法解释，"复议决定改变原行政行为"是指复议机关改变原行政行为的处理结果。① 本案中北京市

① 《最高人民法院关于适用〈中华人民共和国行政诉讼法〉若干问题的解释》（法释〔2015〕9 号）第六条。

公安局所作出的复议决定明确"维持"房山分局所作出的3088号行政处罚决定。从材料看，3088号处罚决定是针对原告臧某某一个人作出的相对独立的处罚决定，既不涉及另一被处罚人赵某某，也不涉及另外两位当事人史某某和史某；北京市公安局并未改变3088号处罚决定拘留7日并处罚款人民币200元的处理结果；原告诉讼请求也仅是对针对自身的行政处罚不服，并未对高某某的处罚和其他两人的处理意见提出异议，完全可以把3088号处罚决定作为一个完整、独立的处罚决定来对待，从而认为北京市公安局确实是维持了房山分局对原告臧某某的处罚决定。又根据最新的司法解释，复议机关维持原行政行为的，作出原行政行为的行政机关和复议机关是共同被告，即使原告只起诉一方，人民法院也应当将另一机关列为共同被告。[1] 本案中，北京市公安局维持了房山公安分局的处罚决定，应当将北京市公安局与房山分局列为共同被告。又根据行政诉讼法第十八条的规定，经复议的案件，可以由复议机关所在地人民法院管辖以及新司法解释第八条的规定，作出原行政行为的行政机关和复议机关为共同被告的，以作出原行政行为的行政机关确定案件的级别管辖，[2] 本案既可以由北京市公安局所在地东城区也可以由房山分局所在地房山区管辖，级别管辖上根据房山分局来决定，应由基层人民法院管辖，即东城区人民法院和房山区人民法院均有管辖权。可见，新行政诉讼法制度确实比旧法制度更加先进，至少原告不会因为坚持不变更被告而被驳回起诉，因为法院可以依职权追加被告。但新法有关复议管辖的规定也不是没有瑕疵。假设作出原行政行为的是北京市公安局，作出复议决定的是公安部，在

---

① 《最高人民法院关于适用〈中华人民共和国行政诉讼法〉若干问题的解释》（法释〔2015〕9号）第七条。

② 《最高人民法院关于适用〈中华人民共和国行政诉讼法〉若干问题的解释》（法释〔2015〕9号）第八条。

公安部维持北京市公安局行政决定的情况下，公安部与北京市公安局同为被告，案件级别管辖以北京市公安局来确定，即由东城区人民法院管辖。显然，管辖法院与复议机关之间的级别悬殊，司法审判是否能有效抵御行政压力、干预又将成疑。

　　本案还提示了一个有关管辖规定的适用问题。确定管辖的依据一是法律，二是司法解释。就目前的情况看，2014 年行政诉讼法取代 1989 年旧行政诉讼法，这是明确的，但除此之外还有多个司法解释包含管辖规定，且它们中大多数是在 2014 年新行政诉讼法之前出台的，在确定管辖过程中需注意这些有关管辖的法律、司法解释的适用及相互关系问题。一方面，2014 年行政诉讼法是依据全国人大常委会 2014 年 11 月 1 日通过的《关于修改〈中华人民共和国行政诉讼法〉的决定》进行修改的，该决定同时规定，"本决定自 2015 年 5 月 1 日起施行"。这意味着新行政诉讼法的有效期限是自 2015 年 5 月 1 日起，只有在 2015 年 5 月 1 日及之后提起的行政案件才能适用有关经复议案件的管辖的新规定。另一方面，涉及管辖的还有 2000 年 3 月 10 日起施行的《最高人民法院关于执行〈中华人民共和国行政诉讼法〉若干问题的解释》、2008 年 2 月 1 日起施行的《最高人民法院关于行政案件管辖若干问题的规定》以及 2015 年 5 月 1 日起施行的《最高人民法院关于适用〈中华人民共和国行政诉讼法〉若干问题的解释》等三个重要文本。从法的效力层级来看，司法解释显然是从属于法律的，确定管辖首先要看行政诉讼法的规定，法律规定不明确、有歧义的，再看司法解释的规定。在这三个重要的司法解释之间也存在适用顺序问题，总体上应遵循"新法优于旧法、特别法优于普通法"的原则。首先参照 2015 年司法解释，因为这是行政诉讼法修改之后出台的、与新行政诉讼法相配套的司法解释；其次参照 2008 年司法解释，尽管这是新行政诉讼法出台之前就已经存在的司法解释，但其是专门针对管辖问题作出的司法解释，且仍然有效，很多 2015 年司法解释没有规定的内容即参照 2008 年司法解释来运行；最后 2000 年司法解释也是现行有效的，对管辖问题具有补足意义。此外，还有若干有关管辖的特殊的司法解释，比如对海关行政案件、涉及国有资产产权管理的案件等，在其所涉及的情形下应优先适用。

### 3. 陈某不服上海市公安局嘉定分局强制隔离戒毒决定一审判决书

**【案情简介】**

原告陈某因吸毒于 2013 年 5 月 9 日被处以行政拘留 5 日，并于同年 5 月 13 日被责令接受社区戒毒 3 年。2014 年 4 月 16 日，被告上海市公安局嘉定分局下属派出所根据举报予以立案受理，将有吸毒嫌疑的原告传唤至派出所。派出所民警对原告进行了尿样采集和送检。经上海市嘉定区中心医院毒品检测，原告尿样甲基苯丙胺、苯丙胺类药物呈阳性。经被告公安机关询问，原告供述其于 2014 年 4 月 11 日晚在家中吸食毒品。2014 年 4 月 17 日，被告认定原告吸毒成瘾严重，经社区戒毒难以戒除毒瘾，遂根据《中华人民共和国禁毒法》第三十八条第一款第二项、第四十七条第一款规定，对原告作出强制隔离戒毒两年的决定[沪公（嘉）强戒决字〔2014〕0102 号强制隔离戒毒通知书（以下简称 0102 号强制隔离戒毒通知）]，强制戒毒期限为 2014 年 5 月 2 日至 2016 年 5 月 1 日。原告于 2014 年 7 月向上海市嘉定区人民法院提起诉讼，认为被告对其作出强制隔离戒毒决定之前，其正处于社区戒毒期间，且原告一直按要求定期接受检测，未发现异常，其并未达到"吸毒成瘾严重，经社区戒毒难以戒除毒瘾"以至于需要强制隔离戒毒的程度；被告检测报告真实性存疑；被告在作出强制戒毒决定时未按要求履行告知诉讼权利、通知家属等义务，被告强制隔离戒毒决定存在事实不清、违反法定程序等问题，要求法院撤销上海市公安局嘉定分局的

0102 号强制隔离戒毒通知。上海市嘉定区人民法院依法组成合议庭，于 2014 年 8 月 18 日在上海青东强制隔离戒毒所公开开庭审理了案件。法院经审理本案认为，被告所作出的强制隔离戒毒决定事实认定清楚、法律依据正确，且鉴于原告已在被诉的强制隔离戒毒决定书上签名捺印，以电话方式将处理结果告知家属，并在法定期限内委托家属提起了本案诉讼，原告认为被告在作出强制隔离戒毒决定后未依法履行告知义务的主张同样不能成立。法院最终判决驳回原告诉讼请求，由原告承担案件受理费 50 元。

**【分析】**

本案涉及限制公民人身自由的行政强制措施的行政诉讼案件，如何确定管辖问题。

本案是一起有关限制公民人身自由的行政强制措施的案件。强制隔离戒毒是公安机关对吸毒成瘾严重、采用其他戒毒手段无法取得良好戒毒效果的相对人采取的一种限制其人身自由、强制医疗与教育的行政强制措施。对于限制人身自由的行政强制措施，无论是 1989 年行政诉讼法还是 2014 年行政诉讼法均规定，既可以由被告所在地也可以由原告所在地人民法院管辖，主要的考虑就是便于被限制人身自由的相对人亲自参加诉讼。本案中原告对嘉定公安分局作出的 0102 号强制隔离戒毒通知提起诉讼，可供其选择的管辖法院包括位于被告嘉定公安分局所在地的嘉定区人民法院、原告被限制人身自由所在地（上海青东强制隔离戒毒所）青浦区的青浦区人民法院、原告户籍所在地人民法院和原告经常居住地人民法院。本案中原告委托家人向被告所在地嘉定区人民法院提起诉讼，符合行政诉讼法第十九条有关对限制人身自由行政强制措施提起诉讼的管辖的规定。值得称赞的是，本案中法院为了充分保证当事人亲自参加诉讼的权利，将合议庭设在强制隔离戒毒所内，对于条件具备的地方，这不失为一个保障相对人权益的好办法。

# 第四章　诉讼参加人

## 【本章概述】

本章共 8 条，主要规定了原被告主体资格，即哪些人可以提起行政诉讼，哪些人可以被提起行政诉讼。首先，关于原告的主体资格，新行政诉讼法并没有采用"法律上利害关系"，而是采用有"利害关系"。"利害关系"不仅包括"法律上利害关系"，也包括客观事实上利害关系，因此，原告的主体资格比以前更宽泛。其次，增加了对复议机关作为共同被告的规定。在实践中，不管原告选择作出原具体行政行为的上一级机关还是同级人民政府进行复议，复议机关和作出具体行政行为的行政机关都有千丝万缕的联系，有时候可能涉及共同的利益，复议机关就很难站在中立的角度进行公正的处理；另外，复议机关维持行政机关作出的具体行政行为，即使复议申请人对复议结果不满意，向人民法院提起诉讼，也是起诉作出原具体行政行为的行政机关，和复议机关没有关系。原行政诉讼法规定，经复议的案件，复议机关决定维持原具体行政行为的，作出原具体行政行为的行政机关是被告；复议机关改变原具体行政行为的，复议机关是被告。应当说，这样的制度安排还是有其合理性的，但是在实践中出现了一些复议机关出于不愿当被告的考虑，倾向于维持原行政决定，造成复议被虚置、复议机关成为"维持会"的现象。有学者提出了不同的解决方案，如一律当被告、维持现状、区分是否造成新的不利影响等观点。行政复议和行政诉讼都是解决行政争议的方式，但二者的功能定位有所不同，如何确定经复议案件的被告是一个较难处理的问题。因此，新行政诉讼法规定，经复议的案件，复议机关决定维持原行政行为的，作出原行政行为的行政机关和复议机关是共同被告；复议机关改变原行政行为的，复议机关是被告。最后，增加了代表人诉讼制度。在征地拆迁、环境污染等行政案件中，当事人一方可能规模较大，采用代表人诉讼制度有利于提高审判效率，防止同案不同判。新《行政诉讼法》规定，当事人一方人数众多的共同诉讼，可以由当事人推选代表人进行诉讼。

## 【法律条文及其释义】

**第二十五条** 行政行为的相对人以及其他与行政行为有利害关系的公民、法人或者其他组织，有权提起诉讼。

有权提起诉讼的公民死亡，其近亲属可以提起诉讼。

有权提起诉讼的法人或者其他组织终止，承受其权利的法人或者其他组织可以提起诉讼。

本条规定了行政诉讼中原告主体资格。

本条第一款是新修改条款，与原行政诉讼法规定相比较，新修改条款更客观地确认了原告的主体资格。原行政诉讼法条文中，有两条涉及原告的主体资格，分别是第二十四条和第四十一条。第二十四条规定，依照本法提起诉讼的公民、法人或者其他组织是原告。第四十一条规定，原告是认为具体行政行为侵犯其合法权益的公民、法人或者其他组织。在实际操作中，行政诉讼的原告通常被理解为行政行为的相对人才可能是原告，忽略了其他利害关系人。

本条规定的原告包括两类：第一类是行政行为的相对人，第二类是其他与行政行为有利害关系的公民、法人或者其他组织。

第一类，行政行为的相对人。行政行为的相对人，是指行政管理法律关系中与行政主体相对应的另一方当事人，即行政主体的行政行为影响其权益的公民、法人和其他组织。首先，行政相对人是指处在行政管理法律关系中的个人、组织。任何个人、组织如果不处在行政管理法律关系中而处在其他法律关系中，就不具有行政相对人的地位，不能赋予其"行政相对人"称谓。行政管理法律关系包括整体行政管理法律关系和单个具体的行政管理法律关系，在整体行政管理法律关系中，所有处于国家行政管理之下的个人、组织均为行政相对人；而在单个的具体行政管理法律关系中，只有其权益受到行政主体相应行政行为影响的个人、组织，才具有该行政管理法律关系中行政相对人的地位。其次，行政相对人是指行政管理法律关系中与行政主体相对应的另一方当事人的个人和组织。在行政管理法律关系中一方享有国家行政权，能依法对对方当事人实施管理，作出影响对方当事人权益的行政行为，而别一方当事人则有义务服从管理、依法履行相应行政行为确定的义务。接受行政主体行政管理的一方当事人在行政法学中则谓之"行政相对人"。最后，行政相对人是指在行政管理法律关系中，其权益受到行政主体行政行为影响的个人、组织。行政主体行政行为对相对人权益的影响有时是直接的，有时可能是间接的，作为个人、组织，无论其权益受到行政主体行政行为的直接影响还是间接影响，都是行政相对人。

第二类，其他与行政行为有利害关系的公民、法人或者其他组织。新《行政诉讼法》第二十五条规定，行政行为的相对人以及其他与行政行为有利害关系的公民、法人或者其他组织，有权提起诉讼。2000年《行政诉讼法解释》第十三条规定了以下四种情形属于与具体行政行为有法律上利害关系的公民、法人或者其他组织：""……（一）被诉的具体行政行为涉及其相邻权或者公平竞争权的；（二）与被诉的行政复议决定有法律上的利害关系或者在复议程序中被追加为第三人的；（三）要求主管行政机关依法追究加害人法律责任的；（四）与撤销或者变更具体行政行为有法律上利害关系的。""法律上的利害关系"是法律明确规定保护的利益，还是法律应当保护的利益，是直接利益还是包括反射利益，在学理和实践中仍有不同的理解，新《行政诉讼法》并没有采用"法律上利害关系"，而是采用有"利害关系"。"利害关系"不仅包括"法律上利害关系"，也包括客观事实上利害关系，因此，原告的主体资格比以前更宽泛。参照2015 年通过的《行政诉讼法解释》的规定，除行政相对人外，本条规定的"其他与行政行为有利害关系的公民、法人或者其他组织"，至少应当包括：（1）被诉的行政行为涉及其相邻权或者公平竞争权；（2）与被诉的行政复议决定有利害关系或者在复议程序中被追加为第三人的；（3）要求主管行政机关依法追究加害人法律责任的；（4）与撤销或者变更的行政行为有利害关系的。除上述情况外，还有哪些公民、法人或者组织可以作为原告，可以根据实践需要，进一步扩大。原则是通过行政诉讼比通过其他途径解决争议的效率更高、成本更低，更有利于保护公民、法人和其他组织的合法权益。

本条第二款是关于原告的近亲属提起诉讼的规定。在有权起诉的公民死亡后，其近亲属可以提起诉讼。我国法律规定中对近亲属的概念规定不一致。根据我国《刑事诉讼法》第一百零六条第六项的规定，刑事诉讼中的近亲属包括夫、妻、父、母、子、女、同胞兄弟姊妹。在民事诉讼中，根据 1988 年 4 月 2 日颁布的《最高人民法院关于贯彻执行〈中华人民共和国民法通则〉若干问题的意见（试行）》第十二条规定，近亲属包括配偶、父母、子女、兄弟姐妹、祖父母、外祖父母、孙子女、外孙子女。2015 年通过的《行政诉讼法解释》，对行政诉讼中的近亲属概念没有解释，参照 1999 年通过的《行政诉讼法解释》的规定，行政诉讼中的近亲属包括配偶、父母、子女、兄弟姐妹、祖父母、外祖父母、孙子女、外孙子女和其他具有扶养、赡养关系的亲属。

本条第三款是关于法人或者其他组织的权利承受人提起诉讼的规定。有权提起诉讼的法人或者其他组织终止，承受其权利的法人或者其他组织可以提起诉讼。法人或者其他组织终止，包括它的被撤销、合并、分立等情形。有权提起诉讼的法人和其他组织被撤销，承受其权利的法人或者其他组织可以提起诉讼。有权提起诉讼的法人和其他组织与其他法人、组织合并的，由合并后的法人或者其他组织提起诉讼。有权提起诉讼的法人和其他组织分立的，由分立后承受其权利的法人或者其他组织提起诉讼。

**第二十六条** 公民、法人或者其他组织直接向人民法院提起诉讼的，作出行政行为的行政机关是被告。

经复议的案件，复议机关决定维持原行政行为的，作出原行政行为的行政机关和复议机关是共同被告；复议机关改变原行政行为的，复议机关是被告。

复议机关在法定期限内未作出复议决定，公民、法人或者其他组织起诉原行政行为的，作出原行政行为的行政机关是被告；起诉复议机关不作为的，复议机关是被告。

两个以上行政机关作出同一行政行为的，共同作出行政行为的行政机关是共同被告。

行政机关委托的组织所作的行政行为，委托的行政机关是被告。

行政机关被撤销或者职权变更的，继续行使其职权的行政机关是被告。

本条规定了被告的情形。

行政诉讼的被告是指被原告起诉指控侵犯其行政法上的合法权益和与之发生行政争议，而由人民法院通知应诉的行政主体。必须明确，行政诉讼的被告不是行政机关的工作人员，而是行政机关本身。行政诉讼的被告是因侵犯公民、法人或者其他组织合法权益而被起诉到人民法院的行政机关和法律、法规、规章授权的组织。在行政诉讼中，行政主体始终作为被告，这是行政诉讼的一大特点。

本条第一款是关于未经复议的案件，作出行政行为的行政机关作被告的规定。公民、法人或者其他组织对侵犯其合法权益的具体行政行为不服，有两种法定的救济途径：一是 60 日内向上级行政机关或同级人民政府申请行政复议，二是 3 个月向人民法院提起行政诉讼。根据新《行政诉讼法》第四十四条第二款规定，法律、法规规定应当先向行政机关申请复议，对复议不服再向人民法院提起诉讼的，依照法律、法规的规定。也就是说，公民、法人或者其他组织可以选择先向行政机关申请复议，也可以直接向人民法院提起诉讼，法律法规另有规定的除外。公民、法人或者其他组织直接向人民法院提起诉讼的，作出行政行为的行政机关是被告。法律、法规、规章授权的组织作出的行政行为，公民、法人或者其他组织直接向人民法院提起诉讼的，授权的组织是被告。

本条第二款是关于如何确定经复议的案件的被告问题。根据本款规定，复议机关维持原行政行为的，原行政机关和复议机关是共同被告；复议机关改变原行政行为的，复议机关是被告的规定。

本款是新修改条款，对复议机关是否维持原具体行政行为，分别作了规定。原《行政诉讼法》第二十五条规定，复议机关决定维持原具体行政行为的，作出原具体行政行为的行政机关是被告；复议机关改变原具体行政行为的，复议机关才是被告。在实践中，不管原告选择作出原具体行政行为的上一级机关还是同级人民政府进行复议，复议机关和作出具体行政行为的行政机关都有千丝万缕的联系，有时候可能涉及共同的利益，复议机关就很难站在中立的角度进行公正的处理；另外，复议机关维持行政机关作出的具体行政行为，即使复议申请人对复议结果不满意，向人民法院提起诉讼，也是起诉作出原具体行政行为的行政机关，和复议机关没有关系。反而，复议机关改变了具体行政行为，复议申请人一般对复议结果满意，不会向人民法院起诉，但是，许多引起争议的行政行为，往往涉及行政相对人以外的第三人的利益，第三人就会向人民法院提起诉讼，复议机关是被告，和作出具体行政行为的行政机关就没有关系了。因此，复议机关在通常情况下，都是维持原行政行为，该撤销的不撤销，该纠正的不纠正，复议制度解决行政争议的作用没有得到很好的发挥，复议制度的优势也没有得到很好的实现。为了解决目前的状况，新行政诉讼法对此进行了修改，规定复议机关维持原具体行政行为的，和行政机关作为共同被告。

复议机关改变原行政行为的，复议机关作为被告。复议机关是作出原行政行为的行政机关的上级，可以改变原行政行为，改变后复议决定就是一个新的行政行为，原行政行为的效力就不复存在，如果当事人对复议决定不服，只能起诉复议机关，复议机关作被告。

本条第三款是关于经复议的案件，复议机关不作为的，由申请人选择行政机关还是复议机关作被告的规定。复议机关在法定期限内未作出复议决定，公民、法人或者其他组织既可以起诉原行政行为，也可以起诉复议机关不作为。从权利救济途径来说，行政复议和行政诉讼都是法定的救济途径。对当事人来说，行政复议更便捷，更经济。对于复议机关不作为的行为，法律赋予申请人诉讼权，监督复议机关依法履行复议，这样复议制度才能有效地运作。

本条第四款是关于两个以上行政机关作出同一行政行为的，两个行政机关是共同被告的规定。一个行政行为可能由两个以上行政机关共同作出，如《行政许可法》第二十六条第二款规定，行政许可依法由地方人民政府两个以上部门分别实施的，本级人民政府可以确定一个部门受理行政许可申请并转告有关部门分别提出意见后统一办理，或者组织有关部门联合办理、集中办理。这时，一个行政许可决定，可能由不同政府部门根据不同的法律、法规作出，从性质上可以分解为几个行政行为，只是为了方便行政相对人，才由一个行政许可决定作出。认定是否属于共同作出的行政行为，简单的方法是看行政决定文书上的署名和印章。在实践中，有些经上级机关批准的行政决定并没有上级机关的署名和印章，这时认定是否是其作出的行政行为有一定的困难。原则上，应当以行政决定文书是否有署名作为认定标准。因为有的行政机关事先请求上级行政机关，不是法律、法规规定的程序，而是行政机关内部程序，上级行政机关不对外承担法律后果，不能作为共同被告。但如果批准程序是法定程序，就应当认定为共同作出行政行为。

本条第五款是关于行政机关委托的组织所作的行政行为，委托的行政机关是被告的规定。原《行政诉讼法》第二十五条第四款规定："……由行政机关委托的组织所作的具体行政行为，委托的行政机关是被告。"例如，乡政府委托某村民委员会行使某项行政职权，该村委会按照委托的权限作出某一具体行政行为，行政相对人对此不服的，必须以该乡政府为被告提起诉讼。这就是行政法上的"权利可以委托、责任不能豁免"的原则的具体体现。值得注意的是，行政机关在没有法律、法规或者规章规定的情况下，授权其内设机构、派出机构或其他组织行使行政职权的，应当视为委托。当事人不服提起诉讼的，应当以该行政机关为被告。

本款对原法作了修改，将法律、法规授权的组织的有关内容移至本法第二条第二款。这里行政机关委托的组织，主要是指行政机关以外的社会组织，此外也包括行政机关。由于受委托的组织不是以自己的名义作出行政行为，不能对受委托作出的行政行为承担法律后果，因此，不能作为行政诉讼的实行。无论是从理论上，还是从行政许可法、行政处罚法的相关规定看，都要求委托行政机关对受委托的组织的行为负责监督，并对行为后果承担法律责任。因此，行政相对人提起诉讼，委托机关是被告。

本条第六款是关于行政机关被撤销或者职权变更的，继续行使其职权的行政机关是被告的规定。本条对原法作了修改，增加了职权变更的情形。行政机关作出具体行政行为，行政相对人对具体行政行为不服，理应向作出具体行政行为的行政机关作为被告提起诉讼。在某些特殊情况下，作出具体行政行为的行政机关被撤销或者职权变更的，行政相对人在提起诉讼中究竟谁应该为被告，理论界存在争议，实践中也存在不同的情况，新行政诉讼法对此予以明确，更有利于保障行政诉讼的进行。还有一种情况，就是作出具体行政行为的行政机关被撤销后，没有相应的机关履行其职权，没有明确由谁作为被告。考虑到实际情况发生的可能性很小，法律没有对此作出相应的规定。

**第二十七条** 当事人一方或者双方为二人以上，因同一行政行为发生的行政案件，或者因同类行政行为发生的行政案件、人民法院认为可以合并审理并经当事人同意的，为共同诉讼。

本条规定了共同诉讼的原则。

共同诉讼，是指当事人一方或双方为两人（含两人）以上的诉讼。在通常情况下，行政诉讼的原告一方或被告一方都只有一人。但在某些行政处罚中，往往是两个以上当事人被处罚，当事人对处罚不服形成诉讼时，原告一方就可能为两人以上，这就形成了一种特殊的诉讼形态——共同诉讼。共同诉讼属于诉的合并，其意义在于简化诉讼程序，避免法院在同一事件处理上作出矛盾的判决。

共同诉讼有以下两种情况：一是因同一行政行为引起的共同诉讼。因同一具体行政行为引起的共同诉讼，由于该具体行政行为因同一事由对当事人进行行政管理，不易分开审理；二是因同类行政行为引起的共同诉讼。因同类行政行为引起的共同诉讼，由于不是因同一行政行为引起的，当事人之间不存在不可分割的权利义务关系，可以作为不同的案件审理，也可以一起审理，学理上将这类共同诉讼称为普通的共同诉讼。之所以共同诉讼，是因为这类行为性质相同或者事实和理由相同，从提高审判效率或者保证司法统一性上，可以共同审理。

**第二十八条** 当事人一方人数众多的共同诉讼，可以由当事人推选代表人进行诉讼。代表人的诉讼行为对其所代表的当事人发生效力，但代表人变更、放弃诉讼请求或者承认对方当事人的诉讼请求，应当经被代表的当事人同意。

本条是关于代表人诉讼制度的规定。

我国的诉讼代表人制度，是以共同诉讼制度为基础，并吸收了诉讼代理制度的诉讼代表人机能。以共同诉讼制度为基础，是指诉讼代表人所进行的诉讼应当符合共同诉讼基本条件，如果所代表的当事人不能作为共同诉讼人，也就不能在诉讼中推选代表人代为实施诉讼行为。诉讼代表人制度吸收了诉讼代理制度的机能，使众多诉讼主体的诉讼行为通过诉讼代表人集中实施，扩大了诉讼的容量，避免了因众多当事人直接参与诉讼所带来的诸多问题。

诉讼代表人具有双重身份，既是诉讼当事人，又是代表人，与诉讼代理人不同，具体表现为以下三点：（1）由于诉讼代表人是本案当事人，因此他与本案的诉讼结果有利害关系。诉讼代理人不是本案当事人，与本案的诉讼结果没有利害关系。（2）诉讼代表人实施诉讼行为，不仅是为被代表的当事人的利益，也是为自己的利益。诉讼代理人实施诉讼行为是为被代表的当事人的利益。（3）诉讼代表人在人数不确定的情况下，是由部分当事人推选出的，即由部分当事人授权，但其实施的诉讼行为对全体利害关系人有效。诉讼代理人实施诉讼代理行为必须有全体被代理人的授权。在一般情况下，被告一方不存在众多问题，即使众多，也由于各个行政机关的职权不同，具体行政行为的合法性不同，一般不适用推选代表人进行诉讼。

**第二十九条** 公民、法人或者其他组织同被诉行政行为有利害关系但没有提起诉讼，或者同案件处理结果有利害关系的，可以作为第三人申请参加诉讼，或者由人民法院通知参加诉讼。

人民法院判决第三人承担义务或者减损第三人权益的，第三人有权依法提起上诉。

本条是关于诉讼第三人的规定。

行政诉讼第三人是同被诉的具体行政行为有利害关系，或者同案件处理结果有利害关系，在行政诉讼过程中申请参加诉讼或有法院通知参加诉讼的公民、法人或其他组织。行政诉讼第三人的法律地位与原告、被告类似。第三人在诉讼中有提出与本案有关的诉讼主张的权利和对人民法院的一审判决不服提起上诉等权利。但是因第三人有类似于原告地位的第三人与类似于被告地位的第三人，因此，他们各自的法律地位均独立但却不相同，类似于原告地位的第三人因大部分均具有原告资格，在诉讼中的权利、义务几乎和原告相同；而类似于被告地位的第三人，因行政诉讼被告不得反诉及不能在行政诉讼期间向原告和证人自行搜集证据的限制，类似于被告的第三人因其在被诉具体行政行为中所处的地位，也可能有这样的限制。在应当追加被告而原告不同意追加，人民法院应当通知其以第三人的身份参加诉讼的情形下，第三人的法律地位与被告相同，在享有相应诉讼权利的同时也要受相应的限制。

行政诉讼第三人可以由其主动申请或者由人民法院通知其参加诉讼。

第一，主动申请。公民、法人或者其他组织认为同被诉的具体行政行为有利害关系，可以作为第三人申请参加诉讼，是否准许由人民法院决定。

第二，人民法院通知。人民法院认为公民、法人或者其他组织同被诉的具体行政行为有利害关系，应当通知其作为第三人参加诉讼。如行政机关的同一具体行政行为涉及两个以上利害关系人，其中一部分利害关系人对具体行政行为不服提起诉讼，人民法院应当通知没有起诉的其他利害关系人作为第三人参加诉讼；或者应当追加被告而原告不同意追加的，人民法院应当通知其以第三人的身份参加诉讼。

根据本条第二款规定，行政诉讼第三人主动申请参加诉讼或人民法院通知参加诉讼，只要法院判决其承担义务或者减损其权益，都有权以自己的名义，提起上诉。

**第三十条** 没有诉讼行为能力的公民，由其法定代理人代为诉讼。法定代理人互相推诿代理责任的，由人民法院指定其中一人代为诉讼。

本条是关于法定代理人的规定。

法定代理人，是指根据法律规定，代理无诉讼行为能力的当事人进行诉讼，直接行使诉讼代理权的人。无诉讼行为能力的公民进行诉讼活动只能由其监护人为法定代理人代理其进行行政诉讼活动。法定代理人是全权代理，其法律地位相当于当事人，其代理权限不受限制，可以行使被代理人享有的全部权利。法定代理人不是当事人，属于诉讼参与人中的其他诉讼参与人。实体权利的享有者和实体义务的承担者只能是当事人，法定代理人仅仅在诉讼过程中代为行使一些程序性的权利。

在行政诉讼中，法定代理一般适用于精神病人、未成年人和其他无诉讼行为能力的行政诉讼原告和第三人，而不适用于被告行政机关。诉讼行为能力是以自己行为实现诉讼权利、履行诉讼义务的能力。未成年人、精神病人没有民事行为能力，也没有诉讼行为能力，不能亲自进行诉讼活动，需要由其法定代理人代为进行。根据我国《民法通则》第十四条规定，无民事行为能力人、限制民事行为能力人的监护人是其法定代理人。未成年人的监护人可以由其父母、祖父母、外祖父母、兄、姐以及关系密切的其他家属、朋友、未成年人的父母所在单位或者未成年住所地的居民委员会、村民委员会或者民政部门担任。精神病人的监护人由其配偶、父母、成年子女、其他近亲属、关系密切的亲属、朋友、精神病人的所在单位或者住所地的居民委员会、村民委员会或者民政部门担任。法定诉讼代理人参加诉讼权的取得是基于法律所规定的监护关系。

法定代理人代理无诉讼行为能力的当事人进行诉讼，是为了保证无诉讼行为能力的当事人的合法权益，法定代理人不履行法定代理人义务或者多个法定代理人互相推诿的，根据本条规定，由人民法院指定其中法定代理人中的一人代为诉讼。

**第三十一条**　当事人、法定代理人，可以委托一至二人作为诉讼代理人。

下列人员可以被委托为诉讼代理人：

（一）律师、基层法律服务工作者；

（二）当事人的近亲属或者工作人员；

（三）当事人所在社区、单位以及有关社会团体推荐的公民。

本条是关于委托代理人的规定。

委托代理人是指以当事人一方的名义，在法律规定内或者当事人授予的权限范围内代理实施诉讼行为，接受诉讼行为的人。委托代理人具有以下特征：（1）以被代理人的名义进行诉讼活动。诉讼代理的目的在于维护被代理人的合法权益，因此只能以被代理人的名义进行诉讼，而不能以自己的名义进行诉讼。（2）委托代理人是有诉讼行为能力的人。没有诉讼行为能力的人，不能作为委托代理人。在诉讼中，如果委托代理人丧失了诉讼行为能力，也就丧失了担任委托代理人的资格。（3）在代理权限内实施诉讼行为。委托代理人的代理权限，来源于法律规定或当事人的授权。凡是超越代理权限所实施的诉讼行为，都是无效的诉讼行为，不能产生诉讼法上的效果。（4）委托代理的法律后果由被代理人承担。（5）在同一诉讼中，不能代理双方当事人。在诉讼中，双方当事人的利益是对立的。同时担任双方当事人的代理人，可能会损害一方当事人的利益。

本条第二款与原行政诉讼法相比较，有两方面的变动：一是新增加了法律服务工作者作为委托代理人。基层法律服务工作者是符合《基层法律服务工作者管理办法》规定的执业条件，经核准执业登记，领取《法律服务工作者执业证》，在基层法律服务所中执业，为社会提供法律服务的人员。基层法律服务是自

20世纪80年代初中期逐步形成发展起来的一种法律服务工作。在当时律师极为稀少的情况下，它主要通过建立法律服务所，利用贴近基层、便利群众、服务便捷、收费低廉等优势，面向基层社会提供法律服务。二是删除了"经人民法院许可的其他公民"可以受委托为诉讼代理人的规定。公民代理制度在司法实践中出现了公民代理人自身不懂法、无理缠讼、影响庭审、承诺包打赢、乱收费等问题，对委托代理人的资格作出了明确的规定，删除了随意性较大的"经人民法院许可的其他公民"作为委托代理人参加诉讼的资格，体现了司法审判向着专业化、规范化发展的要求。

根据本条第二款的规定，委托代理人的范围是：（1）律师、基层法律服务工作者。律师就是持有律师执业证书的人员，不仅仅指专职律师，还包括兼职律师、公益律师。（2）当事人的近亲属或者工作人员。这里所指的"当事人"包含自然人、法人和组织。"当事人"为自然人时，其近亲属可以作为诉讼代理人，近亲属的范围以当事人的配偶、父母、子女、兄弟姐妹、祖父母、外祖父母、孙子女、外孙子女为限。"当事人"为法人或其他组织时，其工作人员可以被委托为诉讼代理人。（3）当事人所在社区、单位以及有关社会团体推荐的公民。

**第三十二条** 代理诉讼的律师，有权按照规定查阅、复制本案有关材料，有权向有关组织和公民调查，收集与本案有关的证据。对涉及国家秘密、商业秘密和个人隐私的材料，应当依照法律规定保密。

当事人和其他诉讼代理人有权按照规定查阅、复制本案庭审材料，但涉及国家秘密、商业秘密和个人隐私的内容除外。

本条是关于诉讼参加人在诉讼中的权限的规定。

不同的诉讼参加人，在诉讼中享有不同的诉讼权利。本条对律师、当事人和其他诉讼代理人的权利分别作了规定。

## 一、代理诉讼律师的权利

代理诉讼律师的权利有两个方面：一是调查收集证据。律师是专业法律工作者，调查、收集证据是其提供法律服务的基本要求，因此，法律保障其调查权，有关单位、个人应当配合。但是，在行政诉讼中，律师受新修改的《行政诉讼法》第三十五条的限制，即在诉讼过程中，不得自行向原告、第三人和证人收集证据。二是查阅、复制本案有关材料。包括证据材料、庭审记录以及起诉状、答辩状、代理意见书等庭审中涉及的有关材料。无论是调查收集证据，还是查阅、复制案件材料，对涉及国家秘密、商业秘密和个人隐私的材料，律师应当依照法律规定承担保密义务。

## 二、关于当事人和其他诉讼代理人的权利

根据本条第二款规定，当事人和其他诉讼代理人有权查阅、复制本案庭审材料，但不能查阅、复制涉及国家秘密、商业秘密和个人隐私的内容。需要注意，本款没有规定当事人和其他诉讼代理人在诉讼中享有调查权，这一点与《民事诉讼法》第六十一条的规定不同。理由如下：一是原法没有规定当事人和其他诉讼代理人享有调查权。二是行政诉讼主要是由被告举证，而被告原则上不能在诉讼中再调查取证。原告虽然在起诉被告不履行行政赔偿、补偿的案件中有举证责任，但这些案件中原告也不需要向其他单位和个人收集证据。三是行政行为的证据主要是由行政机关掌握，律师以外的代理人没有调查权，原告和第三人可以申请法院调取。

# 【公安行政诉讼典型案例】

## 1. 陈某诉区公安分局公开信息案

**【案情简介】**

2015 年 3 月 20 日以来，陈某因拆迁安置问题，多次到街道信访处、区信访局信访。4 月 11 日，陈某再次到街道信访处，当时因街道书记不在，陈某离开街道信访处。陈某驾驶小汽车刚驶出街道信访处 100 米远处，被一辆无牌汽车堵住，并被从无牌汽车下来的人员殴打，陈某立即报案。派出所在接到报警后，立即出警，并调取相关监控视频，通过走访，锁定违法嫌疑人。4 月 17 日，派出所将嫌疑人刘某抓获，并对嫌疑人予以行政拘留。陈某认为，4 月 11 日在街道信访处门口被打，是街道相关工作人员指使，不是单纯的治安案件，要求公开该案的结案报告。区公安分局依法受理了陈某的公开信息申请，经审查，认为结案报告，是公安机关内部法律文书，不属于信息公开的范围，作出不予公开信息的决定。陈某不服，向区人民法院起诉，请求判令公开该案的结案报告。

**【分析】**

本案关于原告和被告的确定并不复杂。根据新行政诉讼法的规定，公民、法人或者其他组织认为行政机关和行政机关工作人员的行政行为侵犯其合法权益，行政行为的相对人以及其他与行政行为有利害关系的公民、法人或者其他组织，均有权依法向人民法院提起诉讼。向人民法院提起诉讼的公民、法人或者其他组织即为原告。本案中，陈某认为区公安分局应当向其公开结案报告而不向其公开，所以不服，向人民法院起诉。所以陈某可以作为本案的原告。

陈某是否能够起诉的另外一个重要问题是区公安分局不予公

开结案报告的行为是否属于行政诉讼的受案范围？根据新《行政诉讼法》第十二条第二款的规定："……人民法院受理法律、法规规定可以提起诉讼的其他行政案件。"《政府信息公开条例》第三十三条第二款规定："公民、法人或者其他组织认为行政机关在政府信息公开工作中的具体行政行为侵犯其合法权益的，可以依法申请行政复议或者提起行政诉讼。"根据上述规定，区公安分局作出不予公开信息的决定属于行政诉讼的受案范围，陈某不服，有权依据《行政诉讼法》和《政府信息公开条例》向人民法院提起行政诉讼。

本案的被告是区公安分局。新《行政诉讼法》第二十六条第一款规定，公民、法人或者其他组织直接向人民法院提起诉讼的，作出行政行为的行政机关是被告。本案中，陈某不服区公安分局作出的不予公开信息的决定，而直接向人民法院提起行政诉讼，所以作出该行政决定的区公安分局是被告。

### 2. 陈某非法侵入住宅案

**【案情简介】**

2014 年 12 月 4 日 6 时左右，某派出所接到报警称"有人闯入其住宅"。派出所出警后，将嫌疑人口头传唤至派出所。经调查，嫌疑人陈某，男，30 岁，受害人刘某欠陈某的舅舅 30 万元钱，因其舅舅年龄比较大，多次到刘某家讨债，刘某拒绝开门，躲避不见陈某的舅舅。在得知刘某女儿 11 岁，早晨 6 时左右要去上学的情况下，陈某 4 点钟就在刘某家门口等候，在 6 时左右，陈某趁刘某女儿开门上学之际，迅速闯入刘某家的。在闯入刘某家的过程中，门框撞到刘某女儿的眼眉处，导致其眼眉受伤并受惊吓大哭。刘某闻讯跑出卧室，质问陈某为什么到其家中，陈某称是来讨债的，刘某再三要求陈某离开其住宅，陈某担心离开其住宅后，再也找不到刘某，就拒绝退出，在刘某家中和刘某争执半小时左右，直到刘某报警，派出所民警赶到，将陈某传唤至派出所。派出所在查清事实的基础上，认为陈某的行为构成非法侵入住宅，依法对陈某行政拘留 10 日。陈某不服，向区人民法院提起行政诉讼。区人民法院认为，陈某的行为不构成非法侵入住宅，撤销了区公安分局的行政处罚。受害人刘某认为，其是利害关系人，应作为第三人参加诉讼，区人民法院没有通知其参加诉讼，审理程序违法，上诉要求中级人民法院撤销区人民法院的判决。市中级人民法院经过审理，认为原判决遗漏当事人，遂裁定撤销原判决，发回原审人民法院重审。

**【分析】**

在本案中，区人民法院撤销对陈某的行政拘留，受害人刘某是否应作为第三人参加诉讼是本案的争议焦点。陈某在未经住宅主人刘某许可的情况下，私自闯入刘某的住宅，并在刘某再三要求下，拒绝退出刘某的住宅，其行为构成非法侵入住宅。刘某作为受害人，与本案的处理结果有利害关系，因此应通知刘某作为第三人参加诉讼。《行政诉讼法》第二十九条规定，公民、法人或者其他组织同被诉行政行为有利害关系但没有提起诉讼，或者同案件处理结果有利害关系的，可以作为第三人申请参加诉讼，或者由人民法院通知参加诉讼。市中级人民法院二审裁定撤销区人民法院作出的一审判决，发回区人民法院重新审理的裁定是完全正确的。

### 3. 公安局征收治安费案

**【案情简介】**

某市某区某居民区共有居民 480 户，2013 年 5 月共发生入室盗窃案 40 余起。属地派出所分析警情后，认为该居民区的安全防范措施方面存在诸多问题，向区公安分局作了汇报。区公安分局研究后，于 2013 年 7 月 2 日，决定向每户居民征收治安费 200 元，区公安分局也出资 50%，用作改造居民区的安全防范设施。治安费由居委会代收。因绝大多数居民不服区公安分局的决定，居委会便向市公安局申请复议。经复议，市公安局将区公安分局的决定改为治安费按每月每人 5 元的标准收取。之后，仍有 350 多户居民不服复议决定，欲向人民法院提起行政诉讼。

**【分析】**

在本案中，确定哪些人可以提起行政诉讼比较复杂。根据《行政诉讼法》规定，凡是认为行政机关和行政机关工作人员的行政行为侵犯其合法权益的公民、法人或者其他组织，均有权向人民法院提起行政诉讼。本案中，虽然居委会不是治安费的征收对象，但是区公安分局的征收治安费的决定，赋予居委会代收治安费的义务。居委会对该项代收义务不服，可以提起行政诉讼。对于 480 户居民来讲，就是治安费的直接征收对象，他们不服区公安分局的收费决定，可以提起行政诉讼。经过行政复议，有部分居民接受了征收治安费的决定，但仍有 350 余户居民不服，那么，这些不服的居民若提起行政诉讼，那些已经接受决定的居民在诉讼中如何处理呢？根据原《行政诉讼法》第二十七条的规定，他们与征收治安费的决定具有利害关系，人民法院应当通知他们作为第三人参加诉讼，他们也可以自己主动申请作为第三人参加诉讼。新《行政诉讼法》第二十九条规定："公民、法人或者其他组织同被诉行政行为有利害关系但没有提起诉讼，或者同案件处理结果有利害关系的，可以作为第三人申请参加诉讼，或者由人民法院通知参加诉讼。"这个案件，如果发生在现在，居委会、全体 480 户居民也都可以向人民法院提起行政诉讼；如果其中部分居民提起行政诉讼，对于没有提起行政诉讼的居民，可以作为第三人参加诉讼。

本案还要处理另外一个复杂的问题，由于本案涉及人数众多，该如何处理呢？如果按照原行政诉讼法的规定，人民法院倾向于一人一案，分案处理；也可以将已经提起诉讼的案件进行并案，按照普通的共同诉讼进行审理。新行政诉讼法施行后，本案可以采用代表人诉讼制度。根据新行政诉讼法的规定，当事人一方人数众多的共同诉讼，可以由当事人推选代表进行诉讼。代表人的诉讼行为对其所代表的当事人发生效力，但代表人变更、放弃诉讼请求或者承认对方当事人的诉讼请求，应当经被代表的当事人同意。因此，350 户居民可以推选代表进行诉讼。

本案中的被告是区公安分局还是市公安局？根据新行政诉讼法的规定，公民、法人或者其他组织直接向人民法院提起诉讼的，作出行政行为的行政机关是被告。经复议的案件，复议机关决定维持行政行为的，作出原行政行为的行政机关是被告；复议机关改变原行政行为的，复议机关是被告。本案中，市公安局经过行政复议，决定将征收治安费由原先的每户征收 200 元的标准改为每月每人 5 元的标准，改变了原行政行为，被告应当是市公安局。

### 4. 王某诉某区公安消防大队不履行法定职责案

**【案情简介】**

2013 年，王某发现自己居住的小区存在消防隐患，故向某区公安消防大队投诉。某区公安消防大队根据投诉，即对该小区住宅进行了消防检查，发现王某举报属实，王某居住的高层楼房确实存在安全隐患，并向该小区某房地产公司送达了责令限期改正通知书，要求其于 30 日内限期整改。2013 年 5 月 10 日某区公安消防大队进行了复查，该房地产公司没有进行整改，仍未消除消防隐患。5 月 23 日，某区消防大队根据《消防法》第五十八条，对该房地产公司做出"责令停止使用并处以 3 万元罚款"的处罚决定。对处罚决定亦告知了王某。其后该房产公司交纳了罚款但仍未整改且继续使用。王某认为某区公安消防大队虽然对该房地产公司违反《消防法》的行为进行了行政处罚，但是至今未履行落实对两幢住宅停止使用的法定职责，侵犯了自己的人身权和财产权。遂向某区人民法院提起诉讼，诉请法院："判令某区消防大队责令房地产公司限期整改消防隐患。"

【分析】

这起案件争议的焦点之一是王某是否具有原告的主体资格。

根据原行政诉讼法的规定，公民、法人或者其他组织认为行政机关和行政机关工作人员的具体行政行为侵犯其合法权益，有权依照本法向人民法院提起诉讼。司法实践中，具有原告资格的，限制在行政行为的相对人的范围内。王某不是某区消防大队作出的限期整改决定的行政相对人，而且某消防大队也不存在不作为的情形，因此该案很难得到妥善处理。

新《行政诉讼法》第二十五条第一款规定，"行政行为的相对人以及其他与行政行为有利害关系的公民、法人或者其他组织，有权提起诉讼。"摒弃了原告资格限于"行政行为的相对人"这个条件，"其他与行政行为有利害关系的公民、法人"也具有原告资格。本案中王某是否与具体的行政行为有利害关系呢？回答是肯定的。王某居住的住宅存在安全隐患，某区公安消防大队的具体行政行为——责令房地产公司消除安全隐患并进行罚款，与王某的人身、财产存在利害关系，因此，王某是与具体行政行为有利害关系的公民，具有原告的主体资格，法院在审理该案过程中，也认为其与被诉具体行政行为有法律上的利害关系，具有原告资格，判决支持了王某的诉讼请求。

# 第五章 证 据

## 【本章概述】

　　行政诉讼法是"民告官"的重要法律依据。证据是诉讼当中不可或缺且最为重要的组成部分，它既是当事人进行行政诉讼，维护自己合法权益的重要依据，同时也是人民法院查明案件事实，辨别诉讼事实真伪的重要工具。法院对行政争议的审理，要"以事实为依据，以法律为准绳"。对事实的认定和判别，必须要借助证据，证据是诉讼的核心。

　　证据是指经过查证属实可以作为定案根据的，具有法定形式和来源的，证明案件真实情况的一切事实。行政诉讼证据是指在行政诉讼中用以证明案件事实情况的一切材料和事实。它既包括当事人向人民法院递交的证据，也包括人民法院在特定情况下依法收集的证据。本法第五章规定了行政诉讼法证据。

　　本章共 11 条，同修订前相比共新增加了 5 条，在 4 条上做了修改，在行政诉讼法修订中占重要比例。可见证据的法律地位逐步攀升。本章中相比于修改前丰富了满足社会发展的行政诉讼证据制度。在原有的证据种类，举证责任的分配，被告取证限制，人民法院对证据的收集、鉴定、证据保全的基础上进一步补充了被告延期提供证据、补充证据；原告提供证据；原告的举证责任及其例外；人民法院依申请调取证据；质证及认证等内容。呈现出更加严谨的证据制度。在纷繁杂乱的大环境下，新修订的行政诉讼证据，体现了证据的多样性，更体现了法律的与时俱进。

## 【法律条文及其释义】

**第三十三条** 证据包括：

（一）书证；

（二）物证；

（三）视听资料；

（四）电子数据；

（五）证人证言；

（六）当事人的陈述；

（七）鉴定意见；

（八）勘验笔录、现场笔录。

以上证据经法庭审查属实，才能作为认定案件事实的根据。

本条是对证据种类的规定。

想要诉讼成功，用老百姓的话来说必须要说出来"凭什么"，这个凭的什么也就是我们所说的证据。行政诉讼法中明确了证据的种类包括：书证；物证；视听资料；电子数据；证人证言；当事人的陈述；鉴定意见；勘验笔录、现场笔录。其中电子数据是 2014 年修订中新添加的证据，现场笔录是行政诉讼法在各项诉讼法中特有的证据种类。

### 一、书证

书证是指以文字、符号、图形所记载或表示的内容、含义以证明案件事实的文书；如户籍证明、书信、罚款单等。为保证书证内容的真实性，当事人向人民法院所提供的书证，除法律、法规、司法解释和规章对书证的制作形式另有规定外，一般应当符合下列要求：（1）原则上应提供书证的原件，在提供原件确有困难时，可以提供与原件核对无误的复印件、照片、节录本。按照规定，原本、正本和副本均属于书证的原件。（2）提供由有关部门保管的书证原件的复印件、影印件或者抄录件的，应当注明出处，经该部门核对无异后加盖其印章。（3）当事人提供报表、图纸、会计账册、专业技术资料、科技文献等书证的，应当附有说明材料。（4）被告提供的被诉具体行政行为所依据的询问、陈述、谈话类笔录，应当有行政执法人员、被询问人、陈述人、谈话人签名或者盖章。值得注意的是，当事人向人民法院提供外文书证，应当附有由具有翻译资质的机构翻译的或者其他翻译准确的中文译本，并由翻译机构盖章或者翻译人员签名。

## 二、物证

物证是指以自己的存在、形状、质量等外部特征和物质属性，证明案件事实的物品，如未达到国家标准的灭火器。当事人向人民法院提供物证的，原则上应当提供原物，在提供原物确有困难时，可以提供与原物核对无误的复制件或者证明该物证的照片、录像等其他证据；如果原物为数量较多的种类物时，当事人应当提供其中的一部分。

## 三、视听资料

视听资料是利用现代科技手段记载法律事件和法律行为的证据，具有较强的准确性和逼真性。例如，用录音笔录制的音响、语言，监控录像录下的人物形象及其活动。然而视听资料运用计算机技术又具有极强的改造性，有意者很容易利用计算机软件和技术伪造或变造视听资料。

## 四、电子数据

电子数据是此次修法新增加的证据种类。电子数据第一次纳入法律是 2012 年 3 月 14 日刑事诉讼法第二次修正案，将电子数据与视听资料并列为第八类证据。电子数据是指以电子、光学、磁或其他类似手段生成、发送、接受或存储的信息证明案件事实的一种数据。包括短信、微信、微博、光盘、网页、电子交易信息、网络 IP 地址、通讯记录、电子邮件等电子数据。电子数据具有以下特征：（1）复合性，电子数据综合了文字、图形、图像、动画、音频、视频等多重多媒体信息，几乎涵盖了所有传统证据的类型。（2）高科技性。电子数据是现代电子信息化产业高速发展的产物，其载体是计算机和互联网等高科技设备。（3）脆弱性。电子数据本身有易受损性，其存储的内容容易被删除、修改、复制。（4）隐蔽性。与传统的纸质信息相比，电子数据赖以存在的信息符号不易被直接识别。

## 五、证人证言

证人证言是指证人就自己了解的案件事实向法院所作的陈述，它一般是以口头形式表现出来的，当事人可以向人民法院提供书面证人证言。书面证人证言应该符合以下标准：（1）载明证人的姓名、年龄、性别、职业、住址等基本情况。（2）需有证人的签名。如果证人因特殊原因不能签名的（身体残疾、不会写字等）应当以盖章等方式证明。（3）应注明证人出具证言的日期。（4）应附有居民身份证复印件等证明证人身份的文件。

## 六、当事人的陈述

当事人的陈述是指原告、被告、第三人就自己所经历的案件事实，向法院做出的叙述、承认和陈词。由于当事人与案件的结果有着直接的利害关系，所以当事人陈述可能存在一定的片面性和虚假性。法院对待当事人陈述应当认真审查判断，去伪存真，确保当事人的陈述真实可靠。

## 七、鉴定意见

鉴定意见是指鉴定人运用自己的专业知识，利用专门的设备和材料，对某些专门问题所做的结论性意见。行政诉讼中涉及诸多专业管理领域，因此，鉴定结论是应用非常广泛的证据之一。例如，对吸毒人员的尿液检查报告。鉴定结论作为证据提出也有严格的标准：被告向人民法院提供的鉴定结论，应当载明委托人和委托鉴定的事项、向鉴定部门提交的相关材料、鉴定的依据和使用的科学技术手段、鉴定部门和鉴定人鉴定资格的说明，并应有鉴定人的签名和鉴定部门的盖章。通过分析获得的鉴定结论，应当说明分析过程。

## 八、勘验笔录、现场笔录

勘验笔录是指对物品、现场进行查看、检验后作出的能够证明案件情况的记录。

现场笔录是指行政机关工作人员在执行职务过程中对有关管理活动的现场情况所作的书面记录。例如，交警在检查酒后驾车过程中对违法情况的记录。现场笔录是行政诉讼法特有的证据种类，特点就在于现场性、时效性和程序性。现场笔录应当是被告方向法院提供的，应符合两点标准：第一，载明时间、地点和事件等内容；第二，由执法人员和当事人签名。当事人拒绝签名或者不能签名的，应当注明原因。有其他人在场的可由其他人签名。

本条第二款规定："以上证据经法庭审查属实，才能作为认定案件事实的根据。"也就是说，以上八种证据，无论以何种形式申请作为证据，人民法院都应审查其合法性与真实性。同时应对各种证据之间的相互联系以及与待证事实的关系进行审查。证据必须经过法庭审查，认定属实后，才能作为定案的根据。反之，若提供的证据不属实，则该证据不能在诉讼中作为认定事实的根据。《最高人民法院关于行政诉讼证据若干问题的规定》（以下简称《行政诉讼证据规定》）第三十五条规定："证据应当在法庭上出示，并经庭审质证。未经庭审质证的证据，不能作为定案的依据。当事人在庭前证据交换过程中没有争议并记录在卷的证据，经审判人员在庭审中说明后，可以作为认定案件事实的依据。"

由此可见，证据作为行政诉讼的重要部分，不仅在分类上做了精细规划，在审查过程中也要提高辨别能力。

**第三十四条** 被告对作出的行政行为负有举证责任，应当提供作出该行政行为的证据和所依据的规范性文件。

被告不提供或者无正当理由逾期提供证据，视为没有相应证据。但是，被诉行政行为涉及第三人合法权益，第三人提供证据的除外。

本条规定了行政诉讼当中被告负有举证责任以及拒绝或不按举证期限举证的法律后果。

## 一、举证责任

举证责任指承担举证责任的当事人应当举出证据证明自己的主张，否则将承担败诉的法律后果。

行政诉讼中的被告皆为行政机关。当事人之所以会提起行政诉讼，多是对行政机关作出的行政决定不服；行政机关作出违反人身权、财产权等合法权益的行政行为。原告虽有权利向人民法院提请诉讼，但收集和提供证据来证明行政机关的违法行为，支撑自己胜诉对普通老百姓来说是十分困难的。行政诉讼法为了保障原告的权益，规定被告附有举证责任。被告行政机关承担主要举证责任基于如下原因：第一，由被告负担举证责任，是被告行政机关在行政程序中必须遵循"先取证、后裁决"规则的自然延伸。第二，由被告负担举证责任，有利于发挥行政机关的举证优势。第三，由被告负担举证责任，有利于促进行政机关依法行政。

由此可以看出行政诉讼法是保障普通老百姓权益的诉讼法。然而原告不是绝对不承担举证责任的。1999年通过的《行政诉讼法解释》第二十七条规定了原告承担举证责任的四种情况：（1）证明起诉符合法定条件，但被告认为原告起诉超过起诉期限的除外；（2）在起诉被告不作为的案件中，证明其提出申请的事实；（3）在一并提起的行政赔偿诉讼中，证明因受被诉行为侵害而造成损失的事实；（4）其他应当由原告承担举证责任的事项。

## 二、被告拒绝或不按举证期限举证的法律后果

如果被告拒绝举证或者不按举证期限举证怎么办呢？本条第二款规定："被告不提供或者无正当理由逾期提供证据，视为没有相应证据。但是，被诉行政行为涉及第三人合法权益，第三人提供证据的除外。"

（1）被告拒绝举证的。被告没有举证的原因是多方面的，可能是拒绝举证，也可能是有正当理由不能按时举证。如果是前者，被告需要承担不利后果，即"视为没有相应证据"。被告拒绝举证的表现有二，一是明确表示拒绝提供证据；二是举证期限届满，没有提供证据，而且不能说明理由，或者虽说明理由，但这些理由都不具有正当性。如果属于后者，按照新《行政诉讼

法》第三十六条的规定，可以延期提供（关于延期提供证据的情形，在第三十六条中再作具体阐述。）

（2）无正当理由逾期提供证据。法律对被告的举证期限作了明确规定，即被告应当在收到起诉状副本之日起 10 日内，提供据以作出被诉具体行政行为的全部证据和所依据的规范性文件。人民法院准许延期提供的，被告应当在正当事由消除后 10 日内提供证据。被告没有正当理由，超过了上述期限提供证据的，就构成了没有正当理由逾期提供证据。按照本条规定，没有正当理由逾期提供证据的，视为被诉行政行为没有相应的证据，则会承担相应败诉的结果或风险。法律之所以制定如此严厉的期限原因是，要求行政机关提出的证据皆是行政程序当中本应收集好的证据。被告行政机关无须重新收集和整理证据，由此看来此要求也并非十分严苛。

（3）行政诉讼法没有规定原告的举证期限。按照《行政诉讼证据规定》的规定，原告或者第三人应当在开庭审理前或者人民法院制定的交换证据之日提供证据。因正当事由申请延期提供证据的，经人民法院许可，可以在法庭调查中提供。逾期提供证据的，视为放弃举证权利。

（4）被诉行政行为涉及第三人合法权益，第三人提供证据的除外。被诉行政行为，如果没有牵扯到第三人，被告承担败诉的后果是有利于原告合法权益的保护的。但是，被诉行政行为因为涉及第三人，被告承担被诉后果，可能会损害到第三人的合法权益。所以被告没有正当理由逾期提供证据一律承担败诉的法律后果，并不一定能得来社会公正。所以，行政诉讼法作了除外规定。另外，由于第三人的加入，在诉讼过程中，第三人提供了证据，被诉的行政机关在行政程序中虽然收集了相应证据，但是，在诉讼之初，在第三人提供证据之前，被告并没有作相应准备。如果第三人提供了证据，应当允许被告补充提供证据的时间和机会。

**第三十五条** 在诉讼过程中，被告及其诉讼代理人不得自行向原告、第三人和证人收集证据。

本条规定禁止了被告在诉讼过程中自行向原告、当事人和证人收集证据。

本条是根据行政机关应当依法行政的原则制定的。行政机关的行政行为应该完全在"依法行政"的大背景下进行。因此，在诉讼前，被告行政机关对原告当事人作出的行政行为的程序应当是已有确凿的证据与客观的事实的前提下才能作出。如若先作出决定，后再进行取证，尤其是补交主要的证据，不符合依法行政的原则。诉讼过程中，人民法院审查的是行政机关在诉讼前对原告当事人作出的行政行为所依据的事实是否确凿，适用的法律、法规是否正确，给出的结论是否得当。因此，行政机关及其诉讼代理人在诉讼开始后不能再自行向原告、第三人和证人收集证据。

修改前本法条中规定在诉讼过程中，被告不得自行向原告和证人收集证据。本条与修订前的内容相比，有两处修改。第一，添加了被告诉讼代理人。本法第三十一条第一款规定："当事人、法定代理人，可以委托一至二人作为诉讼代理人。"该条同时规定可以被委托的诉讼代理人包括：（1）律师、基层法律服务工作者；（2）当事人的近亲属或者工作人员；（3）当事人所在社区、单位以及有关社会团体推荐的公民。这三类当中担任行政诉讼被告诉讼代理人频率最高的是第一类。第二，添加了第三人。本法第二十九条规定："公民、法人或者其他组织同被诉行政行为有利害关系但没有提起诉讼，或者同案件处理结果有利害关系的，可以作为第三人申请参加诉讼，或者由人民法院通知参加诉讼。"本次修改添加被告诉讼代理人和第三人，不仅是对法条进行了严谨表述，同时也是对实际诉讼案件中出现过但法条未体现的不足进行了补充。

由于诉讼代理人的诉讼权利是基于其代理的当事人的权利而获取的，作为被告的行政机关在行政诉讼中没有自行向原告、第三人和证人收集证据的权利，那么其诉讼代理人当然也没有相应的权利。如果不对被告的诉讼代理人在行政诉讼中收集证据的活动加以限制，那么本条规定的禁止被告在诉讼过程中自行向原告、当事人和证人收集证据的立法目的，就无从实现。

**第三十六条**　被告在作出行政行为时已经收集了证据，但因不可抗力等正当事由不能提供的，经人民法院准许，可以延期提供。

原告或者第三人提出了其在行政处理程序中没有提出的理由或者证据的，经人民法院准许，被告可以补充证据。

本条对被告延期提供证据、补充证据作出了规定。

本条第一款规定被告延期提供证据必须满足以下条件：

第一，被告在作出行政行为时已经收集了证据。在未到诉讼程序之前，行政机关对当事人作出的行政行为应该是依法按照行政程序进行的，行政机关理当留有案件的相关证据。但是，此类证据一般的留存方式是纸质存档、文件存档、电子存档，一旦发生意外极有可能造成证据销毁、证据缺失等特殊情况。因此本法条的前提条件是被告在作出行政行为时已经收集了证据。

第二，存在不可抗力等正当事由，使被告不能提供证据的。不可抗力是以自然人的能力不能预见、不能避免并且不能克服的客观情况，包括某些自然现象，如台风、海啸、地震、洪水等；某些社会现象，如战争、瘟疫等；某些生理现象，如车祸死亡等。此类例子都可以称为"不可抗力等正当理由"。被告在作出行政行为时已经收集保存了相应的证据，但因为火灾、洪水等原因造成电子档案、纸质文件等其他实物证据损坏等其他后果，导致被告不能按规定提供证据。

满足以上两个前提条件，向人民法院申请，经人民法院准许，可以延期提供证据。根据《行政诉讼证据规定》人民法院准许延期提供的，被告应当在正当事由消除后 10 日内提供证据。

本条第二款规定了被告补充证据的前提条件。

"原告或者第三人提出了其在行政处理程序中没有提出的理由或者证据的，经人民法院准许，被告可以补充证据。"即原告或者第三人向人民法院申请提出新的理由或证据的，被告可以补充证据。对于本条可以理解为，作为普通公民的原告和第三人对行政诉讼以及行政程序没有专业法律工作者那样的健全的法律意识，因此，极有可能在诉讼之后受到社会环境、人员、法律法规等各方因素的影响提出新的理由和证据。

本条是本次修订后第五章新增加的内容。该内容是根据《行政诉讼证据规定》中第二条的内容修改添加的。补充了行政诉讼法中关于被告延期提供证据、补充证据的空白。并且明确了被告延期提供证据、补充证据的情况。

**第三十七条** 原告可以提供证明行政行为违法的证据。原告提供的证据不成立的，不免除被告的举证责任。

本条为 2014 年修正本法新增的法条，规定了原告提供证据的内容。

《行政诉讼证据规定》第六条规定："原告可以提供证明被诉具体行政行为违法的证据。原告提供的证据不成立的，不免除被告对被诉具体行政行为合法性的举证责任。"这是本条法律面世的"前身"。对于原告提供证据的情况，本法有两方面的规定。

## 一、原告可以提供证明行政行为违法的证据

虽然在行政诉讼中被告具有主要举证责任，但并非在行政诉讼中原告就不能够提供证据。本法规定原告可以提供证明行政行为违法的证据。例如，原告行车记录仪中记录的行政机关对原告进行非法当场罚款的影像记录，该视频记录属于证据的一部分。原告有能力向法院提供该能够证明行政行为违法的证据。

## 二、原告提供的证据不成立的，不影响被告的举证责任

本法第三十四条规定了行政诉讼中被告负有主要举证责任。支持原告在案件中也可提供证据，这是对原告权益的支持和保护。但从现实情况来看，原告提供的证据并不是全部符合行政诉讼法程序。但被告的举证责任没有因为原告提供的证据而消失或减免。因此，为了保护双方的诉讼权利得到充分的保障，本条规定，原告提供的证据不成立的，不影响被告的举证责任。

**第三十八条**　在起诉被告不履行法定职责的案件中，原告应当提供其向被告提出申请的证据。但有下列情形之一的除外：

（一）被告应当依职权主动履行法定职责的；

（二）原告因正当理由不能提供证据的。

在行政赔偿、补偿的案件中，原告应当对行政行为造成的损害提供证据。因被告的原因导致原告无法举证的，由被告承担举证责任。

本条对原告的举证责任及其例外作出了规定。

## 一、原告负有的有限举证责任

在行政诉讼中，被告负举证责任是一般原则，原告只在法律明确列举的、有限的情形下负有举证责任。原告有限的举证责任主要在两种情况下发生，其一是起诉被告不履行法定职责的案件，其二是行政赔偿和补偿案件。

第一，被告不履行法定职责的案件。法定职责是指法律规定行政机关按照责任分工依法履行的职责。我国各行政机关，都有相应的工作职责。以公安机关为例，《人民警察法》第六条规定："公安机关的人民警察按照职责分工，依法履行下列职责：（一）预防、制止和侦查违法犯罪活动；（二）维护社会治安秩序，制止危害社会治安秩序的行为；（三）维护交通安全和交通秩序，处理交通事故；（四）组织、实施消防工作，实行消防监督；（五）管理枪支弹药、管制刀具和易燃易爆、剧毒、放射性等危险物品；（六）对法律、法规规定的特种行业进行管理；（七）警卫国家规定的特定人员，守卫重要的场所和设施；（八）管理集会、游行、示威活动；（九）管理户政、国籍、入境出境事务和外国人在中国境内居留、旅行的有关事务；（十）维护国（边）境地区的治安秩序；（十一）对被判处拘役、剥夺政治权利的罪犯执行刑罚；（十二）监督管理计算机信息系统的安全保护工作；（十三）指导和监督国家机关、社会团体、企业事业组织和重点建设工程的治安保卫工作，指导治安保卫委员会等群众性组织的治安防范工作；（十四）法律、法规规定的其他职责。"

法律规定了公安机关的一般职责，公安机关履行职责，或者是依相对人申请而履行职责，或者是依职权而主动履行职责。

属于公安机关依申请而履行职责的，譬如申请特种行业许可证、申请户口登记等，相对人应当首先要依法提出申请，没有相对人的申请，公安机关不能主动作出相应行政行为。没有相对人的申请，也就无所谓行政不作为，也就不存在公安机关不履行法定职责的情形。相对人提出申请的，应当对提出申请这一事实提供证据加以证明，从"由便于举证的当事人负有举证责任"的证据理论看，相对人也应当对提出申请的事实进行证明。

第二，行政赔偿与补偿案件。基于上述同样的道理，在行政赔偿、补偿的案件中，原告对行政行为是否造成损害和造成多大损害，最为清楚，也掌握着相应的证据材料。因此，由原告对是否造成损害和造成多大损害负有举证责任，是符合法理的。

## 二、原告有限举证责任的例外

原告在法定的有限情况下，负有举证责任，但是，毕竟掌握行政权的行政机关有能力深刻影响原告。所以，法律规定，即使在这些原告负举证责任的有限情况下，原告的举证责任也有例外。例外情况主要有三种：

第一，被告应当依职权主动履行法定职责。在被告不履行法定职责的案件中，如果法律规定被告无需相对人的申请，即可或应当依职权主动履行法定职责的案件，不管相对人有无申请在先，被告都应当依法履行职责。在这类不作为案件中，不需要原告承担提供向被告提出申请的证据。

第二，原告因正当理由不能提供证据的。原告起诉被告不履行职责的案件，情况比较复杂。在一些情况下，即使原告曾确实向被告提出过履行职责的申请，但是，时过境迁，这些证据难以取得，而且，有些申请是以口头的方式提出的，原告也不能有效固定这类"申请"证据。所以，法律规定原告因正当理由不能提供证据的，可以不承担这种情况下的举证责任。至于何种理由具有正当性，法律规定，交给人民法院去自由裁量。

第三，在行政赔偿、补偿的案件中，因被告的原因导致原告无法举证的。一般情况下，相对人对行政行为给其造成的损害最为清楚，也掌握着证明损失是否存在和损失大小的证据材料。但是，实践中，也不乏由于被告的行为，导致相对人不能掌握这些证据材料。譬如被告违法扣押相对人的财物，扣押财物又被损毁的。那么扣押的且被损害的财物的价值就很难判断，原告也不能提供财物的毁损程度。这种情况下，就应当免除原告的举证责任。

**第三十九条** 人民法院有权要求当事人提供或者补充证据。

本条规定人民法院有要求提供或补充证据的权利。

本条是行政诉讼法修正前第三十四条第一款的内容，内容没有任何改变。人民法院在审理行政诉讼案件过程中，需要大量的证据来辨别案情。在被告行政机关、原告、第三人提供的证据当中，如果没有足够的证据能证明案件事实的话，人民法院就不能够作出正确、公正的判断。因此，在证据不足的情况下，人民法院有权力要求被告行政机关、原告、第三人提供或者补充证据，以便进一步查明案情。

本条法律体现了人民法院司法公正，保护公民、法人和其他组织的合法权益，监督行政机关依法行使行政职权的法律角色。

需要注意的是：人民法院依职权调取的证据，也需要在法庭上出示，并经过双方质证后，方能作为定案的证据。

**第四十条** 人民法院有权向有关行政机关以及其他组织、公民调取证据。但是，不得为证明行政行为的合法性调取被告作出行政行为时未收集的证据。

本法条规定了人民法院依职权调取证据，是行政诉讼法修改前第三十四条第二款的扩展及补充，分为两个方面的内容。

## 一、人民法院有权向有关行政机关以及其他组织、公民调取证据

人民法院依职权主动调取证据仅限于两种情形：一是相关事实认定涉及国家利益、公共利益或者其他合法权益；二是涉及依职权追加当事人、中止诉讼、终结诉讼、回避等程序性事项。人民法院为进一步查明案情，有权利向有关行政机关以及其他组织、公民调取证据。在调取证据的过程中，行政机关、其他组织、公民有义务提供所掌握的资料，并保证其真实性。

## 二、人民法院不得为证明行政行为的合法性调取被告所处行政行为时未收集的证据

本条是对修正前法条的补充。人民法院虽有权力向有关行政机关以及其他组织、公民调取证据。但所调取的证据不能为证明被告行政行为的合法性而调取，同时也不能调取被告作出行政行为时未收集的证据。该内容在一定程度上再一次强调了本法的立法宗旨是"为了保护公民、法人和其他组织的合法权益、监督行政机关依法行使行政职权"。从证据收集方面禁止人民法院帮助被告行政机关证明其行为合法。

**第四十一条** 与本案有关的下列证据，原告或者第三人不能自行收集的，可以申请人民法院调取：

（一）由国家机关保存而须由人民法院调取的证据；

（二）涉及国家秘密、商业秘密和个人隐私的证据；

（三）确因客观原因不能自行收集的其他证据。

本条对人民法院依申请调取证据作出规定。

在本法当中，原告和被告都负有相应的举证责任。法院不承

担举证责任，只是审查判断证据。这是因为人民法院是争议的裁判者，保持中立场和对案件事实的客观态度对案件的裁判十分重要。但是在特殊情况下，法院也可以依申请调取证据。本条对申请对象、申请事项进行了规定：

第一，原告或者第三人不能自行收集。换言之，能够向法院提出申请，要求法院调取证据的主体仅限于原告和第三人，而不包括被告。由于原告或者第三人的文化水平、社会地位等方面因素不一，因此，在收集证据的过程中，很有可能存在原告或者第三人无法自行收集证据的情况。人民法院出于保障公民、法人及其他组织的权益的目的，按照法律规定，应依申请调取证据。

第二，人民法院依申请调取证据的三种情形。人民法院并不是接受当事人收集任何证据的申请，而是对以下证据进行调取：第一，由国家机关保存而须由人民法院调取的证据；第二，涉及国家秘密、商业秘密和个人隐私的证据；第三，确因客观原因不能自行收集的其他证据。

**第四十二条**　在证据可能灭失或者以后难以取得的情况下，诉讼参加人可以向人民法院申请保全证据，人民法院也可以主动采取保全措施。

本条与修正前第三十六条内容完全相同，是对行政诉讼法证据保全的规定。

本条对主张证据保全的对象进行了规定：一是诉讼参加人包括：原告、被告、共同诉讼人、第三人、诉讼代理人等；二是人民法院。

1. 证据保全的法定情形

本条对证据假设了两种情形：首先，某一与案件事实有联系的证据有灭失的可能；其次，某一证据可能难以取得。在这两种情况下，诉讼参加人可以在举证期限届满前向人民法院申请证据保全。

2. 申请证据保全的时间

根据《行政诉讼证据规定》第二十七条规定向人民法院申请证据保全的，应当在举证期限届满前提出。举证时限在本章第三十四条中已经作出解释，这里不再赘述。

3. 申请保全应提交书面申请

证据保全措施的对象可以是书证、物证、证人证言等证据。申请人应以书面的形式写明保全证据的形式、内容、地点，申请保全的原因和理由向人民法院递交申请。人民法院根据此申请决定是否准许保全。人民法院准许保全的可以根据具体情况，采取查封、扣押、拍照、录音、录像、复制、鉴定、勘验、制作询问笔录等保全措施。人民法院保全证据时，可以要求当事人或者其诉讼代理人到场。当事人申请保全证据的，人民法院可以要求其提供相应的担保。

人民法院也可以依职权主动采取保全措施。由于证据具有合法性、客观性、关联性，部分证据还具有时效性等特点，因此，人民法院可以根据具体情况来依法主动对证据采取保全措施。

**第四十三条** 证据应当在法庭上出示，并由当事人互相质证。对涉及国家秘密、商业秘密和个人隐私的证据，不得在公开开庭时出示。

人民法院应当按照法定程序，全面、客观地审查核实证据。对未采纳的证据应当在裁判文书中说明理由。

以非法手段取得的证据，不得作为认定案件事实的根据。

本条规定了质证规则、认证规则和非法证据排除规则。

## 一、质证规则

证据的质证及认证是在法官的主持下，当事人就有关证据进行辨认和对质，围绕证据的真实性、关联性和合法性及证明力和证明力的大小进行辩论，是对证据进行审查的重要环节。

原则上，一切证据均应在法庭上出示，并经庭审质证，才能作为定案的依据。人民法院调取的证据也需要经过庭审质证。

对证据进行质证的过程中，经法庭准许，当事人及其代理人可以就证据问题相互发问，也可以向证人、鉴定人或者勘验人发问。需要强调的是在当事人及其代理人相互发问的过程中，只能对与案情事实相关的问题进行发问。不得采用引诱、威胁、侮辱等语言或者方式。

第一，对书证和物证的质证。对书证和物证进行质证时，案件当事人应当出示证据的原物或者原件，但是当事人出示原物或者原件确有困难并经法庭准许可以出示复制品或者复印件；原物或者原件已不存在，可以出示证明复制品、复印件与原物、原件一致的其他证据。

第二，对视听资料的质证。原则上当事人应向法庭出示视听资料的原始载体。视听资料应当当庭播放或者显示，并由双方当事人进行质证。

第三，证人出庭作证。我国法律规定，凡是知道案件事实的人，都有出庭作证的义务。在法庭上对证人进行交叉询问，是审查证人证言必要且有效的方式。然而证人在特殊情况下，可能存在不可能或不方便出庭的情况，法律规定有下列情形之一的，经人民法院准许，当事人可以提交书面证言：（1）当事人在行政程序或者庭前证据交换中对证人证言无意义的；（2）证人因年迈体弱或者行动不便无法出庭的；（3）证人因路途遥远、交通不便无法出庭的；（4）证人因自然灾害等不可抗力或者其他事件无法出庭的；（5）证人因其他特殊原因确实无法出庭的。

不能正确表达意志的人，即使了解案件原尾，但由于其不能向法院作出准确的描述和说明，因此不能作为证人。当事人若怀疑证人能否正确表达意志，有权向法院提出审查或鉴定申请。人民法院根据当事人的申请可以对证人进行审查或者交由有关部门鉴定其是否能够正确表意志。

当事人应当在举证期限届满前向人民法院提出申请证人出庭作证，经人民法院许可后方可进行。不得临时提出要求证人出庭。证人出庭作证时，应出示证明其身份的证件。法庭应当告知其诚实作证的法律义务和作伪证的法律责任。出庭作证的证人不得旁听案件的审理。

法庭询问证人时，其他证人不得在场，但组织证人间对质的除外。证人应陈述其亲身经历的具体事实。证人根据自身经历所作的假设、判断、推测或评论不能作为定案的证据和依据。

第四，对鉴定意见的质证。当事人对鉴定意见进行质证时，可以要求鉴定人出庭接受询问。鉴定人因正当事由无法出庭的，经法庭准许，可以不出庭，由当事人对其书面鉴定结论进行质证。出庭接受询问的当事人，法庭应核实其身份、与当事人及案件的关系，并告知鉴定人如实说明鉴定情况的法律义务和故意作虚假说明的法律责任。

在质证的过程中，应保护国家秘密安全，保护公民、法人及其他组织的合法权益。本条第一款对涉及国家秘密、商业秘密和个人隐私的证据，不得在公开开庭时出示。

## 二、认证规则

证据的审核认定，是指法官在听取当事人对证据的说明、对质和辨认后，对证据作出的采信与否的认定。本条第二款规定："人民法院应当按照法定程序，全面、客观地审查核实证据……"法院在庭审中经过质证的证据能够当庭认定的，应当当庭认定，不能当庭认定的，应当在合议庭合议时认定。合议庭的法官是审核认定的主体，证据的真实性、关联性和合法性作出确认是审核认定的内容。所有证据只有同时符合以上三种特性，才可作为定案依据。

本条第二款同时规定："……对未采纳的证据应当在裁判文书中说明理由。"因此，对于未采纳的证据应该说明未采纳的证据种类及内容及未采纳的原因。

## 三、非法证据排除规则

本条第三款规定："以非法手段取得的证据，不得作为认定案件事实的根据。"

根据《行政诉讼证据规定》第五十七条和第五十八条的规定，下列证据材料不能作为定案依据：

（1）严重违反法定程序收集的证据材料；（2）以偷拍、偷录、窃听等手段获取侵害他人合法权益的证据材料；（3）以利诱、欺诈、胁迫、暴力等不正当手段获取的证据材料；（4）当事人无正当事由超出举证期限提供的证据材料；（5）在中华人民共和国领域以外或者在中华人民共和国香港特别行政区、澳门特别行政区和台湾地区形成的未办理法定证明手续的证据材料；（6）当事人无正当理由拒不提供原件、原物，又无其他证据印证，且对方当事人不予认可的证据的复制件或者复制品；（7）被当事人或者他人进行技术处理而无法辨明真伪的证据材料；（8）不能正确表达意志的证人提供的证言；（9）以违反法律禁止性规定或者侵犯他人合法权益的方法取得的证据，不能作为认定案件事实的依据；（10）不具备合法性和真实性的其他证据材料。

# 【公安行政诉讼典型案例】

## 1. 杜某诉 YQ 县公安局 YN 派出所治安处罚决定案

### 【案例简介】

2013 年 4 月 13 日 17 时 30 分许，杜某、任某夫妇与外甥杨某三人到 YQ 县 YN 镇双信超市取蛋糕。在取蛋糕的过程中，杨某与超市服务员纪某发生口角，后杨某、任某与纪某互殴，被杜某等人拉开后，任某又与杜某发生口角并相互撕拽。YN 派出所接报警后出警，先后询问了任某、杜某及在场的其他人员。2013 年 6 月 28 日，YN 派出所作出被诉处罚决定，认定：2013 年 4 月 13 日，在 YQ 县 YN 镇双信超市内，因购物问题售货员纪某与杨某发生口角后，纪某与任某、杨某互殴，任某对纪某进行殴打。根据《治安管理处罚法》第四十三条第一款、第十九条第（一）项之规定，决定给予任某罚款 200 元的处罚。杜某不服，与 2013 年 7 月 8 日向 YQ 县人民政府提出行政复议申请。2013 年 8 月 19 日，YQ 县人民政府作出行政复议决定，维持了被诉处罚决定。杜某不服，向一审法院提起本案诉讼，要求撤销被诉处罚决定，并重新对任某作出处罚决定。

在法定举证期限内，YN 派出所为证明被诉处罚决定的合法性，向一审法院提交了证据：（1）行政处罚告知笔录；（2）送达回证；（3）依法履行了受案、延长办案期限、传唤、告知等法定程序的证明材料（共 17 页），证据 1~3 用以证明 YN 派出所作出具体行政行为履行了立案、传唤、审批、告知、送达等程序，符合法律规定，程序合法；（4）对杜某制作的询问笔录 3 份；（5）人体损伤程度鉴定书；（6）案件来源及到案经过；（7）对任某制作的讯问笔录 3 份；（8）对杨某、夏某、张某、胡某制作的询问笔录各 1 份；（9）杜某的诊断证明及病历，证据 4~9 用以证明 YN 派出所被诉处罚决定认定事实清楚、证据充分。YN 派出所向一审法院提交了《人民警察法》、《治安管理处罚法》作为其作出具体行政行为的法律依据。杜某、任某、杨某在法定举证期限内均未向一审法院提交证据。

法院根据《治安管理处罚法》第四十三条第一款规定，本案中，YN 派出所在调查处理过程中，对纠纷双方当事人杜某、任某以及其他在场证人进行询问，纠纷双方当事人的陈述以及证人证言相互印证，能够形成证据链条，证明任某在双方纠纷过程中，实施了殴打纪某的行为，但是在案证据并不足以证明任某实施了殴打杜某的行为。YN 派出所根据调查取得的证据材料，综合考虑事情的起因、任某行为的性质及危害后果，认定任某的行为属于《治安管理处罚法》第四十三条第一款规定殴打他人情节较轻的情形，并在上述法律规定的处罚权限及处罚幅度内，对任某处以罚款 200 元的处罚并无不当。杜某关于要求法院判决给予伤害其的任某 10 日以上、15 日以下拘留，并处 500 元至 1000 元罚款的上诉请求，依据不足，法院不予支持。

YN 派出所履行了立案、传唤、调查取证等程序，并告知任某拟对其作出处罚认定的事实、理由及依据，履行了告知义务。作出行政处罚后，亦依法向任某送达了被诉处罚决定，处罚程序符合《治安管理处罚法》的规定。杜某提出的 YN 派出所处罚程序违法等上诉理由，依据不足，法院不予采信。二审认为一审法院判决维持被诉处罚决定并无不当，二审予以维持。二审判决为驳回上诉，维持一审判决。

二审案件受理费 50 元，由上诉人杜某负担（已交）。

【分析】

本案中，杜某向法院上诉主张 YN 派出所处罚程序违法，案件处罚缺乏事实及法律依据。被告派出所在举证期限内提出了 10 件证据，证据种类包括书证、鉴定意见、当事人陈述等。分别证明 YN 派出所作出具体行政行为履行了立案、传唤、审批、告知、送达等程序，符合法律规定；证明 YN 派出所作出被诉处罚决定认定事实清楚、证据充分。同时提交了作为法律依据的两部法律《人民警察法》、《治安管理处罚法》作为其作出具体行政行为的法律依据。

案例中可以看到，在案件审理过程中，被告负了主要的举证责任。原告及第三人在法定举证期限内均未向一审法院提交证据。经庭审质证，一审法院认为，派出所提交的全部证据是在法定期限内提交的，且均具有真实性、合法性及与案件事实的关联性。由此可以明确，证据的采信以其是否具有真实性、合法性及关联性为基础。而被告杜某虽主张的派出所处罚程序违法，但没有足够的证据证明其主张因此败诉。

在案件判决形成后，案件受理费用的承担者也在判决书结尾体现出来。行政诉讼法规定，案件的诉讼费用有败诉方承担。因此，本案中败诉方为上诉方杜某，因此，案件受理费 50 元应为杜某承担。在此强调：我国诉讼费标准依据的是《诉讼费用交纳办法》。《诉讼费用交纳办法》是国务院于 2006 年 12 月 19 日颁布，于 2007 年 4 月 1 日开始实施的文件。

## 2. 公安机关违反法定程序拘留"信骚扰"家长案

### 【案例简介】

刘某与王某是楼上楼下的邻居。王某是一名音乐教师，利用业余时间在家当家教，主要教授钢琴和声乐。去年高考之前，为了不影响女儿复习，刘某和女儿发短信给王某，要求高考期间王某暂停家教，遭到王某拒绝。其间，双方短信均有恐吓信息。随后，王某向某公安局报案，以刘某"信骚扰"为由，要求公安部门处理。2013 年 9 月 11 日，该公安局以发送短信干扰他人正常生活为由给予刘某行政拘留 3 天的治安处罚。刘某不服而提起行政诉讼后，拘留处罚没有执行。

一审过程中，王某在法庭上出示了手机卡的原始存储记录，其中有8条是刘某发来的短信，刘某仅提供了3条短信记录。

刘某认为，自己是用商量的口气给王某发送短信，因遭到王某谩骂而予以回击。所以，双方互发短信对骂的行为不属于"信骚扰"。

某公安局则辩称，刘某多次向王某发送信息，干扰了王某的正常生活，依据治安管理处罚法的有关规定，应对刘某进行行政拘留。

同年11月11日，人民法院经过审理后认为，某公安局认为刘某干扰了王某正常生活的认定没有事实根据。同时某公安局既没有调查发送信息的起因，也没有对刘某和王某之间互发信息的形式作出认定，甚至没有对王某发送给刘某的信息内容进行公正调查，因此也属于程序违法。事实上，刘某向王某发送信息系事出有因，且双方有来有往、信息内容基本相同，不属于无端发送骚扰信息。

因此，法院一审判决：撤销某公安局给予刘某行政拘留3天的处罚。

事后，公安局不服一审判决，提起上诉。

中院审理后认为，某公安局作出处罚决定时，没有对短信内容进行全面、客观、公正的调查，且在刘某要求陈述和申辩时，也没有按照行政处罚的规定允许刘某申辩。因此，按相关法律规定，某公安局的行政处罚决定明显违反法定程序，依法应予撤销。

【分析】

本案中，公安机关根据《治安管理处罚法》第四十二条第五项的规定："多次发送淫秽、侮辱、恐吓或者其他信息，干扰他人正常生活的。"处5日以下拘留或者500元以下罚款；情节较重的，处5日以上10日以下拘留，可以并处500元以下罚款。

给予刘某行政拘留 3 天的处罚。但刘某不服向法院提起诉讼,请求撤销公安机关的行政处罚。

本案最重要的证据就是刘、王二人互相发送的"信威胁"的短信。短信作为电子证据,在行政诉讼中可以成为向法庭提交的证据。该证据应该被全面、客观、公正的调查,才能成为处罚或定案的依据。但公安局却以"信威胁"短信的数量而非内容作为处罚的依据,本身就是对案件事实调查的疏漏。并且在邻里发生纠纷的过程中,没有起到调解的作用,而是作出将一方当事人处以拘留 3 天的行政处罚决定,在某种程度上激化了双方的矛盾。从而可以看出,在现实生活中的涉及公安机关的行政诉讼案件中,不是被告公安机关与原告存在直接的矛盾,而是在调解纠纷的过程中,由于没有按照行政程序执法,忽略了当事人双方引起矛盾的原因和所期望的目的。

在一审判决过程中,人民法院撤销了公安局给予刘某行政拘留 3 天的处罚。在被告公安局上诉后,法院依旧以公安机关没有对当事人的短信内容进行调查,没有按照法律规定给行政处罚对象刘某申辩的机会两方面原因驳回上诉。维持一审判决。因此,公安机关在行政执法过程中,按照程序执法是对公民负责,同时也是对工作负责。

以本案件为引申,公安机关行政诉讼案件多以公民向公安机关求助解决问题为起因,公安机关没有合理或合法解决当事人夙愿为结果。由此原告将公安机关送上被告席。笔者呼吁执法者应该从类似案例中吸取一定的经验和教训。执法为民,不是一句空话,而是从管理者的角度出发,真正的为了解决老百姓的问题,化解老百姓的矛盾,缓和警民关系,促进警民共建。

### 3. 夏某到天安门广场信访被公安机关行政拘留案

**【案例简介】**

原告夏某于 2014 年 6 月 23 日到北京天安门地区进行信访活

动,被北京市公安局天安门地区分局治安大队出具训诫书进行训诫,并告知原告北京天安门地区不是信访接待场所,不接待信访人员走访,也不允许信访人员滞留或聚集。对违反上述规定,不听劝阻,情节严重的,公安机关将依据《治安管理处罚法》等法律法规予以处理。2014 年 7 月 28 日,夏某到北京市后,到了国家信访局上访,之后又再次到北京天安门地区上访,被北京市公安局天安门地区分局治安大队再次出具训诫书进行训诫。原告夏某在 2 个月内先后 2 次到北京天安门地区进行信访活动,被北京市公安局天安门地区分局治安大队出具训诫书进行训诫后,仍再次到北京天安门地区进行信访活动。原告夏某的上述行为,有注明其姓名、身份、住址及贴有其照片的北京市公安局天安门地区分局治安大队出具的训诫书为证。原告夏某要求被告赔偿其精神损失费、误工费、人身伤害等各类损失费共 5 万元,没有向法院提交相应的证据材料。

2014 年 7 月 31 日,被告所属民警在工作中发现原告夏某等人被北京市公安局天安门地区分局治安大队出具训诫书进行训诫后,仍再次到北京天安门地区进行信访活动等行为后,立案对原告夏某等人进行传唤、询问取证等调查,向原告夏某履行了行政处罚决定前的告知程序,告知其依法享有的相关权利。2014 年 7 月 31 日,被告根据《治安管理处罚法》第二十三条第一款第二项的规定,作出 Z 公端(治)行罚决字〔2014〕0044×号《行政处罚决定书》,以扰乱公共场所秩序为由对原告夏某处以行政拘留 5 日的行政处罚。原告夏某不服被告作出的上述行政处罚决定,向 ZF 市公安局提出行政复议,ZF 市公安局于 2014 年 10 月 8 日作出 Z 公复决字〔2014〕9 号《行政复议决定书》,维持被告 Z 公端(治)行罚决字〔2014〕0044×号《行政处罚决定书》对原告作出行政拘留 5 日的决定。原告遂向法院提起本案行政诉讼:(1) 撤销被告作出的 Z 公端(治)行罚决字〔2014〕0044

×号《行政处罚决定书》；（2）被告赔偿原告精神损失费、误工费、人身伤害等各类损失费共5万元。

为证明其诉称事实，原告在诉讼中向本院提供以下证据：

（1）原告的身份证复印件1张。证明原告的主体资格。

（2）行政处罚决定书复印件1份。证明被告对原告作出了行政处罚。

（3）行政复议决定书及送达证复印件各1份。证明ZF市公安局作出了行政复议决定并送达给原告。

（4）信访材料复印件1份。证明原告向有关部门转送的信访材料的内容。

为证明其辩称事实，被告在法定期限内向本院提供以下证据（均为复印件，各1份）：

（1）呈请公安行政处罚审批报告。

（2）呈请证据保全审批报告。

（3）呈请调取证据审批报告。

（4）呈请传唤审批报告。

（5）呈请延长询问时限审批报告。

证据1~5，证明被告作出行政处罚立案有呈批手续。

（6）受案登记表及查处经过。

（7）传唤证及被传唤人家属通知书。

（8）公安行政处罚告知笔录。

（9）公安行政处罚决定书。

（10）证据保全决定书及清单。

（11）调取证据通知书及清单。

（12）行政拘留执行回执。

（13）行政拘留家属通知书。

（14）送达回执。

证据6~14，证明被告作出行政处罚的程序。

（15）刘某陈述材料。

（16）夏某陈述材料。

（17）检查笔录。

（18）情况说明和训诫书。

（19）行政案件权利义务告知书。

证据15~19，证明原告违法扰乱公共场所秩序的事实。

（20）《治安管理处罚法》、《公安机关办理行政案件程序规定》。证明被告作出行政处罚的依据。

经庭审质证，原告对被告提供的证据表示均不予认可；被告对原告提供的证据表示：对原告的证据1~3的真实性、合法性、关联性无异议，对证据4认为与本案无关。

法院认为：对原告提供的证据1~3，被告对其真实性、合法性、关联性无异议；对原告提供的证据4，被告认为与本案无关。对被告提供的证据，原告不予认可。但鉴于上列证据可作为证明被告是否依法行证的证据，法院予以采纳，作为本案证据适用。

依照《行政诉讼法》第五十四条第（一）项和《最高人民法院关于执行〈中华人民共和国行政诉讼法〉若干问题的解释》第五十六条第（四）项的规定，法院作出判决如下：

一、维持被告ZF市公安局端州区分局作出的Z公端（治）行罚决字〔2014〕0044×号《行政处罚决定书》。

二、驳回原告夏某的其他诉讼请求。

本案受理费人民币50元由原告夏某负担。

【分析】

近年来，信访成为老百姓为自己讨回公道的主要方法之一。信访本就是为老百姓维权的服务性窗口，但在民间却有一少部分人认为，"不闹不告"政府就不给解决问题，更有甚者将信访作为一种威胁行政机关的"有力武器"。其归根到底，大多因为信访的法定方式和方法有待普及，上访者有待文明化、理性化。北京天安门地区是我国首都的重点地区，其保卫森严、警力集中，安检力量都相对严密。信访人员之所以选择天安门地区，多半也是抱着"威胁"的心态。本案中的夏某，就是缺乏对上访问题的正确认识，导致与公安机关产生了摩擦。

《治安管理处罚法》第二十三条第一款第二项的规定："有下列行为之一的，处警告或者二百元以下罚款；情节较重的，处五日以上十日以下拘留，可以并处五百元以下罚款……（二）扰乱车站、港口、码头、机场、商场、公园、展览馆或者其他公共场所秩序的。"原告夏某在两个月内先后两次到北京天安门地区进行信访活动，被北京市公安局天安门地区分局治安大队出具训诫书进行训诫，并告知其北京天安门地区不是信访接待场所，不接待信访人员走访，也不允许信访人员滞留或聚集。对违反上述规定，不听劝阻，情节严重的，公安机关将依据《治安管理处罚法》等法律法规予以处理。告知后原告夏某仍在北京天安门地区进行信访活动。原告的上述行为，已违反《治安管理处罚法》第二十三条第一款第二项的规定。

本案中被告公安机关提交了 20 条证据证明三个事项：第一，证明被告作出行政处罚立案有呈批手续。第二，证明被告作出行政处罚的程序。第三，证明原告违法扰乱公共场所秩序的事实。原告提交了四项证据，分别证明原告的主体资格；被告对原告作出的行政处罚；ZF 公安局作出的行政复议决定；上访材料。证据的罗列对案件事实的还原起到了不可或缺的作用。

在质证过程中，被告认为原告的证据 4（上访材料）与本案无关；对被告提供的证据，原告不予认可。但鉴于被告提交的证据可作为证明被告是否依法行政的证据，法院予以采纳，作为本案证据适用。

法院在案件审查过程中认为：被告对原告作出上述行政处罚

决定，认定事实清楚，适用政策、法规正确，程序合法，应予维持；原告的诉讼请求证据不足，法院不予采纳；被告要求法院驳回原告的诉讼请求，维持被告所作出的上述行政处罚决定的主张，符合法律规定，法院予以支持。

以此案为典型，信访本身是化解或缓解公民与行政机关行政纠纷或矛盾的途径，但在现实生活中，在某种程度上，信访却增加了行政成本。夏某在天安门地区滞留的行为目的是信访成功，与信访机关进行有效的沟通。该行为非但没有达到预期目的，却因自己的违法行为被公安机关依法处理。公安机关向来是处理信访活动的主要行政力量。在信访的人员中，不乏大量威胁、恐吓、不听劝说的上访者。公安机关在行政执法过程中对信访人员也存在诸多无奈。法制对公民的保护，很有可能成就了极少数公民的蛮横和跋扈，更有甚者以生命作为筹码，与政府进行对峙。在当下的社会环境当中，政策推动法制执行者的文明，却难推动法制环境的文明。

行政机关应从行政服务的源头开始，以民意为导向，一改行政机关与群众的对立关系，依法行政，让群众在服务中能真正的享受到"以人为本"的待遇，长此以往，在行政管理中执法机关才能施展"柔性执法"的魅力，在法制社会绽放文明之花。此观点谨代表笔者个人观点。

# 第六章 起诉与受理

## 【本章概述】

本章共 10 条，主要规定了行政诉讼与行政复议的关系、经行政复议后的起诉期限、一般起诉期限、行政机关不作为的起诉期限、起诉期限的扣除和延长、起诉条件、起诉方式（书面起诉和口头起诉）、登记立案、起诉审查及其补正救济、立案不作为的救济、规范性文件的附带审查等。

根据《行政诉讼法》第四十四条和第四十五条的规定，在行政复议与行政诉讼的选择方面，除了复议前置的事项外，公民、法人或者其他组织可以选择申请行政复议，对复议决定不服的可以依法提起诉讼；如果复议机关逾期不作决定的，申请人可以在复议期满之日起 15 日内向人民法院提起诉讼；也可以直接向法院提起诉讼。《行政诉讼法》第四十六条规定了行政诉讼的一般起诉期限，起诉人直接向人民法院提起诉讼的，应当自知道或者应当知道作出行政行为之日起 6 个月内提出，法律另有规定的除外。在提起诉讼的最长保护期限方面，因不动产提起诉讼的案件自行政行为作出之日起超过 20 年，其他案件自行政行为作出之日起超过 5 年提起诉讼的，人民法院不予受理。本法第四十七条规定了行政机关不履行职责类案件的起诉期限起算点，公民、法人或者其他组织申请行政机关履行保护其人身权、财产权等合法权益的法定职责，行政机关在接到申请之日起两个月内不履行的，公民、法人或者其他组织可以向人民法院提起诉讼。但是，公民、法人或者其他组织在紧急情况下请求行政机关履行保护其人身权、财产权等合法权益的法定职责，行政机关不履行的，提起诉讼不受前款规定期限的限制。新《行政诉讼法》第四十八条规定了起诉期限的扣除和延长制度，起诉人因不可抗力或者其他不属于自身的原因耽误起诉期限的，被耽误的时间不计算在起诉期限内；因其他特殊情况耽误起诉期限的，在障碍消除后 10 日内，可以申请延长期限，是否准许由人民法院决定。

《行政诉讼法》第四十八条规定了原告提起诉讼的条件，包括适格的原告、明确的被告、有具体的诉讼请求和事实根据、属于人民法院受案范围和受诉人民法院管辖。但本条并非起诉条件的完全列举，本法其他法条也规定了一些起诉条件。法院在起诉阶段对起诉条件应当以形式审查为主。本法第五十条规定了两种起诉方式，起诉应当以书面形式为原则，而以口头起诉为例外。本法第五十一条规定了行政诉讼的立案登记制，以及对立案不当行为的救济和责任。立案登记是相对于立案审查而言的，凡是在形式上符合行政诉讼的受案范围和起诉条件的案件，法院应当依法予以登记和受理。对当场不能判定是否符合本法规定的起诉条件的，应当接收起诉状，出具注明收到日期的书面凭证，并在 7日内决定是否立案。起诉状内容欠缺或者有其他错误的，应当给予指导和释明，并一次性告知当事人需要补正的内容。对于不接收起诉状、接收起诉状后不出具书面凭证，以及不一次性告知当事人需要补正的起诉状内容的，当事人可以向上级人民法院投诉。本法第五十二条规定了法院立案不作为的越级起诉制度。人民法院既不立案，又不作出不予立案裁定的，当事人可以向上一级人民法院起诉。上一级人民法院认为符合起诉条件的，应当立案、审理，也可以指定其他下级人民法院立案、审理。

对规范性文件的审查问题，是行政诉讼法修订过程中一个热点问题。该法第五十三条规定了人民法院对规范性文件（抽象行政行为）进行附带审查的制度。公民、法人或者其他组织认为行政行为所依据的国务院部门和地方人民政府及其部门制定的规范性文件不合法，在对行政行为提起诉讼时，可以一并请求对该规范性文件进行审查，审查的对象为行政行为所依据的国务院部门和地方人民政府及其部门制定的规章以外的规范性文件。

# 【法律条文及其释义】

**第四十四条** 对属于人民法院受案范围的行政案件，公民、法人或者其他组织可以先向行政机关申请复议，对复议决定不服的，再向人民法院提起诉讼；也可以直接向人民法院提起诉讼。

法律、法规规定应当先向行政机关申请复议，对复议决定不服再向人民法院提起诉讼的，依照法律、法规的规定。

本条规定了行政复议与行政诉讼的关系。

## 一、行政复议与行政诉讼的选择

（一）对属于人民法院受案范围的行政案件，公民、法人或者其他组织可以先向行政机关申请复议，对复议决定不服的，再向人民法院提起诉讼

行政复议与行政诉讼都是法定的行政争议解决方式，但两者的权力运行规律是不同的。行政复议是行政系统的内部监督机制，而行政诉讼则是对行政机关行政行为的外部统制机制。行政复议更加注重效率价值，可以审查行政行为的合理性，而行政诉讼注重公平价值，并侧重于合法性审查。因此，公民、法人或其他组织有权根据自己的判断，以及对不同公权力机关之间的利益关系等的现实性认知，依法确定具体的救济程序和救济机关。对

属于人民法院受案范围的行政案件，公民、法人或者其他组织可以先向行政机关申请复议，对复议决定不服的，再向人民法院提起诉讼。

属于人民法院受案范围的行政案件，是指《行政诉讼法》第二条、第十二条和第十三条所规定可以受理的情形。行政诉讼法修订之后，行政复议与行政诉讼的受案范围在表述上相较之前更为接近，但行政复议可以审查行政行为的合法性与合理性问题，因此行政诉讼的受案范围依然小于行政复议的受案范围。

根据《行政复议法》第十二条至第十五条的规定，可以作为行政复议机关的行政机关包括：（1）对县级以上地方各级人民政府工作部门的行政行为不服的，由申请人选择，可以向该部门的本级人民政府申请行政复议，也可以向上一级主管部门申请行政复议。（2）对海关、金融、国税、外汇管理等实行垂直领导的行政机关和国家安全机关的行政行为不服的，可以向上一级主管部门申请行政复议。（3）对地方各级人民政府的行政行为不服的，向上一级地方人民政府申请行政复议。（4）对省、自治区人民政府依法设立的派出机关所属的县级地方人民政府的行政行为不服的，向该派出机关申请行政复议。（5）对国务院部门或者省、自治区、直辖市人民政府的行政行为不服的，向作出该行政行为的国务院部门或者省、自治区、直辖市人民政府申请行政复议。对行政复议决定不服的，可以向人民法院提起行政诉讼；也可以向国务院申请裁决，国务院依照行政复议法的规定作出最终裁决。（6）对县级以上地方人民政府依法设立的派出机关的行政行为不服的，向设立该派出机关的人民政府申请行政复议。（7）对政府工作部门依法设立的派出机构依照法律、法规或者规章规定，以自己的名义作出的行政行为不服的，向设立该派出机构的部门或者该部门的本级地方人民政府申请行政复议。（8）对法律、法规授权的组织的行政行为不服的，分别向直接管理该组织的地方人民政府、地方人民政府工作部门或者国务院部门申请行政复议。（9）对两个或者两个以上行政机关以共同的名义作出的具体行政行为不服的，向其共同上一级行政机关申请行政复议。（10）对被撤销的行政机关在撤销前所作出的具体行政行为不服的，向继续行使其职权的行政机关的上一级行政机关申请行政复议。其中，对第（6）至（10）项所列情形之一的，申请人也可以向行政行为发生地的县级地方人民政府提出行政复议申请，由接受申请的县级地方人民政府依照《行政复议法》第十八条的规定办理。此外，随着我国行政复议集中受理制度改革的推进，许多地方人民政府成立了专门的行政复议委员会，集中受理申请人不服直接隶属于其的政府工作部门、法律法规授权组织、下级地方人民政府等作出的行政行为而提起的行政复议案件。

经复议的案件，起诉的对象是复议决定，而非原行政行为。司法审查具有终局性，行政复议属于行政的内部监督机制，在一般情况下并不具有终局性。复议决定无论是否维持还是改变原行政行为，都已经改变了原来行政行为的法律地位，并对其效力产生重大影响，因此应当起诉复议决定，而非原行政行为。经复议行政案件的起诉对象也不是复议行为，因为行政复议是一个具有准司法性的裁决过程，限定为复议决定，可以明确起诉对象，并有利于法院确定审查内容。① 经复议案件的起诉对象是复议决定而非原行政行为，也有助于行政复议机关严格依法履行审查职责，并有助于复议申请人的合法权益。

---

① 江必新主编：《中华人民共和国行政诉讼法理解适用与实务指南》，中国法制出版社 2015 年版，第 200 页。

**（二）对属于人民法院受案范围的行政案件，公民、法人或者其他组织也可以直接向人民法院提起诉讼**

公民、法人或其他组织认为其合法权益遭到行政机关的行政行为侵害后，既可以先向行政复议机关申请行政复议，对复议决定不服的再向人民法院提起行政诉讼，也可以不经行政复议，而直接向人民法院提起行政诉讼。也即是说，公民、法人或其他组织依法享有行政救济的程序选择权，可以根据自己的意愿和对两种程序利弊的认识，自由地进行选择。

根据1999年通过的《行政诉讼法解释》第三十四条和第三十五条的规定，法律、法规未规定行政复议为提起行政诉讼必经程序，公民、法人或者其他组织既提起诉讼又申请行政复议的，由先受理的机关管辖；同时受理的，由公民、法人或者其他组织选择。公民、法人或者其他组织已经申请行政复议，在法定复议期间内又向人民法院提起诉讼的，人民法院不予受理。法律、法规未规定行政复议为提起行政诉讼必经程序，公民、法人或者其他组织向复议机关申请行政复议后，又经复议机关同意撤回复议申请，在法定起诉期限内对原具体行政行为提起诉讼的，人民法院应当依法受理。

## 二、行政复议前置的情形

法律、法规规定应当先向行政机关申请复议，对复议决定不服再向人民法院提起诉讼的，依照法律、法规的规定。考虑到某些行政争议的专业性或复杂性，当事人先申请行政复议的效果会更好。因此，法律法规规定对某些行政争议事项，当事人应当先申请行政复议。未申请行政复议直接提起诉讼的，人民法院不予受理。此处的关于有权规定复议前置事项只能是法律和法规，其中，法律是指全国人大及其常务委员会颁布的规范性文件，法规包括行政法规和地方性法规，而规章和其他规范性文件无权规定复议前置。例如，根据《行政复议法》第三十条第一款的规定："公民、法人或者其他组织认为行政机关的具体行政行为侵犯其已经依法取得的土地、矿藏、水流、森林、山岭、草原、荒地、滩涂、海域等自然资源的所有权或者使用权的，应当先申请行政复议；对行政复议决定不服的，可以依法向人民法院提起行政诉讼。"根据1993年《国家安全法》第三十一条的规定，对因涉嫌危害国家安全而被国家安全机关处以拘留者，"当事人对拘留决定不服的，可以自接到处罚决定书之日起十五日内，向作出处罚决定的上一级机关申请复议；对复议决定不服的，可以自接到复议决定书之日起十五日内向人民法院提起诉讼"。此外法律也规定了对某些行政争议只能申请复议，并且复议终局的情形，如根据《出境入境管理法》第六十四条第一款的规定："外国人对依照本法规定对其实施的继续盘问、拘留审查、限制活动范围、遣送出境措施不服的，可以依法申请行政复议，该行政复议决定为最终决定。"《行政复议法》第十四条规定："对国务院部门或者省、自治区、直辖市人民政府的具体行政行为不服的，向作出该具体行政行为的国务院部门或者省、自治区、直辖市人民政府申请行政复议。对行政复议决定不服的，可以向人民法院提起行政诉讼；也可以向国务院申请裁决，国务院依照本法的规定作出最终裁决。"《行政复议法》第三十条第二款规定："根据国务院或者省、自治区、直辖市人民政府对行政区划的勘定、调整或者征收土地的决定，省、自治区、直辖市人民政府确认土地、矿藏、水流、森林、山岭、草原、荒地、滩涂、海域等自然资源的所有权或者使用权的行政复议决定为最终裁决。"

在法律、法规规定了复议前置，而复议机关不受理复议申请或者在法定期限内不作出复议决定的，公民、法人或者其他组织不服，依法向人民法院提起诉讼的，人民法院应当依法受理。

**第四十五条** 公民、法人或者其他组织不服复议决定的，可以在收到复议决定书之日起十五日内向人民法院提起诉讼。复议机关逾期不作决定的，申请人可以在复议期满之日起十五日内向人民法院提起诉讼。法律另有规定的除外。

本条规定了行政复议案件的起诉期限。

## 一、不服复议决定的起诉期限

对直接向人民法院起诉的行政诉讼案件，其起诉期限为6个月。经过复议的行政案件，考虑到行政行为已经接受了行政复议的审查，从效率与效益的角度出发，行政诉讼法设置了15日的起诉期限。公民、法人或者其他组织不服复议决定的，可以在收到复议决定书之日起15日内向人民法院提起诉讼。根据《行政复议法》第十条第三款的规定："同申请行政复议的具体行政行为有利害关系的其他公民、法人或者其他组织，可以作为第三人参加行政复议。"因此，对复议决定不服者，既可能是行政复议申请人，也可能是复议决定的利害关系人。而关于复议决定书送达时间的计算方法，可以参照民事诉讼法的有关规定。

经复议案件的行政诉讼，是对行政系统内部监督所施加的外部规制，行政复议机关所作出的复议决定并不属于《行政诉讼法》第十二条所列举的行政诉讼受案范围，但复议决定在本质上也属于行政行为的一种，因此当然可以纳入法院的监督范畴。为了防止行政系统的武断和专横，更好地保障公民、法人或者其他组织的合法权益，也需要在行政系统的内部监督之外，通过司法审查对行政机关进行监督制约。

## 二、复议机关逾期不作决定的起诉期限

对复议机关是否逾期不作复议决定，需要结合《行政复议

法》第三十一条第一款的规定："行政复议机关应当自受理申请之日起六十日内作出行政复议决定；但是法律规定的行政复议期限少于六十日的除外。情况复杂，不能在规定期限内作出行政复议决定的，经行政复议机关的负责人批准，可以适当延长，并告知申请人和被申请人；但是延长期限最多不超过三十日。"因此，关于行政复议的期限可以分为以下三种基本类型：（1）在一般情况下，行政复议机关应当自受理申请之日起 60 日内作出行政复议决定，以 60 日的行政复议期限为标准。（2）法律规定的某些特殊情形的行政复议期限少于 60 日的，以法律规定的行政复议期限为标准。（3）因为情况复杂而不能在规定期限内作出行政复议决定的，经行政复议机关负责人的批准可以适当延长行政复议期限，以延长后的行政复议期限为标准，但是延长期限最多不超过 30 日。延长的行政复议期限包括两类，其一是对正常的 60 日行政复议期限的延长，最长为 90 日；其二是对法律规定的少于 60 日的行政复议期限的延长，其最长期限为法定复议期限加上 30 日，该最长期限少于 90 日。

复议机关在法定期间内不作复议决定，当事人既可以对原行政行为提起诉讼，也可以对行政复议机关的不作为提起诉讼。当事人对原行政行为不服提起诉讼的，应当以作出原行政行为的行政机关为被告；当事人对复议机关的不作为不服提起诉讼的，应当以复议机关为被告。但是，无论是对原行政行为还是对复议行为不服而提起诉讼，人民法院都应对复议机关是否超出复议期限进行审查，若法定复议期限未满而当事人提起诉讼，人民法院应当依法裁定不予受理，已经受理的应当驳回起诉。

### 三、法律另有规定的除外情形

本条还规定了"法律另有规定的除外"，此处的"法律"是指狭义上的法律，即全国人大及其常委会制定的规范性文件，也即只有"法律"才有权作出特别的规定。另有规定的对象是对复议决定或复议不作为不服而提起行政诉讼的起诉期限，而非对复议期限作出特别规定。如果法律对复议机关逾期不作决定而规定了其他起诉期限的，应当予以执行。

**第四十六条** 公民、法人或者其他组织直接向人民法院提起诉讼的，应当自知道或者应当知道作出行政行为之日起六个月内提出。法律另有规定的除外。

因不动产提起诉讼的案件自行政行为作出之日起超过二十年，其他案件自行政行为作出之日起超过五年提起诉讼的，人民法院不予受理。

本条规定了行政诉讼的一般起诉期限（作为类行政案件的起诉期限）。

## 一、未经复议的作为类行政诉讼的起诉期限

起诉期限，是指当事人提起诉讼的法定期限。超过该期限，当事人丧失对该行政行为提起行政诉讼的权利。公民、法人或者其他组织直接向人民法院提起诉讼的，应当自知道或者应当知道作出行政行为之日起6个月内提出。行政行为具有公定力、确定力和执行力等法律属性，为了维护社会关系的稳定、解决行政争议和保障当事人的合法权益，必须对行政诉讼设定一个合理的时限。相比原行政诉讼法，修订后的新行政诉讼法将公民、法人或者其他组织直接向法院提起诉讼的期限由原来的3个月内延长至6个月内。

在一般情况下，知道与应当知道是统一的，即知道作出行政行为之日就是应当知道作出行政行为之日。关于对"知道"的判断，应当结合行政行为的表现形式。行政行为有书面决定的，

以当事人收到书面决定的时间视为知道，行政行为没有书面决定的，以口头通知公民的时间视为知道。为了避免发生认定的争议，行政机关作出行政行为时，应以书面决定为主。关于对"应当知道"的判断，是指不论当事人是否认可自己知道，如果有充分的理由认为其已经知道的，可以视为"应当知道"。"从社会通常理念上来看，将已作出处分的事实置于当事人应该能够知晓的状态时，只要没有反证，就可以推定为已经知晓。"① 例如，当行政行为依法以公告形式作出时，就可以视为当事人应当知道。又如，行政机关有证据证明当事人已经签收了行政处罚决定，即使是当事人否认，也可以认为起已经知道该行政行为。由于行政机关有义务告知当事人行政行为的具体内容，因此，对当事人"知道或应当知道"的举证责任应当由行政机关承担。

"作出行政行为"的内容包括：（1）作出行政行为；（2）作出行政行为的事实根据和法律依据；（3）诉权和起诉期限。② 一般情况下行政行为是以书面形式呈现的，应当载明前述三项内容。但在有些情况下可能是不完整的，如缺失了诉权和起诉期限的告知，即应当自当事人知道诉权和起诉期限之日起计算，而不得以当事人可以查阅法律即可知晓诉权和起诉期限为由，作为行政机关不履行告知义务的辩护理由。对诉权和起诉期限的告知是行政机关的一项法定义务，不得因行政机关未履行或懈怠履行该义务而使当事人受到损失。

## 二、法律另有规定的除外情形

此处的"法律"是指狭义上的法律，即全国人大及其常委

---

① ［日］盐野宏著：《行政救济法》，杨建顺译，北京大学出版社 2008 年版，第 68 页。

② 江必新主编：《新行政诉讼法专题讲座》，中国法制出版社 2015 年版，第 187 页。

会制定的法律，也即只有"法律"才有权对之作出特别规定。关于起诉期限的例外问题，应区分不同的情况进行处理：（1）在行政诉讼法修正之前，有些法律延用了原行政诉讼法3个月起诉期限的规定，在此情况下规定3个月起诉期限的法律和修正后的行政诉讼法构成了特别法和一般法的关系，属于"法律另有规定的除外"的情形，因此应沿用之前3个月的起诉期限，应通过修正相关法律来和行政诉讼法相统一，而不得适用6个月的起诉期限。（2）有些法律规定了和原行政诉讼法不一致的起诉期限，无论是否长于（或短于）3个月，同样构成了特别规定，应当适用该特别规定的期限。（3）如果旧法仅规定了诉权，而未规定起诉期限的，应当适用修正后的6个月的期限。

## 三、提起诉讼的最长保护期限

该款规定的是当事人不知道行政行为情况下的最长起诉期限。在当事人不知道行政行为的情况下，既要考虑当事人合法权益的保障问题，也要照顾到社会法律关系的稳定性。因此，行政诉讼法对因不动产提起诉讼的案件规定20年，对其他案件规定5年的除斥期间，为行政行为的不可争力提供了实定法基础，这将有助于形式法治主义的实现，也有助于督促睡眠的权利在法定权限内及早行使，从而实现实质法治主义。[1]

### （一）因不动产提起诉讼的案件自行政行为作出之日起超过20年，人民法院不予受理

不动产是一个民法概念，它包括土地及其之上的附着物。其中土地包括耕地、草原、荒地、滩涂等，附着物是指依附于不动产且分离后不能发挥效用的人工物或自然物，如建筑物、森林、

---

[1] 杨建顺：《行政诉讼制度时效性的期待与课题》，载《法学杂志》2015年第3期。

水流等。一般来说，涉及不动产的行政诉讼主要包括因不动产的所有权和使用权而提起的行政诉讼，如因土地、房屋征收引起的诉讼；因降低不动产的收益或使用价值而引起的行政诉讼；因对违章建筑的拆除而引起的行政诉讼等。因不动产引起的行政诉讼，由不动产所在地的人民法院专属管辖。起诉期限最长为自行政行为作出之日起不超过 20 年，该期限为除斥期间，不得因为任何正当理由而延长，如在行政机关未告知当事人行政行为的内容，也未告知当事人诉权和起诉期限的情况下，当事人在第 20 年的第 11 个月知道该行政行为的，当事人应在第 20 年内提起诉讼，而不能从第 11 个月其知晓之日起开始计算另外 6 个月的时间。

具有重大明显违法情形的行政行为应当属于无效行政行为。有学者认为，尽管本条规定从字面上并未排除无效行政行为，但由于无效行政行为自始无效，永远无效，因此该 20 年的最长保护期限不对无效行政行为发生效力。[1] 余凌云也认为，对于无效的行政行为，在行政诉讼上应该没有起诉期限的限制。[2] 无效行政行为具有当然无效、自始无效、绝对无效和永远无效等特点，基于保障当事人权益和监督公权力的目的，我们赞同这种观点。法院需要对无效行政行为施加严格地审查，并充分保障当事人的诉权，才能对公权力的滥用行为形成有效的制约与震慑。

**（二）因不动产之外的其他案件自行政行为作出之日起超过5 年提起诉讼的，人民法院不予受理**

不动产一般涉及当事人的重大权益，因此设置了 20 年的最长起诉期限，而行政诉讼法对其他案件设立了 5 年的最长起诉期

---

① 江必新主编：《新行政诉讼法修改条文理解与适用》，中国法制出版社 2015年版，第 168 页。

② 余凌云著：《行政法讲义》，清华大学出版社 2010 年版，第 227 页。

限。例如，在行政机关既未告知当事人行政行为的内容，也未告知当事人诉权和起诉期限的情况下，当事人在第 5 年的第 10 个月知道该行政行为的，当事人应在第 5 年内提起诉讼，而非其知晓之日起开始计算另外 6 个月的时间。

当事人在知道行政行为内容的情况下，可以参照本条第一款规定的起诉期间提起行政诉讼。根据 1999 年通过的《行政诉讼法解释》第四十一条和第四十二条的规定，行政机关作出行政行为时，没有制作或者没有送达法律文书，公民、法人或者其他组织不服向人民法院起诉的，只要能证明该行政行为存在，人民法院应当依法受理。行政机关作出行政行为时，未告知公民、法人或者其他组织诉权或者起诉期限的，起诉期限从公民、法人或者其他组织知道或者应当知道诉权或者起诉期限之日起计算，但从知道或者应当知道行政行为内容之日起最长不得超过 2 年。复议决定未告知公民、法人或者其他组织诉权或者法定起诉期限的，也适用该规则。

**第四十七条**　公民、法人或者其他组织申请行政机关履行保护其人身权、财产权等合法权益的法定职责，行政机关在接到申请之日起两个月内不履行的，公民、法人或者其他组织可以向人民法院提起诉讼。法律、法规对行政机关履行职责的期限另有规定的，从其规定。

公民、法人或者其他组织在紧急情况下请求行政机关履行保护其人身权、财产权等合法权益的法定职责，行政机关不履行的，提起诉讼不受前款规定期限的限制。

本条规定的是涉及行政机关不履行职责（不作为）类案件的起诉期限起算点。

## 一、行政机关不履行职责（不作为）的起诉期限起算点

不履行法定职责，是指负有法定职责的行政机关，在当事人提出申请后，拒绝履行、拖延履行或者不完全履行，从而使相对人的权益得不到保护的一种违法状态。构成不履行职责一般包括行政机关负有法定职责、行政相对人提出申请和行政机关有履行能力而不履行三个条件。[①] 负有法定职责的行政机关，在当事人提出申请后，有能力履行而不履行，构成不履行法定职责，包括拒不答复、拖延答复、不予答复、拒不履行等情形。其中，拖延履行是指在履行期满后才开始履行的情形，当其在履行期限内拖延履行的，属于不适当履行的情形。行政机关在遇到不可抗力情形时，即使是当事人提出申请，也无法履行其职责，并不属于不履行法定职责的情形。此处的不履行，等同于《行政诉讼法》第十二条规定的"申请行政机关履行保护人身权、财产权等合法权益的法定职责，行政机关拒绝履行或者不予答复的"情形。此外，《行政诉讼法》第十二条还规定了行政机关拒绝履行或者不予答复的所规定的申请行政许可，行政机关拒绝或者在法定期限内不予答复，或者对行政机关作出的有关行政许可的其他决定不服的，"认为行政机关没有依法支付抚恤金、最低生活保障待遇或者社会保险待遇的"，"认为行政机关不依法履行、未按照约定履行或者违法变更、解除政府特许经营协议、土地房屋征收补偿协议等协议的"等不履行法定职责的情况，但同本条没有对应关系。

---

[①] 信春鹰主编：《中华人民共和国行政诉讼法释义》，法律出版社 2014 年版，第 124 页。

## 二、非紧急情况下行政机关不作为的起诉期限起算点

### (一)一般情形

公民、法人或者其他组织申请行政机关履行保护其人身权、财产权等合法权益的法定职责,行政机关在接到申请之日起2个月内不履行的,公民、法人或者其他组织可以向人民法院提起诉讼。公民、法人或者其他组织申请行政机关履行保护其人身权、财产权等合法权益的法定职责,因行政机关不作为而向法院提起诉讼的,应符合以下条件:(1)公民、法人或者其他组织向行政机关提出履行保护其人身权、财产权等合法权益法定职责的申请。该申请既可能是口头的,也可能是书面的,如公民向行政机关的报案、举报、投诉、控告等行为,或申请许可、登记等行为,都属于"申请"的范畴。但单纯的咨询、询问等不属于"申请"。关于对其权益受到侵害的判断应是现实的,如被侵害的后果已经发生,或侵害正在发生、侵害即将发生。而非主观臆断、无端猜测的,如当事人做梦有人要加害自己,而向公安机关报案要求保护。(2)该法定职责是指依照行政组织法的规定,由行政机关依法所享有的职权以及因此必须履行的职责。如果依照行政组织法的规定行政机关不享有该行政职权,那么行政机关即无须履行该行政职责,如向文物局报案称其手机被盗、申请公安局颁发营业执照等。(3)行政机关接到申请之日起2个月内不履行的,公民、法人或者其他组织可以向人民法院提起诉讼。此处的2个月,是指行政机关接到申请之日起不履行职责满2个月的可以提起诉讼,而非指起诉期限为2个月。根据2015年通过的《行政诉讼法解释》第四条的规定:"公民、法人或者其他组织依照行政诉讼法第四十七条第一款的规定,对行政机关不履行法定职责提起诉讼的,应当在行政机关履行法定职责期限届满之日起六个月内提出。"

### （二）法律、法律另有规定的情形

法律、法规对行政机关履行职责的期限另有规定的，是指法律、法规对行政机关履行职责的期限另有规定的，无论是长于还是短于2个月的期限，都应当从其规定。但是，当规章或其他规范性文件规定了履行职责的期限时，仍然适用该款规定的2个月期限。《政府信息公开条例》第二十四条规定："行政机关收到政府信息公开申请，能够当场答复的，应当当场予以答复。行政机关不能当场答复的，应当自收到申请之日起15个工作日内予以答复；如需延长答复期限的，应当经政府信息公开工作机构负责人同意，并告知申请人，延长答复的期限最长不得超过15个工作日……"在一般情况下，行政机关履行信息公开职责的时间是15日，在需要延长答复期限的情况下，其履行信息公开职责的时间是30日。超过该期限的，申请人可以依法向人民法院提起行政诉讼。

## 三、紧急情况下行政机关不作为的起诉期限起算点

公民、法人或者其他组织在紧急情况下请求行政机关履行保护其人身权、财产权等合法权益的法定职责，行政机关不履行的，提起诉讼不受前款规定期限的限制。该款规定的是在紧急情况下针对行政机关不作为的起诉期限起算点。在一般情况下，对行政机关不作为的起诉期限起算点为2个月，但是公民、法人或者其他组织在紧急情况下请求行政机关履行保护其人身权、财产权等合法权益的法定职责，行政机关不履行的，提起诉讼不受2个月期限的限制。因为在紧急情况下，危险行为是已经发生或即将发生的，需要行政机关立即介入，如当事人因货车翻倒而货物被哄抢时向公安机关报警，请求制止违法行为人的哄抢行为。如果行政机关不立即履行的，在事后履行已经没有意义。因此，当事人无须在2个月期满后提起诉讼，而是可以立即提起行政诉

讼。此外，如果行政机关已经知晓案件的发生而不采取措施，同样也构成了不履行法定职责，当事人可以立即提起行政诉讼。

根据《公安机关办理行政案件程序规定》第四十八条第一款的规定："属于公安机关职责范围但不属于本单位管辖的案件，具有下列情形之一的，受理案件或者发现案件的公安机关及其人民警察应当依法先行采取必要的强制措施或者其他处置措施，再移送有管辖权的单位处理：（一）违法嫌疑人正在实施危害行为的；（二）正在实施违法行为或者违法后即时被发现的现行犯被扭送至公安机关的；（三）在逃的违法嫌疑人已被抓获或者被发现的；（四）有人员伤亡，需要立即采取救治措施的；（五）其他应当采取紧急措施的情形。"对这类紧急情形，无论受案的公安机关是否具有管辖权，都应当先采取必要的强制措施或其他处置措施，否则即属于不履行职责的行为。

**第四十八条** 公民、法人或者其他组织因不可抗力或者其他不属于自身的原因耽误起诉期限的，被耽误的时间不计算在起诉期限内。

公民、法人或者其他组织因前款规定以外的其他特殊情况耽误起诉期限的，在障碍消除后十日内，可以申请延长期限，是否准许由人民法院决定。

本条规定了起诉期限的扣除和延长的情形。

起诉期限是一个不变期间，在一般情况下行政相对人可以在法定期限内提起诉讼，对于超过法定起诉期限而提起诉讼的，法院不再予以受理。但是在特定情况下，行政相对人可能会因为其意志以外的客观原因或其他原因而未能在法定期限内提起诉讼。如果一律不再允许其起诉，显然是不公平的，不利于当事人的诉权保护。因此，为了有效地保障当事人的诉权，需要建构起相应的例外规定。为了避免诉讼权利的滥用，也应当严格规定和限制该例外情形，而不得随意扩大。

## 一、起诉期限的扣除

起诉期限的扣除，是指因为不可抗力或其他不属于自身的客观原因导致超过起诉期限的，被耽误的时间不计算在起诉期限内的制度。此处的扣除是法定扣除，只要符合法律规定的扣除条件，法院应当无条件予以扣除。扣除的耽误期限是针对超过起诉期限的情形，当事人应当向法院提出申请并提出相应的证据。如果存在因为不可抗力或其他不属于自身的客观原因而被耽误一部分起诉期限，但并未超过起诉期限的，被耽误的时间并不予以扣除，其目的在于促进当事人积极行使权利，及时地提起行政诉讼。

在法定的扣除情形中，不可抗力是指当事人无法预见或无法避免的意外事件或自然灾害（如战争、地震、瘟疫、火灾、水灾等）。其他不属于自身的原因，是指除不可抗力外不能归责于当事人的原因而无法在法定期限内提起行政诉讼的情形，如当事人因为车祸而长期昏迷、因为突然精神失常而无法正确表达意志、诉讼文书投递错误、被限制人身自由等。因不可抗力或者其他不属于自身的原因耽误起诉期限的，当事人并无过错。因此，为了保护当事人的诉讼权利，法律规定被耽误的时间不计算在诉讼期限内，自障碍消除之日起继续计算。对有些众所周知的事实，如发生地震、交通中断等，法院可以直接予以认定，无须当事人再行举证。当超过了法定的最长起诉期限后，法院不得根据本条规定而扣除被耽误起诉期限。

## 二、起诉期限的延长

起诉期限的延长，也可称为耽误期限的酌定扣除，是指在起诉期限未满之前，公民、法人或者其他组织因客观原因之外的其他特殊情况耽误起诉期限的，在障碍消除后可以向法院申请延长期限，是否准许由人民法院决定的制度。

起诉期限的设置既要考虑到行政秩序和行政效率的价值，也要认识到对起诉期限的限制仅是手段，保护权利和规制权力才是目的。[①] 除了因为不可抗力或者其他不属于自身的原因耽误起诉期限的，还存在许多可以耽误起诉期限的情形，如有其他重要事项需要办理、家庭遭遇重大变故、正在同行政机关进行沟通协调等。在障碍消除后 10 日内可以申请延长期限，是否准许由人民法院决定，如当事人在受到行政处罚后同行政机关进行交涉，行政机关承诺在一定时间内对该处罚决定予以修正，结果却没有修正。由于当事人对行政机关的信赖而耽误起诉期限，对此当事人可以在障碍消除后 10 日内向法院提出延长起诉期限的申请及其相关证明资料。但是，当事人不得以信访或不懂法律等理由主张延长起诉期限。需要指出的是，该 10 日的期限为不变期间，如果逾期当事人不得再申请顺延。法院经审查认为申请理由成立的，应当依法扣除被耽误的期间并顺延起诉期限。如果法院认为缺乏正当理由的，应当裁定驳回其延长起诉期限的申请。

对于是否延长起诉期限，应当由当事人在起诉期限届满之前向法院提出申请，法院不得主动为之。当事人主张该项理由的，应以书面形式向法院提出，并写明耽误期限的原因和障碍消除的时间，并附相关的证明资料。法院经审查认为申请理由成立的，应当依法延长起诉期限，延长的时间不得超过被耽误的时间；如果认为缺乏正当理由的，应当裁定驳回申请。

---

① 江必新、邵长茂、李洋编著：《新行政诉讼法导读：附新旧条文对照表及相关法律规范》，中国法制出版社 2015 年版，第 76 页。

**第四十九条**　提起诉讼应当符合下列条件：

（一）原告是符合本法第二十五条规定的公民、法人或者其他组织；

（二）有明确的被告；

（三）有具体的诉讼请求和事实根据；

（四）属于人民法院受案范围和受诉人民法院管辖。

本条规定了行政诉讼的起诉条件。

所谓行政诉讼的起诉条件，是指原告向法院提起行政诉讼时所需要具备的基本条件。其目的在于确立一个基本门槛，使符合条件的行政争议能够进入诉讼程序，以充分保障当事人的诉讼权利，并将不符合条件的案件予以排除，以避免滥诉的现象。根据本条的规定，提起行政诉讼应当符合以下几个起诉条件：

## 一、原告是符合本法第二十五条规定的公民、法人或者其他组织

《行政诉讼法》第二十五条规定："行政行为的相对人以及其他与行政行为有利害关系的公民、法人或者其他组织，有权提起诉讼。有权提起诉讼的公民死亡，其近亲属可以提起诉讼。有权提起诉讼的法人或者其他组织终止，承受其权利的法人或者其他组织可以提起诉讼。"该条件包括以下三个方面的内容：（1）适格的原告是提起行政诉讼的首要条件。原告既可能是自然人，也可能是法人或者其他组织；既可能是中国公民、法人或其他组织，也可能是外国公民、法人或其他组织，或无国籍人；但不得是作出行政行为的行政机关。（2）除了适格的原告外，还必须有行政行为的存在，如果属于未完成的行政行为，则不得提起行政诉讼。（3）原告是认为行政行为侵害其合法权益的相对人以及其他与行政行为有利害关系的公民、法人或者其他组

织。如果具有原告资格的公民死亡，法人或者其他组织终止的，继受其权利的公民、法人或其他组织可以原告的身份提起行政诉讼，也即发生了原告资格的转移，受转移人可以自己的名义提起行政诉讼。

## 二、有明确的被告

任何行政行为的作出，都应当依托某个或某些行政机关。因此，原告提起行政诉讼，必须指明特定的行政机关，在起诉状中列明被告的名称、地址等基本信息。只要原告是具体的、可以确定的，即属于符合本条件。如果没有明确的被告，起诉将过于笼统而无所依着，诉讼后果也无人承担。在一般情况下，被告的确定较为简单，但在有些情形下如行政机关被撤销、合并的，或者行政行为是由行政机关的内设机构或派出机关作出的，原告可能难以确定被告，需要法院给予指导和释明。在司法实践中，关于列明被告经常出现的问题有：（1）被告不适格，不符合法律规定的条件和范围；（2）被告确定错误，应起诉甲行政机关却起诉乙行政机关；（3）被告不明确，起诉状中未明确列出被告的名称、地址、法定代表人等；（4）被告遗漏，起诉状对于共同被告未列全等。[①] 如果原告列明的被告不正确、多列或少列被告，或者在起诉状中列明的被告名称不完整或不正确，但是法院可以判断其所欲起诉的行政机关的，可以予以指导或释明，但不得以缺乏正确的被告为由而不予受理。

## 三、有具体的诉讼请求和事实根据

原告提起行政诉讼，必须有明确的诉讼请求和事实根据。有具体的诉讼请求是指原告必须提出具体的实体权利主张，也即表

---

① 姜明安著：《行政诉讼法》（第2版），法律出版社2007年版，第215页。

明其提起诉讼的具体要求。根据 2015 年通过的《行政诉讼法解释》第二条的规定，"有具体的诉讼请求"包括以下情形：（1）请求判决撤销或者变更行政行为；（2）请求判决行政机关履行法定职责或者给付义务；（3）请求判决确认行政行为违法；（4）请求判决确认行政行为无效；（5）请求判决行政机关予以赔偿或者补偿；（6）请求解决行政协议争议；（7）请求一并审查规章以下规范性文件；（8）请求一并解决相关民事争议；（9）其他诉讼请求。其中，请求行政机关赔偿或者补偿的，还应当列明具体的数额。当事人未能正确表达诉讼请求的，人民法院应当予以释明。事实根据，是指原告提起行政诉讼所依据的案件事实、法律依据和证据。其中，案件事实是指行政争议的具体情况，法律依据是指原告提起诉讼所依据的法律规范，证据是指证明案件事实存在的各种证据材料。

为了有效保障当事人的诉讼权利，法院在起诉阶段应以形式审查为主，不宜对当事人提出的诉讼请求和事实根据施加过高的要求，如对"具体"的认定是只要其包含确切的内容即可，而不得作出过高的要求，不得将其解释为正确和全面。又如，在事实依据方面，只要当事人提交的证据材料能证明存在行政争议即可，而无须当事人提出事实证据或法律依据来证明被诉行政行为违法。

## 四、属于人民法院受案范围和受诉人民法院管辖

人民法院受案范围，是指原告提起的行政诉讼属于人民法院的职权管辖之内。受诉人民法院管辖，是指原告提起的行政诉讼属于受理案件的人民法院具体管辖之内，符合地域管辖和级别管辖等相关规定。具体内容可以参见本书相关的章节。

## 五、本条同本法其他法条规定的起诉条件的关系

需要指出的是，本条只是列举了行政诉讼的基本起诉条件，而非全部起诉条件。《行政诉讼法》第五十一条第一款也明确规定："人民法院在接到起诉状时对符合本法规定的起诉条件的，应当登记立案。"此处的本法并未限于本条所列举的起诉条件。除了《行政诉讼法》第四十九条所列举的起诉条件外，本法其他法条其实也规定了许多起诉条件，因此无须在第四十九条中再作重复的规定。而且第四十九条所列举的四个条件较容易判断，其他法条所规定的条件在现实中可能难以判断，有些还需要被告进行举证。

根据 2015 年通过的《行政诉讼法解释》第三条第一款的规定："有下列情形之一，已经立案的，应当裁定驳回起诉：（一）不符合行政诉讼法第四十九条规定的；（二）超过法定起诉期限且无正当理由的；（三）错列被告且拒绝变更的；（四）未按照法律规定由法定代理人、指定代理人、代表人为诉讼行为的；（五）未按照法律、法规规定先向行政机关申请复议的；（六）重复起诉的；（七）撤回起诉后无正当理由再行起诉的；（八）行政行为对其合法权益明显不产生实际影响的；（九）诉讼标的已为生效裁判所羁束的；（十）不符合其他法定起诉条件的。"因此，行政诉讼的起诉条件应当包括（但不限于）：（1）原告是符合本法第二十五条规定的公民、法人或者其他组织；（2）有明确的被告；（3）有具体的诉讼请求和事实根据；（4）属于人民法院受案范围和受诉人民法院管辖；（5）未超过法定起诉期限；（6）按照法律规定由法定代理人、指定代理人或代表人代为诉讼行为；（7）符合法律法规规定的行政复议前置的要求；（8）不属于重复起诉，但撤回起诉后有正当理

由再行起诉的除外;① （9）诉讼标的未为已生效裁判所羁束；（10）法律规定的其他起诉条件。在这些条件中，有些通过形式审查既可以确定，有些条件必须经过实质审查才能明确。为了保证当事人的诉讼权，人民法院在起诉阶段应当以形式审查为主，对起诉条件的审查不宜过于严苛。

**第五十条**　起诉应当向人民法院递交起诉状，并按照被告人数提出副本。

书写起诉状确有困难的，可以口头起诉，由人民法院记入笔录，出具注明日期的书面凭证，并告知对方当事人。

本条规定了行政诉讼的起诉方式。

## 一、书面起诉

起诉应当以书面形式为原则，而以口头起诉为例外。原告向法院提起诉讼的，提交起诉状是其法定义务。书面形式的起诉状相对于口头起诉来说具有一系列优势：可以体现行政诉讼的严肃性，减少滥诉现象；有助于原告准确详细地陈述自己的诉讼请求和事实理由；有利于法院对原告起诉内容的审查，也有利于被告有针对性地进行答辩等。起诉状一般包括以下内容：（1）原告的基本情况。原告是自然人的，应写明原告的姓名、性别、年龄、民族、身份证号码、职业、单位、住所、联系方式等信息；原告是法人或其他组织的，应写明原告的名称、住所、法定代表

---

① 重复起诉的事项包括：（1）法院裁定不予受理或者驳回起诉，起诉人重复起诉的；（2）原告已经撤回起诉，无正当理由再行起诉的；（3）诉讼标的为生效判决的效力所羁束的；（4）同一事项正处于诉讼过程中的；（5）生效行政复议决定已经对相关事项作出处理的。参见何海波著：《行政诉讼法》，法律出版社 2011 年版，第 236～237 页。

人或者主要负责人的姓名、职务、住所、联系方式等。（2）被告的基本信息。相比原告较为详尽的信息，原告只需提供能够确定被告的名称、地址等基本信息即可。（3）诉讼请求和事实理由。（4）证据和证据来源、证人姓名和住所。（5）受诉的法院名称和起诉的日期。（6）原告的签章。

原告向法院提起诉讼的，应根据被告人数的多少，一并提出相应数量的副本。副本是相对正本而言的，可以是正本的复印件或手抄本，其内容和正本相同。原告未提交副本或者未按照被告人数提出副本的，法院应当责令其补充提交。但原告不需要对第三人等提交副本。

## 二、口头起诉

原告书写起诉状确有困难的，可以口头起诉，由人民法院记入笔录，出具注明日期的书面凭证，并告知对方当事人。关于书写起诉状确有困难需要把握以下几点：（1）此处的原告一般仅指自然人，法人或其他组织不得以书写起诉状确有困难为由而口头提起诉讼。（2）确有困难主要是指原告因为文化水平低、缺乏法律知识或者身体缺陷等而无法自行书写起诉状，并且原告因为经济困难等原因无法获得他人的帮助。如果原告无诉讼行为能力的，其法定代理人书写起诉状确有前述困难的，也可以口头起诉。但原告不得以不知道如何书写或者不知道起诉状的格式为由而采取口头起诉的方式。（3）对"书写确有困难"应当由原告主动向法院提出，并承担举证责任。（4）人民法院在记录原告的口头起诉时，应当向当事人说明关于起诉的基本要求，并尽可能准确全面地记录案件的相关内容。人民法院对原告的口头起诉记入笔录后，应当向原告出具注明日期的书面凭证。人民法院向对方当事人的告知，可以向其送达原告口头起诉的笔录复印件或口头起诉的主要内容。

**第五十一条**　人民法院在接到起诉状时对符合本法规定的起诉条件的，应当登记立案。

对当场不能判定是否符合本法规定的起诉条件的，应当接收起诉状，出具注明收到日期的书面凭证，并在七日内决定是否立案。不符合起诉条件的，作出不予立案的裁定。裁定书应当载明不予立案的理由。原告对裁定不服的，可以提起上诉。

起诉状内容欠缺或者有其他错误的，应当给予指导和释明，并一次性告知当事人需要补正的内容。不得未经指导和释明即以起诉不符合条件为由不接收起诉状。

对于不接收起诉状、接收起诉状后不出具书面凭证以及不一次性告知当事人需要补正的起诉状内容的，当事人可以向上级人民法院投诉，上级人民法院应当责令改正，并对直接负责的主管人员和其他直接责任人员依法给予处分。

本条规定了行政诉讼的立案登记制，以及对立案不当行为的救济和责任。

## 一、立案登记制

立案登记是相对于立案审查而言的，凡是在形式上符合行政诉讼的受案范围和起诉条件的案件，法院应当依法予以登记和受理。在行政诉讼法修订之前实行的是立案审查制，虽然许多法院采用的是形式审查，但是还有许多法院在立案环节进行实质审查，或在受到了外界压力的情况下，通过实质审查而剥夺当事人的诉讼权利，从而显著抬高了立案门槛。许多法院也以各种理由拒不立案，或既不受理也不出具任何法律文书（即所谓的"三不"：不立案、不接受起诉状和不出裁定），群众对此意见很大。因此，立案登记制度的建立可以说是行政诉讼法上的一个重大变革，只要是符合《行政诉讼法》第四十九条的规定，即使是有可能存在其他问题（如可能是重复起诉或超过起诉期限），法院也应当予以立案受理。新行政诉讼法施行以来行政诉讼的数量显著增加，立案的门槛显著降低，群众对立案环节的满意度有了很大的提升。但是，立案登记制也并非是对任何案件都一律予以登记和受理，而是仅进行形式审查，只要符合受案范围和法院的管辖即应当予以立案，其目的是便利当事人行使其诉讼权利，不得以当事人的诉讼请求明显不能成立而限制或剥夺当事人的诉讼权利。

## 二、起诉状的接收、审查与处理

（一）人民法院在接到起诉状时对符合本法规定的起诉条件的，应当当场登记立案

本条关于起诉条件的规定符合本法规定的起诉条件，而非本法第四十九条规定的起诉条件，因此除了第四十九条规定的起诉条件外，还应考虑其他法条规定的起诉条件。本法规定的起诉条件综合起来主要包括以下几个方面：（1）原告是符合本法第二十五条规定的公民、法人或者其他组织；（2）有明确的被告；（3）有具体的诉讼请求和事实根据；（4）属于人民法院受案范围和受诉人民法院管辖；（5）未超过法定起诉期限；（6）按照法律规定由法定代理人、指定代理人、代表人为诉讼行为；（7）符合法律法规规定的行政复议前置的要求；（8）不属于重复起诉，但撤回起诉后有正当理由再行起诉的除外；（9）诉讼标的未为已生效裁判所羁束；（10）法律规定的其他起诉条件。对当事人依法提起的诉讼，人民法院应当根据《行政诉讼法》第五十一条的规定，一律接收起诉状。能够判断在形式上符合起诉条件的，人民法院应当当场登记立案。不符合以上起诉条件的案件，应作出不予立案的裁定。

（二）对当场不能判定是否符合本法规定的起诉条件的，应当接收起诉状，出具注明收到日期的书面凭证，并在七日内决定是否立案

对当场不能判定是否符合本法规定的起诉条件的，人民法院应当在接受起诉状后，当场主动出具接受起诉状的书面凭证。书面凭证应载明起诉人的基本信息、已经收到起诉状以及收到起诉状的日期，不得不出具书面凭证或经起诉人申请才出具书面凭证。法院在接受公民、法人或者其他组织的起诉状后，应当组成合议庭进行审查，并在七日内决定是否立案。该七日期限是不可变期间，不得延长。只有在最后一日为节假日时可以顺延至节假日后的第一个工作日。七日内仍不能作出判断的，应当先予立案。

（三）人民法院经审查，认为公民、法人或者其他组织的起诉不符合起诉条件的，作出不予立案的裁定

不予立案的裁定书应当载明不予立案的理由。原告对裁定不服的，可以提起上诉。裁定书应当载明以下内容：（1）起诉人的基本情况、诉讼请求和事实理由。（2）不予立案的事实和法律依据，并阐明不予立案的理由。该理由的阐述应当详细和具体，不得笼统地以"不符合本法规定的起诉条件"来搪塞起诉人，应当指明不予以立案是属于不符合起诉条件的哪一种情形，并说明其理由。[①]（3）对裁定不服的救济途径和期限。（4）合议庭成员署名，并加盖人民法院的印章。根据《行政诉讼法》第八十五条的规定，当事人不服一审裁定的，应当在接受裁定书之日起十日内向上一级人民法院提起上诉。

---

① 江必新主编：《新行政诉讼法专题讲座》，中国法制出版社2015年版，第187页。

### （四）法院的指导和释明义务

起诉状内容欠缺或者有其他错误的，应当给予指导和释明，并一次性告知当事人需要补正的内容。不得未经指导和释明即以起诉不符合条件为由不接收起诉状。本次行政诉讼法的修改，对人民法院指导和释明义务的规定也是重要特点之一。许多当事人由于缺乏必要的法律知识，在书写起诉状时会遇到各种障碍，导致起诉状存在内容欠缺或有其他错误，如未载明原告的住址或联系方式、被告名称不正确、诉讼请求不明确、错列被告等，对此法院不得以起诉状内容欠缺或有其他错误为由而拒绝接受起诉状或不予立案。对指导和释明义务的规定，有助于防止人民法院以法律考量之外的其他原因，恶意不予以接受起诉状。关于告知，人民法院应一次性地明确告知起诉人所需要补正的内容，不得多次告知或笼统告知而让原告多跑冤枉路。如果因为法院的过错而未能一次性告知的，当事人按照告知的内容予以补正后，法院应当接受该起诉状。

人民法院不得未经指导和释明即以起诉不符合条件为由不接收起诉状。人民法院应当依法良好地履行其指导和释明义务，而不得以各种方式拖延或变相不予以指导和释明。当事人未能正确表达诉讼请求的，人民法院应当予以指导和释明，该规定也更确切地呼应了第三条第一款关于法院保障起诉权利的规定。① 在指定期限内补正并符合起诉条件的，应当登记立案。当事人拒绝补正或者经补正仍不符合起诉条件的，裁定不予立案，并载明不予立案的理由。当事人对不予立案裁定不服的，可以提起上诉。

---

① 杨建顺：《行政诉讼制度时效性的期待与课题》，载《法学杂志》2015 年第 3 期。

## 三、立案不当行为的救济和责任

对于不接收起诉状、接收起诉状后不出具书面凭证以及不一次性告知当事人需要补正的起诉状内容的，当事人可以向上级人民法院投诉，上级人民法院应当责令改正，并对直接负责的主管人员和其他直接责任人员依法给予处分。关于可以投诉的情形包括：（1）不接收起诉状。对不存在内容欠缺或其他错误的起诉状，人民法院应当接收；起诉状内容欠缺或者有其他错误的，应当给予指导和释明。如果未经指导和释明即以起诉不符合条件为由而不接收起诉状的，可以向上级法院进行投诉。（2）接收起诉状后不出具书面凭证。起诉人对于符合起诉条件，人民法院接收起诉状并当场登记立案的案件不出具书面凭证；或者对当场不能判定是否符合本法规定的起诉条件的，人民法院接收起诉状后不出具书面凭证；或者对经补正后，人民法院接收起诉状后不出具书面凭证的，当事人可以向上级法院进行投诉。（3）不一次性告知当事人需要补正的起诉状内容。对于存在内容欠缺或其他错误的起诉状，人民法院应当给予指导和释明。如果没有一次性告知其应当补正的全部内容，起诉人可以向上级法院进行投诉。

需要指出的是，此处的上级人民法院并非仅上一级人民法院。之所以作出这种规定，是为了防止上下级法院之间出现串通，从而导致侵犯当事人的诉讼权利，也是考虑到了当事人的各种顾虑，为其提供了受理投诉法院的选择权。对于不接收起诉状、接收起诉状后不出具书面凭证，以及不一次性告知当事人需要补正的起诉状内容的，当事人既可以向上一级人民法院投诉，也可以越级向上级法院投诉，直到问题得到解决。上级人民法院接到当事人的投诉后，应当责令下级法院改正，并对直接负责的主管人员和其他直接责任人员依法给予处分。需要指出的是，对于责任人员的处分应当根据专门的处分规定进行，而不得直接依据本条规定给予处分，人民法院还应当将处理结果告知当事人。

**第五十二条** 人民法院既不立案，又不作出不予立案裁定的，当事人可以向上一级人民法院起诉。上一级人民法院认为符合起诉条件的，应当立案、审理，也可以指定其他下级人民法院立案、审理。

本条规定了人民法院立案不作为的越级起诉制度。

在实践中，有些法院在收到起诉状后，在七日内既不立案，又不作出不予立案裁定，如果不设定相应的越级起诉制度，必将导致当事人投告无门，并因此引发更多的社会问题。因此，新修订的行政诉讼法考虑到这种情况并专门予以规定。在法院作出不予立案裁定时，当事人对不予立案裁定不服的可以提起上诉。但是，当人民法院在七日内既不立案，又不作出不予立案裁定的，当事人缺乏向上级法院进行上诉的依据，并由此可能丧失其诉讼权利，因此行政诉讼法规定当事人可以直接向上一级人民法院起诉，其实质是通过审级的提升来保障当事人的诉讼权利。

人民法院在七日内既不立案，又不作出不予立案裁定时，当事人应向上一级人民法院而非上级人民法院起诉。上一级人民法院受理后认为符合起诉条件的，应当立案、审理，也可以指定其他下级人民法院立案、审理，但不得指令原下级法院立案、审理。上一级法院对认为符合起诉条件的案件，应当以自己立案、审理为主，而以指定其他下级法院立案、审理为例外。根据《行政诉讼法》第二十四条第一款的规定，上级法院有权"审理"下级法院所管辖的第一审案件，但不具有立案权。根据本条的规定，上一级人民法院由此获得了对此类案件的"立案权"。如果上一级法院作出不予立案裁定的，属于一审裁定，当事人不服的，可以通过上诉方式寻求救济。如果上一级法院也是既不立案，又不作出不予立案裁定的，依然可以向其上一级法院起诉。

"可以指定其他下级人民法院立案、审理"的规定，是指与原下级人民法院同一级别的其他人民法院，上一级人民法院既可以指定其他本来就有管辖权的下级人民法院，也可以指定其他原本没有管辖权的下级人民法院。之所以没有规定可以指定原下级法院立案，是因为考虑到原下级已经接触过案件或受到了其他影响，不宜于再交给其处理。当事人如果是因为上一级法院是既不立案又不作出不予立案裁定，而向其上一级法院起诉的，其上一级法院认为符合起诉条件的，既可以自己审理，也可以指定其下一级或下两级法院审理，但原上一级法院和原法院除外。

**第五十三条**　公民、法人或者其他组织认为行政行为所依据的国务院部门和地方人民政府及其部门制定的规范性文件不合法，在对行政行为提起诉讼时，可以一并请求对该规范性文件进行审查。

前款规定的规范性文件不含规章。

本条规定了人民法院对规范性文件（抽象行政行为）进行附带审查的制度。

对规范性文件的审查问题，是行政诉讼法在修订过程中的一个热点问题。由于行政行为与规范性文件是密不可分的，许多违法或不当行政行为的依据正是某些规范性文件，因此如果不从源头上对行政行为所依凭的规范性文件进行审查，只会陷入治标不治本的困境，并会导致司法审查的低效率和更大的不正义。为了规避司法审查，有些行政行为也是以规范性文件（红头文件）的形式表现出来，使相对人无从起诉。许多规范性文件实际上也直接侵害着行政相对人的合法权益，直接涉及行政相对人的权利义务，因此需要赋予当事人对规范性文件提起附带审查的权利。考虑到在行政复议中相对人可以一并向复议机关提出对部分规范性文件进行审查的衔接问题，行政诉讼法也应当规定人民法院对规范性文件的审查权。① 规范性文件的越权、错位或缺乏上位法依据的现象，会对相对人产生重大的负面影响。行政行为与规范性文件作为审查对象，两者并无本质上的区别，人民法院在对规范性文件进行审查时，其审查机制同行政行为的审查并无显著不同，因此人民法院在一般情况下并不缺乏对规范性文件进行审查的能力。人民法院作为国家审判机关的宪法地位，决定了其应当具有审查规范性文件的权力。如果人民法院没有审查规范性文件的权力，其审查权是不彻底的，也不利于保障当事人的合法权益。

## 一、审查的范围

公民、法人或者其他组织认为行政行为所依据的国务院部门和地方人民政府及其部门制定的规范性文件不合法，在对行政行为提起诉讼时，可以一并请求对该规范性文件进行审查。审查的对象为行政行为所依据的国务院部门和地方人民政府及其部门制定的规章以外的规范性文件，具体包括国务院部门的规范性文件、县级以上人民政府及其工作部门的规范性文件以及乡镇人民政府的规范性文件。

人民法院对行政行为所依据的法律，行政法规和国务院的决

---

① 《行政复议法》第七条规定："公民、法人或者其他组织认为行政机关的具体行政行为所依据的下列规定不合法，在对具体行政行为申请行政复议时，可以一并向行政复议机关提出对该规定的审查申请：（一）国务院部门的规定；（二）县级以上地方各级人民政府及其工作部门的规定；（三）乡、镇人民政府的规定。前款所列规定不含国务院部、委员会规章和地方人民政府规章。规章的审查依照法律、行政法规办理。"

定、命令，国务院部门规章，地方性法规，自治条例，单行条例和地方政府规章等，人民法院无权进行审查。根据《立法法》第八十条第一款的规定，此处的国务院部门包括国务院各部、委员会、中国人民银行、审计署和具有行政管理职能的直属机构。国务院各部、委员会、中国人民银行、审计署和具有行政管理职能的直属机构，可以根据法律和国务院的行政法规、决定、命令，在本部门的权限范围内，制定部门规章。根据《立法法》第七十三条第一款的规定，省、自治区、直辖市和较大的市的人民政府，可以根据法律、行政法规和本省、自治区、直辖市的地方性法规，制定地方政府规章。

## 二、审查的内容

由于法律法规的抽象性，行政机关在许多情况下不得不通过制定规范性文件而执行法律，甚至直接将这些规范性文件作为作出行政行为的依据。虽然这些规范性文件并不是正式的法律，但实际上是对上位法的解释，或本身就是造法活动，并约束着行政机关的执法活动。人民法院在对行政行为进行审查时，需要对其进行审查。对规范性文件审查的内容主要包括以下几个方面：（1）是否具有制定权限；（2）是否符合法律保留的原则；（3）是否与上位法相抵触等。对于规范性文件的制定是否违反了制定程序，由于其一般并不影响当事人的实体权利，因此法院可以不对此进行审查。当国务院部门和地方人民政府及其部门制定的规范性文件合法有效时，人民法院可以依法承认其效力；当认为规范性文件不合法时，人民法院可以不将其作为认定行政行为合法的依据，并在裁判理由中予以阐明。作出生效裁判的人民法院应当向规范性文件的制定机关提出处理建议，并可以抄送制定机关的同级人民政府或者上一级行政机关。

## 三、审查的形式

公民、法人或者其他组织在对行政行为提起行政诉讼时，如果认为行政行为所依据的国务院部门和地方人民政府及其部门制定的规范性文件不合法，可以一并向法院提起审查规范性文件的诉讼请求，也即向法院提起附带性的审查请求。一般来说，规范性文件在未施行时，并不会产生现实的危害，公民、法人或其他组织在其权益未因规范性文件而作出的行政行为受到影响时，不得以规范性文件为对象而向人民法院起诉。所以，提起一并审查请求的主体应当是认为受到依据规范性文件作出行政行为影响的行政相对人。需要指出的是，人民法院在对行政行为及其所依据的规范性文件进行审查时，所依据的应当是法律法规，并参照适用规章。人民法院在审理过程中，应当对规范性文件进行审查，并在判决书中对其是否合法进行评议。人民法院经审查可能认为规范性文件不合法，但依据法律法规的规定，行政行为本身可能是合法的。因此，并非规范性文件不合法，行政行为就一定违法。

## 【公安行政诉讼典型案例】

### 1. 赵某起诉孟州市公安局行政处罚案[①]

【案情简介】

2011 年 8 月 5 日，家住河南省孟州市某村的刘某与同村的李某、赵某夫妇因垒墙一事发生争吵，后赵某与刘某发生厮打，李某怕妻子吃亏，用铁锹、拳头对刘某进行殴打，将刘某打伤。

---

① 李沙弟、梁慧娟：《一方申请复议另方提起诉讼法院能否受理》，载《人民法院报》2012 年 5 月 9 日第 6 版。

2011 年 9 月，孟州市公安局依照《治安管理处罚法》第四十三条第二款的规定对李某作出行政拘留 10 日的处罚决定。李某对此决定不服，作为原告向孟州市人民法院提起行政诉讼，要求撤销处罚决定，法院在通知刘某作为第三人参加诉讼的过程中，得知刘某在李某向孟州法院起诉前已向焦作市公安局提起了行政复议，复议理由是认为孟州市公安局对李某的处罚太轻，要求撤销原处罚决定，重新对李某作出相应处罚。

在诉讼中，一种意见认为，刘某先提起行政复议，对李某的起诉法院不应受理；另一种意见认为，法院应该受理。法院是否应当受理该案？

【分析】

对于法院是否应当受理该案，法律并无明确的规定。行政诉讼法规定对行政行为不服，既提起行政诉讼又申请行政复议的，由先受理的机关管辖。1999 年通过的《行政诉讼法解释》第三十四条规定，法律、法规未规定行政复议为提起行政诉讼必经程序，公民、法人或者其他组织既提起诉讼又申请行政复议的，由先受理的机关管辖；同时受理的，由公民、法人或者其他组织选择。公民、法人或者其他组织已经申请行政复议，在法定复议期间内又向人民法院提起诉讼的，人民法院不予受理。但本案情况与上述规定不尽相同，上述规定中的"既提起诉讼又申请复议"往往指的是一方当事人，而本案中的情况是双方对行政行为均有异议，原告提起行政诉讼，第三人提起行政复议。

虽然情形不尽相同，但从立法原意上讲，同样应适用上述法律和司法解释的规定。因复议机关受理在先，复议机关经审查如果维持原行政行为，并不影响行政诉讼案件的审理；复议机关如果撤销或变更了原行政行为，法院在行政诉讼程序中将无法对原行政行为进行审查，并且不得审查该复议决定。因此，如果法院直接受理该案，就会造成两种救济程序的冲突。从另外一个层面来看，考虑到行政复议相对于司法审查所具有的效率性特点，宜先通过行政复议途径对该行政争议进行处理，原告有权作为第三人参与进来，表达自己的主张和理由。当其不服行政复议决定时，可以向法院提起行政诉讼。所以法院对原告的起诉，孟州市人民法院应裁定不予受理。

### 2. 谭某诉某县公安局不作为案①

**【案情简介】**

原告谭某以刘某对其有威胁恐吓的行为为由，于 2010 年 9 月 15 日 12 时 9 分拨打 110 向被告某县公安局进行报警，报警内容为："其经常受到一个手机号码为 136×××××××× 的男性骚扰，对方系公安系统人员。"被告某县公安局下属派出所接警后进行了受理登记，并将此次报警建议做情况掌握，未对原告此次报警进行调查处理。另查明，在 2012 年 10 月 16 日之前，原告向重庆市渝北区人民法院递交行政诉状起诉重庆市公安局行政不作为，该院经审查后于 2012 年 10 月 16 日通知原告，要求原告补充完整材料后再进行立案审查。2012 年 11 月 30 日，原告再次向渝北法院递交行政诉状，起诉重庆市公安局行政不作为违法。该院于 2013 年 1 月 7 日正式立案受理。在诉讼中，原告同意将被告重庆市公安局变更为该某县公安局，渝北法院于 2013 年 3 月 5 日裁定将该案移送该县人民法院管辖。

对本案原告谭某起诉被告行政不作为是否超过起诉期限，其起诉期限是 3 个月，还是 2 年或 5 年，存在不同意见：第一种意见认为，应适用原《行政诉讼法》第三十九条规定的 3 个月起诉期限，进行认定原告是否超过起诉期限。第二种意见认为，应适用 1999 年通过的《行政诉讼法解释》第四十一条第一款的规定

---

① 冉志明：《对行政不作为的最长起诉期限应为两年》，载《人民法院报》2014 年 8 月 13 日第 6 版。

即2年的起诉期限，进行认定原告是否超过起诉期限，以充分保障当事人的诉权。第三种意见认为，应适用第四十二条规定的5年起诉期限，进行认定原告是否超过起诉期限，以更好地保障当事人的诉权。应当采纳哪种意见？

**【分析】**

本案发生在行政诉讼法修订之前，应当根据原行政诉讼法及其相关的司法解释进行分析。

在行政诉讼法修订之前，法律和司法解释对行政不作为的起诉期限并无明确规定。原《行政诉讼法》第三十九条规定："公民、法人或其他组织直接向人民法院提起诉讼的，应当在知道作出具体行政行为之日起三个月内提出。法律另有规定的除外。"但是该条主要适用于对作为类的行政行为不服而提起诉讼的情形。1999年通过的《行政诉讼法解释》第三十九第一款条规定："公民、法人或者其他组织申请行政机关履行法定职责，行政机关在接到申请之日起60日内不履行的，公民、法人或者其他组织向人民法院提起诉讼，人民法院应当依法受理……"该条规定了对行政机关不履行职责时，可以提起行政诉讼的期限，但并未说明可以在多长时间内提起行政诉讼。该解释第四十一条第一款规定："行政机关作出具体行政行为时，未告知公民、法人或者其他组织诉权或者起诉期限的，起诉期限从公民、法人或者其他组织知道或者应当知道诉权或者起诉期限之日起计算，但从知道或者应当知道具体行政行为内容之日起最长不得超过2年。"该规定则从正面回应了在行政机关作出行政行为时未告知诉权或起诉期限的情况下，当事人有权提起行政诉讼的最长期限。该解释第四十二条规定："公民、法人或者其他组织不知道行政机关作出的具体行政行为内容的，其起诉期限从知道或者应当知道该具体行政行为内容之日起计算。对涉及不动产的具体行政行为从作出之日起超过20年、其他具体行政行为从作出之日起超过5

年提起诉讼的，人民法院不予受理。"该条规定的是当事人不知行政行为内容时的最长起诉期限，而本案不属于该规定的情形可以排除。

在实体规定方面，《治安管理处罚法》第九十九条第一款规定："公安机关办理治安案件的期限，自受理之日起不得超过三十日；案情重大、复杂的，经上一级公安机关批准，可以延长三十日。"从上述规定可以看出，公安机关对办理治安案件的期限为30日，经批准可延长30日，即最长期限为60日。在本案中，谭某申请被告履行法定职责，而被告在接到报警申请后虽然受理登记，但未在最长办结案件的期限60日内作出处理或答复，当然就更谈不上告知当事人的诉权或起诉期限。而1999年通过的《行政诉讼法解释》第四十一条明确规定了行政机关在作出行政行为时，未告知诉权或者起诉期限的，起诉期限最长不得超过2年。该解释第三十九条虽然没有明确规定行政不作为类的起诉期限，结合法律和司法解释对行政作为类的规定，可按比照类推的原理，适用1999年通过的《行政诉讼法解释》第四十一条的规定，认定本案原告谭某的起诉期限应为2年。因此，应当采纳第二种意见。

### 3. 郭某诉某公安局刑事立案不作为案[①]

**【案情简介】**

郭某报警称其家中800元现金被盗，怀疑系其邻居张某所为。公安机关经调查后认为张某没有犯罪事实，遂作出不予立案通知书。郭某不服，向法院提起行政诉讼，要求撤销公安机关作出的不予立案通知，责令公安机关履行保护其财产权的法定职责。

---

① 王洪海：《公安机关刑事不予立案通知不属行政诉讼受案范围》，载《人民法院报》2014年9月3日第6版。

对公安机关刑事不予立案通知不服能否提起行政诉讼，有两种意见：一种意见认为，公安机关具有保护公民、法人或者其他组织人身权、财产权的法定职能，公安机关作出的不予立案通知应视为拒绝履行法定职责，是可诉性行政行为，郭某对该通知不服提起行政诉讼，法院应予受理。第二种意见认为，本案不属法院行政诉讼受案范围，对郭某提起的行政诉讼法院应不予受理。应当采纳哪种意见？

【分析】

本案应采用第二种意见，对郭某不服公安机关刑事不予立案通知而提起的行政诉讼，法院应裁定不予受理。

1999 年通过的《行政诉讼法解释》第一条第二款对不属于人民法院行政诉讼受案范围的事项作了排除性规定，其中第（二）项规定："公安、国家安全等机关依照刑事诉讼法的明确授权实施的行为。"在本案中，公安机关作出的不予立案通知书，是针对郭某财物失窃的刑事案件作出的，是公安机关依照刑事诉讼法授权实施的刑事司法行为。根据我国刑事诉讼法、行政诉讼法的规定，该类行为由检察机关行使监督权，对该类行为提起行政诉讼的，人民法院应裁定不予受理；已经受理的，裁定驳回起诉。本案公安机关决定不予立案，郭某如果有证据证明对张某侵害自己财产权的行为应当依法追究刑事责任的，可直接向人民法院提起刑事自诉。

### 4. 张三诉某公安机关不作为案①

【案情简介】

16 岁的学生张三早年父母离婚，离婚时张三被法院判归其母抚养，由于户口簿上按中国传统登记的是随父姓的姓名，其母

---

① 李庆来、郝兴军：《原告能否提起行政不作为之诉》，载《人民法院报》2011 年 11 月 2 日第 6 版。

离婚后便给其重取了随母姓的姓名，并在公安机关进行登记，公安机关将其随母姓的姓名登记在原户籍册"曾用名"一栏中。之后，张三上小学、升初中以及高中都是用的母姓姓名，其学生档案全部是母姓姓名。张三进入高三后，学校要求高三学生都要办理身份证以备高考，张三以"曾用名"到户籍所在地公安机关申请办理身份证时，其户籍所在地公安机关以"不得以曾用名办理"为由拒绝。而张三用原名办理身份证又与学生档案姓名不符，将给未来高考带来很大麻烦。为此，张三认为，依据我国婚姻法的相关规定，其可以随父姓，也可以随母姓，现在其既有随父姓的名字，也有随母姓的名字，且户口簿都有登记。其用随母姓的姓名办理身份证是其依法享有的自由，公安机关拒绝办理，构成行政上的不作为。因此，张三将公安机关以行政不作为起诉到法院。

张三的起诉是否符合起诉条件？

【分析】

本案符合法定的起诉条件，法院应当立案受理。

根据《行政诉讼法》第四十九条的规定，提起诉讼应当符合下列条件：（1）原告是符合本法第二十五条规定的公民、法人或者其他组织；（2）有明确的被告；（3）有具体的诉讼请求和事实根据；（4）属于人民法院受案范围和受诉人民法院管辖。

在本案中：（1）张三的户口簿上登记的姓名是随父姓的姓名和在曾用名栏目登记的随母姓的姓名。两个姓名都得到公安机关认可，符合我国婚姻法关于子女可以随父姓，也可以随母姓的规定，张三以母姓的姓名申请办理身份证而公安机关不予办理，其合法权益受到了侵害，因此张三是适格的原告。（2）身份证办理是公安机关的一项法定职权，张三以"曾用名"到户籍所在地公安机关申请办理身份证时，其户籍所在地公安机关以"不得以曾用名办理"为由拒绝办理，因此其户籍所在地公安机关是适格的被告。（3）张三在公安机关不作为后，请求人民法院判决其依法履行职责，有具体的诉讼请求和事实根据。（4）接到张三办理身份证的申请后，公安机关拒绝办理或拖延办理，属于怠于行使职权，构成行政不作为，属于人民法院的受案范围。

此外，根据《行政诉讼法》第四十七条第一款的规定："公民、法人或者其他组织申请行政机关履行保护其人身权、财产权等合法权益的法定职责，行政机关在接到申请之日起两个月内不履行的，公民、法人或者其他组织可以向人民法院提起诉讼。法律、法规对行政机关履行职责的期限另有规定的，从其规定。"因此，张三可以在行政机关接到申请两个月期满后，依法向人民法院提起行政诉讼。至于公安机关在身份证办理中有什么内部操作规范，只能在法院立案后，进入审理阶段由公安机关进行举证，但公安机关的举证只能影响最终判决的结果，并不影响法院的立案，故张三的起诉符合起诉条件，法院应当予以立案。

# 第七章　审理和判决

## 【本章概述】

本章共40条，主要规定了行政案件审判的一般规定、第一审普通程序、简易程序、第二审程序、审判监督程序。一般规定为第五十四条至第六十六条，涉及对行政诉讼不公开审理、回避制度、停止行政行为执行等规定。第一审普通程序为第六十七条至第八十一条，涉及对行政诉讼过程中被告的举证期限和提交答辩状、审判组织、驳回诉讼请求等规定。简易程序为第八十二条至第八十四条，包括对简易程序适用的情形、简易程序案件审判时限和简易程序转普通程序的规定。第二审程序为第八十五条至第八十九条，包括第一审判决或裁定的上诉期限、可以不开庭审理的情形、对上诉案件全面审查的职责、二审期限、上诉案件处理结果的规定。审判监督程序为第九十条至第九十三条，包括对向上一级人民法院申请再审、应予再审的情形、人民法院依职权的再审、人民检察院提起抗诉的规定。

与旧法相比，新法更加注重保障原告的权利。在本章中，主要解决了"告官不见官"的问题，要求行政机关负责人出庭。新法加强了行政行为审查的力度；对行政权不得随便处置的理论进行了一些突破，对行政机关有裁量权的进行调解；完善了民行交叉的处理机制，在一些登记、裁决案件中，行政附带民事一并审理；完善了管辖制度，解决审理难；完善了诉讼程序，推动了程序的科学化。以前的法律规定不明确，需要司法解释补充内容。新的行政诉讼法，增加了判决给付、确认违法、判决履行协议等判决形式，延长了审理期限。第八十八条对一审和二审审限进行了延长并增加了简易程序。

# 【法律条文及其释义】

## 第一节　一般规定

**第五十四条**　人民法院公开审理行政案件，但涉及国家秘密、个人隐私和法律另行规定的除外。

涉及商业秘密的案件，当事人申请不公开审理的，可以不公开审理。

本条规定了行政诉讼的审理方式以公开为原则，不公开为例外。

### 一、公开审理

人民法院审理行政案件，以公开审理为原则。行政案件公开审理，对于保障公正、保护相对人的合法权益有着特别重要的意义。因为，行政案件的一方当事人是行政机关，而行政机关与人民法院同为国家机关。行政案件如果不公开审理，法院往往难以抵制行政机关或其他方面的影响或压力，案件难以得到公正的处理。而案件一旦公开审理，案情及案件的是非曲直即为社会公众所了解。这样，行政机关或其他方面就难于对人民法院施加影响，人民法院也能借助舆论的力量来抵制行政机关或其他方面的不适当的影响。即使人民法院有意偏袒行政机关，它也难于这样做。否则行政机关和人民法院都要冒受舆论谴责，以致受权力机关、检察机关通过法律监督程序追究其相应责任的风险。

## 二、公开审理的例外

行政诉讼案件应当进行公开审理，但也存在例外。例外情况，即不公开审理的情况，包括涉及国家秘密、个人隐私的案件和法律另行规定的案件；新行政诉讼法还增加了"涉及商业秘密的案件，当事人申请不公开审理的，可以不公开审理"的规定。

不公开审理，是指人民法院在进行诉讼活动时，根据法律规定或者其他正当事由，对案件不进行公开审理的司法审判制度。有关不公开审理的相关法律规定有：第一，新刑事诉讼法规定不公开审判的案件有：（1）有关国家秘密的案件。（2）有关个人隐私的案件。（3）审判的时候被告人不满十八周岁的案件，不公开审理，但是，经未成年被告人及其法定代理人同意，未成年被告人所在学校和未成年人保护组织可以派代表到场。（4）对当事人提出申请的确属涉及商业秘密的案件，法庭可以决定不公开审理。同时规定，对于不公开审理的案件，应当当庭宣布不公开审理的理由。不公开审理的案件，宣告判决一律公开进行。依法不公开审理的案件，任何公民包括与审理该案无关的法院工作人员和被告人的近亲属都不得旁听，但是，未成年被告人的法定代理人除外。第二，《刑事诉讼法》第一百八十三条规定：人民法院审判第一审案件应当公开进行。但是有关国家秘密或者个人隐私的案件，不公开审理；涉及商业秘密的案件，当事人申请不公开审理的，可以不公开审理。不公开审理的案件，应当当庭宣布不公开审理的理由。第二百七十四条规定：审判的时候被告人不满十八周岁的案件，不公开审理。但是，经未成年被告人及其法定代理人同意，未成年被告人所在学校和未成年人保护组织可以派代表到场。第三，《民事诉讼法》第一百三十四条规定：人民法院审理民事案件，除涉及国家秘密、个人隐私或者法律另有规定的以外，应当公开进行。离婚案件、涉及商业秘密的案件，当事人申请不公开审理的，可以不公开审理。第一百四十八条规定：人民法院对公开审理或者不公开审理的案件，一律公开宣告判决。当庭宣判的，应当在十日内发送判决书；定期宣判的，宣判后立即发送判决书。宣告判决时，必须告知当事人上诉权利、上诉期限和上诉的法院。宣告离婚判决，必须告知当事人在判决发生法律效力前不得另行结婚。

在案件审理中，不予公开审理的案件主要是考虑到利益的均衡，在其他利益超过公开审判的利益时，应当灵活处置，采取不公开审理的方式。同时需要注意，行政诉讼案件的不公开审理，仅是审理过程不公开，只是对案外人不公开，不允许群众旁听，不允许新闻记者采访等，但仍开庭审理。审理结果即宣告判决或裁定要公开进行，并且所有裁判文书也要公开。

**第五十五条** 当事人认为审判人员与本案有利害关系或者有其他关系可能影响公正审判，有权申请审判人员回避。

审判人员认为自己与本案有利害关系或者有其他关系，应当申请回避。

前两款规定，适用于书记员、翻译人员、鉴定人、勘验人。

院长担任审判长时的回避，由审判委员会决定；审判人员的回避，由院长决定；其他人员的回避，由审判长决定。当事人对决定不服的，可以申请复议一次。

本条是有关回避制度的规定。

回避，是指审判人员和其他人员因某种原因可能影响对案件的公正审理，依照法律规定，审判人员和其他人员应当自动退出对本案的审理，或者由当事人申请更换本案的审判人员和其他人员。根据本条规定，回避发生在以下两种场合：第一，审判人员和本案有利害关系，即本案的审理涉及审判人员自身的利益，在这种情况下，审判人员应当申请回避，当事人也有权申请回避。第二，对本案有其他关系可能影响案件公正审理，如审判人员与本案当事人交往较深、关系密切等，在这种情况下，审判人员也应当申请回避，当事人也有权申请回避。这里的"审判人员"包括法官助理，且法官助理署名在书记员之上。本案的书记员、翻译人员、鉴定人、勘验人有上述情形之一的，适用上述规定。是否准许回避，需经批准。院长担任审判长时的回避，由审判委员会决定；审判人员的回避，由院长决定；书记员、翻译人员、鉴定人、勘验人虽然不是法庭的组成人员，但是其工作直接受审判长的指挥和领导，所以他们的回避由审判长决定。当事人对回避决定不服的，按规定可以申请复议，新修改的行政诉讼法规定当事人只能复议一次。

回避制度是指依照法律规定，人民法院审理某一案件的审判人员和其他人员与案件有利害关系或者其他关系，可能影响案件的公正处理，而避开或者退出对该案审理的法律制度。回避制度是保证案件获得公正审理的制度。审判人员的回避制度由法定的回避情形、回避的适用范围、申请回避和作出决定的程序等内容组成。回避的理由因案件的性质不同而有所不同，在法定范围内的人员，如果具备以下情形之一的，应当回避：（1）是本案当事人或者当事人的近亲属；（2）与本案有其他直接利害关系；（3）担任过本案的证人、鉴定人、辩护人、诉讼代理人的；（4）与本案当事人有其他关系，可能影响公正处理案件的。陪审员属于审判人员，陪审员的回避由法院院长决定。回避的方式有两种：一种是审判人员自行回避，即负责案件的审判人员，认为自己具有回避法定情形之一而主动提出回避，另一种是当事人申请回避，即当事人认为审判人员有回避法定情形之一的，用口头或者书面形式申请他们退出该案的审理。

　　回避是当事人重要的程序权利，但也不能随意提出，应在案件开始审理时提出，并说明理由。回避事由在案件开始审理后知道的，应当在法庭辩论终结前提出。被申请回避的人员，在人民法院作出是否回避的决定前，应当暂停参与本案的工作，但案件需要采取紧急措施的除外。对当事人提出的回避申请，人民法院应当在3日内以口头或者书面形式决定。院长担任审判长时的回避，由审判委员会决定；审判人员的回避，由院长决定；申请人对驳回回避申请决定不服的，可以向作出决定的人民法院申请复议一次。复议期间，被申请回避的人员不停止参与本案的工作。对申请人的复议申请，人民法院应当在3日内作出复议决定，并通知复议申请人。审判人员主动回避是审判人员认为自己与本案有利害关系或者有其他关系，应当申请回避。

　　**第五十六条**　诉讼期间，不停止行政行为的执行。但有下列情形之一的，裁定停止执行：

　　（一）被告认为需要停止执行的；

　　（二）原告或者利害关系人申请停止执行，人民法院认为该行政行为的执行会造成难以弥补的损失，并且停止执行不损害国家利益、社会公共利益的；

　　（三）人民法院认为该行政行为的执行会给国家利益、社会公共利益造成重大损害的；

　　（四）法律、法规规定停止执行的。

　　当事人对停止执行或者不停止执行的裁定不服的，可以申请复议一次。

　　本条规定了诉讼期间不停止行政行为执行的原则及其例外。

## 一、诉讼期间不停止行政行为执行

由于行政行为往往涉及公共利益，在行政诉讼期间，如果停止被诉行政行为的执行，有可能会损害公共利益。所以，我国法律规定在行政诉讼期间，不停止执行行政行为，即在行政诉讼中当事人争议的行政行为不因原告提起行政诉讼而停止执行。很多国家的法律都作出了类似的规定。不过需要指出的是，德国《行政程序法》规定"停止执行为原则，不停止执行为例外"。究竟何种规定更为科学，还需要认真总结司法实践的经验。

## 二、诉讼期间不停止行政行为执行的例外规定

诉讼期间不停止执行也有例外，即停止被诉行政行为的执行。

依据本条规定，停止执行行政行为的法定情形和程序有三种：

第一，被告认为需要停止执行。在行政诉讼中，被告就是行政主体，行政相对人不服具体行政行为诉至人民法院后，行政主体发现自己作出的具体行政行为确实违法，如果执行下去，既可能侵犯行政相对人的合法权益，又可能导致行政赔偿，因而决定停止具体行政行为的执行。行政主体认为需要停止执行的，在实践中，一般是行政主体自行停止，不需人民法院作出裁定。

第二，原告或者利害关系人申请停止执行，人民法院认为该行政行为的执行会造成难以弥补的损失，并且停止执行不损害国家利益、社会公共利益的。人民法院裁定停止执行，必须同时具备三个条件：一是原告或者利害关系人（即第三人）提出停止执行具体行政行为的申请；二是人民法院认为不停止被诉的具体行政行为的执行会造成难以弥补的损失；三是停止执行具体行政行为不会损害国家利益、社会公共利益。

第三，人民法院认为，该行政行为的执行会给国家利益、社会公共利益造成重大损害的，有权径行作出停止执行被诉行政行为的裁定。为了保护公民、法人和其他组织的权利，只要人民法院认为执行该行政行为会给国家利益、社会利益带来损害的，不论被诉行政机关是否主动作出停止执行被诉行政行为决定、原告或者利害关系人是否申请停止执行被诉行政行为，人民法院都有权径行裁定停止执行。

另外，还有法律、法规规定停止执行的情形。法律、法规规定在行政诉讼中具体行政行为应当停止执行的，行政主体必须停止执行。如行政主体不停止执行，相对人提出申请，人民法院可以裁定停止执行，如治安管理处罚法中规定的，"被裁决拘留的人或者他的家属能够找到担保人或者按规定交纳保证金的，在申诉和诉讼期间，原裁决暂缓执行。"如果公安机关在这种情况下不停止执行，人民法院可以根据申请人的申请，裁定停止执行。同时，在本条第二款还增加了当事人申请复议的权利。当事人对停止执行或者不停止执行的裁定不服的，可以申请复议一次。

### 三、人民法院裁定停止执行的程序

人民法院裁定停止执行的程序如下：一是原告提出申请。在一般情况下，原告提出申请是人民法院裁定停止执行的前提条件。原告提出申请，一般要提交申请书，说明理由和要求。二是行政审判人员审查。行政审判人员接到申请书后，要对照上述条件和情形审查，并提出是否停止执行的意见。三是作出裁定。审判人员审查后，将审查意见报请院长审批。对不符合停止执行条件的，人民法院作出驳回停止执行申请的裁定；对符合停止执行条件的，人民法院作出停止执行的裁定。裁定送达当事人后，即发生法律效力，当事人必须执行该裁定。除人民法院和行政主体外，其他任何机关（包括其他行政机关）均无权停止行政主体具体行政行为的执行。

**第五十七条** 人民法院对起诉行政机关没有依法支付抚恤金、最低生活保障金和工伤、医疗社会保险金的案件，权利义务关系明确，不先予执行将严重影响原告生活的，可以根据原告的申请，裁定先予执行。

当事人对先予执行裁定不服的，可以申请复议一次。复议期间不停止裁定的执行。

本条是对行政给付类"三金"案件的先予执行制度，是救急救穷制度。

先予执行制度适用范围限于起诉行政机关没有支付抚恤金、最低生活保障金和工伤、医疗社会保险的案件，权利义务关系明确、不先予执行将严重影响原告生活的，依原告的申请，人民法院裁定先予执行。这是新修改行政诉讼法中新增的法条，用以保护公民、法人和其他组织的权利。

先予执行，又称为先行给付，它是指人民法院在判决确定之前裁定由有给付义务的人，预先给付对方部分财务，或者预先为一定行为的诉讼法律制度。该项制度的重要特点之一就是案件虽已受理，但尚未经法庭实体审判而先作出实体裁定责令义务人在法院指定的期限内向权利人履行义务，该裁定一经作出立即执行。其目的在于解决特定案件的当事人在生活和生产上的迫切需要，从而保障正常的社会生活和生产秩序，维护社会的安定和社会主义市场经济的顺利进行。在行政诉讼中，先予执行主要适用于控告行政机关没有依法发给抚恤金、社会保险金、最低生活保障费等的案件。抚恤金是指公民（军人、国家工作人员、参战民兵、民工等）因公或因病致残、死亡时，法律、法规规定由行政机关发给死者家属或伤残者本人的费用。社会保险金是公民在失业、年老、患病、生育、工伤等情况发生时，向社会保障机构申请发放的社会救济金。社会保险金包括失业保险金、医疗保险金、生育保险金、工伤保险金和养老保险金等。最低生活保障费是向城镇居民发放的维持其基本生活需要的社会救济金。抚恤金是国家对于因公死亡的家属和伤残者的必要的生活帮助，以维持死者家属或伤残者的日常生活，是公民获得宪法规定的物质帮助权利的表现。行政机关按照法律的规定发放抚恤金是其应负的义务。所以，行政机关未依法给公民发放抚恤金，便是对公民权利的剥夺与侵犯，是一种违法行为。

人民法院裁定对公民先予发放部分抚恤金、社会保险金、最低生活保障费的，应当具备下列条件：（1）发给抚恤金、社会保险金、最低生活保障费等的行为必须由法律、法规明确规定。法律、法规未作明确规定的，当事人不能以未发放抚恤金、社会保险金、最低生活保障费等为由提起诉讼。（2）未依法发放抚恤金、社会保险金、最低生活保障费的行为是行政机关的行为。对法律、法规规定应由企事业单位发给伤残职工抚恤金、社会保险金、最低生活保障费，而企事业单位未发的，当事人不能提起行政诉讼。（3）起诉后，法院认为案件当事人之间权利义务关系明确，不先予执行会严重影响申请人的生活的，根据当事人的申请，书面裁定先予执行。

**第五十八条**　经人民法院传票传唤，原告无正当理由拒不到庭，或者未经法庭许可中途退庭的，可以按照撤诉处理；被告无正当理由拒不到庭，或者未经法庭许可中途退庭的，可以缺席判决。

本条是对"按照撤诉处理和缺席判决"进行的规定。

## 一、按照撤诉处理

按照撤诉处理，适用于原告。对于原告，出现如下两种情况，人民法院可以作出"按照撤诉处理"的决定。

第一，经人民法院传票传唤，原告无正当理由拒不到庭。本条将旧法的"经人民法院两次合法传唤"中的"两次"改为"经人民法院传票传唤"。这样，对原告按照撤诉处理，不以经人民法院两次合法传唤为条件，省却了法官和其他当事人的麻烦，提升了诉讼效率。新法明确为"传票传唤"，这是一种正式传唤，在实践中，往往是无法采取电话等方式通知当事人，对当事人不按要求出庭的，才采用传票传唤。传票传唤的主要内容是：（1）要有传票，而不能是口头、电话等间接传达方式。（2）传票要依法传唤。（3）要有送达回证。送达回证要有当事人的签名盖章，以证明其在法定期限内收到传唤。

第二，未经法庭许可中途退庭的。法庭秩序不容藐视，在法庭开庭期间，不论是原告、被告、第三人，还是诉讼代理人，以及一切出庭的人员，都应当服从法庭的指挥，遵守法庭秩序，不得在法庭上随意走动、喧闹、接听手机等。作为当事人的原告、被告和其他人，更不能未经法庭许可，擅自中途退庭。如果原告未经法庭许可中途退庭的，人民法院可以作出"按撤诉处理"的决定。

撤诉，是指在人民法院受理案件之后，宣告判决之前，原告要求撤回其起诉。申请撤诉，即原告在法院立案受理后，进行宣判前，以书面或口头形式向人民法院提出撤回其起诉的要求。按撤诉处理，即原告虽然没有提出撤诉申请，但其在诉讼中的一定行为已经表明他不愿意继续进行诉讼，因而，法院依法决定注销案件不予审理的行为。不论是当事人申请撤诉还是按撤诉处理的，都会产生一定的法律后果：（1）法院裁定准许撤诉或按撤诉处理，都会直接引起终结诉讼程序的法律后果；（2）诉讼时效重新开始计算，原告在诉讼时效期间内再次起诉的，人民法院应当受理；（3）诉讼费用由原告或上诉人负担。

## 二、作出缺席判决

作出缺席判决适用于行政诉讼的被告。对于被告，出现如下两种情况，人民法院可以作出缺席判决：

第一，无理由拒不到庭。对于被告而言，是否需要像原告那样经过"人民法院传票传唤"的手续呢？从法条规定的内容来看，不太明确。从司法实践和当事人诉讼权利的平等性来看，也应当要经过"人民法院传票传唤"这个手续。

第二，未经法庭许可中途退庭的。在这一点上，被告与原告别无二致，均要遵守法庭秩序，服从法庭指挥。缺席判决制度的存在，要求行政机关更加积极地配合、支持人民法院行使审判权，特别是行政机关内部要健全行政应诉的配套制度，强化责任制，把行政应诉工作纳入到各级行政机关依法行政的指标考核体系中来推动。

缺席判决，是人民法院在开庭审理时，在一方当事人或双方当事人未到庭陈述、辩论的情况下，合议庭经过审理所作的判决。缺席判决适用于下述几种情况：（1）被告不到庭。经人民法院传票传唤，被告无正当理由拒不到庭的，可以缺席判决。被告已经到庭参加诉讼，但是未经人民法院许可中途退庭，如若被告已经合法传票传唤到庭应诉而未经许可中途退庭的，可以缺席判决。（2）原告申请撤诉时，人民法院裁定不准许撤诉。原告经传票传唤，无正当理由拒不到庭的，缺席判决。（3）特殊情况下，人民法院裁定不允许原告撤诉。原告、被告双方经人民法院一次传唤无正当理由拒不到庭的，可以缺席判决。撤诉与缺席判决均是针对原、被告而言，第三人拒不到庭或中途退庭的，不影响案件审理。诉讼案件中，被裁定撤诉后，当事人仍可申请复议。

**第五十九条** 诉讼参与人或者其他人有下列行为之一的，人民法院可以根据情节轻重，予以训诫、责令具结悔过或者处一万元以下的罚款、十五日以下的拘留；构成犯罪的，依法追究刑事责任：

（一）有义务协助调查、执行的人，对人民法院的协助调查决定、协助执行通知书，无故推拖、拒绝或者妨碍调查、执行的；

（二）伪造、隐藏、毁灭证据或者提供虚假证明材料，妨碍人民法院审理案件的；

（三）指使、贿买、胁迫他人作伪证或者威胁、阻止证人作证的；

（四）隐藏、转移、变卖、毁损已被查封、扣押、冻结的财产的；

（五）以欺骗、胁迫等非法手段使原告撤诉的；

（六）以暴力、威胁或者其他方法阻碍人民法院工作人员执行职务，或者以哄闹、冲击法庭等方法扰乱人民法院工作秩序的；

（七）对人民法院审判人员或者其他工作人员、诉讼参与人、协助调查和执行的人员恐吓、侮辱、诽谤、诬陷、殴打、围攻或者打击报复的。

人民法院对有前款规定的行为之一的单位，可以对其主要负责人或者直接责任人员依照前款规定予以罚款、拘留；构成犯罪的，依法追究刑事责任。

罚款、拘留须经人民法院院长批准。当事人不服的，可以向上一级人民法院申请复议一次。复议期间不停止执行。

本条规定了对妨碍诉讼秩序行为的惩处规则。

妨碍诉讼秩序的行为,即扰乱、阻碍、破坏行政诉讼秩序的行为。为了保障行政诉讼程序的顺利进行,法律对妨碍诉讼秩序的行为都作了禁止性规定,当事人违反规定,应当承担相应的法律后果。原行政诉讼法规定,诉讼参与人或者其他人有下列行为之一的,人民法院可以根据情节轻重,予以训诫、责令具结悔过或者处1000元以下的罚款、15日以下的拘留;构成犯罪的,依法追究刑事责任:(1)有义务协助执行的人,对人民法院的协助执行通知书,无故推拖、拒绝或者妨碍执行的;(2)伪造、隐藏、毁灭证据的;(3)指使、贿买、胁迫他人作伪证或者威胁、阻止证人作证的;(4)隐藏、转移、变卖、毁损已被查封、扣押、冻结的财产的;(5)以暴力、威胁或者其他方法阻碍人民法院工作人员执行职务或者扰乱人民法院工作秩序的;(6)对人民法院工作人员、诉讼参与人、协助执行人侮辱、诽谤、诬陷、殴打或者打击报复的。罚款、拘留须经人民法院院长批准。当事人对决定不服的,可以申请复议。

与旧法相比,根据实践出现的问题,新法中将诉讼参与人或者其他人的妨害行政诉讼行为增加到七种:(1)有义务协助调查、执行的人,对人民法院的协助调查决定、协助执行通知书,无故推拖、拒绝或者妨碍调查、执行的;(2)伪造、隐藏、毁灭证据或者提供虚假证明材料,妨碍人民法院审理案件的;(3)指使、贿买、胁迫他人作伪证或者威胁、阻止证人作证的;(4)隐藏、转移、变卖、毁损已被查封、扣押、冻结的财产的;(5)以欺骗、胁迫等非法手段使原告撤诉的;(6)以暴力、威胁或者其他方法阻碍人民法院工作人员执行职务,或者以哄闹、冲击法庭等方法扰乱人民法院工作秩序的;(7)对人民法院审判人员或者其他工作人员、诉讼参与人、协助调查和执行的人员恐吓、侮辱、诽谤、诬陷、殴打、围攻或者打击报复的。

新行政诉讼法根据经济和社会发展的实际情况，对上述规定作了相应完善。主要体现在四个方面：（1）增加对妨碍诉讼程序行为的惩罚力度。主要体现为增加了罚款的数额，罚款数额由原来的1000元上调为10000元。（2）增加规定予以惩罚的妨碍诉讼程序行为的种类。在原来列举规定六种妨碍诉讼程序行为的基础上，增加一种行为。增加的这一种妨碍诉讼程序行为是"以欺骗、胁迫等非法手段使原告撤诉的"。另外，将妨碍人民法院的调查行为也列为妨碍诉讼程序行为，将原规定中的第一类行为调整规定为"有义务协助调查、执行的人，对人民法院的协助调查决定、协助执行通知书，无故推拖、拒绝或者妨碍调查、执行的"。（3）调整原来法条的内容，使得新的规定更加严谨。表现有二，其一是将原来规定中的第二类妨碍诉讼程序行为，增加了"妨碍人民法院审理案件的"措辞，规定为"伪造、隐藏、毁灭证据或者提供虚假证明材料，妨碍人民法院审理案件的"；其二是将原来规定中的第六类妨碍诉讼程序行为，调整为"对人民法院审判人员或者其他工作人员、诉讼参与人、协助调查和执行的人员恐吓、侮辱、诽谤、诬陷、殴打、围攻或者打击报复的"。（4）明确了单位主要负责人或者直接责任人员的责任。原行政诉讼法只规定了"诉讼参与人或者其他人"妨碍诉讼程序行为的责任，如果"诉讼参与人或者其他人"不是自然人，而是一个组织或者其他单位，如何追究责任，规定不详，难以执行。新行政诉讼法解决了这个问题，规定"人民法院对有前款规定的行为之一的单位，可以对其主要负责人或者直接责任人员依照前款规定予以罚款、拘留"。实施妨碍行政诉讼行为的人，可能是诉讼参与人，也可能是没有参与诉讼的其他人。

人民法院对于妨碍诉讼秩序行为可以采取的强制措施有：（1）训诫，以口头形式批评教育妨害行政诉讼的人；（2）责令具结悔过，命令行政诉讼的人写悔过书，使其认识错误，不再重犯；（3）罚款，强制妨碍行政诉讼的人在一定期限内缴纳一定数量的货币，最多不超过一万元；（4）拘留，暂时限制妨碍行政诉讼的人的人身自由，拘留的期限不得超过 15 天。

**第六十条**　人民法院审理行政案件，不适用调解。但是，行政赔偿、补偿以及行政机关行使法律、法规规定的自由裁量权的案件可以调解。

调解应当遵循自愿、合法原则，不得损害国家利益、社会公共利益和他人合法权益。

本条是关于行政诉讼不适用调解原则及其例外的规定。

## 一、行政诉讼不适用调解原则

行政诉讼法规定，行政诉讼案件不适用调解原则，这是行政诉讼应当遵循的一般原则。这是因为：（1）行政诉讼是人民法院审查行政行为是否合法的活动，行政行为是否合法，在一般情况下，没有调解协商的余地；（2）调解以双方当事人能自行处分自己的实体权益为前提，但行政机关是代表国家行使行政权的行为，行政机关不能自行任意处分具有公权力属性的行政权，从而行政争议缺乏调解的基础；（3）行政争议由于发生在不平等的双方当事人之间，如对双方调解，行政机关在调解中可能利用其权力迫使原告屈服，也可能通过牺牲国家与社会公共利益来与原告达成协议，以避免对簿公堂中可能出现的尴尬局面。需要注意的是，不适用调解不排除法院在公开审理前或公开审理中向双方当事人宣传法律政策，从而也不排除法院允许原告认识其指控不当后撤诉和允许被告在认识其行为违法不当后改变原行政行为以及原告同意后撤诉。

## 二、有限适用调解原则

所谓有限适用调解原则，是指行政诉讼在一般情况下不适用调解，只有符合法律规定的条件时，方可适用调解原则。

行政诉讼适用调解需满足以下条件：

第一，当事人符合相应条件。调解的主体为本案的当事人，当事人对诉讼标的有处分权。

第二，属于法律规定的案件范围。根据法律规定，行政诉讼调解适用的范围包括：（1）行政赔偿案件。（2）行政补偿案件。所谓行政补偿是行政主体基于公共利益的需要，在管理国家和社会公共事务的过程中，合法行使公权力的行为而致使公民、法人或者其他组织的合法财产及合法权益遭受特别损害，以公平原则并通过正当程序对所遭受的损害给予补偿的法律制度。对于合法财产及合法权益的损害程度及补偿的标准、方式等，都存在合理及可裁量的问题。因此，此类案件可以适用调解。当然，人民法院在调解时，必须以保护"公共利益"不受侵害为原则。（3）行政机关行使法律、法规规定的自由裁量权的案件。这类案件的范围较广，综合各单行法律的规定和行政管理实践，这类案件主要包括：一是行政裁决案件。所谓行政裁决，是指依法由行政机关依照法律授权，对当事人之间发生的、与行政管理活动密切相关的、与合同无关的民事纠纷进行审查，并作出裁决的行政行为。该类案件，原告起诉的目的实质在于满足其民事主张，该类案件的调解，其实就是民事纠纷当事人之间的调解。二是行政许可案件。《行政许可法》第二条规定："本法所称行政许可，是指行政机关根据公民、法人或者其他组织的申请，经依法审查，准予其从事特定活动的行为。"虽然《行政许可法》第四条规定："设定和实施行政许可，应当依照法定的权限、范围、条件和程序。"但许多法律、行政法规在规定行政许可的具体标准和条件时，给行政机关以合理裁量权。这就为此类行政诉讼中适用调解制度提供了依据。当然，在调解中，人民法院必须坚持公平、公正的基本原则。三是行政征收案件。所谓行政征收，是指行政主体凭借国家行政权，根据国家和社会公共利益的需要，依法向行政相对人强制地、无偿地征集一定数额金钱或实物的行政行为。目前，我国的行政征收体制由税和费组成。虽然法律、法规对于行政征收的范围、标准等都有规定，但在具体操作中，行政机关在征收时存在自由裁量的空间。如税法中关于税收的减、缓、免等方面只有原则性规定，如何掌握好尺度，就是税收征管部门的自由裁量权。还有一些费的征收，针对不同情况、不同范围，行政机关可以自由决定收费数额。因此，在行政诉讼中，法院可以在此幅度内进行调解。四是行政处罚案件。根据有关行政法律、法规的规定，行政机关进行行政处罚一般都拥有自由裁量权，由此便可能产生处罚轻重失度的情况。由于自由裁量权的存在，行政机关在法定的权限内作出的任一选择都是合法的。实践中，若原告以被告的行政处罚"显失公正"为由提起诉讼，法院对这种合法但不合理的行政行为只能判决维持，这样的判决就使得行政相对人的合法权益得不到保护。在审理过程中，如果行政机关认识到行政处罚明显过重，提出将处罚减轻，在审判人员主持庭审的情况下，如果原告同意，则这一纠纷即可获得解决。这样，通过调解，既能保护行政相对人的合法权益，及时了结争议，又达到监督行政机关依法行政的目的，实现了法律效果与社会效果的有机统一。五是行政合同案件。行政合同是指行政主体以实施行政管理为目的，与行政相对一方就有关事项经协商一致而达成的协议。行政合同是现代行政法中合意、协商等行政民主精神的具体体现。正因为行政合同有合同的特性，决定了人民法院在审理此类行政案件中可以适用调解。当调解时，必须遵守公益优先原则，即当私人利益与公共利益发生明显冲突时，不得以牺牲公共利益为代价进行违法调解。

新法中还规定调解需遵循自愿、合法原则。自愿原则，即行政诉讼调解必须基于当事人双方的自愿，而不受外在不正当因素的影响。合法原则，即人民法院和双方当事人的调解活动及其协议的内容，必须符合法律的规定。合法原则重点强调法院对当事人双方的调解活动及其方案的合法性进行监督。在调解中允许当事人对自己的权利作出处分，但当事人的处分不得违背政策、法律的规定，或损害国家、集体和其他公民的权益，这是合法原则的基本要求。双方达成的协议内容，要符合有关政策、法律的规定。

**第六十一条** 在涉及行政许可、登记、征收、征用和行政机关对民事争议所作的裁决的行政诉讼中，当事人申请一并解决相关民事争议的，人民法院可以一并审理。

在行政诉讼中，人民法院认为行政案件的审理需以民事诉讼的裁判为依据的，可以裁定中止行政诉讼。

本条是关于民行交叉案件审理规则的规定。

很多行政争议的背后都有民事争议的存在，民行争议交织情况多发。对于民、行交叉的案件，依据新法规定，人民法院在审理行政诉讼案件过程中，根据当事人的申请，由同一审判组织依据不同的诉讼程序对涉及的另一种案件，一并审理并作出裁判。解决民事争议是当事人诉讼的最终目的，但如果忽视行政裁决的存在，对行政裁决的合法性不作判决，则法院的判决和行政裁决不一致时，民事争议得不到真正解决。如果只解决行政争议，法院不直接对民事争议作出判决，诉讼的目的难以实现。只有同时解决行政争议和民事争议，当事人提起诉讼的最终目的才能实现。将行政争议和民事争议一并审理，将民事、行政诉讼纳入司法统一处理的范围，是司法解决纠纷机制的创新。相关的诉讼费按照民事诉讼标准收取。依据《行政诉讼法解释》的规定，公民、法人或者其他组织请求一并审理相关民事争议，应当在第一审开庭审理前提出；有正当理由的，也可以在法庭调查中提出。但法律规定应当由行政机关先行处理的、违反民事诉讼法专属管辖规定或者协议管辖约定的、已经申请仲裁或者提起民事诉讼的，不予准许一并审理。《行政诉讼法解释》还明确，一并审理相关民事争议的，民事争议应当单独立案，由同一审判组织审理。行政争议和民事争议应当分别裁判。

本条第二款规定，在行政诉讼中，人民法院认为行政案件的审理需以民事诉讼的裁判为依据的，可以裁定中止行政诉讼。这是有关"先民后行"的规定，使用的前提是须以民事诉讼的裁判为依据。

**第六十二条**　人民法院对行政案件宣告判决或者裁定前，原告申请撤诉的，或者被告改变其所作的行政行为，原告同意并申请撤诉的，是否准许，由人民法院裁定。

本条是关于行政诉讼案件撤诉的规定。

行政诉讼撤诉是指原告（或上诉人）在法院宣告判决或裁定前主动撤回起诉（或上诉），或以不作为的方式撤回起诉（上诉），经法院准许而终结诉讼的法律制度。根据撤诉权人行使权利的方式，撤诉分为申请撤诉和按照撤诉处理两种：（1）原告申请撤诉。在行政诉讼过程中，当人民法院受理案件以后、宣告裁判以前，原告向人民法院请求撤回业已成立的诉讼，人民法院审查同意，准许其撤诉。这种撤诉的条件是：原告在第一审裁判宣告之前提出申请；申请为原告的真实意思表示；申请得到人民法院的准许。（2）按照撤诉处理。在行政诉讼中，原告没有提出撤诉申请，但以默示或不作为的方式拒绝履行法定诉讼义务，人民法院依法推定其有撤诉的意思表示而按撤诉处理。依据新《行政诉讼法》第五十八条的规定，按照撤诉处理的情形有两种，其一是原告经人民法院传票传唤无正当理由拒不到庭，其二是原告未经法庭许可中途退庭。

申请撤诉是否准许，由人民法院裁定。依据 2008 年 2 月 1 日起施行的《最高人民法院关于行政诉讼撤诉若干问题的规定》的相关规定，人民法院经审查认为被诉行政行为违法或者不当，可以在宣告判决或者裁定前，建议被告改变其所作的行政行为，被告改变被诉行政行为，原告申请撤诉，符合下列条件的，人民法院应当裁定准许：（1）申请撤诉是当事人真实意思表示；（2）被告改变被诉行政行为，不违反法律、法规的禁止性规定，不超越或者放弃职权，不损害公共利益和他人合法权益；（3）被告已经改变或者决定改变被诉行政行为，并书面告知人民法院；（4）第三人无异议。"被告改变其所作的行政行为"包括：（1）改变被诉行政行为所认定的主要事实和证据；（2）改变被诉行政行为所适用的规范依据且对定性产生影响；（3）撤销、部分撤销或者变更被诉行政行为处理结果；（4）根据原告的请求依法履行法定职责；（5）采取相应的补救、补偿等措施；（6）在行政裁决案件中，书面认可原告与第三人达成的和解。被告改变被诉行政行为，原告申请撤诉，有履行内容且履行完毕的，人民法院可以裁定准许撤诉；不能即时或者一次性履行的，人民法院可以裁定准许撤诉，也可以裁定中止审理。

**第六十三条** 人民法院审理行政案件，以法律和行政法规、地方性法规为依据。地方性法规适用于本行政区域内发生的行政案件。

人民法院审理民族自治地方的行政案件，并以该民族自治地方的自治条例和单行条例为依据。

人民法院审理行政案件,参照规章。

本条是关于人民法院审理行政案件的法律适用规则。

## 一、行政审判的法律依据

行政审判的法律依据,是指人民法院在审判行政争议时,判断被诉行政行为是否合法的法律标准和尺度。

根据本法规定,人民法院审理行政案件的法律依据主要有:

第一,宪法。宪法是国家的根本大法,规定了一国基本的法律秩序和价值判断标准。在司法实践中,法院直接引用宪法条款作为判决的依据,以保护公民的基本权利,受到了关注与好评。

第二,法律。指由全国人民代表大会制定的基本法律和全国人民代表大会常务委员会制定的一般法律。法律的效力仅次于国家宪法,而高于其他所有的法律规范。法律的地域效力及于国家的所有领土、领海、领空及领土的延伸部分。

第三,行政法规。由国务院制定的具有法律效力的规范性文件。行政法规作为人民法院审理行政诉讼的法律依据,其法律效力地位仅次于法律而高于其他法律规范。国务院作为最高国家行政机关,其制定的行政法规在全国范围内都具有法律效力,各级人民法院在审理行政诉讼案件时必须把国务院制定的行政法规作为审判依据。国务院所作的法律解释与行政法规一样具有法律效力。

第四,地方性法规。指由省、自治区、直辖市人民代表大会及其常务委员会,省、自治区所在地的市人民代表大会及其常务委员会,国务院授权的较大的市的人民代表大会及其常务委员会所制定的规范性文件。行政诉讼法明确规定地方性法规是人民法院审理行政诉讼案件的法律依据。地方性法规在效力等级上低于法律和行政法规，在地域效力上，仅适用于本行政区域内发生的行政案件。

第五，自治条例和单行条例。自治区、自治州、自治县的人民代表大会及其常务委员会根据宪法和民族区域自治法的规定有权制定本自治地方的自治条例和单行条例。自治条例和单行条例是人民法院审理行政案件的法律依据。在效力等级上，自治条例和单行条例低于法律和行政法规，只能在本民族自治地方适用。

## 二、行政审判中参照规章

行政审判中参照规章的含义是指人民法院审理行政案件时，可以参考、依照规章的有关规定，作出判决。"参照"，赋予了人民法院对规章的选择适用权。

人民法院选择适用规章，应当遵循以下规则：（1）人民法院有权拒绝适用不合法的规章；（2）人民法院参照规章的前提是应当审查规章，通过审查规章，确定规章的合法性后，方可决定参照与否和是否适用；（3）人民法院经审查，认定相应规章合法，该规章即与法律、法规一样具有法律效力，法院在审理行政案件时应该适用，只不过需要使用"参照"措辞，不能使用"依据"措辞。

**第六十四条**　人民法院在审理行政案件中，经审查认为本法第五十三条规定的规范性文件不合法的，不作为认定行政行为合法的依据，并向制定机关提出处理建议。

本条规定了对不合法的规范性文件的处理规则。

在实践中，经常涉及有关部门为指导法律执行或者实施行政措施而作出的具体应用解释和制定的其他规范性文件，主要是：

国务院部门以及省、市、自治区和较大的市的人民政府或其主管部门对于具体应用法律、法规或规章作出的解释；县级以上人民政府及其主管部门制定发布的具有普遍约束力的决定、命令或其他规范性文件。行政机关往往将这些具体应用解释和其他规范性文件作为具体行政行为的直接依据。这些具体应用解释和规范性文件不是正式的法律渊源，对人民法院不具有法律规范意义上的约束力。附带审查规范性文件是重大突破。附带提出审查申请，只能申请对行政行为直接援引的规范性文件进行审查，并只能审查规章以下效力的文件。对于认定不能作为行政行为合法的依据的，向制定机关提出具体建议。

人民法院审查规范性文件需注意：（1）区分不同层级的规范性文件。国务院制定的规范性文件具有较高的权威性和严肃性，有些决定和命令还是制定规章的依据，人民法院不适合对国务院制定的其他规范性文件进行审查。（2）既要从总体上审查其他规范性文件，还要审查与案件有关的其他规范性文件的具体规定。合法、有效并合理、适当的其他规范性文件中的具体规定并不一定都当然合法、有效并合理、适当。审查可以分两步，首先从总体上审查，然后再审查与案件有关的某项具体规定。（3）把握合法性和合理性审查的不同审查程度。人民法院对其他规范性文件的审查分为两个层次，首先是审查其他规范性文件的合法性，如果不合法，就不需要再审查其合理性。但是对于其他规范性文件的合法性和合理性的审查程度应当是有所区别的，合法性的审查要较合理性的审查更为严格。法官对不合理的认定要慎重，遵守司法自限原则，一般情况下应当尊重行政机关的自由裁量权，推定行政机关的规定是合理的。其他规范性文件明显的不合理，以至于达到不能容忍的程度，人民法院才能认定其为不合理，不承认其效力。

**第六十五条** 人民法院应当公开发生法律效力的判决书、裁定书，供公众查阅，但涉及国家秘密、商业秘密和个人隐私的内容除外。

本条规定了公开法律文书制度。

公开法律文书制度是新增的内容。法院主动公开生效裁判文书供公众查阅是审判公开制度的重要内容，不仅可以促进人民法院切实贯彻公开审判原则，实现审判活动公开透明，还可以使公众知悉裁判文书的内容，促使审判人员增强责任心，审慎处理每起案件，不断提高办案质量，让当事人和社会公众能感受到司法的公平、公正，最大限度地赢得当事人和社会公众对司法的信任和支持。

新法还规定了涉及国家秘密、商业秘密和个人隐私内容的法律文书不予公开，这就显示了法律文书公开适当的原则。对于不适当的公开法律文书，可能会造成一定危害：（1）可能会泄露国家秘密，侵犯当事人的个人隐私。（2）可能会引起社会和媒体对于案情和判决结果公正性的过分关注，从而使舆论影响判决结果，干扰法官依据事实和法律作出公正的裁判。（3）一些人可能在知道了国家秘密和当事人的个人隐私后，会泄露国家秘密或侵犯当事人的个人隐私。（4）不适当的公开法律文书中当事人（包括证人）的个人隐私，可能会干扰其正常的工作、学习和生活，甚至受到不同程度的骚扰、威胁和辱骂。因此，要适当公开法律文书，并且对于需要公开的法律文书，应在终审判决后公开，而不是终审判决前。对于涉及国家秘密和当事人个人隐私（如未成年当事人和证人的姓名、地址、身份证号码和电话等）的内容，公布者应当在公布法律文书之前，做适当处理，以免引起不必要的纠纷和麻烦。

**第六十六条**　人民法院在审理行政案件中，认为行政机关的主管人员、直接责任人员违法违纪的，应当将有关材料移送监察机关、该行政机关或者其上一级行政机关；认为有犯罪行为的，应当将有关材料移送公安、检察机关。

人民法院对被告经传票传唤无正当理由拒不到庭，或者未经法庭许可中途退庭的，可以将被告拒不到庭或者中途退庭的情况予以公告，并可以向监察机关或者被告的上一级行政机关提出依法给予其主要负责人或者直接责任人员处分的司法建议。

本条规定了被告违纪违法犯罪行为的处理方式。

"行政机关的主管人员"，指的是对做出违法违纪行为起决定、批准、授意、纵容、指挥作用的人员，一般是单位的主管负责人，包括法定代表人。"直接责任人员"，指的是实施了违法违纪行为并起较大作用的人员，既可以是行政机关的主管人员，也可以是行政机关的工作人员，包括聘任、雇佣的人员。"违法违纪"指的是违反纪律和法律规范尚不构成刑事犯罪，应当给予行政处分的行为。"认为"是主观判断，不需要人民法院通过调查取证来充分证实确实违纪违法或者构成犯罪。移送的基本要求：（1）整理能够证明行政机关的主管人员、直接责任人员违纪违法犯罪的线索和其他材料；（2）制作材料移送通知书，表明对违纪违法犯罪问题的看法和理由；（3）将通知书和有关材料移送有权机关；（4）违法犯罪人员如有逃跑、串供或者发生其他危害社会的行为的，可根据案件的具体情况，建议有权机关依法先采取紧急措施，并及时移送有关材料。

本法第五十八条规定了缺席判决，缺席判决在很多情况下只是对行政机关有直接影响，对行政机关中的领导和其他工作人员并无直接影响。在本次修订中，明确了行政机关负责人出庭应诉的义务，目的就是要解决"民告官，不见官"的问题。如果被告不提交答辩状、拒不到庭或者中途退庭没有相应的惩戒措施，会使规定大打折扣。并且，被告提交答辩状、出庭应诉是其法定义务，不提交答辩状、拒不到庭或者无正当理由中途退庭，是逃避和对抗法定义务的行为。如不予以惩戒，既容易激化原告和被告之间的矛盾，也不足以体现法律的严肃性，更难以获得社会的认可。因此，本条规定了两项有针对性的措施：（1）将被告拒不到庭或者中途退庭的情况予以公告。（2）向监察机关或者被告的上一级行政机关提出依法给予其主要负责人或者直接责任人员处分的司法建议。对采取这两项措施，法律规定采取"可以"，不同于人民法院认为行政机关的主管人员、直接责任人员具有违纪违法犯罪行为。在被告经传票传唤无正当理由拒不到庭的，或者未经法庭许可中途退庭的情况下，是否将被告拒不到庭或者中途退庭予以公告，或者向其上一级行政机关或者监察机关提出依法给予其主要负责人或者直接责任人员处分的建议，人民法院具有裁量权。

## 第二节　第一审普通程序

**第六十七条**　人民法院应当在立案之日起五日内，将起诉状副本发送被告。被告应当在收到起诉状副本之日起十五日内向人民法院提交作出行政行为的证据和所依据的规范性文件，并提出答辩状。人民法院应当在收到答辩状之日起五日内，将答辩状副本发送原告。

被告不提出答辩状的，不影响人民法院审理。

本条是关于被告举证期限和提交答辩状的规定。

## 一、被告举证期限

人民法院在收到原告的起诉状并裁定立案后（在司法实践中，法院如果裁定立案，一般并不制作立案裁定书，而是向被告发送起诉状副本，诉讼程序往前推进），在立案之日起五日内，将起诉状副本发送被告，以便于被告准备应诉的证据材料和提交答辩状。被告准备并向人民法院提交证据材料和答辩状的期限是十五日。十五日，便是被告的举证期限和提交答辩状的期限。

所谓举证期限，是指法律上设定的当事人应当提出证据证明其主张，逾期不举证则承担证据失权的法律后果的期限。被告对所作的具体行政行为负有举证责任，应当在收到起诉状副本之日起十五日内，提供据以作出被诉具体行政行为的全部证据和所依据的规范性文件。在此期间，被告不提供或者无正当理由逾期提供证据的，视为被诉具体行政行为没有相应的证据。被告因不可抗力或者客观上不能控制的其他正当事由，不能在上述规定的期限内提供证据的，应当在收到起诉状副本之日起十日内向人民法院提出延期提供的书面申请。人民法院准许延期的，被告应在正当事由消除后十日内提供证据，逾期提供的视为被诉具体行政行为没有相应的证据。举证期限为十五日，适度延长了原行政诉讼法规定的十日举证期限，这个延长是适宜的。

## 二、提交答辩状

答辩状是行政诉讼中的被告（或被上诉人）针对原告（或上诉人）在行政起诉状（或上诉状）中提出的诉讼请求、事实与理由、向人民法院作出的书面答复。行政答辩状，是行政诉讼中的被告在收到原告的起诉状副本后，在法定的期限内，针对原告在起诉状中提出的诉讼请求和事实根据，举出证据，说明作出具体行政行为的依据，进行回答和辩解的书状。答辩状由行政案件的被告提出，被告只能是作出行政行为的行政机关或由法律、法规授权的组织，以及改变行政行为的复议机关。答辩状必须在法定期限内提出，被告应当在收到起诉状副本之日起十五日内向人民法院提交答辩状，依据本条规定，如果被告不提交答辩状，也不影响人民法院的审理。可见，提出答辩状是诉讼当事人的一项诉讼权利，而不是诉讼义务。

辩状在形式上应包括：

第一，当事人部分，应写明答辩人的名称、地址及其法定代表人或主要负责人的姓名、职务、联系方式等；诉讼代理人的姓名、单位、职务、联系方式等。

第二，案由部分，应写明是对原告因何项行政行为起诉进行答辩；对何时收到法院送达的起诉状副本，可以不写。

第三，答辩部分，在内容上与行政复议答复书类似，应重点阐述行政行为合法性的依据，包括事实、证据、法律适用和程序等方面，并针对原告的诉讼请求和事实与理由进行辩解。公安机关应本着实事求是的原则，对起诉状中符合事实的部分应予以确定，对其不符合事实的地方也要明确指出并予以纠正。

第四，尾项，应写明致送法院，答辩人的署名和日期，并加盖答辩人的印章。

第五，附卷的材料目录，主要包括答辩状副本份数、物证或书证的名称及件数、法律和法规复印件的名称及份数。


**第六十八条** 人民法院审理行政案件，由审判员组成合议庭，或者由审判员、陪审员组成合议庭。合议庭的成员，应当是三人以上的单数。


本条是有关审判组织的规定。

合议制是指由若干名审判员组成合议庭，或者由若干名审判员与陪审员共同组成合议庭，审理行政案件的制度。根据本条的规定，行政案件的审理，在一审普通程序中，采用合议制的形式。

合议庭的组成成员有两种形态：一是合议庭成员全部由审判员组成；二是合议庭的成员由审判员和陪审员共同组成。

由于不少行政案件专业性较强，审判人员不可能掌握所有行政管理方面的专业知识，本条对陪审员参加合议庭作出了规定，意在弥补上述问题。

合议庭的人数应由三人以上的单数组成。其中由一名审判员担任审判长，主持合议庭的审判工作。

合议庭组成人员权利平等，对于案件的调查、审理、裁判及其他重要问题，都须由全体人员共同研究。合议庭评议案件，按照民主集中制的原则，少数服从多数。但是，对于少数不同意见，也应如实记入评议笔录。

**第六十九条**　行政行为证据确凿，适用法律、法规正确，符合法定程序的，或者原告申请被告履行法定职责或者给付义务理由不成立的，人民法院判决驳回原告的诉讼请求。

本条规定了驳回原告诉讼请求判决及其适用条件。

## 一、驳回原告诉讼请求判决

驳回原告诉讼请求判决指的是在人民法院受案后，通过开庭审理，依据查清的法律事实，对当事人实体权利的一种否定评价，是人民法院认为原告请求的内容没有事实依据或者没有法律依据而作出的对其请求不予支持的判决。

驳回原告诉讼请求是实体问题，通俗地说就是作为原告没有告赢。驳回原告诉讼请求的判决书生效后，诉讼主体不能就同一诉讼请求和事实向人民法院重新提出诉讼，若当事人仍坚持向人民法院提起诉讼的，人民法院应依法裁定不予受理。但是，如果有新证据，在判决书生效前可以上诉；在上诉期过后可以申请再审。

## 二、驳回原告诉讼请求判决的适用条件

判决驳回原告诉讼请求是有适用条件的。人民法院通过审理，在查清全部案件事实的基础上确认被诉的行政行为具备以下法定条件，方可作出驳回原告诉讼请求的判决：

第一，被诉行政行为证据确凿；

第二，被诉行政行为适用法律、法规正确；

第三，被诉行政行为符合法定的程序。

对于不作为类行政案件，人民法院经过审理，认为原告申请被告履行法定职责或者给付义务理由不成立的，人民法院可以作出驳回原告诉讼请求的判决。

## 三、为什么以驳回原告诉讼请求判决代替维持判决

原行政诉讼法规定，具体行政行为证据确凿，适用法律、法规正确，符合法定程序的，维持判决。新行政诉讼法改用驳回原告诉讼请求判决原因有五：（1）与本法第一条的修改相呼应。原《行政诉讼法》第一条规定："为保证人民法院正确、及时审理行政案件，保护公民、法人和其他组织的合法权益，维护和监督行政机关依法行使职权，根据宪法制定本法。"修法后，新《行政诉讼法》第一条规定："为保证人民法院公正、及时审理行政案件，解决行政争议，保护公民、法人和其他组织的合法权益，监督行政机关依法行使行政职权，根据宪法，制定本法。"新法第一条没再规定"维护行政机关依法行使行政职权"的立法目的，相应的"维持判决"不宜保留。（2）维持判决与法院

的中立性、裁决性地位不符，容易让当事人产生"官官相护"的误解，不利于行政争议的解决。（3）维持判决与行政法理论不一致。行政法理论认为，行政行为一经作出就具有公定力、确定力等法律效力，法院判决可以否定其效力，但行政行为的效力却不是法院赋予的，不需要法院判决来维持。（4）根据既判力理论，法院作出维持判决后，行政机关就不能改变被诉行政行为。这给行政机关自己弥补被诉行政行为合法但不合理的不足或者根据实际情况调整被法院判决维持的行政行为，带来障碍。

**第七十条**　行政行为有下列情形之一的，人民法院判决撤销或者部分撤销，并可以判决被告重新作出行政行为：

（一）主要证据不足的；

（二）适用法律、法规错误的；

（三）违反法定程序的；

（四）超越职权的；

（五）滥用职权的；

（六）明显不当的。

本条规定了撤销判决、部分撤销判决及其适用条件。

撤销判决的形式有三种：全部撤销判决、部分撤销判决、全部撤销或部分撤销的同时责令被告重新作出行政行为的判决。

依据本条规定，人民法院作出撤销判决的情形有：

第一，主要证据不足。主要证据是指行政机关赖以作出行政行为的基本事实和认定该事实存在所必需的证据。主要证据不足即为行政机关在主要事实尚未查清，缺少必需的证据之前，就作出了行政决定。对此，人民法院应当作出撤销判决。

第二，适用法律、法规错误。适用法律、法规错误是指行政机关作出行政行为时错误地适用了法律、法规或者法律、法规的条款。主要包括：应当适用此法却适用了彼法；应当适用法律、法规的某一条款而适用了另一条款；适用了无效的法律、法规；应适用特别法却适用了普通法等。

第三，违反法律程序。违反法律程序是指行政机关在实施行政行为时违法了法律法规规定的步骤、方式、方法，时限和顺序等行政程序的要求。只要行政行为违反法定程序，不管实体是否正确，都构成撤销该行政行为的理由，违反法定程序是作出撤销行政行为判决的一个独立存在的理由，并不依附于其他任何条件。

第四，超越职权。超越职权是指行政机关实施具体行政行为时超越法律、法规授予的权限，实施了其无权实施的行政行为。常见的超越职权的主要表现形式有：（1）法律、法规没有授予行政机关某项职权，而该行政机关擅自行使了此项职权；（2）纵向越权，下级行政机关行使了法律、法规授予上级行政机关的职权，也可能是上级行政机关行使了法律、法规授予下级行政机关的职权；（3）横向越权，甲部门行使了法律、法规授予乙部门的职权；（4）超越行政机关行使权力的地域范围；（5）行政机关超过法定时间行使权力。

第五，滥用职权。滥用职权是指行政机关行使本机关职权时背离法律、法规的目的，背离法律的基本原则，滥用了法律、法规所赋予的职权。

第六，明显不当的。这是新增的一项，更加有利于解决行政争议。明显不当的行政行为包括行为目的的偏离、行为内容的难以实现、行为依据的不准确、行为方式的不恰当、行为对象的不能承受、执法工具的不规范、行为过分关注程序等。

被诉行政行为有上述六种情形之一，人民法院即可作出撤销判决。另外，对于被人民法院判决撤销的违法的被诉行政行为，给国家利益、公共利益或者他人合法权益造成损失的，1999 年通过的《行政诉讼法解释》第五十九条作了补救的规定，即人民法院在判决撤销的同时，可以分别采取以下方式处理：（1）判决被告重新作出行政行为；（2）责令被诉行政机关采取相应的补救措施；（3）向被告和有关机关提出司法建议；（4）发现违法犯罪行为的，建议有权机关依法处理。

**第七十一条**　人民法院判决被告重新作出行政行为的，被告不得以同一的事实和理由作出与原行政行为基本相同的行政行为。

本条规定了被告重新作出的行政行为不得与原行政行为简单重复。

为保护国家利益、社会公共利益或者当事人的合法权益，在一些情况下，人民法院在作出撤销判决的同时，还需要判决被告重新作出行政行为。受到既判力的限制，被告重新作出的行政行为不得对原行政行为简单重复，即不得以同一的事实和理由作出与原行政行为基本相同的行政行为。

同一事实，是指与被撤销行政行为所认定的事实相同的事实。同一理由，是指与被撤销行政行为所根据的证据以及所依据的规范性文件相同的证据和规范性文件。

在我国，司法权和行政权是相互分工的，司法权不能代替行政权，法院不能代替行政机关作出行政行为。因此，如何处理好法院判决的既判力与行政机关自我决定的关系，成为行政诉讼所特有的问题。最高人民法院根据司法实践，在1999年通过的《行政诉讼法解释》第五十四条第二款中规定，人民法院以违反法定程序为由，判决撤销被诉行政行为的，行政机关重新作出行政行为不受此限。同时，被告重新作出的行政行为与原行政行为的结果相同，但主要事实或者主要理由有改变的，不属于"与原行政行为基本相同"的情形。

**第七十二条** 人民法院经过审理，查明被告不履行法定职责的，判决被告在一定期限内履行。

本条规定了履行判决及其适用条件。

履行判决适用于行政不作为案件。行政不作为是指行政主体依行政相对人的合法申请，应当履行也有可能履行相应的法定职责，但却不履行或者拖延履行的行为形式。

虽然行政不作为是与行政作为相对应的一种行政行为，但不是所有的行政不作为都可以提起行政诉讼，只有法律规定的可诉性行政不作为方可向人民法院提起行政诉讼。依据新《行政诉讼法》第十二条的规定，人民法院对于行政机关行政不作为作出履行判决的案件有：（1）没有依法给予征收、征用补偿款的；（2）申请行政机关履行保护人身权、财产权等合法权益的法定职责，行政机关拒绝履行或者不予答复的；（3）认为行政机关没有依法支付抚恤金、最低生活保障待遇或者社会保险待遇的；（4）认为行政机关不依法履行、未按照约定履行或者违法变更、解除政府特许经营协议、土地房屋征收补偿协议等协议的。

需要注意的是，履行判决在性质上属于给付判决的一种，是确定当事人之间存在行政法律关系的前提下，判令负有义务的当事人履行一定义务的判决。根据1999年通过的《行政诉讼法解释》的规定，适用履行判决必须具备以下条件：（1）有关当事人向行政主管机关提出了合法申请，要求行政机关作出一定的行政行为，并且这种申请符合法律规定的条件和形式；（2）被告对相对人依法负有履行职责的义务，即存在行政法律关系，作为被告的行政机关有依法行使职权、对作为原告的相对人负有作出他所要求的行政行为的义务；（3）被告具有不履行或者拖延履行法定职责的行为，而不履行和拖延履行没有合法理由，即没有法律所规定和认可的理由。

不履行主要有如下四种表现形式：（1）拒绝而不说明理由，或根本就没有理由；（2）拒绝虽附有"理由"，但该"理由"不是法律、法规所规定和认可的理由；（3）拒绝虽然有一定理由，但尚不足以构成拒绝作出行政决定的根据；（4）表面上同意，但为相对人设定不能接受的履行条件，或相对人根本无法具备的条件。

拖延履行主要有如下五种表现形式：（1）在合理期限内对当事人的申请不予理睬或漠不关心；（2）对当事人的申请持模棱两可、不置可否的态度；（3）无理推托；（4）推托虽持有理由，但理由不正当或不充分；（5）附条件地处理相应事项，而该条件相对人无法接受或与法律规定相违背。

**第七十三条** 人民法院经过审理，查明被告依法负有给付义务的，判决被告履行给付义务。

本条规定了给付判决及其适用条件。

给付义务包括主给付义务和从给付义务，主给付义务又简称为主义务，指的是债所固有、必备，并用也决定债的类型的基本义务。从给付义务又简称为从义务，指不具有独立的意义，仅具有补助给付义务的功能，其存在目的不在于债的类型而在于确保债权人的利益能够获得最大的满足的义务。主义务是基于合同之债而产生，而从给付义务发生的原因有很多：一是基于法律的明文规定而产生，二是基于当事人的约定，三是基于诚实信用原则及补充合同解释而产生。

给付判决与履行职责判决在适用范围上是不同的，但在判决机理上很类似，都是法院判决行政机关作出一定行为。但是法院并不判决被告作出行政行为的具体内容，因为这涉及司法权对行政权的界限和尊重问题，不能越俎代庖。

给付判决适用的条件有三：（1）被告对相对人依法负有给付的义务，即存在行政法律关系，作为被告的行政机关有依法行使职权、对作为原告的相对人负有给付的义务；（2）被告具有拒绝给付或者拖延给付的行为；（3）属于给付判决适用的法定行政案件类型。根据 2015 年通过的《行政诉讼法解释》第二十三条的规定，给付判决适用的行政案件包括三类：一是原告申请被告依法履行支付抚恤金；二是原告申请被告依法履行支付最低生活保障待遇；三是原告申请被告依法履行支付社会保险待遇。

**第七十四条** 行政行为有下列情形之一的，人民法院判决确认违法，但不撤销行政行为：

（一）行政行为依法应当撤销，但撤销会给国家利益、社会公共利益造成重大损害的；

（二）行政行为程序轻微违法，但对原告权利不产生实际影响的。

行政行为有下列情形之一，不需要撤销或者判决履行的，人民法院判决确认违法：

（一）行政行为违法，但不具有可撤销内容的；

（二）被告改变原违法行政行为，原告仍要求确认原行政行为违法的；

（三）被告不履行或者拖延履行法定职责，判决履行没有意义的。

本条规定了确认违法判决及其适用条件。

确认违法判决在 1999 年通过的《行政诉讼法解释》中首先予以规定，新行政诉讼法以法律的形式确认了最高人民法院的规定。

被告败诉的行政判决，被法院作出确认违法判决的，被诉的行政机关应当采取补救措施，承担相应后果，如赔偿损失、承担诉讼费用等。在某种意义上，确认违法判决是对违法行政行为的宽容和妥协，需要严格适用，不能任意解释。适用时，需要坚持两个原则：一是确认违法判决是撤销判决、履行判决的补充，不是主要的判决形式；二是确认违法判决必须符合法定条件，要严格把关。

本条规定了适用确认违法判决的两类情形：

第一类情形是被诉行政行为，虽被确认违法，但不被撤销。具体包括两种情形：（1）行政行为依法应当撤销，但撤销会给国家利益、社会公共利益造成重大损害的。在通常情况下，被诉行政行为违法，人民法院应当作出撤销判决，通过撤销被诉行政行为保护当事人的合法权益，但如果撤销该行政行为将会给国家利益和社会公共利益带来重大损失的，从维护国家利益和社会公共利益的大局出发，人民法院不应作出撤销判决，而应作出确认违法判决。（2）行政行为程序轻微违法，对原告权利不产生实际影响的，人民法院不作出撤销判决。行政行为违反法定程序，应当判决撤销。这里的"违反法定程序"包括程序轻微违法。但是，如果程序轻微违法，但对原告权利不产生实际影响的，如行政决定书晚送了1日，如果判决撤销，只会是重做一遍行政行为，结果不会变，对当事人程序权利也没有大的损害，因此从行政成本和诉讼经济考虑，不宜撤销该行政行为，但仍需对该行政行为予以否定性判决，判决确认其违法。程序轻微违法主要是指行政程序可以补正的一些情形，不影响实体决定的正确性，如告知送达不规范、超过法定期限作出决定。

第二类情形是被诉行政行为违法，但不需要撤销或者判决履行的。具体包括三种情形：（1）行政行为违法，但不具有可撤销内容的。被诉行政行为确定不符合行政行为的合法性要件，即被诉行政行为违法，但该行政行为不具有可撤销内容，包括因该行政行为产生的损害不具有可恢复性、行政行为的执行力使行为确定力绝对化、行政行为已经消灭。例如，行政机关作出行政行为时，不制作、不送达决定书，而该行政行为又属违法行为，即可适用此判决形式。（2）被告改变原违法行政行为，原告仍要求确认原行政行为违法的。被告改变原行政行为，原告不撤诉，人民法院经审查认为原行政行为违法的，应当作出确认其违法的判决。实践中也包括不作为案件，诉讼中被告作出行政行为，原告不撤诉，人民法院经审查认为原不作为成立的，应当作出确认违法的判决。（3）被告不履行或者拖延履行法定职责，判决履行没有意义的。被告不履行法定职责，通常应作出履行判决，判令被告履行法定职责，但在被告履行法定职责时已为时过晚，达不到对原告救济目的，人民法院判决责令被告履行法定职责已无实际意义，在此情况下人民法院应当作出被诉行政行为违法的确认判决。

**第七十五条** 行政行为有实施主体不具有行政主体资格或者没有依据等重大且明显违法情形，原告申请确认行政行为无效的，人民法院判决确认无效。

本条规定了确认无效判决及其适用条件。

判决行政行为无效，则会导致该行政行为自始至终都不产生法律效力，相对人可不受该行政行为拘束，不履行该行为对之确定的任何义务，并且对此种不履行不承担法律责任。新行政诉讼法规定了此类判决，具有较强的前瞻性。司法实践中要避免步子迈得过大而作用恰得其反。法律也对该类判决的适用作了严格的限制。

被诉行政行为被判决确认无效的情形有三：（1）行政行为的作出者不具有行政主体资格。在我国，行政主体包括国家行政机关和法律、法规授权的组织。（2）行政行为没有依据。（3）行政行为有其他重大且明显违法的情形。如何理解"重大且明显违法"，是司法实践中需要进一步明确的问题。从学理上理解，除了上述（1）和（2）两种情形外，下列四种情况，也可以认定为"重大且明显违法"的情形：（1）行政机关作出的行政行为明显违背了法律的规定；（2）行政主体受胁迫作出的行政行为，如行政机关工作人员在相对人暴力威胁下颁发的许可证、执照或作出的其他批准行为；（3）行政行为的实施将导致犯罪；（4）没有可能实施的行政行为，如某行政命令的内容是根本不可能实现的，超越了当时条件下的任何可能性。①

确认无效判决除了属于上述三种情形外，还必须由原告提出了相应申请，否则人民法院也不能作出确认行政行为无效判决。"原告申请确认行政行为无效的"规定，包含在诉请中要求确认、诉中判前申请确认行政行为无效这两种情形。

理解本条需要注意：（1）确认无效判决的适用情形是很少的，不能成为常规化的判决形式。只有重大且明显的违法才是无效，重大与明显需同时具备；（2）行政行为无效是自始无效，无需法院作出无效判断后才没有效力，当事人可以不受行政行为的约束；（3）行政行为无效属于实体法规则，该无效规定不具有溯及力，只有本次修法颁布施行后发生的行政行为，才能适用无效的规定。

**第七十六条**　人民法院判决确认违法或者无效的，可以同时判决责令被告采取补救措施；给原告造成损失的，依法判决被告

---

① 湛中乐主编：《行政法学》，北京大学出版社 2012 年版，第 125～126 页。

承担赔偿责任。

本条是关于责令被告采取补救措施判决的规定。

在新行政诉讼法颁布前，最高人民法院相关司法解释就已经对"采取补救措施"作出过规定，但相关司法解释并未以"判决"一词明确"采取补救措施"的性质，新法从行政审判实践出发，明确规定了"判决责令被告采取补救措施"的补救判决形式。这种补救措施近似于弥补行政行为的合法性措施。责令被告采取补救措施判决，最高人民法院对此如不作出解释则仍是"空头判决"。该种判决与行政赔偿判决是并行的两种判决，没有交集。"给原告造成损失的，依法判决被告承担赔偿责任"中的判决，需以原告附带提出行政赔偿请求为前提。原告可以在起诉时或起诉后庭审结束前附带提出该诉请。

法院根据实际情况，来决定是否判决责令被告采取补救措施，这是法院主动而为的，但也包括在原告要求撤销违法行政行为的诉讼请求范围之内。补救措施包括使违法行政行为不失去效力的措施，以及消除争议、缓减矛盾的补救措施，而由于确认违法判决中的违法行为不撤销，使得原本违法的情形得以存续，损害了当事人合法权益的，经原告提出赔偿请求，法院应当依法判决被告承担赔偿责任。

**第七十七条** 行政处罚明显不当，或者其他行政行为涉及对款额的确定、认定确有错误的，人民法院可以判决变更。

人民法院判决变更，不得加重原告的义务或者减损原告的权益。但利害关系人同为原告，且诉讼请求相反的除外。

本条规定了变更判决及其条件。

行政诉讼变更判决，是指人民法院认为被诉行政行为合法但不合理，在判决中对行政行为的内容直接予以变更的判决形式。它针对的是行政自由裁量权的适用，审查的重点是自由裁量权行使的合理性。变更并不是独立诉讼类型，是撤销判决的补充形式，有些是撤销判决的转化形式，有些是给付诉讼的转换形式，其适用情形要大大少于撤销判决。法院作出变更判决，需要把事实查清，准确适用法律、法规。因此，本条规定法院是"可以"作出变更判决，而不是一定要作出变更判决。

变更判决的适用范围。从总体上来说，适用变更判决的案件的范围很小，这是因为，变更判决实质上是司法权直接替代行政权作出了行政决定，为了尊重行政权，法律必然对司法权代替行政权的情形加以限制。具体说来，新行政诉讼法规定适用变更判决的案件包括两类：一是行政处罚明显不当的案件；二是其他行政行为涉及对款额的确定、认定确有错误的案件。其中第一类案件，虽然在用语上与原行政诉讼法的规定不同，原规定是"行政处罚显失公正"，但二者没有实质变化。其中第二类案件是修法后新增加的案件，指除了行政处罚类案件之外的，包括支付抚恤金、最低生活保障费、社会保险待遇等案件中，由行政机关确定具体款额，原告认为涉及款额的确定、认定错误的案件。

需要注意的是，人民法院判决变更，不得加重原告的义务或者减损原告的权益。显示行政诉讼变更判决的适用原则主要是"禁止不利变更"原则，即变更判决所为之变更结果，不得加重对原告的不利负担，但利害关系人同为原告的例外。其目的是保护作为原告的公民、法人或者其他组织诉权的行使，帮助其克服"畏讼"心理。确立该原则的理由是，司法审判权对行政权的制约有赖相对人的起诉，没有原告的起诉，法院不能主动审查行政行为。司法审判权的实质就是将公民对自身合法权益的维护，转化为实质的权力监督。赋予原告豁免加重负担的便宜，是司法权制约行政权以保障权利的应有之义。

**第七十八条** 被告不依法履行、未按照约定履行或者违法变更、解除本法第十二条第一款第十一项规定的协议的，人民法院判决被告承担继续履行、采取补救措施或者赔偿损失等责任。

被告变更、解除本法第十二条第一款第十一项规定的协议合法，但未依法给予补偿的，人民法院判决给予补偿。

本条规定了继续履行行政协议判决、违约赔偿判决和变更解除协议补偿判决。

根据新《行政诉讼法》第十二条第一款第十一项的规定，相对人可以依据行政协议提起行政诉讼。人民法院审判此类行政案件，应当把《合同法》作为司法审查和实体判决的主要依据。该条中的"赔偿损失"是行政法意义上的合同责任，而非国家赔偿法意义上的行政赔偿。人民法院审查此类争议，不仅要审查其合约性，更要审查其合法性。合法性要看是否有行政法律依据，以及是否符合《合同法》对民事合同的有关规定。

本条所涉及的"土地房屋征收补偿协议"，与征地拆迁维权直接相关，具有很强的现实意义。依据2015年《行政诉讼法解释》第十一条的规定，公民、法人或者其他组织就下列行政协议提起行政诉讼的，人民法院应当依法受理：（1）政府特许经营协议；（2）土地、房屋等征收征用补偿协议；（3）其他行政协议。基于此，在征地拆迁纠纷中普遍存在的对协议履行提起的诉讼，已确定为行政诉讼性质的，法院应当作为行政案件予以受理。过去实践中普遍存在的通过民事诉讼途径解决此类纠纷的情形将不再出现。

在涉及上述行政协议类行政案件中，产生纠纷的情况主要有两种：一种情况是被告不依法履行、未按照约定履行或者违法变更、解除协议；另一种是被告变更、解除协议合法，但未依法给予补偿。对于第一种情况，人民法院经过审理，认为行政机关具备继续履行条件，按照规定应当继续履行的，判决被告继续履行协议；如果认为行政机关不再具备继续履行的条件，或者没有必要继续履行协议，给原告造成损失的，判决被告采取补救措施或者赔偿损失；如果对原告没有造成经济损失，但造成了其他影响，或者虽然原告没有遭受损失，但造成国家或社会公共利益受损的，判决被告采取补救措施。对于第二种情况，由于被告变更或者解除与原告之间的协议合法（其之所以合法往往是因为国家和公共利益的需要或者是基于法律制度的变化），作为被告的行政机关不需要承担赔偿责任，但是让一个具体的相对人为了国家和社会公共利益而承担损失是不公平的，从公平原则来讲，行政机关应当对因其合法变更或解除协议的行为而造成损失的相对人给予补偿，如果被诉行政机关没有给予补偿的，人民法院判决被告给予补偿。

**第七十九条**　复议机关与作出原行政行为的行政机关为共同被告的案件，人民法院应当对复议决定和原行政行为一并作出裁判。

本条是关于对复议决定和原行政行为一并作出裁判的规定。

根据新《行政诉讼法》第二十六条第二款的规定："经复议的案件，复议机关决定维持原行政行为的，作出原行政行为的行政机关和复议机关是共同被告；复议机关改变原行政行为的，复议机关是被告。"如果复议机关作出了维持原行政行为的复议决定，复议机关与作出原行政行为的行政机关即为共同被告。对于这类案件，人民法院应当对复议决定和原行政行为一并进行审理、一并进行裁判。

这条新规定，发展了我国的共同诉讼理论。这里有两个被诉行政行为，一个是行政复议行为，另一个是原行政行为，因而不是必要的共同诉讼；这类诉讼，有两个被告，一个是复议机关，另一个是作出原行政行为的行政机关，因而又不是普通的共同诉讼。新行政诉讼法作出这样规定，很有现实针对性。因为维持复议决定与原行政行为虽不是同一行为，也非同类行为，但属于关联度很高的两个行为，维持复议决定强化了原行政行为，又依附于原行政行为的效力状态，因而有必要在一个诉讼中解决。法院应当分别审查原行为和复议决定的合法性，在一个判决内对两者的合法性一并作出裁判。

**第八十条** 人民法院对公开审理和不公开审理的案件，一律公开宣告判决。

当庭宣判的，应当在十日内发送判决书；定期宣判的，宣判后立即发给判决书。

宣告判决时，必须告知当事人上诉权利、上诉期限和上诉的人民法院。

本条是关于公开宣告判决的规定。

宣告判决是法庭审理的最后环节，将法庭审理的最终结果以宣判的方式告知当事人。

人民法院宣告判决，一律公开进行。无论是公开审理的案件，还是不公开审理的案件，宣告判决都应当公开，允许群众旁听，允许记者报道。这是行政诉讼遵循公开原则的重要内容和体现，体现了司法程序的文明和进步，也体现了国家司法权力的神圣和庄严。对于秘密审理的案件，由于涉及国家秘密、商业秘密和个人隐私，可能存在不宜公开的内容，人民法院一方面尽量不要写入判决书，另一方面在公开宣判时根据具体情况隐去相关不能公开的内容。

宣告判决的时间有两种。一种是当庭宣判，人民法院经过对案件的开庭审理，查清了争议的事实后，于开庭当日作出宣判。当庭宣判有利于提高司法效率和防止行政干预，应当予以鼓励与提倡。但当庭宣判对审判法官的要求非常高，从当前的司法实践看，很少案件能做到当庭宣判。如果当庭宣判的，人民法院应当在宣判后十日内发送判决书给当事人。另一种是定期宣判，即人民法院对行政案件经过开庭审理、查清案件事实后，另行确定一个具体日期进行宣判。定期宣判在当前司法实践中是常态。定期宣判的，人民法院在宣判后应当立即发给当事人判决书。

宣告判决时，人民法院需履行一项告知义务，告知义务的内容是：人民法院宣告判决时，必须告知当事人上诉权利、上诉期限和上诉的人民法院，即告知当事人如果不服本判决，可以于接到判决书之日起 15 日内，向本院提交上诉状及副本，上诉于第二审人民法院。当事人不清楚的，审判人员应当作出解释。人民法院在宣告第二审判决时，应当告知当事人本判决为终审判决，不准上诉，并说明判决在宣判后即发生法律效力，当事人必须按照判决的内容履行法律义务。

**第八十一条**　人民法院应当在立案之日起六个月内作出第一审判决。有特殊情况需要延长的，由高级人民法院批准，高级人民法院审理第一审案件需要延长的，由最高人民法院批准。

本条是关于第一审行政案件审理期限的规定。

人民法院审理第一审行政案件，应当在一定期限完成，并作出裁判，不能久拖不决。这个期限就是审理期限。新行政诉讼法将第一审行政案件审理期限规定为 6 个月。

审理期限在特殊情况下是可以延长的。何谓特殊情况，行政诉讼法、1999 年和 2015 年通过的《行政诉讼法解释》均没有规定，一般认为，特殊情况是指案件涉案人数众多，案件影响重大，案件事实非常复杂等情况。

延长审理期限需要办理批准手续。根据本条规定，基层人民法院和中级人民法院审理的第一审行政案件，需要延长审理期限的，都要报请高级人民法院批准。高级人民法院审理第一审案件需要延长的，由最高人民法院批准。

能够延长多长时间，行政诉讼法、1999 年和 2015 年通过的《行政诉讼法解释》也均没有规定，我们可以理解为，由作出批准的人民法院确定具体延长的时间。

需要说明的是，原行政诉讼法规定的第一审行政案件的审理期限是 3 个月，而非 6 个月。

## 第三节　简易程序

**第八十二条**　人民法院审理下列第一审行政案件，认为事实清楚、权利义务关系明确、争议不大的，可以适用简易程序：

（一）被诉行政行为是依法当场作出的；

（二）案件涉及款额二千元以下的；

（三）属于政府信息公开案件的。

除前款规定以外的第一审行政案件，当事人各方同意适用简易程序的，可以适用简易程序。

发回重审、按照审判监督程序再审的案件不适用简易程序。

本条是关于行政诉讼简易程序适用范围的规定。

简易程序是对第一审普通程序的简化，它是与普通程序并存的独立的第一审程序，只是在程序上较普通程序简易。简易程序有利于提供及时的司法救济，具有办案手续简便、审理方式灵活、不受普通程序有关规定约束的特点，有利于及时审结案件，降低当事人的诉讼成本，保护当事人的合法权益。对于人民法院来说，通过简易程序实现案件繁简分流，有利于高效配置司法资源，提高行政诉讼的效率。简易程序简化的只是一些环节，在保障当事人权益方面并没有"简化"，仍然是充分听取双方的意见，让双方充分说明自己的事实和理由，补充意见等，在适用简易程序的同时要注重当事人权益的保障，"让他感受到打一个受尊重的官司"。

行政诉讼简易程序只能在第一审程序中适用，第二审程序以及发回重审、按照审判监督程序再审的案件不适用简易程序。

简易程序适用的案件类型是有限制的。本条规定，人民法院审理下列三类第一审行政案件，认为事实清楚、权利义务关系明确、争议不大的，可以适用简易程序：（1）被诉行政行为是依法当场作出的；（2）案件涉及款额2000元以下的；（3）属于政府信息公开案件的。对于那些不属于上述三类第一审行政案件的，当事人各方同意适用简易程序的，可以适用简易程序。

需要说明的是，行政诉讼简易程序是新行政诉讼法新增加的第一审审判程序，原行政诉讼法中没有关于简易程序的规定。

**第八十三条**　适用简易程序审理的行政案件，由审判员一人独任审理，并应当在立案之日起四十五日内审结。

本条规定了简易程序的审判组织和审理期限。

## 一、简易程序的审判组织

行政诉讼的审判组织以合议制为原则，由3人以上的单数的审判员组成合议庭，或者由3人以上的单数的审判员、陪审员组成合议庭，审理行政案件。但是适用简易程序审理的行政案件，由审判员一人独任审理。

### 二、简易程序的审理期限

适用简易程序审理行政案件的审理期限是 45 日。这与适用普通程序审理行政案件的审理期限不同，适用普通程序的，审理期限是 60 日。

适用简易程序的案件审理期限是固定的，不能延长，应当在立案之日起 45 日内审结。如果在审理过程中发现确有特殊情况不能在 45 日内审结的，应当裁定转为普通程序。

**第八十四条** 人民法院在审理过程中，发现案件不宜适用简易程序的，裁定转为普通程序。

本条是关于行政诉讼简易程序转为普通程序的规定。

人民法院确定对第一审行政案件适用简易程序后，在审理过程中发现案件存在原来没有发现的不宜适用简易程序的情形，或者出现不宜再适用简易程序审理的情形的，应当转化为普通程序审理。

不宜继续适用简易程序的情形包括：（1）在适用简易程序审理过程中，发现案件事实不清，案情比较复杂的；（2）在适用简易程序审理过程中，发现行政争议当事人权利义务关系不明确、争议较大的；（3）在适用简易程序审理过程中，发现被诉行政行为除了有依法当场作出的，还有非当场作出的，是一个复合行政行为；（4）在适用简易程序审理过程中，发现被诉案件涉及款额超过 2000 元的；（5）当事人各方原先同意适用简易程序，人民法院在适用简易程序审理案件过程中，当事人又要求适用普通程序审理案件的。

在司法实践中，人民法院适用简易程序，不能在 45 日内审结时，也会裁定转为普通程序。

## 第四节　第二审程序

**第八十五条**　当事人不服人民法院第一审判决的，有权在判决书送达之日起十五日内向上一级人民法院提起上诉。当事人不服人民法院第一审裁定的，有权在裁定书送达之日起十日内向上一级人民法院提起上诉。逾期不提起上诉的，人民法院的第一审判决或者裁定发生法律效力。

本条规定了行政诉讼第一审判决或裁定的上诉期限。

当事人对人民法院的第一审判决或裁定不服的，有权向上一级人民法院提起上诉，但是须在一定期限内提起，不服判决的，在判决书送达的 15 日内提出，不服裁定的，在裁定书送达的 10 日内提出。上诉期限从接到判决书、裁定书的第二日起计算。在上诉期限内，提出的上诉具有法律效力。意味着案件要进行第二审程序。如果超出这个期限，人民法院的第一审判决或者裁定发生法律效力，提出的上诉就不具有法律效力，第一审判决、裁定即告生效。但也有特殊情况，如当事人由于不能抗拒的原因或者有其他正当理由而耽误提起上诉期限的，在障碍消除后 5 日内，可以申请继续进行应当在期满以前完成的诉讼活动。这种申请是否准许，由人民法院裁定。如果没有正当理由的，人民法院即予裁定驳回申请。

**第八十六条**　人民法院对上诉案件，应当组成合议庭，开庭审理。经过阅卷、调查和询问当事人，对没有提出新的事实、证据或者理由，合议庭认为不需要开庭审理的，也可以不开庭审理。

本条规定了行政诉讼上诉案件的审理方式。

## 一、上诉案件的审判组织

行政诉讼上诉案件的审判组织一律采取合议制。人民法院审理上诉案件，应当组成合议庭进行审理。对于发回重审案件，人民法院在重审时，需另行组成合议庭，原先审判过该案的审判员、陪审员不得担任发回重审案的审判人员。合议庭应当是3人以上的单数。

## 二、上诉案件以开庭审理为原则，以不开庭审理为例外

开庭审理是行政诉讼应当遵循的原则，不论是一审程序还是二审程序都应当遵循。在第一审程序中，所有行政案件一律采用开庭审理，没有例外。对于二审来说，还存在一些开庭审理的例外，而采用书面审理。

书面审理是指第二审人民法院对上诉案件，经过阅卷、认真审查诉讼材料，认为事实清楚的，可以不经过开庭，而径行作出判决的审理形式。

第二审人民法院对上诉案件实行书面审理需要具备程序和实体两个方面的条件：（1）程序条件。第二审法院决定采用书面审理的，必须经过了阅卷、调查和询问当事人程序。第二审法院如果没有经过阅卷，没有调查和询问当事人，对案件进行必要的核对，直接决定采用书面审理的，就违反了本条的规定。（2）实体条件。第二审法院在当事人没有提出新的事实，没有提供新的证据或理由，案件事实清楚的情况下，才能够采用书面审理方式。如果当事人上诉时提出了新的事实、证据或者理由的，第二审人民法院就必须开庭审理。

**第八十七条** 人民法院审理上诉案件，应当对原审人民法院的判决、裁定和被诉行政行为进行全面审查。

本条规定了人民法院对上诉案件全面审查的职责。

所谓全面审查，不仅要审查一审裁判的合法性，还要审查被诉行政行为的合法性；不仅审查证据是否充分，还要审查适用法律法规是否正确、是否违反法定程序等。对上诉案件的全面审查，并不违背法院不告不理的原则。对案件的全面审查包括案件事实审查，法律适用审查和办理程序审查。

**第八十八条** 人民法院审理上诉案件，应当在收到上诉状之日起三个月内作出终审判决。有特殊情况需要延长的，由高级人民法院批准，高级人民法院审理上诉案件需要延长的，由最高人民法院批准。

本条规定了行政诉讼第二审程序的期限。

本条明确规定了人民法院审理第二审行政案件的期限一般为3个月。第二审行政案件的审理是在第一审的基础上进行的，是对第一审行政案件的继续审理。行政案件经过第一审后，行政机关的行政行为已经过全面审查，该补充的证据已经补充，事实基本清楚。并且第二审人民法院对事实清楚的上诉案件，可以实行书面审理。因此，本条规定了人民法院审理上诉案件的审理期限是3个月，要短于第一审程序审理期限的6个月。

上诉案件的审理期限也可以延长。延长的理由、办理延长审批程序、有权批准延长期限的国家机关以及可以延长多长时间，均同于行政诉讼第一审程序中的规定，此处不再赘述。

需要说明的是，新行政诉讼法将行政诉讼第二审审理期限由原先规定的2个月增加到3个月。

第八十九条　人民法院审上诉案件，按照下列情形，分别处理：

（一）原判决、裁定认定事实清楚，适用法律、法规正确的，判决或者裁定驳回上诉，维持原判决、裁定；

（二）原判决、裁定认定事实错误或者适用法律、法规错误的，依法改判、撤销或者变更；

（三）原判决认定基本事实不清、证据不足的，发回原审人民法院重审，或者查清事实后改判；

（四）原判决遗漏当事人或者违法缺席判决等严重违反法定程序的，裁定撤销原判决，发回原审人民法院重审。

原审人民法院对发回重审的案件作出判决后，当事人提起上诉的，第二审人民法院不得再次发回重审。

人民法院审理上诉案件，需要改变原审判决的，应当同时对被诉行政行为作出判决。

本条是有关人民法院对于上诉案件处理结果的规定。

## 一、第二审人民法院对上诉案件作出的不同处理

第一，判决或者裁定驳回上诉，维持原判决、裁定。

如果上诉案件是针对第一审判决提起的，就适用判决驳回上诉维持原判决；如果上诉案件是针对第一审裁定提起的，就适用裁定驳回上诉维持原裁定。适用本判决或裁定的条件是原判决、裁定认定事实清楚，适用法律、法规正确。

第二，依法改判、撤销或者变更原判决和裁定。

如果上诉案件是针对第一审判决提起的，就适用依法改判、判决撤销原判决、判决变更原判决；如果上诉案件是针对第一审裁定提起的，就适用裁定撤销原裁定、裁定变更原裁定。依法改判、撤销或者变更原判决和裁定的使用情况是：（1）认定事实

错误；（2）适用法律、法规错误。

第三，发回重审或者改判。

第二审法院经过审理后，认为第一审判决认定的基本事实不清、证据不足，可以作出两种处理：第一种处理是判决发回重审，即判决发回原审法院，由原审法院另行组成合议庭对被诉行政行为重新审理；第二种处理是由第二审法院自己查清事实后改判。这里规定的"基本事实"是指被诉行政行为的合法性要件事实。如果被诉行政行为属于一般事实不清的，一般情况下，第二审法院应该在查清事实后，依法改判。对于基本事实不清的，第二审法院可能考虑发回原审法院重新审理。但是，为了节约司法资源提高司法效率，第二审法院如果能够查明案件基本事实的，还是尽量选择在查清事实后依法改判。

第四，裁定撤销原判决，发回原审人民法院重审。

第二审法院经过审理，发现原审判决遗漏了当事人或者存在违法缺席判决等严重违反法定程序的情况，应当裁定撤销原判决，发回原审人民法院重审。在这种情况下，第二审人民法院就不能由自己查清案件事实，依法改判了。因为，按照行政诉讼法，对于第二审人民法院依法改判的判决，当事人不能上诉，如果在上述情况下，第二审法院依法改判，就剥夺了被遗漏的当事人的诉讼权利，违背了行政诉讼法规定的两审终审制。

## 二、发回重审的次数限制

对于发审重审的行政案件，由于原审法院重新作出的裁判依然属于第一审裁判，当事人不服的，可以上诉。这样，如果不对第二审法院作出发回重审的裁判加以限制，则会导致司法程序的不断循环，影响司法效率，浪费司法资源，增加当事人诉累。因此，本条第二款规定了第二审人民法院只能作出一次发回重审的裁判，即"原审人民法院对发回重审的案件作出判决后，当事人提起上诉的，第二审人民法院不得再次发回重审"，而应当由第二审人民法院查清事实后，依法裁判。

## 三、关于被诉行政行为的处理

第二审人民法院对上诉案件进行审理，既要审理第一审裁判是否合法，也要对第一审裁判针对的被诉行政行为进行审查。如果第二审人民法院改变了原审判决，意味着原审判决对被诉行政行为存在事实认定不清，或者存在适用法律错误的问题。上诉人提起上诉，目的是要解决行政争议，请求第二审人民法院对被诉行政行为是否合法作出裁判。为了维护当事人的合法权益，避免司法程序空转，本条第三款规定了第二审人民法院审理上诉案件，需要改变原审判决的，应当同时对被诉行政行为作出判决。

## 第五节　审判监督程序

**第九十条**　当事人对已经发生法律效力的判决、裁定，认为确有错误的，可以向上一级人民法院申请再审，但判决、裁定不停止执行。

本条规定了当事人的申请再审权。

## 一、当事人的申请再审权

再审是为纠正已经发生法律效力的错误判决、裁定，依照审判监督程序，对案件重新进行的审理。行政诉讼法赋予了行政诉讼当事人申请再审的权利。当事人申请再审，并不一定进入再审程序，而是先经过受理再审的人民法院的审查，经审查，符合法律规定的再审条件的，才能由受理法院裁定进入再审程序。发生法律效力的裁判，需要具有公定力和确定力，如果生效裁判不具有稳定性，势必影响社会关系的稳定。因此，不同于行政诉讼的第一审程序和第二审程序，当事人提起诉讼请求或上诉请求后，一般都会进入行政诉讼第一审程序和第二审程序，当事人提起了再审申请，并不一定进入再审程序。

## 二、申请再审的管辖

本条规定，当事人对已经发生法律效力的判决、裁定，认为确有错误的，可以向上一级人民法院申请再审。上一级人民法院就是再审申请的管辖法院。上一级法院到底是哪一级法院呢？这要看已经发生法律效力的判决、裁定由谁作出而定。已经发生法律效力的判决、裁定是基层人民法院作出的，申请再审的管辖法院就是中级人民法院；已经发生法律效力的判决、裁定是中级人民法院作出的，申请再审的管辖法院就是高级人民法院；已经发生法律效力的判决、裁定是高级人民法院作出的，申请再审的管辖法院就是最高人民法院。已经发生法律效力的判决、裁定是最高人民法院作出的，申请再审的管辖法院也是最高人民法院。

## 三、申请再审的期限

本条并没有规定申请的期限。但是，已经生效的判决、裁定，不能因为当事人可能提起再审申请而一直处于不安状态。当事人应当及时行使再审申请权，而不能怠于行使，影响法院判决的安定性。最高人民法院在 2015 年通过的《行政诉讼法解释》中，规定了当事人有权申请再审的期限是 6 个月。

## 四、申请再审不停止生效判决、裁定的执行

我国行政诉讼实行两审终审制，终审裁判一经作出，立即生效；第一审裁判超过上诉期，当事人没有上诉的，也开始生效。生效的裁判就应当得到执行，否则就失去了人民法院裁判的权威

性和严肃性。

再审程序本质上属于审判监督程序，并不是一个独立的审判程序，不是第三审程序。不能因为当事人提起了再审申请，就停止了生效判决的执行。本条规定当事人有权申请再审，但是原生效判决、裁定不停止执行是非常正确的。

**第九十一条**　当事人的申请符合下列情形之一的，人民法院应当再审：

（一）不予立案或者驳回起诉确有错误的；

（二）有新的证据，足以推翻原判决、裁定的；

（三）原判决、裁定认定事实的主要证据不足、未经质证或者系伪造的；

（四）原判决、裁定适用法律、法规确有错误的；

（五）违反法律规定的诉讼程序，可能影响公正审判的；

（六）原判决、裁定遗漏诉讼请求的；

（七）据以作出原判决、裁定的法律文书被撤销或者变更的；

（八）审判人员在审理该案件时有贪污受贿、徇私舞弊、枉法裁判行为的。

本条规定了八类"应予再审的情形"。

## 一、不予立案或者驳回起诉确有错误的

立案难是行政诉讼的一大顽疾，为了解决这个问题，新行政诉讼法对原法作了诸多调整。在审判监督程序中，关于应予再审的情形中，也作了可定性规定。当事人针对已经生效的不予立案或者驳回起诉的裁定提起再审申请，人民法院经过审查后认为该不予立案或者驳回起诉的裁定确有错误的，应当裁定再审。这样

规定，对于当事人特别是作为原告的行政相对人的诉权，再给予一层保护。

## 二、有新的证据，足以推翻原判决、裁定的

所谓新的证据，是指在已经经过的行政诉讼程序中没有发现的证据，或者说是当事人在原审程序中未提供的证据，而该证据又足以推翻原判决、裁定。对于这种情形，人民法院要认真审查在原审程序中当事人没有提供这个新的证据的原因。如果这个新的证据，当事人在原审程序中已经收集，或者已经知晓而没有收集，故意隐瞒不提供，而在再审程序中搞突然袭击，则不能成为人民法院裁定再审的条件。

## 三、原判决、裁定认定事实的主要证据不足、未经质证或者系伪造的

"以事实为根据，以法律为准绳"是社会主义的法制原则之一，人民法院作出裁判是基于案件有了充分证据，对案件事实业已查清。如果认定案件事实缺乏证据支持，就违背了"以事实为根据，以法律为准绳"这个法制准则。在行政诉讼中，被告对作出被诉行政行为负举证责任，应当提供作出该行政行为的证据。如果被告不能提供证据，或者所提供的证据不足以证明其行政行为的合法性，就应当承担败诉后果。如果原审法官在被告没有提供证据或者虽提供了证据但不能证明案件主要事实的情况，任意作出裁判，就构成了"原判决、裁定认定事实的主要证据不足"，人民法院应当裁定再审。

为了保证行政案件的公开、公正审理，行政诉讼法将证据质证规则规定为：无论公开审理还是不公开审理的案件，证据都必须在法庭上出示，并由当事人互相质证，未经在法庭上出示仅经过质证的证据，不能作为认定案件事实的根据。质证是对查证证

据是否属实的必要手段，证据只有查证属实之后，才能作为认定事实的根据。未经质证的证据也可能是真实的，但法律设立质证程序的目的是从程序上保证查明证据的真实性，违反程序就有可能导致证据失真、认定事实错误。因此，对于未经在法庭上出示，并经过质证的证据作为认定案件事实的根据，而作出来的裁判，人民法院应当裁定再审。

伪造证据属于严重的妨碍行政诉讼的行为，应当受到法律的惩罚。连证据都是伪造的，这样的裁判焉能公正？接受再审申请的人民法院，认为原判决、裁定认定事实的主要证据系伪造证据，应当裁定再审。

## 四、原判决、裁定适用法律、法规确有错误的

准确适用法律是保证判决公正的必要条件。适用法律、法规错误，有可能是因为没有查清案件事实，也有可能是因为虽然查清了案件事实但对案件事实定性不准，还有可能是案件事实已经查清定性也准确但是引用法律不准确，无论是哪种原因，都不能为适用法律、法规错误开脱。错误适用法律、法规的表现有很多，可能是应该适用 A 法律（法规）而适用了 B 法律（法规），可能是应该适用某法律（法规）的 A 条款而适用了该法律（法规）的 B 条款，还可能是适用了已经失效的法律、法规或被修改了的条款，等等。原判决、裁定适用法律、法规确有错误的，人民法院应当裁定再审。

## 五、违反法律规定的诉讼程序，可能影响公正审判的

人民法院作出的判决之所以能够公正，是因为程序对其作了保障。违反法律规定的诉讼程序作出的裁判，如果可能影响到公正审判的，人民法院应当裁定再审。

按照本条的规定，原审裁判违反了诉讼程序，并不一定能够

进入再审程序，只有经接受再审申请的人民法院审查后认为该违反诉讼程序作出的裁判的公正性也可能存在问题时，才能够进入再审程序。

那么，违反了法律规定的哪些诉讼程序，可能会影响公正审判呢？对此，行政诉讼法及行政诉讼法解释均没有给予确定。我们参照《民事诉讼法》第二百条的规定，违反了法律规定的下列诉讼程序，人民法院应当再审："……（六）原判决、裁定适用法律确有错误的；（七）审判组织的组成不合法或者依法应当回避的审判人员没有回避的；（八）无诉讼行为能力人未经法定代理人代为诉讼或者应当参加诉讼的当事人，因不能归责于本人或者其诉讼代理人的事由，未参加诉讼的；（九）违反法律规定，剥夺当事人辩论权利的；（十）未经传票传唤，缺席判决的……"

## 六、原判决、裁定遗漏诉讼请求的

诉讼请求在行政诉讼中具有举足轻重的地位。人民法院审理行政案件的启动程序在于相对人提起了诉讼请求，而起诉的一个重要条件是相对人的诉讼请求是否有明确的、具体的诉讼请求。原判决、裁定遗漏了诉讼请求，是原审工作的重大失误。其至少说明了原审裁判没有全面审判案件，审判工作是不全面的。原判决、裁定遗漏诉讼请求的，甚至还剥夺了当事人的诉权。因此，对于遗漏诉讼请求的生效判决、裁定，当事人提出再审申请的，人民法院应当再审。

## 七、据以作出原判决、裁定的法律文书被撤销或者变更的

根据诉讼法理论，生效判决、裁定认定的事实，可以作为另一案认定案件事实的根据。

原判决、裁定如果以其他生效裁判法律文书所认定的事实作为认定本案事实的依据，而其他生效裁判法律文书又被撤销或者变更了，则本案认定案件事实的依据不复存在，即原判决、裁定失去了案件事实依据。对于这样的原判决、裁定，人民法院应当作出再审裁定。

## 八、审判人员在审理该案件时有贪污受贿、徇私舞弊、枉法裁判行为的

审判人员应当洁身自好，如果审判人员在审理该案件时有贪污受贿、徇私舞弊、枉法裁判行为，轻则导致该案的审判失去公正性，重则构成犯罪，损害他人乃至国家和社会公众的利益。该案的当事人当然不服其作出的判决、裁定，法律应当规定对该案进行再审。

审判人员，包括审判员、陪审员和书记员，不论是其中何种人员，在审理该案件时有上述行为，都属于本项规定的应当再审的情形。

根据本项的规定，审理本案的审判员、陪审员和书记员，只有在本案的审理中存在贪污受贿，徇私舞弊，枉法裁判行为，才能够导致本案进入再审程序。如果上述人员，虽然在审理他人的案件中有上述行为，但是在本案中并没有上述行为，则不构成本案进入再审程序的理由。否则，一旦发现某个审判人员出现上述行为，他（她）审判过的所有案件都要给予再审，则严重破坏了法的安定性。

**第九十二条** 各级人民法院院长对本院已经发生法律效力的判决、裁定，发现有本法第九十一条规定情形之一，或者发现调解违反自愿原则或者调解书内容违法，认为需要再审的，应当提交审判委员会讨论决定。

最高人民法院对地方各级人民法院已经发生法律效力的判决、裁定，上级人民法院对下级人民法院已经发生法律效力的判决、裁定，发现有本法第九十一条规定情形之一，或者发现调解违反自愿原则或者调解书内容违法的，有权提审或者指令下级人民法院再审。

本条属于人民法院依职权的再审的规定。

人民法院对已经发生法律效力的判决和裁定，发现违反法律、法规规定决定再次进行审理的程序，称为审判监督程序，又称再审程序。人民法院审理行政案件，实行两审终审制。审判监督程序虽然也是审判程序，但不是必经程序。人民法院的判决、裁定一经发生法律效力，非依法律、法规根据，不得撤销和变更，当事人也不能以同一标的再次起诉。但是，如果发生法律效力的判决、裁定违反法律、法规规定，就有必要予以纠正。对发生法律效力的判决、裁定提出再审，应当同时具备两个条件：（1）必须是发现了已发生法律效力的判决、裁定确实违反了法律、法规规定。所谓违反法律、法规规定，一是指生效的判决、裁定在认定事实上有错误，如发现有新证据足以否定判决、裁定所认定的事实。二是指生效的判决、裁定在适用法律、法规上有错误。（2）必须依照法律的程序提出。目前，法律规定由人民法院自己启动的再审程序有如下两种：

第一，由各级人民法院院长提起再审。根据行政诉讼法规定，各级人民法院院长对本院已经发生法律效力的判决、裁定或调解协议发现确有错误，认为需要再审的，应提交审判委员会讨论决定。审判委员会接到院长提交的案件后，应进行讨论，并依法作出是否再审的决定。一旦作出决定再审，即停止原裁判的执行。在这种情形中，只有人民法院院长才能对错误的裁决提请再审，并且还必须向审判委员会提交，由审判委员会决定。院长提交和审判委员会决定，二者相辅相成，只有二者结合起来，才能对案件进行再审。

第二，上级人民法院提审、指令再审。根据本条规定，最高人民法院对地方各级人民法院、上级人民法院以下级人民法院已经发生法律效力的裁判，发现确有错误的，有权提起再审或指令下级法院再审。这表明最高人民法院对地方各级人民法院、上级人民法院对下级人民法院有错误裁定的案件的再审，有提审和指令再审两种方式。这两种方式是法律赋予上级人民法院对下级人民法院的审判进行监督的权利，也是最重要的监督形式。至于是提审还是指令再审，什么时候再审，均由上级人民法院决定。无论提审还是再审，都应作出裁定，并通知审理案件的原审人民法院和案件的当事人。

这里所指的上级人民法院，应当理解为本行政区域内的上级人民法院。例如，北京市高级人民法院是北京市各中级人民法院和各基层人民法院的上级人民法院，北京市各中级人民法院均是各基层人民法院的上级人民法院，但北京市高级人民法院不是北京市以外的全国其他省、市中级人民法院和基层人民法院的上级人民法院。

原审人民法院进行再审，应当另行组成合议庭，并应裁定中止原判决、裁定的执行。再审的案件，原来是第一审的按照第一审程序审判，作出的判决、裁定，当事人不服的，仍可以上诉；原来是第二审的，按照第二审程序审判，所作的判决、裁定，是发生法律效力的判决、裁定。提审的人民法院应当作出裁定中止原判决、裁定的执行，并按照第二审程序进行审判。所作出的判决、裁定，也是发生法律效力的判决、裁定。

**第九十三条** 最高人民检察院对各级人民法院已经发生法律效力的判决、裁定，上级人民检察院对下级人民法院已经发生法律效力的判决、裁定，发现有本法第九十一条规定情形之一，或者发现调解书损害国家利益、社会公共利益的，应当提出抗诉。

地方各级人民检察院对同级人民法院已经发生法律效力的判决、裁定，发现有本法第九十一条规定情形之一，或者发现调解书损害国家利益、社会公共利益的，可以向同级人民法院提出检察建议，并报上级人民检察院备案；也可以提请上级人民检察院向同级人民法院提出抗诉。

各级人民检察院对审判监督程序以外的其他审判程序中审判人员的违法行为，有权向同级人民法院提出检察建议。

本条规定了行政诉讼中的抗诉、检察建议。

## 一、抗诉

抗诉是人民检察院对行政诉讼实行法律监督的主要方式。

人民检察院对人民法院提出抗诉案件的范围是已经发生法律效力的判决、裁定和调解书。对于尚未发生法律效力的判决、裁定和调解书，人民检察院不能进行抗诉。行政案件正处在审理中，审理程序存在违法情况，或者审判人员存在违法情况，可能影响案件公正裁判的，人民检察院可以提起检察建议，但不能提起抗诉。

人民检察院按照法律规定的权限进行抗诉。按照本条规定：（1）最高人民检察院对各级人民法院已经发生法律效力的判决、裁定和调解书提出抗诉。"各级人民法院"包括最高人民法院。只有最高人民检察院有权进行"同级抗"。（2）上级人民检察院对下级人民法院已发生法律效力的判决、裁定和调解书有权提出抗诉。这里的"上下级"指的是具有隶属关系的上下级。（同上文第九十二条的解释。）（3）地方各级人民检察院发现同级人民法院的发生法律效力的判决、裁定和调解书错误的，应提请上级人民检察院提起抗诉，而不能直接向同级人民法院提起抗诉。

人民检察院提起抗诉合法有效的条件有三：（1）针对已经发生法律效力的判决、裁定和调解书；（2）有相应的抗诉权限；（3）已经发生法律效力的判决、裁定，有本法第九十一条规定的八种情形之一，或者是调解书损害了国家利益、社会公共利益。本法第九十一条规定的八种情形是：（1）不予立案或者驳回起诉确有错误；（2）有新的证据，足以推翻原判决、裁定；（3）原判决、裁定认定事实的主要证据不足、未经质证或者系伪造；（4）原判决、裁定适用法律、法规确有错误；（5）违反法律规定的诉讼程序，可能影响公正审判；（6）原判决、裁定遗漏诉讼请求；（7）据以作出原判决、裁定的法律文书被撤销或者变更；（8）审判人员在审理该案件时有贪污受贿、徇私舞弊、枉法裁判行为。

人民检察院提出抗诉的，应当制作抗诉书提交给人民法院。

人民法院对于人民检察院提起抗诉的案件应当进行再审，人民检察院的抗诉书是人民法院再审的依据之一。人民法院再审时应通知提出抗诉的人民检察院出席法庭审判，人民检察院以抗诉人身份发表抗诉词，充分阐述提出抗诉的理由和事实根据。

## 二、检察建议

检察建议包括再审检察建议和其他检察建议两种。

### （一）再审检察建议

地方各级人民检察院对同级人民法院已经发生法律效力的判决、裁定，发现有本法第九十一条规定情形之一，或者发现调解书损害国家利益、社会公共利益的，可以向同级人民法院提出检察建议，并报上级人民检察院备案。这里的检察建议就属于再审检察建议。检察建议有别于抗诉，不一定导致进入再审程序，是否导致进入再审程序，还要看同级人民法院的决定。在司法实践中，只要人民检察院向同级人民法院提出了再审检察建议，一般到会导致进入再审程序。

地方各级人民检察院在向同级人民法院提出再审检察建议的，同时要报上级人民检察院备案。这里的上级人民检察院，笔者的理解，应当是上一级人民检察院。例如，基层人民检察院向基层人民法院提起检察建议的，应当向中级人民检察院备案，无需向高级人民检察院备案。

### （二）其他检察建议

其他检察建议，是指人民检察院针对审判人员的违法行为，向同级人民法院提出的检察建议。本条第三款规定的："各级人民检察院对审判监督程序以外的其他审判程序中审判人员的违法行为，有权向同级人民法院提出检察建议。"这里的"检察建议"就属于其他检察建议。

其他检察建议针对的对象是审判监督程序以外的其他审判程序中审判人员，包括：第一审普通程序中的审判人员；简易程序中的审判人员；第二审程序中的审判人员；执行程序中的审判人员。审判人员包括审判员、陪审员和书记员。

人民检察院发现上述对象存在违法行为，有权向同级人民法院提出检察建议。上述对象存在的违法行为，应当与行政审判相关，并且没有构成犯罪，人民检察院有权提出检察建议。如果构成犯罪的，就应当依法追究刑事责任，而不是向同级人民法院发出检察建议了。

# 【公安行政诉讼典型案例】

### 1. 苏某、张某、胡某不服安徽省某县公安局治安处罚行政诉讼及行政赔偿诉讼的终审判决案

【案情简介】

2006年6月上旬，苏某、张某、胡某去北京上访，6月12日上午，三人在北京南站等车时，听到同为上访人的外地人讲，

中南海地区属北京市公安局西城分局某派出所管辖,上访人到那里去如果主动要求派出所拘留,可以引起有关领导的重视,不仅上访问题容易解决,而且派出所会通知户籍所在地的有关单位派人去接回家,食宿及回家问题也可以解决。三人商量后与外地人一起去派出所,同去该派出所的上访人有二十几人,之后又陆陆续续到了几百人。到派出所后,有的上访人有过激行为,派出所民警在对有过激行为的人进行制止的同时,忙于对来所的上访人员进行接待、登记、拍照,并送到接济站。期间,派出所的单位秩序被扰乱,正常的业务工作无法开展。苏某、张某、胡某三人到派出所后也被安排登记照相,在派出所滞留了约一个半小时后,被送到北京接济站,当日下午13时许被宣城驻京办事处的人从接济站接出安排在"瑞祥宾馆"住下,6月13日晚被某县人民政府派去的工作人员接回,于6月14日下午抵达该县。某县公安局在接到北京市公安局西城分局某派出所的通知书中的违法线索后,于同日下午对苏某、张某、胡某三人进行传唤、询问,在询问中发现了苏某、张某、胡某三人有扰乱该派出所的办公秩序,致使该所工作不能正常进行的事实,在依法履行处罚前告知程序后,6月14日依据《治安管理处罚法》第二十三条第一款第一项之规定,对苏某、张某、胡某三人分别作出治安拘留十日之决定,并依法送达、执行。

苏某、张某、胡某三人不服处罚决定,分别于2006年8月31日、9月11日、9月12日向某县人民法院提起行政诉讼和行政赔偿。某县人民法院依法受理立案后,于2006年10月9日、10日、11日分别对苏某、张某、胡某三人的行政诉讼案和行政赔偿案公开开庭进行了审理,某县公安局法制股股长许某和民警章某作为被告方某县公安局的诉讼代理人到庭参加了诉讼。在庭审中,某县公安局两名代理人认真进行了举证、质证,并就原告及其代理人对被诉的行政行为在管辖、办案程序、事实证据、适用法律等方面提出的异议及要求行政赔偿的理由等一一进行了沉着答辩。一审法院审理后，认为被告某县公安局作出的被诉行政行为事实清楚、证据确凿、程序合法、适用法律正确、处罚适当，依照《行政诉讼法》第六十九条和《最高人民法院关于审理行政赔偿案件若干问题的规定》第三十三条之规定，判决维持被告某县公安局的被诉行政行为，驳回原告要求被告赔偿的诉讼请求。

苏某、张某、胡某三人不服一审判决，均向宣城市中级人民法院提起上诉，宣城市中级人民法院于 2006 年 12 月 18 日立案受理后，依法组成合议庭于 2007 年 1 月 23 日公开开庭对六起（三起行政诉讼，三起行政赔偿）案件进行了审理，某县公安局诉讼代理人许某、章某到庭参加了诉讼。

【分析】

本案涉及行政诉讼第一审和第二审判决是否正确的问题。

本案第一审和第二审判决均合法公正。根据国务院《信访条例》的规定，信访人采用走访形式提出信访事项，应当向依法有权处理的本级或上一级机关提出，应当到有关机关设立或者指定的接待场所提出。信访人在信访过程中应当遵守法律法规，不得损害国家、社会、集体的利益和其他公民的合法权益，应当自觉维护社会公共秩序和信访秩序，不得在国家机关办公场所周围、公共场所非法聚集，不得扰乱公共秩序、妨害国家和公共安全等。上诉人即信访人苏某因其租赁的厂房被拆迁导致其利益受损问题，上诉人可以通过法律途径去处理，而上诉人不通过法律途径而提出信访事项，上诉人的做法系属不当。上诉人即信访人张某因其开办的××石英矿的采矿许可及赔偿问题，在经人民法院判决后，仍提出信访事项，上诉人的做法系属错误。上诉人即信访人因其开办的某县龙须山氟石矿许可证被某县人民政府注销而于 2005 年提起行政赔偿一案，在经本院（宣城市中级人民法院）一审及安徽省高级人民法院终审判决后，仍提出信访事项，上诉人的做法系属错误。即使上诉人相信信访渠道，上诉人也应当到某县或者宣城市有关机关设立或者指定的接待场所提出，而苏某、张某、胡某不遵守《信访条例》的规定，越级进京上访，并与其他外地信访人一起到负责中共中央机关所在地中南海地区社会治安管理的某派出所聚集，人数达数百人之多，其行为不仅扰乱了该派出所的工作秩序，而且妨害了国家和公共安全，故被上诉人某县公安局对上诉人苏某、张某、胡某进行行政处罚既有事实依据又有法律依据，程序基本合法。

第一审人民法院接到苏某、张某、胡某提起的行政诉讼后，依法组成合议庭，公开开庭进行了审理，某县公安局法制股股长许某和民警章某作为被告方某县公安局的诉讼代理人到庭参加了诉讼。在庭审中，某县公安局两名代理人认真进行了举证、质证，并就原告及其代理人对被诉的行政行为在管辖、办案程序、事实证据、适用法律等方面提出的异议及要求行政赔偿的理由等一一进行了答辩。一审法院审理后，认为被告某县公安局作出的被诉行政行为事实清楚、证据确凿、程序合法、适用法律正确、处罚适当，依照《行政诉讼法》第六十九条和《最高人民法院关于审理行政赔偿案件若干问题的规定》第三十三条之规定，判决维持被告某县公安局的被诉行政行为，驳回原告要求被告赔偿的诉讼请求。

本案发生在 2006 至 2007 年间，当时，人民法院审理行政案件适用的是原行政诉讼法。如果该案是发生在 2015 年 5 月 1 日后，一审法院应当作出判决驳回原告诉讼请求，而不是作出维持判决。

苏某、张某、胡某三人不服一审判决，向宣城市中级人民法院提起上诉，宣城市中级人民法院于 2006 年 12 月 18 日立案受理后，依法组成合议庭于 2007 年 1 月 23 日公开开庭对 6 起（三起行政诉讼三起行政赔偿）案件进行了审理，某县公安局诉讼代理人许某、章某到庭参加了诉讼。第二审的审判程序也符合行政诉讼法的规定，作出依法判决维持一审法院不予支持赔偿诉求的判决合法公正。

**2. 蒋某诉无锡市公安局某分局不依法履行保护人身权法定职责案**

【案情简介】

无锡市公安局某分局于 2000 年 8 月 13 日受理姜某被故意伤害一案，并在同年 8 月 14 日进行刑事立案，该局即对伤者本人和涉案当事人及其知情人进行了询问、调查等工作，并两次陪同姜某去法医处进行人体伤害鉴定，法医亦向姜某讲明因其伤情未稳定，可在二个月至六个月内进行复鉴。2000 年 10 月 8 日，无锡市公安局作出锡公物鉴法字〔2000〕535—1 号物证鉴定书，该鉴定书明确"因姜某伤情尚未稳定，无法对预后进行评估。经审核决定中止鉴定。待病情稳定后再作鉴定"。因姜某人体伤害鉴定结论尚未作出，被告对姜某被故意伤害一案暂缓处理。2000 年 12 月 19 日蒋某以被告不依法履行保护人身权法定职责向无锡市崇安区人民法院提起行政诉讼。

原告诉称：2000 年 8 月 13 日下午本人在乘坐溧阳开往无锡的中巴客车上被他人行凶打伤一事，当日由公安局"110"移送被告处理，但被告至今未为原告开具验伤单，更未为原告作人体伤势鉴定，也未追究肇事者的法律责任，被告不履行保护公民人身权的法定职责，使其合法权益不能得到保护。请求判令被告履行法定职责。

被告辩称：无锡市公安局某分局已于 2000 年 8 月 13 日受理姜某被故意伤害一案，在同年 8 月 14 日依据《刑事诉讼法》第八十六条的规定立案侦查，并对肇事者进行了询问、两次送伤者姜某去进行人体伤害鉴定等工作，现因伤者的伤情未稳定，尚不能作出人体伤害鉴定结论，故暂缓处理。本分局不存在不履行法定职责的行为事实。请求驳回原告的诉讼请求。

江苏省无锡市崇安区人民法院认为：被告无锡市公安局某分局对姜某被故意伤害案已依法立案，在履行保护人身权的法定职责中，因原告姜某的伤情未稳定，人体伤害鉴定尚未作出而暂缓工作，根据上述事实，被告的行为未构成不履行法定职责。故原告姜某的请求理由不足，法院不予采信。依据最高人民法院《关于执行〈中华人民共和国行政诉讼法〉若干问题的解释》的规定，该院于2001年2月20日作出如下判决：（1）驳回原告姜某的诉讼请求；（2）诉讼费人民币130元（其中邮寄费30元），由原告姜某负担。

一审判决后，原告姜某不服，以"一审判决驳回原告的诉讼请求错误"为由，向江苏省无锡市中级人民法院提起上诉。

江苏省无锡市中级人民法院认为：依照我国法律规定和国家机关权力的分配原则，公安机关具有双重国家职能，既可以依行政职权实施行政行为，也可以依照刑事诉讼法的明确授权实施刑事司法行为。根据《最高人民法院关于执行〈中华人民共和国行政诉讼法〉若干问题的解释》第一条第二款第二项之规定，刑事司法行为被排除在行政诉讼受理范围之外。本案原审原告姜某的诉讼请求为要求无锡市公安局某分局依法履行行政行为（出具验伤单和进行人体伤势法医鉴定）及依法追究肇事凶手的法律责任。该诉讼请求所要求公安机关履行的职责是公安机关的法定职责，但其属于公安机关的刑事司法职责，而不属于公安机关的行政职责。故该诉请不属于行政诉讼受理范围。原审法院从实体上判决驳回原告的诉讼请求显属不当。依照《最高人民法院关于执行〈中华人民共和国行政诉讼法〉若干问题的解释》第七十九条第一项的规定，该院于2001年4月29日作出如下裁定：（一）撤销无锡市崇安区人民法院〔2001〕崇行初字第3号行政判决。(二)驳回原审原告姜某的起诉。一审诉讼费人民币130元、二审诉讼费人民币100元由姜某负担。

**【分析】**

本案涉及第二审人民法院认为第一审人民法院对不属于行政诉讼受案范围的案件作出的判决,如何判决的问题。

公安机关依法具有双重职权,一是行政职权;二是刑事侦查职权。如何区分行政行为与刑事司法行为的界限,是行政诉讼中的一个难点,也是本案的一个关键。

一审法院的意见认为,姜某被他人行凶打伤,原告以被告不履行保护公民人身权的法定职责,使其合法权益不能得到保护,要求被告履行保护人身权法定职责请求,应是行政行为。属于行政诉讼受理范围,应当进行实体审查。

二审法院的意见认为,无锡市公安局某分局已立案侦查,是刑事司法行为,不属行政诉讼的受理范围。根据宪法规定的国家机关分工原则,行政权由行政机关行使,刑事司法权由公安、国家安全等机关依照刑事诉讼法的授权实施,审判权由人民法院行使。各机关均应在法律授权的职权范围内活动,相互不能代替也不能干涉。作为本案被告的无锡市公安局某分局已对姜某受到故意伤害一案依照刑事诉讼法的规定立案侦查,对姜某有关伤情进行了鉴定,应是公安机关在办理刑事案件中进行的一项刑事司法活动,不能看成是独立的行政行为。依据《最高人民法院关于执行〈中华人民共和国行政诉讼法〉若干问题的解释》第一条第二款第二项"公安、国家安全等机关依照刑事诉讼法的明确授权实施的行为,不属人民法院行政诉讼的受理范围"。我国《刑事诉讼法》第八条已明确授权检察机关对刑事侦查行为等刑事司法行为实行法律监督。如受害人认为公安机关的刑事司法行为违反法律规定,损害其合法权益的,可以向检察机关请求,由检察机关进行监督。

但是，第一审人民法院对此案已经作出了行政判决，第二审法院又该如何处理呢？现在依然有效的 1999 年通过的《行政诉讼法解释》第七十九条第一项的规定："第一审人民法院作出实体判决后，第二审人民法院认为不应当受理的，在撤销第一审人民法院判决的同时，可以发回重审，也可以径行驳回起诉。"据此规定，第二审人民法院可以裁定撤销一审判决发回重审；也可以裁定撤销一审判决，驳回原告姜某的起诉。本案中第二审人民法院采取了第二种处理方案，是符合法律规定的。

### 3. 刘某殴打他人行政诉讼案件

【案情简介】

2010 年 8 月 1 日 15 时许，马某到某健身俱乐部办理退健身会员卡一事，周某、周某某、黄某某等人与其随行。在马某办理退卡过程中，周某与健身俱乐部的工作人员赵某某发生冲突，继而发生抓扯，被现场的人劝阻。此后，赵某某打电话通知其男友刘某。刘某接电话后赶到该俱乐部，在赵某某的指认下，对与赵某某发生冲突的周某进行了殴打，冲上前去拳打脚踢，将周某打倒在地，在殴打过程中被大厦保安制止。周某倒地后，赵某某又扑上去与周某进行互相抓扯，直到辖区派出所民警赶到现场，双方均造成轻微伤情。后双方经多次调解，未达成谅解。辖区派出所认为刘某在事态已基本平息的情况下，出于报复心理殴打他人，致使事态进一步扩大，且其殴打行为不计后果，情节较为恶劣。区公安分局于 2010 年 9 月 29 日依据《治安管理处罚法》第四十三条第一款之规定以殴打他人对刘某行政拘留五日，以殴打他人对周某、赵某某均处罚款五百元。刘某对此处罚决定不服于 2010 年 10 月 9 日向市公安局申请行政复议，市公安局经审理查明：原案事实清楚，证据充分，程序合法，适用依据正确，处罚适当。根据《行政复议法》第二十八条第一款第一项之规定，决定维持原处罚决定。刘某对复议决定不服于 2011 年 1 月 4 日向区人民法院提起行政诉讼。区人民法院依法组成合议庭，于2011年1月25日公开开庭进行了审理。一审判决维持被告区公安分局作出的公安行政处罚决定。

刘某对一审判决不服，于2011年2月26日上诉至市中级人民法院。市中级人民法院受理后，依法组成合议庭审理了此案。二审判决驳回上诉，维持原判。

**【分析】**

本案主要涉及人民法院在行政诉讼中如何查清案件事实的问题。

本案本来属于一起普通的治安纠纷案件，由于涉及的当事人较多，加之案件初期，有媒体介入进行了大量的报道，引起了较大的社会反响，因此，使得案件的处理较为复杂。由于新闻报道与公安机关调查的情况并不一致，对此案处理不好，必然在社会上造成不好的影响，因此，对案件的调查必须深入，结合重点全面进行。区公安分局受理此案后，对案件进行了调查并对双方进行调解，但由于双方分歧较大，未达成谅解，分局将办案期限延长至两个月，对双方争议的事实进行了重点调查和复核，最终在调解未成的情况下，作出了对周某、赵某某均处罚款五百元，对刘某行政拘留五日的行政处罚决定。本案中，双方争议的焦点主要是案件事实问题，刘某对之前的供述进行否认，并且提交了部分证据材料，而分局对案件的调查全面而且深入，证据符合法律要求。

人民法院要查清并认定本案案件事实，需要重点把握如下三个问题：

第一，行政诉讼中由被告承担举证责任。作为被告的行政机关有义务对自己的行政行为承担证明责任，且这种证明行为必须是完全的、主动的、详尽的。因为行政机关参与诉讼的中心任务，是证明其行政行为的正确性、合法性。行政机关在法庭调查中，不仅要就对方当事人的诉辩主张承担举证责任，而且更重要的是对行政行为的合法性承担完全的证明责任。被告如果不举证或者举证不足，就要承担由此造成的败诉后果。

第二，最终作为定案依据的行政诉讼证据应当符合哪些要求。最终作为定案依据的行政诉讼证据应当符合下列要求：（1）合法性和可采用性。即必须符合法定程序，并且按规定可以采用。例如，精神病人和不能正确表达的未成年人，其证言不具有可采用性。另外，对与案件有利害关系的人和适用回避的人的证言，其证明力也较弱。（2）客观性。即证据应当反映客观事实。（3）相关性。即证据必须同案件的事实存在一定的联系。

第三，原告在诉讼阶段的举证权利。在行政诉讼中，证据起到了极其重要的作用，如果行政机关提供的事实依据和法律依据充分、确实，将会处于有利地位。同样，原告虽不承担举证责任，但在诉讼中，如果原告能够举出确凿的证据证明被告行为违法时，其主张也将得到支持。

本案中，作为被告的公安机关履行了相应的举证责任，最终作为定案的证据符合法律规定的要求，虽然原告提供了一些对自己有利的证据，但是这些证据不足以推翻公安机关对案件事实的认定。所以人民法院在查清事实后，认为被告作出的行政处罚行为证据确凿，适用法律、法规正确，符合法定程序，按照当时使用的原行政诉讼法作了维持原判决是正确的。

4. 杨某金等四人行政诉讼被确认程序违法案

【案情简介】

2009 年 10 月 5 日 20 时许，某县公安局下属派出所接群众电话报称，该村某屯的杨某刚、杨某玉等人与杨某祥等人打架，杨某刚、杨某玉被打伤了，要求公安机关前来处理。经查，杨某祥、杨某玉二人因琐事在该屯李某某家门前发生口角，以至发生互相斗殴，致使双方造成不同程度的伤害，杨某玉的堂弟杨某刚首先闻声赶到现场后，见杨某玉被殴打致伤，便上去和杨某玉打杨某祥，杨某祥的侄子杨某杰及杨某光、杨某、杨某金、杨某方等人五人便冲上去对杨某刚进行拳打脚踢，其中杨某金手持木板殴打杨某刚，致使杨某刚被打伤住院，杨某杰、杨某、杨某金、杨某方对殴打他人一事予以认可。为此，2009 年 12 月 25 日某县公安局根据《治安管理处罚法》分别对杨某杰、杨某、杨某金、杨某方四人各行政拘留 10 日，并处罚款 500 元的处罚。拘留执行完毕后，四人不服，2010 年 1 月 20 日向某县人民政府提出行政复议，经复议，2010 年 5 月 20 日某县人民政府作出维持原处罚决定，四人不服，于 2010 年 7 月 23 日诉到某县人民法院。2010 年 10 月 19 日，某县人民法院作出判决：确认某县公安局于 2009 年 12 月 25 日作出的行政处罚程序违法。

【分析】

本案是关于确认违法判决在司法实践中如何运用的问题。

某县公安局下属派出所在 2009 年 10 月 5 日 20 时许，接到群众报警，称该乡某村村民杨某刚、杨某玉与杨某祥等人打架，杨某刚、杨某玉被打伤了，要求公安机关前来处理的电话后，即派员前去调查处理，杨某杰、杨某、杨某金、杨某方亦承认殴打杨某刚致伤，本案有四名嫌疑人的亲口笔录和其他相关证据证实，事实清楚，证据充分，足以认定，公安机关对四名嫌疑人作出的处罚实体上是正确的，但在程序上违反规定，一是没有依照《治安管理处罚法》第九十九条规定的期限内办结，从 2009 年 10 月 5 日受案到 2009 年 12 月 25 日作出公安行政处罚，历时 75 天，超出了法律规定一个月的办理期限。2009 年 10 月 5 日虽然申请延长办案期限时，但审批表上没有填写四名嫌疑人身份情况。二是报告对四违法嫌疑人进行处罚后，自行收缴罚款费，没有拿到指定的银行进行缴纳，违反了《行政处罚法》第四十六条和《治安管理处罚法》第一百零四条的规定，没有实行罚缴分离。三是进行处罚后，不存在被处罚人拒不提供家属联系方式或者有其他无法通知情形的，却没有及时将处罚情况和执行场所通知被处罚人家属。违反了《公安机关办理行政案件程序规定》第一百五十条规定，公安机关作出行政拘留处罚的，应当及时将处罚情况和执行场所通知被处罚人家属。四是本案属于因民间纠纷引起的打架斗殴的违反治安管理行为，派出所曾致力于调解，先后三次通知当事人到派出所接受调解，至 2009 年 11 月 16 日当事人才到该派出所调解，但调解不成功。办案人员没有制作不能达成调解通知书给双方当事人进行签名确认，《公安机关办理行政案件程序规定》第一百五十八条第二款规定，调解案件的办案期限从调解未达成协议或者调解达成协议不履行之日起开始计算。失去了重新计算办案期限的机会。最终法院审理认为，四名原告要求撤销某县公安局 2009 年 12 月 25 日作出的行政处罚，理由成立，但原告已经被拘留期满后释放，撤销被诉行为已无实际意义，作出确认公安局于 2009 年 12 月 25 日作出的行政处罚程序违法的判决结果。

本案审理时，原行政诉讼法没有关于确认行政行为违法的判决，最高人民法院根据司法实践，在 1999 年通过的《行政诉讼法解释》第五十八条，创造性地规定了"确认行政行为违法"的判决种类。该案如果发生在 2015 年 5 月 1 日后，人民法院可以依照新《行政诉讼法》第七十四条第二款的规定，作出确认行政行为违法判决。该款第一项规定"行政行为违法，但不具有可撤销内容的"，人民法院应当作出确认被诉行政行为违法的判决。

根据本法第七十六条的规定，人民法院判决确认违法或者无效的，可以同时判决责令被告采取补救措施；给原告造成损失的，依法判决被告承担赔偿责任。由于本案中，被告作出行政行为虽然程序上存在违法情况，但是，根据人民法院的调查，原告确实存在违反治安管理行为的事实，被告违反法律程序作出的行政处罚决定，并没有造成原告实体权益的损害，因此，一审法院仅仅作出确认被告作出的行政处罚程序违法，而没有同时判决被告承担赔偿责任是符合法律规定的。

### 5. 办理治安案件时间超期限被法院判决撤销案

**【案情简介】**

2012 年 12 月 18 日 21 时许，汤某与王某因债务问题在甲市山水宾馆门口发生争执，王某（另案处理）将汤某殴打至轻伤，汤某也对王某实施殴打，致使王某左额部等处受伤。甲市公安局乙派出所接警后迅速处警，分别对双方当事人进行调查询问。12 月 20 日，乙派出所将该案受理为治安案件开展调查。2013 年 1 月 28 日，乙派出所委托甲市公安局物证鉴定室对王某伤情进行鉴定。4 月 21 日，该鉴定室作出王某损伤程度为轻微伤的鉴定意见。汤某、王某均不服，分别于 4 月 24 日、4 月 30 日申请重新鉴定，甲市公安局于 6 月 14 日作出不准重新鉴定决定并送达双方当事人。同日，甲市公安局审批延长该案办案期限，但未明确延长多长期限。7 月 9 日王某故意伤害案的辩护律师向甲市人民检察院提出重新鉴定申请，7 月 10 日甲市公安局决定重新鉴定，但未告知双方，也未撤销原不准重新鉴定决定。7 月 31 日，上级公安机关物证鉴定中心作出王某所受之伤为轻微伤的鉴定意见，对此结果汤某仍有异议。在此期间，甲市公安局曾于 5 月 9 日、5 月 15 日对双方进行调解但未成功。2013 年 8 月 2 日，甲市公安局作出对汤某行政拘留五日并处罚款 200 元的处罚，并于当日执行了行政拘留。8 月 21 日，汤某不服行政处罚向甲市人民法院提起行政诉讼，法院审理认为，甲市公安局办理治安案件时间超过期限，且重新鉴定程序违法，一审判决撤销，并赔偿原告被拘留的损失 729.39 元。

**【分析】**

人民法院对于违犯法定程序的行政行为可以作出撤销判决。

该案反映出当前少数公安机关重实体、轻程序的思想依然存在。在案件审理中，甲市人民法院对公安机关办理治安案件的办案期限及延长审批权限、治安调解适用等有关问题的认定，使公安机关必须对办理治安案件过程中一些习以为常的做法进行重新审视。2013年以来，某省公安机关已发生多起因办案期限超过法定期限被人民法院判决撤销的案例，各地务必引以关注。

治安案件办理期限应严格执行《治安管理处罚法》相关规定。根据《治安管理处罚法》第九十九规定，公安机关办理治安案件的期限，自受理之日起不得超过三十日；案情重大、复杂的，经上一级公安机关批准，可以延长三十日。为了查明案情进行鉴定的期间，不计入办理治安案件的期限。本案中，公安机关于2012年12月20日受理治安案件，但直至2013年1月28日才对受害人进行伤情鉴定，后虽进行两次调解，但扣除调解期限，至2013年6月14日延长办案期限，已远超过法定办理期限。在执法实践中，对于公安机关在办理故意伤害刑事案件中，发现存在殴打他人等违反治安管理行为的，应严格依照《治安管理处罚法》相关规定，在法定期限内依法进行调解或作出行政处罚决定。对确因违法行为人逃跑等客观原因造成案件不能在法定期限内办结的，公安机关应当继续进行调查取证，及时依法作出处理决定，不能因已超过法定办案期限就不再调查取证。因违法嫌疑人在逃等原因，导致无法查清案件事实，无法收集足够证据而结不了案的，公安机关应当向被侵害人说明原因。

县级公安机关作出处罚决定的治安案件延长办案期限应由市

级公安机关审批。根据《治安管理处罚法》第九十九规定，公安机关办理的治安案件案情重大、复杂的，经上一级公安机关批准，可以延长三十日办理期限。公安派出所虽属县级公安机关派出机构，但《治安管理处罚法》已经赋予其部分治安管理处罚权，具有独立的执法主体资格。《公安机关办理行政案件程序规定》（公安部令第 125 号）第二条也将公安派出所视为一级公安机关。经与省高级人民法院协商，对于以派出所名义依法作出治安处罚的案件，在办理过程中需要延长办案期限的，应当报所属县级公安机关批准；对虽由派出所承办，但以县级公安机关名义作出治安处罚的案件，需要延长办案期限的，应当报请地市级公安机关批准。因此，各级公安机关基层执法办案单位应当依法受理、及时调查治安案件，并在三十日之内办结；确需延长办案期限的，可以根据已经查证的违法事实和情节，对可能适用五百元以上罚款或者行政拘留处罚的，应当以所属县级公安机关名义报请地市级公安机关批准。

公安机关治安调解工作应当依法规范进行。对于依法可以适用调解处理且当事人具有调解意愿的治安案件，公安机关在全面收集证据，查明事实、分清责任的情况下，应当及时组织调解。调解案件的办案期限从调解未达成协议或者达成协议不履行之日起开始计算。本案中，公安机关在庭审期间强调曾两次组织双方当事人调解未果，但不能提供任何证明当事双方有调解意向或公安机关主动出面调解的证据，导致人民法院审理认为公安机关将调解期限扣除不计入办案期限依据不足。因此，在执法实践中，公安机关应当规范治安调解工作，不论调解是否达成协议，均应规范制作调解笔录，客观反映当事人要求调解的意愿和调解工作的开展情况。在行政诉讼时，应当向人民法院举证开展调解工作形成的询问笔录、证人证言、调解协议、履行期限和方式、调解未达协议或达成协议未履行等相关工作情况的证据。此外，调解一般为一次，公安机关认为有必要或当事人申请的，可以再次调解，但应避免反复进行调解，导致办案程序违法。

公安机关不要轻视办理案件的法律程序。根据新《行政诉讼法》第七十条的规定，人民法院对违反法定程序的行政行为判决撤销或者部分撤销，并可以判决被告重新作出行政行为。对于违反法定程序的行政行为，人民法院并非一律作出撤销判决，而是根据违反法定程序的性质以及其对作出行政行为的影响。本案中，人民法院认为被诉行政机关的违反法定程序，性质恶劣，足以构成对被诉行政行为的严重影响，因此作出了撤销判决。笔者认为，该案一审法院的判决符合法律规定。

### 6. 因拆迁引发的公安行政诉讼案

**【案情简介】**

2012年6月18日上午，姜某某（拆迁上访户）与其他30余名上访人员聚集在市政务中心办事窗口。期间，姜某某等人在政务中心内吵闹，后经工作人员与民警劝说，姜某某等人于当日下午16时许相继离开。因姜某某等人的行为涉嫌扰乱单位秩序，次日公安机关受理了行政案件。在民警依法对姜某某传唤时，其无正当理由拒不接受传唤，后民警依法对其强制传唤至派出所，在途中，其在汽车内踢、咬民警。在被传唤到派出所后，又踢办案区大门，前后时间持续3个小时左右；在办案民警对其询问时，又辱骂民警。该分局认为姜某某因征地拆迁等事宜进行上访，理应通过合法、正当途径反映自己的诉求，但其却在市政务中心吵闹，扰乱了办公秩序，鉴于姜某某违法情节轻微，可减轻或不予处罚；

姜某某在公安机关依法强制传唤后，采取辱骂、脚踢、嘴咬等方式阻碍民警依法执行职务，考虑到其是60周岁以上的老年人，该分局本着以人为本、构建和谐社会的执法理念，酌情对姜某某从轻、减轻处罚，以扰乱单位秩序和阻碍执行职务两个行为分别对姜某某作出不予处罚、警告处罚的决定（该处罚决定书为 A 号）。姜某某在收到行政处罚决定书后，于 9 月 3 日提起行政诉讼，认为该决定书违背以事实为根据的办案原则、合法行政原则和合理行政原则，存在事实认定错误、实体性错误和程序性错误，不具有合法性，要求撤销行政处罚。同时指出该决定书适用的《治安管理处罚法》第五十条第一款第一项与姜某某案无关，系适用法律错误。

《治安管理处罚法》第五十条第一款第一项所指的行为为"拒不执行人民政府在紧急状态情况下依法发布的决定、命令的"，第二项所指的行为才是阻碍国家机关工作人员依法执行职务，显然存在条款适用错误问题。后该分局在公安机关行政法律文书样本中就此种情况如何纠错没有具体样本的情况下，依据《公安机关内部执法监督工作规定》自行撤销原行政处罚决定，重新制作行政处罚决定，（此处罚决定书为 B 号）送达姜某某的补救纠错措施。

一审法院在审理过程中认为，因 A 号行政处罚决定书中适用法律条款部分出现笔误，被告发现后即依据《公安机关内部执法监督工作规定》第十九条第一项的规定，将该行政处罚决定撤销，并随后作出 B 号行政处罚决定，对笔误部分进行补正，对 A 号行政处罚决定所认定的事实、阐述的理由、定性及处罚决定所认定的事实、阐述的理由、定性及处罚结果均未改变。应当认定 B 号行政处罚决定是被告对原告涉嫌扰乱单位秩序及阻碍民警执行职务行为所作出的最终处理，即 A 号处罚决定已被 B 号处罚决定所取代，原告仍坚持要求撤销已不存在的 A 号行政处罚决定，其诉讼请求于法无据，依法不予支持。姜某某在一审作出驳回判决后不服又向二审法院上诉。

【分析】

本案涉及的问题是，在行政诉讼过程中，被告改变了被诉行政行为，原告仍然坚持起诉原行政行为的，人民法院如何审理？

根据本法第七十四条第二款的规定，在行政诉讼中，被告改变原行政行为，原告不撤诉，仍然请求人民法院审查原行政行为的，人民法院应当对原行政行为进行审查并依法作出判决：原行政行为违法的，应当作出确认行政行为违法的判决。原行政行为证据确凿，适用法律、法规正确，符合法定程序的，或者原告申请被告履行法定职责或者给付义务理由不成立的，人民法院判决驳回原告的诉讼请求。原行政行为有下列情形之一的，人民法院判决撤销或者部分撤销，并可以判决被告重新作出行政行为：（1）主要证据不足的；（2）适用法律、法规错误的；（3）违反法定程序的；（4）超越职权的；（5）滥用职权的；（6）明显不当的；等等。在此不一一赘述。

就本案而言，原告要求人民法院继续审查被告作出的原行政行为，即 A 号行政处罚。人民法院应当依法审查 A 号行政处罚，而不能认为"A 号处罚决定已被 B 号处罚决定所取代，原告仍坚持要求撤销已不存在的 A 号行政处罚决定，诉讼请求于法无据"。至于，A 号行政处罚决定是否存在违法问题，人民法院应当在经过对案件进行审查、开庭审理查清的案件事实后，依法作出裁判。不能不经审判，直接驳回原告的起诉。

# 第八章 执 行

## 【本章概述】

本章共4条,行政诉讼中的执行难,严重影响了司法权威。针对实践中的行政诉讼"执行难",新《行政诉讼法》作出了有针对性的规定,如明确行政机关拒不履行判决将拘留其负责人等,这是此次修法的一大亮点。原《行政诉讼法》规定主要是对被执行人实行经济制裁,如从被执行人银行账户划拨应付款额、对被执行单位进行罚款等。新修改的《行政诉讼法》针对被执行单位的行政机关负责人,如新增"拒不履行判决、裁定、调解书,社会影响恶劣的,可以对该行政机关直接负责的主管人员和其他直接责任人员予以拘留;情节严重,构成犯罪的,依法追究刑事责任"。另外,还新增加规定"将行政机关拒绝履行情况予以公告"。

## 【法律条文及其释义】

**第九十四条** 当事人必须履行人民法院发生法律效力的判决、裁定、调解书。

本条规定了关于履行人民法院作出的发生法律效力的判决、裁定、调解书的原则性。

## 一、对发生法律效力的行政诉讼判决的履行

行政诉讼判决，简称行政判决，是指人民法院审理行政案件终结时，根据审理所查清的事实，依据法律规定对行政案件实体问题作出的结论性处理决定。行政诉讼判决是人民法院行使国家行政审判权对行政机关进行监督的集中体现，是人民法院处理解决争议的基本手段，也是人民法院审理行政案件和当事人参加诉讼的结果的表现形式。

发生法律效力的行政判决包括两类：一类是一审法院的判决，当事人对判决没有提起上诉，一审判决发生法律效力；另一类是二审法院的判决，自判决之日起，就发生法律效力。以上两种发生法律效力的判决，当事人必须履行。

## 二、对发生法律效力的行政诉讼裁定的履行

行政诉讼的裁定，是指人民法院在审理行政案件过程中或者执行案件的过程中，就程序问题所作出的判定。行政诉讼的裁定和行政诉讼判决一样都是人民法院行使国家行政审判权的体现，具有权威性和法律效力，但二者有许多区别，正是这些区别体现了行政诉讼的裁定特点：第一，行政诉讼的判决解决的是行政案件的实体问题，而行政诉讼的裁定解决的是行政案件审理过程或者是案件执行过程中的程序问题；第二，行政诉讼的判决一般是在行政案件审理的最后阶段作出的，而行政诉讼的裁定在行政诉讼的任何阶段都可能作出。通常一个法院在一个审理程序中只能作出一个判决，而人民法院在一个审理程序可能作出多个裁定。第三，行政诉讼判决依据的是行政实体法和行政程序法，而行政诉讼裁定依据的是行政诉讼法。第四，行政诉讼判决是要式行为，必须采用书面形式，而行政诉讼裁定则既可以是书面形式，也可以是口头形式。第五，当事人对一审判决不服均可以提出上

诉，而当事人对第一审程序中的行政裁定并非都可以提出上诉，而只能对部分裁定有权提出上诉。

行政诉讼中的裁定主要适用于下列事项：（1）不予受理；（2）驳回起诉；（3）管辖异议；（4）终结诉讼；（5）中止诉讼；（6）移送或者指定管辖；（7）诉讼期间停止行政行为的执行或者驳回停止执行的申请；（8）财产保全；（9）先予执行；（10）准许或者不准许撤诉；（11）补正裁判文书中的笔误；（12）中止或者终结执行；（13）提审、指令再审或者发回重审；（14）准许或者不准许执行行政机关的行政行为；（15）其他需要裁定的事项。

行政诉讼裁定的法律效力有两种情况，对一审法院作出的不予受理裁定、驳回起诉裁定和管辖权异议裁定，当事人可以在一审法院作出裁定之日起10日内向上一级人民法院提出上诉，逾期不提出上诉的，一审人民法院的裁定即发生法律效力。对于除以上三类裁定之外的其他所有裁定，当事人无权提出上诉，一经宣布或者送达，即发生法律效力。

## 三、对发生法律效力的行政诉讼调解书的履行

新《行政诉讼法》第六十条第一款规定，人民法院审理行政案件，不适用调解。但是，行政赔偿、补偿以及行政机关行使法律、法规规定的自由裁量权的案件可以调解。调解书经双方当事人签收后，即具有法律效力，当事人应自觉履行发生法律效力的调解书。

**第九十五条**　公民、法人或者其他组织拒绝履行判决、裁定、调解书的，行政机关或者第三人可以向第一审人民法院申请强制执行，或者由行政机关依法强制执行。

本条规定了申请法院强制执行或自行依法强制执行。

人民法院发生法律效力的判决、裁定、调解书，公民、法人或者其他组织应当自觉履行，对于拒绝履行的，作出具体行政的行政机关或者第三人都有权向第一审人民法院申请强制执行，或者作出行政行为的行政机关依法强制执行。

行政强制执行行为作为一种要式的行政行为，实施的具体方式必须由法律、法规作出明确的规定。根据法律、法规的规定，行政强制执行的具体方式可以分为以下三类：

第一，对财产的行政强制执行方式：（1）强制划拨；（2）强制扣缴；（3）强行退还；（4）强行拆除。

第二，对人身的行政强制执行方式：（1）强制拘留；（2）强制传唤；（3）强制履行；（4）遣送出境。

第三，对行为的行政强制执行措施，即强制实施某种行为。这种情况目前还较为少见。

**第九十六条**　行政机关拒绝履行判决、裁定、调解书的，第一审人民法院可以采取下列措施：

（一）对应当归还的罚款或者应当给付的款额，通知银行从该行政机关的账户内划拨；

（二）在规定期限内不履行的，从期满之日起，对该行政机关负责人按日处五十元至一百元的罚款；

（三）将行政机关拒绝履行的情况予以公告；

（四）向监察机关或者该行政机关的上一级行政机关提出司法建议。接受司法建议的机关，根据有关规定进行处理，并将处理情况告知人民法院；

（五）拒不履行判决、裁定、调解书，社会影响恶劣的，可以对该行政机关直接负责的主管人员和其他直接责任人员予以拘留；情节严重，构成犯罪的，依法追究刑事责任。

本条规定了行政机关拒绝履行判决、裁定、调解书时，第一审人民法院可以采取的执行措施。

作出行政行为的行政机关，是国家的行政执法机关，应当自觉履行人民法院作出的发生法律的判决、裁定、调解书。但是，在实践中，对于因各种原因行政机关拒绝履行发生法律的判决、裁定、调解书时，第一审人民法院可以采取以下措施：

第一，对应当归还的罚款或者应当给付的款额，通知银行从该行政机关的账户内划拨。行政机关对公民、法人或者其他组织作出了罚款的行政处罚决定，如果该处罚决定因为违法而被人民法院撤销，或者因为处罚明显不当而被人民法院判决变更，行政机关应当及时归还罚款。如果行政机关拒绝归还罚款，人民法院有权通知银行从作出行政行为的行政机关开立的银行账户内划拨。

第二，在规定期限内不履行的，从期满之日起，对该行政机关负责人按日处五十元至一百元的罚款。原《行政诉讼法》第六十五条规定，在规定期限内不履行的，从期满之日起，对该行政机关按日处五十元至一百元的罚款。新旧法相比较不难发现，新法规定对行政机关负责人进行罚款，旧法规定对行政机关进行罚款，将对行政机关的罚款改为对行政机关负责人的罚款，目的在于督促行政机关负责人自觉履行生效的判决、裁定和调解书。

第三，将行政机关拒绝履行的情况予以公告。该项执行措施为本次修改行政诉讼法所增加。行政机关理应成为守法的模范，其中自觉履行人民法院发生法律效力的判决、裁定、调解书，是守法的重要内容之一。如果其拒绝履行，人民法院将其拒绝履行的情况予以公开，使其名誉受到一定减损，以期达到促使其自觉履行的目的。

第四，向监察机关或者该行政机关的上一级行政机关提出司法建议。接受司法建议的机关，根据有关规定进行处理，并将处理情况告知人民法院。国务院组织法和地方各级人民代表大会和地方各级人民政府组织法规定的国务院和县级以上地方人民政府的职权之一是依法奖惩国家行政机关工作人员。行政监察法规定，监察机关对监察对象（行政机关及其公务员）在遵守和执行法律、法规中的问题进行监察。监察机关根据检查、调查结果，对违反行政纪律，依法应当给予警告、记过、记大过、降级、撤职、开除处分的，可以作出监察决定或者提出监察建议。监察决定或者监察建议，按照国家有关人事管理权限和处理程序的规定办理。因此，如果行政机关拒绝履行人民法院发生法律效力的判决、裁定、调解书，人民法院可以向监察机关或者该行政机关的上一级行政机关提出司法建议，由监察机关或者上一级行政机关按照国家有关人事管理权限和处理程序，对相关的责任人员作出行政处分。

第五，拒不履行判决、裁定、调解书，社会影响恶劣的，可以对该行政机关直接负责的主管人员和其他直接责任人员予以拘留；情节严重，构成犯罪的，依法追究刑事责任。对拒不履行判决、裁决、调解书的行政机关直接负责的主管人员和其他直接责任人员予以拘留，从性质上讲属于妨害行政诉讼的强制措施。增加拘留的规定是借鉴了《民事诉讼法》第一百一十一条的规定，其目的是给藐视发生法律效力的判决、裁定、调解书的行政机关直接负责的主管人员和其他直接责任人员以震慑，促使行政机关自觉履行义务。

我国《刑法》第三百一十三条规定："对人民法院的判决、裁定有能力执行而拒不执行，情节严重的，处三年以下有期徒刑、拘役或者罚金。""执行难"也是行政诉讼司法实践中存在的严重问题，特别是行政机关拒不履行发生法律效力的判决、裁定、调解书的行为，将会在社会上造成恶劣的影响，起到非常坏的作用。因此对行政机关的这种行为，对其直接负责的主管人员和其他直接责任人员，不仅有必要采取相应的强制措施，而且如果构成犯罪的，还要追究其刑事责任。

**第九十七条**　公民、法人或者其他组织对行政行为在法定期间不提起诉讼又不履行的，行政机关可以申请人民法院强制执行，或者依法强制执行。

本条规定了非诉行政案件执行以及行政机关依法强制执行。

## 一、非诉行政案件执行

非诉行政案件执行是指行政执法机关对公民、法人和其他组织作出行政行为后，行政相对人既不申请复议，亦不起诉，又不自动履行或不完全履行义务，行政机关申请人民法院强制执行，人民法院经审查作出准予执行或不予执行的裁定后，在准予执行的情况下通过执行程序使行政机关的行政行为得以实现的制度。

《行政强制法》第五十三条规定："当事人在法定期限内不申请行政复议或者提起行政诉讼，又不履行行政决定的，没有行政强制执行权的行政机关可以自期限届满之日起三个月内，依照本章规定申请人民法院强制执行。"

申请强制执行的条件和期限。行政机关申请人民法院强制执行其作出的行政决定的前提条件是：公民、法人或者其他组织（当事人）在法定期限内不申请行政复议或者提起行政诉讼，又不履行行政决定，行政机关才能向人民法院申请强制执行。我国行政复议法和行政诉讼法关于申请救济的法定期限分别是：公民、法人或者其他组织申请行政复议的法定期限是 60 日，即自知道该行政行为之日起 60 日内提出；公民、法人或者其他直接向人民法院提起诉讼的，应当自知道或者应当知道作出行政行为之日起 6 个月内提出。按照本条规定，如果法律规定当事人可以直接向法院起诉，当事人在 6 个月内没有提起行政诉讼又不履行行政决定，行政机关可以申请法院强制执行。按照《行政强制法》第五十三条的规定，行政机关申请人民法院强制执行的期限是从当事人行使行政救济或者司法救济的法定期限届满之日起 3 个月内提出。超过此期限申请的，人民法院不予执行。

关于人民法院对执行申请的审查。行政机关申请人民法院强制执行其作出的行政决定，人民法院理应对申请进行必要的审查，以体现"监督行政机关依法行使职权"的立法宗旨。人民法院对非诉行政执行审查的形式主要是书面审查，相当于形式审查。审查的内容主要有：第一，行政机关是否在法定期限内提出的申请；第二，行政机关提交的申请材料是齐全；第三，行政是否具备申请强制执行的条件。人民法院通过对以上内容的书面审查，认为没有问题的，应当自受理之日起 7 日内作出执行裁定。

人民法院对非诉行政执行申请的审查虽然以书面审查为主，但在书面审查的过程中，发现行政决定有"明显缺乏事实根据，或者明显缺乏法律、法规依据，以及其他明显违法并损害被执行人合法权益"（《行政强制法》第五十八条）的嫌疑，在作出裁定前可以听取被执行人和行政机关的意见。听取意见后，如果认定行政决定属于上述情况的，应当在 30 内作出不予执行的裁定，并加附理由，在裁定作出后 5 日内送达行政机关。因此，人民法院对行政机关的执行申请虽以书面审查为主，但也可以主动性地进行实质审查。进行必要实质审查的理由是：我国目前行政执法的状况还不尽如人意，行政执法中的违法情况屡见不鲜。同时，国民的法治观念有待于进一步提高，有些行政相对人权利保护意识淡薄，没有在法定期限内提起行政救济或者司法救济。如果人民法院对行政机关的执行申请不作必要的实质审查，可能会将错就错甚至错上加错，有损法律的公正。

当然，行政机关对人民法院不予执行的裁定有异议的，可以自收到裁定之日起 15 日内向上一级人民法院申请复议，上一级人民法院应当自收到复议申请之日起 30 日内作出是否执行的决定。

## 二、行政机关依法强制执行

《行政强制法》第三十四条规定："行政机关依法作出行政决定后，当事人在行政机关决定的期限内不履行义务的，具有行政强制执行权的行政机关依照本章规定强制执行。"《海关法》第六十条规定，进出口货物的纳税义务人，应当自海关填发税款缴款书之日起 15 日内缴纳税款；逾期缴纳的，由海关征收滞纳金。纳税义务人超过 3 个月仍未缴纳的，经直属海关关长或者其授权的隶属海关关长批准，海关可以书面通知其开户银行或者其他金融机构从其存款中扣缴税款，或者将应税货物依法变卖，以变卖所得抵缴税。

需要说明的是，具有直接强制执行权的行政机关依法强制执行，无须等到当事人申请行政复议或者提起诉讼的法定期限到达届满之日。按照行政强制法的规定，当事人没有在行政决定确定的期限内履行义务的，具有直接强制执行权的行政机关就可以依法强制执行。在强制执行后，当事人没有超过申请行政期限或者起诉期限的，仍然有权申请行政复议或者提起行政诉讼。

在新修改的行政诉讼法草案二次审议和三次审议过程中，有些常委会组成人员和最高人民法院建议对非诉行政执行规定"裁执分离"制度，即由人民法院对行政机关的执行申请进行审查并作出执行裁定，由行政机关组织执行。最终通过的本次修改决定没有采纳上述意见。理由是：2011 年通过的《行政强制法》已经对执行体制作出了制度安排，司法实践如果确需建立"裁执分离"制度，也应该通过修改行政强制法来进行。

# 【公安行政诉讼典型案例】

### 1. 网吧拒不缴纳罚款案

**【案情简介】**

2014 年 2 月 12 日，某派出所在对网吧的日常消防检查中，发现该网吧将消防通道关闭，并堆放一些杂物，使消防通道无法正常使用，派出所消防民警下达了责令整改通知书，限期网吧整改。3 月 12 日，派出所消防民警对该网吧进行整改复查，发现堆放在消防通道的杂物还在，消防通道仍然无法使用，派出所向区公安消防大队汇报后，区公安消防大队根据《消防法》，对网吧处以警告并处 5000 元罚款。网吧在法定期限内没有提起行政复议，提起行政诉讼和缴纳罚款。区公安消防大队多次催促网吧缴纳罚款，网吧拒绝缴纳。2015 年 2 月，区公安消防大队向区人民法院申请强制执行，区人民法院依法从网吧账户划拨 5000 元款额。

**【分析】**

在本案中，网吧在消防通道堆放杂物，导致消防通道无法使用，存在安全隐患，区公安消防大队依法对网吧作出警告并处 5000 元罚款，网吧在法定期限内没有行政复议和行政诉讼，拒绝缴纳罚款。根据《行政诉讼法》第九十七条的规定，公民、法人或者其他组织对行政行为在法定期间不提起诉讼又不履行的，行政机关可以申请人民法院强制执行，或者依法强制执行。因此，区公安消防大队申请区人民法院依法强制执行，区人民法院依法从网吧账户划拨 5000 元款额的做法是正确的。

### 2. 县公安局拒不履行法院判决案

**【案情简介】**

2015 年 4 月 17 日，刘某到县公安局为新出生的儿子办理户口，县公安局告知刘某，因其儿子是超生，没有准生证明，要到所在街道的计生部门办理手续，交纳超生社会抚育费之后，才给予办理。刘某认为，其有结婚证、户口簿、居民身份证、出生医学证明，根据我国相关法律法规，县公安局应当为其儿子办理入户手续，对县公安局的答复不服，向县人民法院提起行政诉讼。县公安局答辩称，根据县政府的文件要求，对于超生户，新生儿入户必须提供缴纳超生社会抚育费证明，才给予办理新生儿入户手续。法院审理认为，刘某提供了结婚证、户口簿、居民身份证、出生医学证明，县公安局应当为新生儿办理入户手续，判决责令县公安局为刘某办理新生儿入户手续。县公安局收到判决书后，既没有在法定期限内上诉，也一直没有为刘某办理新生儿入户手续。经刘某申请，法院对县公安局局长从期满之日起，按逾期每日五十元的罚款给予处罚。

## 【分析】

户籍管理，是公安机关的法定职责，其依据相关法律规定对公民的户籍进行管理。对于超生的新生儿入户条件，应根据相关的法律法规办理。法院作出判决，责令县公安局依法履行法定职责，为刘某办理新生儿入户手续，而县公安局没有履行法院的判决。根据《行政诉讼法》第九十六条的规定："行政机关拒绝履行判决、裁定、调解书的，第一审人民法院可以采取下列措施：（一）对应当归还的罚款或者应当给付的款额，通知银行从该行政机关的账户内划拨；（二）在规定期限内不履行的，从期满之日起，对该行政机关负责人按日处五十元至一百元的罚款；（三）将行政机关拒绝履行的情况予以公告；（四）向监察机关或者该行政机关的上一级行政机关提出司法建议。接受司法建议的机关，根据有关规定进行处理，并将处理情况告知人民法院；（五）拒不履行判决、裁定、调解书，社会影响恶劣的，可以对该行政机关直接负责的主管人员和其他直接责任人员予以拘留；

情节严重，构成犯罪的，依法追究刑事责任。"县人民法院对县公安局拒不履行法院判决的行为，根据《行政诉讼法》第九十六条第二项的规定，对县公安局局长从期满之日起，按日处50元的罚款的决定是符合法律规定的。

# 第九章　涉外行政诉讼

## 【本章概述】

本章共 3 条，主要规定了涉外行政诉讼适用法律的一般原则、同等原则和对等原则，以及涉外行政诉讼中外籍当事人委托律师的基本要求等。外国人、无国籍人、外国组织在我国进行行政诉讼，适用我国行政诉讼法的一般原则；在法律有特别规定时，应当适用该特别规定。外国人、无国籍人、外国组织在我国进行行政诉讼，同我国公民、组织有同等的诉讼权利和义务。但是，外国法院对我国公民、组织的行政诉讼权利加以限制的，我国法院应当对该国公民、组织的行政诉讼权利施加对等的限制。外国人、无国籍人、外国组织在我国进行行政诉讼，委托律师代理诉讼的，应当委托中华人民共和国律师机构的律师。外籍当事人需要委托非律师身份的诉讼代理人进行行政诉讼的，也可以委托本国律师以非律师身份担任其诉讼代理人。

## 【法律条文及其释义】

**第九十八条**　外国人、无国籍人、外国组织在中华人民共和国进行行政诉讼，适用本法。法律另有规定的除外。

本条规定了涉外行政诉讼适用法律的一般原则。

涉外行政诉讼是指人民法院受理、审判和执行具有涉外因素的行政案件所适用的诉讼程序。[①] 涉外因素是指在行政诉讼案件中，原告、第三人或者被执行人中至少有一方是外国人、无国籍人或者外国组织。但是，中外合资经营企业、中外合作经营企业及依照我国法律在我国境内设立的外资企业均不属于外国组织，它们提起的行政诉讼不属于涉外行政诉讼。当事人是港澳台地区的居民或者组织的，也不属于涉外行政诉讼，但可以参照涉外行政诉讼办理。随着我国改革开放的深化，越来越多的外国人或外国组织来到我国工作、生活、学习或旅游，涉外行政诉讼是解决涉外行政管理过程中所产生的行政争议的重要途径。涉外行政诉讼具有以下几个特点：（1）所诉行政行为必须发生在我国境内，即由我国行政机关在我国境内作出的行政行为；（2）外籍当事人向我国法院起诉或参加到我国法院进行的行政诉讼中来；（3）被告则是我国的行政机关，或者法律、法规、规章授权的组织。在涉外行政诉讼中，应当适用我国行政诉讼法的规定，而不得适用外籍当事人所属国家或者其他相关国家或地方的法律规定。而关于送达、期限和司法协助等，则可以适用民事诉讼法的有关规定。

在涉外行政诉讼中，适用我国行政诉讼法是一般原则，而在法律有特别规定时，应当适用该特别规定。

**第九十九条** 外国人、无国籍人、外国组织在中华人民共和国进行行政诉讼，同中华人民共和国公民、组织有同等的诉讼权利和义务。

外国法院对中华人民共和国公民、组织的行政诉讼权利加以

---

[①] 江必新主编：《中华人民共和国行政诉讼法理解适用与实务指南》，中国法制出版社 2015 年版，第 442 页。

限制的，人民法院对该国公民、组织的行政诉讼权利，实行对等原则。

本条规定了涉外行政诉讼的同等原则和对等原则。

## 一、同等原则

涉外行政诉讼的同等原则是指在涉外行政诉讼中，外国人、无国籍人、外国组织同我国国民享有同等的诉讼权利，并承担同等的诉讼义务。同等原则包括两层含义：（1）外籍当事人在我国进行行政诉讼时，依照我国行政诉讼法的规定，在起诉、应诉、申请回避、进行辩论、最后陈述、提起上诉等方面，同我国公民、法人或者其他组织享有同样的权利，并承担同等的义务，不得因国籍的不同而受到限制或歧视。（2）根据国民待遇的原则，外籍当事人所属国法律对当事人的诉讼权利、义务的规定与我国行政诉讼法的规定不同时，按照我国法律规定。如果根据外籍当事人所属国法律规定其无诉讼行为能力，而本法规定当事人有诉讼行为能力的，应认定其具有诉讼行为能力。

同等原则是国际法中"国民待遇原则"在诉讼领域的反应。该原则要求本国公民所享有的权利，也应当同等地赋予在本国境内的外国人、无国籍人和外国组织。[①] 我国《宪法》第三十二条第一款规定："中华人民共和国保护在中国境内的外国人的合法权利和利益，在中国境内的外国人必须遵守中华人民共和国的法律。"为了有效地保障在中国境内的外国当事人的合法权益，根据宪法规定并结合国民待遇原则，我国行政诉讼法规定了同等原则。外国人、无国籍人和外国组织在我国进行行政诉讼的，同我

---

[①] 信春鹰主编：《中华人民共和国行政诉讼法释义》，法律出版社 2014 年版，第 259 页。

国国民享有同等的诉讼权利，并承担同等的诉讼义务。我国法院不能任意地限制外国当事人的诉讼权利，也不能任意地加重或减轻外国当事人的诉讼义务。

## 二、对等原则

涉外行政诉讼的对等原则是指外国法院如果对我国公民、组织的行政诉讼权利施加限制，我国法院对该国公民、组织的行政诉讼权利也采取相应的限制措施，使该国公民、组织在我国的行政诉讼权利与我国公民、组织在该国的行政诉讼权利相对等。

对等原则具有如下含义：（1）对等是对诉讼权利的限制对等，适用于外国对我国公民、组织的行政诉讼权利施加限制时，而不适用于赋予权利方面。即使是依照该国法律，我国公民、组织在该国行政诉讼中享有更多的权利，该国也不能因此要求我国对该国公民、组织赋予相同的诉讼权利。（2）我国公民、组织在外国进行行政诉讼时，其诉讼权利与所在国的公民、组织相同，即是该国对我国公民、组织实行同等原则。如果该国在诉讼权利方面给予我国公民、组织的权利低于其本国公民、组织的标准，则构成对我国公民、组织在该国享有的行政诉讼权利的限制。无论该种限制是采用立法形式，还是在诉讼过程中施加实际限制，我国将对该国公民、组织在我国的诉讼权利施加相应的限制。对等原则的适用应当具有灵活性。如果外国法院限制我国公民、组织诉讼权利的内容，我国法律中有相应的规定，则可以相同的内容加以限制；如果外国法院对我国公民、组织诉讼权利的限制，我国法律中并无相应的规定，我国法院应当施加相同性质与内容的限制措施。①

---

① 江必新主编：《中华人民共和国行政诉讼法理解适用与实务指南》，中国法制出版社 2015 年版，第 446 页。

### 三、同等原则和对等原则的关系

本条规定的同等原则和对等原则之间具有密切的联系，其中同等原则是我国立法和法院在涉外行政诉讼中所应遵循的一般适用规则，对外国人、无国籍人和外国组织赋予同我国公民、组织同等的诉讼权利，并承担同等的诉讼义务。而对等原则是一种例外，当外国立法或司法对我国公民、组织的诉讼权利进行限制时，我国立法和司法也将给予对等的限制。法院在办理涉外行政案件时应当维护国家主权和利益，坚持平等互利原则。实行对等原则是手段，而赋予和承担同等的权利义务才是目的。

**第一百条**　外国人、无国籍人、外国组织在中华人民共和国进行行政诉讼，委托律师代理诉讼的，应当委托中华人民共和国律师机构的律师。

本条规定了涉外行政诉讼中外籍当事人委托律师的基本要求。

律师制度是一国司法制度的重要组成部分，只能适用于本国，而不能适用于国外。根据一国法律获得的律师资格，只在本国有效，只能在其本国境内以律师身份从事诉讼代理业务，而不得以律师身份在他国代理诉讼。因此，根据司法主权的要求，外国人、无国籍人、外国组织在我国进行行政诉讼，需要委托律师代理诉讼的，应当委托我国律师机构的律师，而不得委托国外律师机构的律师。本条的规定也包含了现实的考量，一般情况下，外国律师对法院地国的法律并不熟悉，委托外国律师无法获得必要的法律帮助，并且无助于案件的顺利解决，因此委托法院地所在国的律师更加符合成本效益的原则。根据《外国律师事务所驻华代表机构管理条例》第十五条第一款的规定，外国律师事务所驻华代表机构及其代表，只能从事不包括中国法律事务的下列活动：（1）向当事人提供该外国律师事务所律师已获准从事律师执业业务的国家法律的咨询，以及有关国际条约、国际惯例的咨询；（2）接受当事人或者中国律师事务所的委托，办理在该外国律师事务所律师已获准从事律师执业业务的国家的法律事务；（3）代表外国当事人，委托中国律师事务所办理中国法律事务；（4）通过订立合同与中国律师事务所保持长期的委托关系办理法律事务；（5）提供有关中国法律环境影响的信息等。

但是，本条并不是规定外籍当事人在我国进行行政诉讼必须委托我国的律师。外籍当事人需要委托非律师身份的诉讼代理人进行行政诉讼的，既可以委托我国公民或者本国公民，也可以委托本国律师以非律师身份担任其诉讼代理人。外国驻华使、领馆官员也可以个人名义接受本国公民委托担任诉讼代理人，但在诉讼中不享有外交特权和豁免权。根据《民事诉讼法》第二百六十四条的规定，在中华人民共和国领域内没有住所的外国人、无国籍人、外国企业和组织委托中国的律师或者其他人代理诉讼，从中国领域外寄交或者托交的授权委托书，应当经所在国公证机关证明，并经中国驻该国使领馆认证，或者履行中国与该所在国订立的有关条约中规定的证明手续后，才具有效力。

# 【公安行政诉讼典型案例】

### 1. 某外国人甲被某地公安机关行政拘留处罚案

**【案情简介】**

某外国人甲未持有效旅行证件前往不对外国人开放的地区旅行，被当地公安机关发现并处以5日行政拘留的处罚。如果甲对该处罚不服，是否可以直接向当地人民法院提起行政诉讼？

**【分析】**

甲可以直接向当地人民法院提起行政诉讼。

根据《出境入境管理法》第七十七条第一款规定："外国人未经批准，擅自进入限制外国人进入的区域，责令立即离开；情节严重的，处五日以上十日以下拘留。对外国人非法获取的文字记录、音像资料、电子数据和其他物品，予以收缴或者销毁，所用工具予以收缴。"甲未经批准，擅自进入了不对外国人开放的地区，由于其不享有外交特权与豁免权，因此可由当地公安机关依法对其进行处罚。根据《行政诉讼法》第十二条第一款第一项的规定，行政相对人对行政拘留的处罚不服的，可以向法院提起行政诉讼。《行政诉讼法》第九十八条规定，外国人、无国籍人、外国组织在中华人民共和国进行行政诉讼，适用本法。《出境入境管理法》及其他法律针对此类违法行为并未规定行政复议前置的条件，因此甲对其行政拘留的行政处罚不服的，既可以选择提起行政复议，也可以直接向当地人民法院依法提起行政诉讼。

## 2. 某外国人乙不服治安管理处罚案

**【案情简介】**

2015年6月7日下午，在某县人民商场门口，某外国人乙与本地人刘某发生身体碰撞，乙要刘某道歉，刘某认为是乙的过错才会导致相撞，因此拒不道歉。乙一时气愤就用拳头击打刘某的面部，并造成陈某鼻孔流血。当地派出所接到群众报案后受理了此案并迅速赶赴现场处置，并口头传唤乙到派出所接受调查，同时派车送被侵害人陈某到附近医院就诊。后经法医鉴定，刘某构成轻微伤害。6月29日，该县公安局对乙以殴打他人为由处500元罚款的治安处罚。乙不服，欲向法院提起行政诉讼。请问，乙是否有权提起行政诉讼？应适用何国法律？

**【分析】**

乙有权向当地人民法院提起行政诉讼，在行政诉讼中应当适用我国的法律。

根据《行政诉讼法》第九十八条的规定，外国人、无国籍人、外国组织在中华人民共和国进行行政诉讼的，适用本法，法律另有规定的除外。因此，外国人乙不服我国某县公安局治安管理处罚，可以依法向当地人民法院提起行政诉讼，在行政诉讼过程中同中国公民享有同等的诉讼权利，并承担同等的诉讼义务。乙如果需要委托律师代理诉讼，应当委托中国律师机构的律师。

乙在我国法院进行行政诉讼，应当适用我国法律。其中，既包括行政诉讼法，也包括行政程序法和行政实体法。本案在实体法方面，主要是适用《治安管理处罚法》第四十三条第一款的规定："殴打他人的，或者故意伤害他人身体的，处五日以上十日以下拘留，并处二百元以上五百元以下罚款；情节较轻的，处五日以下拘留或者五百元以下罚款。"在程序法方面，应当适用《行政处罚法》和《治安管理处罚法》等规定，并参照适用《公安机关办理行政案件程序规定》的相关规定。

### 3. 某外国人丙因嫖娼被驱逐出境案

**【案情简介】**

某外国人丙，因在中国某县嫖娼而被该县公安局抓获，丙被处行政拘留 15 日的治安管理处罚，并被处驱逐出境。丙对驱逐出境的决定不服，欲向法院提起行政诉讼。请问其是否有权向法院提起诉讼？

**【分析】**

丙无权向法院提起行政诉讼。驱逐出境又称"限期离境"，是指主权国家强制外国人限期离境。主权国家为维护本国安全利益或社会公共秩序，有权将违反本国法律的外国人或外交人员驱逐离境。驱逐出境适用于不具有中国国籍的，但在中华人民共和国领域内有严重违法犯罪活动的外国公民和无国籍人。根据《出境入境管理法》第八十一条规定："……外国人违反本法规定，情节严重，尚不构成犯罪的，公安部可以处驱逐出境。公安部的处罚决定为最终决定。被驱逐出境的外国人，自被驱逐出境之日起十年内不准入境。"在具体操作程序上，根据《公安机关办理行政案件程序规定》第二百二十五条第一款和第二百二十六条的规定，外国人违反治安管理或者出境入境管理，情节严重，尚不构成犯罪的，承办的公安机关可以层报公安部处以驱逐出境。公安部作出的驱逐出境决定为最终决定，由承办机关宣布并执行。对外国人处以罚款或者行政拘留并处限期出境或者驱逐出境的，应当于罚款或者行政拘留执行完毕后执行限期出境或者驱逐出境。

因此，丙对驱逐出境的处罚无权向法院提起行政诉讼。但其对行政拘留 15 日的治安管理处罚不服的，既可以提起行政复议，也可以直接提起行政诉讼。

# 第十章　附　则

## 【本章概述】

本章内容较少，共3条，分别规定了行政诉讼法与民事诉讼法之间的关系、人民法院审理行政案件应收取的诉讼费用及其承担对象、行政诉讼法的施行日期三个问题。

## 【法律条文及其释义】

**第一百零一条**　人民法院审理行政案件，关于期间、送达、财产保全、开庭审理、调解、中止诉讼、终结诉讼、简易程序、执行等，以及人民检察院对行政案件受理、审理、裁判、执行的监督，本法没有规定的，适用《中华人民共和国民事诉讼法》的相关规定。

本条是关于行政诉讼法与民事诉讼法之间的关系。

行政诉讼法脱胎于民事诉讼法，条文篇幅远少于民事诉讼法，很多程序性规定都可以适用民事诉讼法。同时，行政诉讼法有不少规定与民事诉讼法不同，而民事诉讼法中也有不少规定不适用于行政诉讼。经梳理，民事诉讼法共284条，其中197条是两部法律共通的，行政诉讼也可以适用。共通的条文，修改后的行政诉讼法规定了其中的54条，还有143条未作规定。未规定的 143 条主要在审理和判决、执行、涉外行政诉讼 3 章，包括回避、财产保全、调解、审理前的准备程序、开庭审理程序、判决与裁定、第二审程序、审判监督程序、执行程序、涉外行政诉讼等。民事诉讼法中其余的 87 条行政诉讼法不能适用，其中 66 条行政诉讼完全不能适用，修改后的行政诉讼法也未作规定；另外 21 条，修改后的行政诉讼法作了与民事诉讼法不同的规定。

具体到本条的规定，我们需要正确理解如下：

第一，本条列举规定的关于期间、送达、财产保全、开庭审理、调解、中止诉讼、终结诉讼、简易程序、执行等，以及人民检察院对行政案件受理、审理、裁判、执行的监督，行政诉讼法没有规定的，适用民事诉讼法的规定；行政诉讼法有规定的，适用行政诉讼法的规定。

第二，民事诉讼法有规定，但是行政诉讼法没有规定，而且在本法中也没有列举的诉讼制度，只要符合行政诉讼性质的，也适用于行政诉讼。例如，民事诉讼第二审程序中的有关上诉状内容的规定，本条虽然没有列举，行政诉讼法中也没有对之进行规定，但在行政诉讼第二审程序中可以被适用。

第三，民事诉讼法有规定，但是行政诉讼法没有规定，而且在本法中也没有列举的诉讼制度，如果不符合行政诉讼性质的，不能适用于行政诉讼。例如，民事诉讼法有关协议管辖的规定，不适用于行政诉讼。

第四，行政诉讼中的检察监督程序，人民检察院对案件的受理、审理、裁判、执行各环节的检察监督，在行政诉讼法中没有规定，适用民事诉讼法的有关规定。

**第一百零二条**　人民法院审理行政案件，应当收取诉讼费用。诉讼费用由败诉方承担，双方都有责任的由双方分担。收取诉讼费用的具体办法另行规定。

本条是关于诉讼费用的规定。

## 一、诉讼费用的种类

人民法院审理行政案件，应当收取诉讼费用。当事人应当向人民法院交纳的诉讼费用包括案件受理费和其他费用两种。

第一，案件受理费。案件受理费是指人民法院受理案件时，由人民法院收取的费用。案件受理费包括：（1）第一审案件受理费；（2）第二审案件受理费；（3）再审案件中，依照《诉讼费用缴纳办法》的规定需要交纳的案件受理费。收取案件受理费是一般原则，只有在少数情况下，人民法院受理案件不收取案件受理费。这些情况包括：（1）裁定不予受理、驳回起诉、驳回上诉的案件。（2）对不予受理、驳回起诉和管辖权异议裁定不服，提起上诉的案件。（3）行政赔偿案件。（4）审判监督程序审理的案件，当事人不缴纳案件受理费。但是，下面两种情形除外：一是当事人有新的证据，足以推翻原判决、裁定，向人民法院申请再审，人民法院经审查决定再审的案件；二是当事人对人民法院第一审判决或者裁定未提出上诉，第一审判决、裁定或者调解书发生法律效力后又申请再审，人民法院经审查决定再审的案件。

第二，其他费用。其他费用是指人民法院在审理行政案件过程中实际支出的，应当由当事人支付的费用。其他费用主要包括：证人、鉴定人、翻译人员、理算人员在人民法院指定日期出庭发生的交通费、住宿费、生活费和误工补贴。

## 二、诉讼费用的负担方式

诉讼费用由败诉方承担，双方都有责任的由双方分担。具体情况有：

第一，法院的第二审判决、撤销、一审判决和被诉行政行为，一、二审诉讼费用均应由被诉行政机关承担。

第二，行政诉讼当事人部分胜诉、部分败诉的，诉讼费用按照各自的责任大小分担。

第三，被告在诉讼过程中改变行政行为，原告申请撤诉而法院准许的，诉讼费用由被告承担；如果原告不撤诉或者法院不准许撤诉的，诉讼费用由败诉方承担；共同诉讼的当事人败诉时，由法院根据共同诉讼当事人的人数和他们各自对被诉的行政行为的利害关系，以及各自的诉讼行为决定诉讼费用的承担；共同诉讼当事人因连带关系而败诉时，应当负担连带诉讼费用；第三人败诉时，法院将根据共同诉讼当事人诉讼费用的负担原则决定分担的比例。

在某些情况下，诉讼费用并不是由败诉当事人承担的，而是根据案件的具体情况来规定。具体包括：原告承担、被申请人承担、当事人自行负担。

原告承担诉讼费用适用于原告主动撤诉而法院许可的情况。这里的"主动撤诉"不包括原告因被告改变行政行为而申请撤诉的情况。

第一，撤诉案件的受理费用减半收取，其他诉讼费用按实际支出收取。

第二，被申请人承担诉讼费用适用于申请采取诉讼保全措施和申请执行的案件。

第三，当事人自行负担的费用主要是指当事人因本人的诉讼行为而支出的诉讼费用。不论当事人是否败诉，此诉讼行为支出的所有费用都由当事人自行承担。

《诉讼费用交纳办法》第二十九条规定：诉讼费用由败诉方负担，胜诉方自愿承担的除外。

部分胜诉、部分败诉的，人民法院根据案件的具体情况决定当事人各自负担的诉讼费用数额。

共同诉讼当事人败诉的，人民法院根据其对诉讼标的的利害关系，决定当事人各自负担的诉讼费用数额。

**第一百零三条** 本法自一九九〇年十月一日起施行。

本条是对行政诉讼法施行日期的规定。

法律的施行时间也就是法律的生效时间，正确地理解法律的生效时间，是运用法律不可缺少的条件。法律的施行不同于法律的公布，法律的公布是指由特定机关将通过的法律向全社会予以公告，而法律的施行是指法律开始生效，也就是法律、法规对其所调整的社会关系开始具有约束力，施行时间即指上述法律、法规开始具有约束力的某一特定的具体时间。大多数法律、法规都在其附则中规定了法律的施行时间。

行政诉讼法自 1990 年 10 月 1 日起施行。根据 2014 年 11 月 1 日《全国人民代表大会常务委员会关于修改〈中华人民共和国行政诉讼法〉的决定》的修订，新行政诉讼法自 2015 年 5 月 1 日起施行。

由于新行政诉讼法是对《原行政诉讼》法作了修改后重新颁布的行政诉讼法，并非一个新诞生的法律制度。我国的行政诉讼法施行日期要追溯到 1990 年 10 月 1 日，并非 2015 年 5 月 1 日。2015 年 5 月 1 日只是适用修订后的新行政诉讼法。

由此，在司法实践中出现了两个问题：第一个问题是，以 2015 年 5 月 1 日为界限，在此之前已经受理还没有审结的行政案件，是适用原行政诉讼法还是新行政诉讼法进行审理呢？第二个问题是，2015 年 5 月 1 日之后按照审判监督程序进行审理的行政案件，而该行政案件又是在此前作出了生效判决、裁定或调解的，怎么办呢？2015 年通过的《行政诉讼法解释》第二十六条规定，对新行政诉讼法与原行政诉讼法之间的衔接问题作了规定，解决了上述两个问题。该条规定："2015 年 5 月 1 日前起诉期限尚未届满的，适用修改后的行政诉讼法关于起诉期限的规定。2015 年 5 月 1 日前尚未审结案件的审理期限，适用修改前的行政诉讼法关于审理期限的规定。依照修改前的行政诉讼法已经完成的程序事项，仍然有效。对 2015 年 5 月 1 日前发生法律效力的判决、裁定或者行政赔偿调解书不服申请再审，或者人民法院依照审判监督程序再审的，程序性规定适用修改后的行政诉讼法的规定。"

# 附 录

## 《中华人民共和国行政诉讼法》
## 修改前后对比表

| 修改前 | 修改后 |
|---|---|
| 第一章 总 则 | 第一章 总 则 |
| 第一条 为保证人民法院正确、及时审理行政案件，保护公民、法人和其他组织的合法权益，维护和监督行政机关依法行使行政职权，根据宪法制定本法。 | 第一条 为保证人民法院公正、及时审理行政案件，解决行政争议，保护公民、法人和其他组织的合法权益，监督行政机关依法行使职权，根据宪法，制定本法。 |
| 第二条 公民、法人或者其他组织认为行政机关和行政机关工作人员的具体行政行为侵犯其合法权益，有权依照本法向人民法院提起诉讼。 | 第二条 公民、法人或者其他组织认为行政机关和行政机关工作人员的行政行为侵犯其合法权益，有权依照本法向人民法院提起诉讼。<br><br>前款所称行政行为，包括依照法律、法规、规章授权的组织作出的行政行为。 |
| | 第三条 人民法院应当保障公民、法人和其他组织的起诉权利，对应当受理的行政案件依法受理。<br><br>行政机关及其工作人员不得干预、阻碍人民法院受理行政案件。<br><br>被诉行政机关负责人应当出庭应诉。不能出庭的，应当委托行政机关相应的工作人员出庭。 |

| 修改前 | 修改后 |
|---|---|
| 第三条 人民法院依法对行政案件独立行使审判权,不受行政机关、社会团体和个人的干涉。<br><br>人民法院设行政审判庭,审理行政案件。 | 第四条 人民法院依法对行政案件独立行使审判权,不受行政机关、社会团体和个人的干涉。<br><br>人民法院设行政审判庭,审理行政案件。 |
| 第四条 人民法院审理行政案件,以事实为根据,以法律为准绳。 | 第五条 人民法院审理行政案件,以事实为根据,以法律为准绳。 |
| 第五条 人民法院审理行政案件,对具体行政行为是否合法进行审查。 | 第六条 人民法院审理行政案件,对行政行为是否合法进行审查。 |
| 第六条 人民法院审理行政案件,依法实行合议、回避、公开审判和两审终审制度。 | 第七条 人民法院审理行政案件,依法实行合议、回避、公开审判和两审终审制度。 |
| 第七条 当事人在行政诉讼中的法律地位平等。 | 第八条 当事人在行政诉讼中的法律地位平等。 |
| 第八条 各民族公民都有用本民族语言、文字进行行政诉讼的权利。<br><br>在少数民族聚居或者多民族共同居住的地区,人民法院应当用当地民族通用的语言、文字进行审理和发布法律文书。<br><br>人民法院应当对不通晓当地民族通用的语言、文字的诉讼参与人提供翻译。 | 第九条 各民族公民都有用本民族语言、文字进行行政诉讼的权利。<br><br>在少数民族聚居或者多民族共同居住的地区,人民法院应当用当地民族通用的语言、文字进行审理和发布法律文书。<br><br>人民法院应当对不通晓当地民族通用的语言、文字的诉讼参与人提供翻译。 |

| 修改前 | 修改后 |
|---|---|
| 第九条　当事人在行政诉讼中有权进行辩论。 | 第十条　当事人在行政诉讼中有权进行辩论。 |
| 第十条　人民检察院有权对行政诉讼实行法律监督。 | 第十一条　人民检察院院有权对行政诉讼实行法律监督。 |
| **第二章　受案范围** | **第二章　受案范围** |
| 第十一条　人民法院受理公民、法人和其他组织对下列具体行政行为不服提起的诉讼：<br><br>（一）对拘留、罚款、吊销许可证和执照、责令停产停业、没收财物等行政处罚不服的；<br><br>（二）对限制人身自由或者对财产的查封、扣押、冻结等行政强制措施不服的；<br><br>（三）认为行政机关侵犯法律规定的经营自主权的；<br><br>（四）认为符合法定条件申请行政机关颁发许可证和执照，行政机关拒绝颁发或者不予答复的；<br><br>（五）申请行政机关履行保护人身权、财产权的法定职责，行政机关拒绝履行或者不予答复的；<br><br>（六）认为行政机关没有依法发给抚恤金的； | 第十二条　人民法院受理公民、法人或者其他组织提起的下列诉讼：<br><br>（一）对行政拘留、暂扣或者吊销许可证和执照、责令停产停业、没收违法所得、没收非法财物、罚款、警告等行政处罚不服的；<br><br>（二）对限制人身自由或者对财产的查封、扣押、冻结等行政强制措施和行政强制执行不服的；<br><br>（三）申请行政许可，行政机关拒绝或者在法定期限内不予答复，或者对行政机关作出的有关行政许可的其他决定不服的；<br><br>（四）对行政机关作出的关于确认土地、矿藏、水流、森林、山岭、草原、荒地、滩涂、海域等自然资源的所有权或者使用权的决定不服的；<br><br>（五）对征收、征用决定及其补偿决定不服的；<br><br>（六）申请行政机关履行保护人身权、财产权等合法权益的法定职责，行政机关拒绝履行或者不予答复的； |

| 修改前 | 修改后 |
|---|---|
| （七）认为行政机关违法要求履行义务的；<br>（八）认为行政机关侵犯其他人身权、财产权的。<br>除前款规定外，人民法院受理法律、法规规定可以提起诉讼的其他行政案件。 | （七）认为行政机关侵犯其经营自主权或者农村土地承包经营权、农村土地经营权的；<br>（八）认为行政机关滥用行政权力排除或者限制竞争的；<br>（九）认为行政机关违法集资、摊派费用或者违法要求履行其他义务的；<br>（十）认为行政机关没有依法支付抚恤金、最低生活保障待遇或者社会保险待遇的；<br>（十一）认为行政机关不依法履行、未按照约定履行或者违法变更、解除政府特许经营协议、土地房屋征收补偿协议等协议的；<br>（十二）认为行政机关侵犯其他人身权、财产权等合法权益的。<br>除前款规定外，人民法院受理法律、法规规定可以提起诉讼的其他行政案件。 |
| 第十二条　人民法院不受理公民、法人或者其他组织对下列事项提起的诉讼：<br>（一）国防、外交等国家行为；<br>（二）行政法规、规章或者行政机关制定、发布的具有普遍约束力的决定、命令；<br>（三）行政机关对行政机关工作人员的奖惩、任免等决定；<br>（四）法律规定由行政机关最终裁决的具体行政行为。 | 第十三条　人民法院不受理公民、法人或者其他组织对下列事项提起的诉讼：<br>（一）国防、外交等国家行为；<br>（二）行政法规、规章或者行政机关制定、发布的具有普遍约束力的决定、命令；<br>（三）行政机关对行政机关工作人员的奖惩、任免等决定；<br>（四）法律规定由行政机关最终裁决的行政行为。 |

| 修改前 | 修改后 |
|---|---|
| **第三章　管　辖** | **第三章　管　辖** |
| 第十三条　基层人民法院管辖第一审行政案件。 | 第十四条　基层人民法院管辖第一审行政案件。 |
| 第十四条　中级人民法院管辖下列第一审行政案件：<br>（一）确认发明专利权的案件、海关处理的案件；<br>（二）对国务院各部门或者省、自治区、直辖市人民政府所作的具体行政行为提起诉讼的案件；<br>（三）本辖区内重大、复杂的案件。 | 第十五条　中级人民法院管辖下列第一审行政案件：<br>（一）对国务院部门或者县级以上地方人民政府所作的行政行为提起诉讼的案件；<br>（二）海关处理的案件；<br>（三）本辖区内重大、复杂的案件；<br>（四）其他法律规定由中级人民法院管辖的案件。 |
| 第十五条　高级人民法院管辖本辖区内重大、复杂的第一审行政案件。 | 第十六条　高级人民法院管辖本辖区内重大、复杂的第一审行政案件。 |
| 第十六条　最高人民法院管辖全国范围内重大、复杂的第一审行政案件。 | 第十七条　最高人民法院管辖全国范围内重大、复杂的第一审行政案件。 |
| 第十七条　行政案件由最初作出具体行政行为的行政机关所在地人民法院管辖。经复议的案件，复议机关改变原具体行政行为的，也可以由复议机关所在地人民法院管辖。 | 第十八条　行政案件由最初作出行政行为的行政机关所在地人民法院管辖。经复议的案件，也可以由复议机关所在地人民法院管辖。<br>经最高人民法院批准，高级人民法院可以根据审判工作的实际情况，确定若干人民法院跨行政区域管辖行政案件。 |

| 修改前 | 修改后 |
|---|---|
| 第十八条 对限制人身自由的行政强制措施不服提起的诉讼，由被告所在地或者原告所在地人民法院管辖。 | 第十九条 对限制人身自由的行政强制措施不服提起的诉讼，由被告所在地或者原告所在地人民法院管辖。 |
| 第十九条 因不动产提起的行政诉讼，由不动产所在地人民法院管辖。 | 第二十条 因不动产提起的行政诉讼，由不动产所在地人民法院管辖。 |
| 第二十条 两个以上人民法院都有管辖权的案件，原告可以选择其中一个人民法院提起诉讼。原告向两个以上有管辖权的人民法院提起诉讼的，由最先收到起诉状的人民法院管辖。 | 第二十一条 两个以上人民法院都有管辖权的案件，原告可以选择其中一个人民法院提起诉讼。原告向两个以上有管辖权的人民法院提起诉讼的，由最先立案的人民法院管辖。 |
| 第二十一条 人民法院发现受理的案件不属于自己管辖时，应当移送有管辖权的人民法院。受移送的人民法院不得自行移送。 | 第二十二条 人民法院发现受理的案件不属于本院管辖的，应当移送有管辖权的人民法院，受移送的人民法院应当受理。受移送的人民法院认为受移送的案件按照规定不属于本院管辖的，应当报请上级人民法院指定管辖，不得再自行移送。 |
| 第二十二条 有管辖权的人民法院由于特殊原因不能行使管辖权的，由上级人民法院指定管辖。<br>人民法院对管辖权发生争议，由争议双方协商解决。协商不成的，报它们的共同上级人民法院指定管辖。 | 第二十三条 有管辖权的人民法院由于特殊原因不能行使管辖权的，由上级人民法院指定管辖。<br>人民法院对管辖权发生争议，由争议双方协商解决。协商不成的，报它们的共同上级人民法院指定管辖。 |

| 修改前 | 修改后 |
|---|---|
| 第二十三条　上级人民法院有权审判下级人民法院管辖的第一审行政案件，也可以把自己管辖的第一审行政案件移交下级人民法院审判。<br><br>下级人民法院对其管辖的第一审行政案件，认为需要由上级人民法院审判的，可以报请上级人民法院决定。 | 第二十四条　上级人民法院有权审理下级人民法院管辖的第一审行政案件。<br><br>下级人民法院对其管辖的第一审行政案件，认为需要由上级人民法院审理或者指定管辖的，可以报请上级人民法院决定。 |
| **第四章　诉讼参加人** | **第四章　诉讼参加人** |
| 第二十四条　依照本法提起诉讼的公民、法人或者其他组织是原告。<br><br>有权提起诉讼的公民死亡，其近亲属可以提起诉讼。<br><br>有权提起诉讼的法人或者其他组织终止，承受其权利的法人或者其他组织可以提起诉讼。 | 第二十五条　行政行为的相对人以及其他与行政行为有利害关系的公民、法人或者其他组织，有权提起诉讼。<br><br>有权提起诉讼的公民死亡，其近亲属可以提起诉讼。<br><br>有权提起诉讼的法人或者其他组织终止，承受其权利的法人或者其他组织可以提起诉讼。 |
| 第二十五条　公民、法人或者其他组织直接向人民法院提起诉讼的，作出具体行政行为的行政机关是被告。<br><br>经复议的案件，复议机关决定维持原具体行政行为的，作出原具体行政行为的行政机关是被告；复议机关改变原具 | 第二十六条　公民、法人或者其他组织直接向人民法院提起诉讼的，作出行政行为的行政机关是被告。<br><br>经复议的案件，复议机关决定维持原行政行为的，作出原行政行为的行政机关和复议机关是共同被告；复议机关改变原行政行为的，复议机关是被告。<br><br>复议机关在法定期限内未作出复议 |

| 修改前 | 修改后 |
|---|---|
| 体行政行为的，复议机关是被告。<br><br>　　两个以上行政机关作出同一具体行政行为的，共同作出具体行政行为的行政机关是共同被告。<br><br>　　由法律、法规授权的组织所作的具体行政行为，该组织是被告。由行政机关委托的组织所作的具体行政行为，委托的行政机关是被告。<br><br>　　行政机关被撤销的，继续行使其职权的行政机关是被告。 | 决定，公民、法人或者其他组织起诉原行政行为的，作出原行政行为的行政机关是被告；起诉复议机关不作为的，复议机关是被告。<br><br>　　两个以上行政机关作出同一行政行为的，共同作出行政行为的行政机关是共同被告。<br><br>　　行政机关委托的组织所作的行政行为，委托的行政机关是被告。<br><br>　　行政机关被撤销或者职权变更的，继续行使其职权的行政机关是被告。 |
| 　　第二十六条　当事人一方或者双方为二人以上，因同一具体行政行为发生的行政案件，或者因同样的具体行政行为发生的行政案件、人民法院认为可以合并审理的，为共同诉讼。 | 　　第二十七条　当事人一方或者双方为二人以上，因同一行政行为发生的行政案件，或者因同类行政行为发生的行政案件、人民法院认为可以合并审理并经当事人同意的，为共同诉讼。 |
|  | 　　第二十八条　当事人一方人数众多的共同诉讼，可以由当事人推选代表人进行诉讼。代表人的诉讼行为对其所代表的当事人发生效力，但代表人变更、放弃诉讼请求或者承认对方当事人的诉讼请求，应当经被代表的当事人同意。 |

| 修改前 | 修改后 |
|---|---|
| 第二十七条　同提起诉讼的具体行政行为有利害关系的其他公民、法人或者其他组织，可以作为第三人申请参加诉讼，或者由人民法院通知参加诉讼。 | 第二十九条　公民、法人或者其他组织同被诉行政行为有利害关系但没有提起诉讼，或者同案件处理结果有利害关系的，可以作为第三人申请参加诉讼，或者由人民法院通知参加诉讼。<br>　　人民法院判决第三人承担义务或者减损第三人权益的，第三人有权依法提起上诉。 |
| 第二十八条　没有诉讼行为能力的公民，由其法定代理人代为诉讼。法定代理人互相推诿代理责任的，由人民法院指定其中一人代为诉讼。 | 第三十条　没有诉讼行为能力的公民，由其法定代理人代为诉讼。法定代理人互相推诿代理责任的，由人民法院指定其中一人代为诉讼。 |
| 第二十九条　当事人、法定代理人，可以委托一至二人代为诉讼。<br>　　律师、社会团体、提起诉讼的公民的近亲属或者所在单位推荐的人，以及经人民法院许可的其他公民，可以受委托为诉讼代理人。 | 第三十一条　当事人、法定代理人，可以委托一至二人作为诉讼代理人。<br>　　下列人员可以被委托为诉讼代理人：<br>　　（一）律师、基层法律服务工作者；<br>　　（二）当事人的近亲属或者工作人员；<br>　　（三）当事人所在社区、单位以及有关社会团体推荐的公民。 |
| 第三十条　代理诉讼的律师，可以依照规定查阅本案有关材料，可以向有关组织和公民调查，收集证据。对涉及国家秘密和个人隐私的材料，应当依照法律规定保密。 | 第三十二条　代理诉讼的律师，有权按照规定查阅、复制本案有关材料，有权向有关组织和公民调查，收集与本案有关的证据。对涉及国家秘密、商业秘密和个人隐私的材料，应当依照法律规定保密。 |

| 修改前 | 修改后 |
|---|---|
| 经人民法院许可,当事人和其他诉讼代理人可以查阅本案庭审材料,但涉及国家秘密和个人隐私的除外。 | 当事人和其他诉讼代理人有权按照规定查阅、复制本案庭审材料,但涉及国家秘密、商业秘密和个人隐私的内容除外。 |
| **第五章 证 据** | **第五章 证 据** |
| 第三十一条 证据有以下几种:<br>(一)书证;<br>(二)物证;<br>(三)视听资料;<br>(四)证人证言;<br>(五)当事人的陈述;<br>(六)鉴定结论;<br>(七)勘验笔录、现场笔录。<br>以上证据经法庭审查属实,才能作为定案的根据。 | 第三十三条 证据包括:<br>(一)书证;<br>(二)物证;<br>(三)视听资料;<br>(四)电子数据;<br>(五)证人证言;<br>(六)当事人的陈述;<br>(七)鉴定意见;<br>(八)勘验笔录、现场笔录。<br>以上证据经法庭审查属实,才能作为认定案件事实的根据。 |
| 第三十二条 被告对作出的具体行政行为负有举证责任,应当提供作出该具体行政行为的证据和所依据的规范性文件。 | 第三十四条 被告对作出的行政行为负有举证责任,应当提供作出该行政行为的证据和所依据的规范性文件。<br>被告不提供或者无正当理由逾期提供证据,视为没有相应证据。但是,被诉行政行为涉及第三人合法权益,第三人提供证据的除外。 |
| 第三十三条 在诉讼过程中,被告不得自行向原告和证人收集证据。 | 第三十五条 在诉讼过程中,被告及其诉讼代理人不得自行向原告、第三人和证人收集证据。 |

续表

| 修改前 | 修改后 |
| --- | --- |
| | 　　第三十六条　被告在作出行政行为时已经收集了证据，但因不可抗力等正当事由不能提供的，经人民法院准许，可以延期提供。<br>　　原告或者第三人提出了其在行政处理程序中没有提出的理由或者证据的，经人民法院准许，被告可以补充证据。<br>　　第三十七条　原告可以提供证明行政行为违法的证据。原告提供的证据不成立的，不免除被告的举证责任。<br>　　第三十八条　在起诉被告不履行法定职责的案件中，原告应当提供其向被告提出申请的证据。但有下列情形之一的除外：<br>　　（一）被告应当依职权主动履行法定职责的；<br>　　（二）原告因正当理由不能提供证据的。<br>　　在行政赔偿、补偿的案件中，原告应当对行政行为造成的损害提供证据。因被告的原因导致原告无法举证的，由被告承担举证责任。 |
| 　　第三十四条　人民法院有权要求当事人提供或者补充证据。<br>　　人民法院有权向有关行政机关以及其他组织、公民调取证据。 | 　　第三十九条　人民法院有权要求当事人提供或者补充证据。 |

| 修改前 | 修改后 |
|---|---|
|  | 　　第四十条　　人民法院有权向有关行政机关以及其他组织、公民调取证据。但是，不得为证明行政行为的合法性调取被告作出行政行为时未收集的证据。 |
|  | 　　第四十一条　　与本案有关的下列证据，原告或者第三人不能自行收集的，可以申请人民法院调取：<br>　　（一）由国家机关保存而须由人民法院调取的证据；<br>　　（二）涉及国家秘密、商业秘密和个人隐私的证据；<br>　　（三）确因客观原因不能自行收集的其他证据。 |
| 　　第三十五条　　在诉讼过程中，人民法院认为对专门性问题需要鉴定的，应当交由法定鉴定部门鉴定；没有法定鉴定部门的，由人民法院指定的鉴定部门鉴定。 |  |
| 　　第三十六条　　在证据可能灭失或者以后难以取得的情况下，诉讼参加人可以向人民法院申请保全证据，人民法院也可以主动采取保全措施。 | 　　第四十二条　　在证据可能灭失或者以后难以取得的情况下，诉讼参加人可以向人民法院申请保全证据，人民法院也可以主动采取保全措施。 |

| 修改前 | 修改后 |
|---|---|
| | 第四十三条　证据应当在法庭上出示，并由当事人互相质证。对涉及国家秘密、商业秘密和个人隐私的证据，不得在公开开庭时出示。<br><br>人民法院应当按照法定程序，全面、客观地审查核实证据。对未采纳的证据应当在裁判文书中说明理由。<br><br>以非法手段取得的证据，不得作为认定案件事实的根据。 |
| **第六章　起诉和受理** | **第六章　起诉和受理** |
| 第三十七条　对属于人民法院受案范围的行政案件，公民、法人或者其他组织可以先向上一级行政机关或者法律、法规规定的行政机关申请复议，对复议不服的，再向人民法院提起诉讼；也可以直接向人民法院提起诉讼。<br><br>法律、法规规定应当先向行政机关申请复议，对复议不服再向人民法院提起诉讼的，依照法律、法规的规定。 | 第四十四条　对属于人民法院受案范围的行政案件，公民、法人或者其他组织可以先向行政机关申请复议，对复议决定不服的，再向人民法院提起诉讼；也可以直接向人民法院提起诉讼。<br><br>法律、法规规定应当先向行政机关申请复议，对复议决定不服再向人民法院提起诉讼的，依照法律、法规的规定。 |
| 第三十八条　公民、法人或者其他组织向行政机关申请复议的，复议机关应当在收到申请书之日起两个月内作出决定。法律、法规另有规定的除外。 | 第四十五条　公民、法人或者其他组织不服复议决定的，可以在收到复议决定书之日起十五日内向人民法院提起诉讼。复议机关逾期不作决定的，申请人可以在复议期满之日起十五日内向人民法院提起诉讼。法律另有规定的除外。 |

续表

| 修改前 | 修改后 |
|---|---|
| 　　申请人不服复议决定的，可以在收到复议决定书之日起十五日内向人民法院提起诉讼。复议机关逾期不作决定的，申请人可以在复议期满之日起十五日内向人民法院提起诉讼。法律另有规定的除外。 | |
| 　　第三十九条　公民、法人或者其他组织直接向人民法院提起诉讼的，应当在知道作出具体行政行为之日起三个月内提出。法律另有规定的除外。 | 　　第四十六条　公民、法人或者其他组织直接向人民法院提起诉讼的，应当自知道或者应当知道作出行政行为之日起六个月内提出。法律另有规定的除外。<br>　　因不动产提起诉讼的案件自行政行为作出之日起超过二十年，其他案件自行政行为作出之日起超过五年提起诉讼的，人民法院不予受理。 |
| | 　　第四十七条　公民、法人或者其他组织申请行政机关履行保护其人身权、财产权等合法权益的法定职责，行政机关在接到申请之日起两个月内不履行的，公民、法人或者其他组织可以向人民法院提起诉讼。法律、法规对行政机关履行职责的期限另有规定的，从其规定。<br>　　公民、法人或者其他组织在紧急情况下请求行政机关履行保护其人身权、财产权等合法权益的法定职责，行政机关不履行的，提起诉讼不受前款规定期限的限制。 |

| 修改前 | 修改后 |
| --- | --- |
| 第四十条 公民、法人或者其他组织因不可抗力或者其他特殊情况耽误法定期限的，在障碍消除后的十日内，可以申请延长期限，由人民法院决定。 | 第四十八条 公民、法人或者其他组织因不可抗力或者其他不属于其自身的原因耽误起诉期限的，被耽误的时间不计算在起诉期限内。<br><br>公民、法人或者其他组织因前款规定以外的其他特殊情况耽误起诉期限的，在障碍消除后十日内，可以申请延长期限，是否准许由人民法院决定。 |
| 第四十一条 提起诉讼应当符合下列条件：<br>（一）原告是认为具体行政行为侵犯其合法权益的公民、法人或者其他组织；<br>（二）有明确的被告；<br>（三）有具体的诉讼请求和事实根据；<br>（四）属于人民法院受案范围和受诉人民法院管辖。 | 第四十九条 提起诉讼应当符合下列条件：<br>（一）原告是符合本法第二十五条规定的公民、法人或者其他组织；<br>（二）有明确的被告；<br>（三）有具体的诉讼请求和事实根据；<br>（四）属于人民法院受案范围和受诉人民法院管辖。 |
|  | 第五十条 起诉应当向人民法院递交起诉状，并按照被告人数提出副本。<br><br>书写起诉状确有困难的，可以口头起诉，由人民法院记入笔录，出具注明日期的书面凭证，并告知对方当事人。 |

| 修改前 | 修改后 |
| --- | --- |
| 第四十二条 人民法院接到起诉状，经审查，应当在七日内立案或者作出裁定不予受理。原告对裁定不服的，可以提起上诉。 | 第五十一条 人民法院在接到起诉状时对符合本法规定的起诉条件的，应当登记立案。<br><br>对当场不能判定是否符合本法规定的起诉条件的，应当接收起诉状，出具注明收到日期的书面凭证，并在七日内决定是否立案。不符合起诉条件的，作出不予立案的裁定。裁定书应当载明不予立案的理由。原告对裁定不服的，可以提起上诉。<br><br>起诉状内容欠缺或者有其他错误的，应当给予指导和释明，并一次性告知当事人需要补正的内容。不得未经指导和释明即以起诉不符合条件为由不接收起诉状。<br><br>对于不接收起诉状、接收起诉状后不出具书面凭证，以及不一次性告知当事人需要补正的起诉状内容的，当事人可以向上级人民法院投诉，上级人民法院应当责令改正，并对直接负责的主管人员和其他直接责任人员依法给予处分。 |
|  | 第五十二条 人民法院既不立案，又不作出不予立案裁定的，当事人可以向上一级人民法院起诉。上一级人民法院认为符合起诉条件的，应当立案、审理，也可以指定其他下级人民法院立案、审理。 |

| 修改前 | 修改后 |
|---|---|
|  | 第五十三条　公民、法人或者其他组织认为行政行为所依据的国务院部门和地方人民政府及其部门制定的规范性文件不合法，在对行政行为提起诉讼时，可以一并请求对该规范性文件进行审查。<br><br>前款规定的规范性文件不含规章。 |
| 第七章　审理和判决 | 第七章　审理和判决 |
|  | 第一节　一般规定 |
| 第四十七条　当事人认为审判人员与本案有利害关系或者有其他关系可能影响公正审判，有权申请审判人员回避。<br><br>审判人员认为自己与本案有利害关系或者有其他关系，应当申请回避。<br><br>前两款规定，适用于书记员、翻译人员、鉴定人、勘验人。<br><br>院长担任审判长时的回避，由审判委员会决定；审判人员的回避，由院长决定；其他人员的回避，由审判长决定。当事人对决定不服的，可以申请复议。 | 第五十五条　当事人认为审判人员与本案有利害关系或者有其他关系可能影响公正审判，有权申请审判人员回避。<br><br>审判人员认为自己与本案有利害关系或者有其他关系，应当申请回避。<br><br>前两款规定，适用于书记员、翻译人员、鉴定人、勘验人。<br><br>院长担任审判长时的回避，由审判委员会决定；审判人员的回避，由院长决定；其他人员的回避，由审判长决定。当事人对决定不服的，可以申请复议一次。 |

| 修改前 | 修改后 |
| --- | --- |
| 第四十四条 诉讼期间，不停止具体行政行为的执行。但有下列情形之一的，停止具体行政行为的执行：<br>（一）被告认为需要停止执行的；<br>（二）原告申请停止执行，人民法院认为该具体行政行为的执行会造成难以弥补的损失，并且停止执行不损害社会公共利益，裁定停止执行的；<br>（三）法律、法规规定停止执行的。 | 第五十六条 诉讼期间，不停止行政行为的执行。但有下列情形之一的，裁定停止执行：<br>（一）被告认为需要停止执行的；<br>（二）原告或者利害关系人申请停止执行，人民法院认为该行政行为的执行会造成难以弥补的损失，并且停止执行不损害国家利益、社会公共利益的；<br>（三）人民法院认为该行政行为的执行会给国家利益、社会公共利益造成重大损害的；<br>（四）法律、法规规定停止执行的。<br>当事人对停止执行或者不停止执行的裁定不服的，可以申请复议一次。 |
| | 第五十七条 人民法院对起诉行政机关没有依法支付抚恤金、最低生活保障金和工伤、医疗社会保险金的案件，权利义务关系明确、不先予执行将严重影响原告生活的，可以根据原告的申请，裁定先予执行。<br>当事人对先予执行裁定不服的，可以申请复议一次。复议期间不停止裁定的执行。 |
| 第四十八条 经人民法院两次合法传唤，原告无正当理由拒不到庭的，视为申请撤诉；被告无正当理由拒不到庭的，可以缺席判决。 | 第五十八条 经人民法院传票传唤，原告无正当理由拒不到庭，或者未经法庭许可中途退庭的，可以按照撤诉处理；被告无正当理由拒不到庭，或者未经法庭许可中途退庭的，可以缺席判决。 |

| 修改前 | 修改后 |
|---|---|
| 第四十九条 诉讼参与人或者其他人有下列行为之一的，人民法院可以根据情节轻重，予以训诫、责令具结悔过或者处一千元以下的罚款、十五日以下的拘留；构成犯罪的，依法追究刑事责任：<br><br>（一）有义务协助执行的人，对人民法院的协助执行通知书，无故推拖、拒绝或者妨碍执行的；<br><br>（二）伪造、隐藏、毁灭证据的；<br><br>（三）指使、贿买、胁迫他人作伪证或者威胁、阻止证人作证的；<br><br>（四）隐藏、转移、变卖、毁损已被查封、扣押、冻结的财产的；<br><br>（五）以暴力、威胁或者其他方法阻碍人民法院工作人员执行职务或者扰乱人民法院工作秩序的；<br><br>（六）对人民法院工作人员、诉讼参与人、协助执行人侮辱、诽谤、诬陷、殴打或者打击报复的。 | 第五十九条 诉讼参与人或者其他人有下列行为之一的，人民法院可以根据情节轻重，予以训诫、责令具结悔过或者处一万元以下的罚款、十五日以下的拘留；构成犯罪的，依法追究刑事责任：<br><br>（一）有义务协助调查、执行的人，对人民法院的协助调查决定、协助执行通知书，无故推拖、拒绝或者妨碍调查、执行的；<br><br>（二）伪造、隐藏、毁灭证据或者提供虚假证明材料，妨碍人民法院审理案件的；<br><br>（三）指使、贿买、胁迫他人作伪证或者威胁、阻止证人作证的；<br><br>（四）隐藏、转移、变卖、毁损已被查封、扣押、冻结的财产的；<br><br>（五）以欺骗、胁迫等非法手段使原告撤诉的；<br><br>（六）以暴力、威胁或者其他方法阻碍人民法院工作人员执行职务，或者以哄闹、冲击法庭等方法扰乱人民法院工作秩序的；<br><br>（七）对人民法院审判人员或者其他工作人员、诉讼参与人、协助调查和执行的人员恐吓、侮辱、诽谤、诬陷、殴打、围攻或者打击报复的。 |

| 修改前 | 修改后 |
|---|---|
| 　　罚款、拘留须经人民法院院长批准。当事人对决定不服的，可以申请复议。 | 　　人民法院对有前款规定的行为之一的单位，可以对其主要负责人或者直接责任人员依照前款规定予以罚款、拘留；构成犯罪的，依法追究刑事责任。<br>　　罚款、拘留须经人民法院院长批准。当事人不服的，可以向上一级人民法院申请复议一次。复议期间不停止执行。 |
| 　　第五十条　人民法院审理行政案件，不适用调解。 | 　　第六十条　人民法院审理行政案件，不适用调解。但是，行政赔偿、补偿以及行政机关行使法律、法规规定的自由裁量权的案件可以调解。<br>　　调解应当遵循自愿、合法原则，不得损害国家利益、社会公共利益和他人合法权益。 |
| | 　　第六十一条　在涉及行政许可、登记、征收、征用和行政机关对民事争议所作的裁决的行政诉讼中，当事人申请一并解决相关民事争议的，人民法院可以一并审理。<br>　　在行政诉讼中，人民法院认为行政案件的审理需以民事诉讼的裁判为依据的，可以裁定中止行政诉讼。 |
| 　　第五十一条　人民法院对行政案件宣告判决或者裁定前，原告申请撤诉的，或者被告改变其所作的具体行政行为，原告同意并申请撤诉的，是否准许，由人民法院裁定。 | 　　第六十二条　人民法院对行政案件宣告判决或者裁定前，原告申请撤诉的，或者被告改变其所作的行政行为，原告同意并申请撤诉的，是否准许，由人民法院裁定。 |

| 修改前 | 修改后 |
| --- | --- |
| 第五十二条　人民法院审理行政案件，以法律和行政法规、地方性法规为依据。地方性法规适用于本行政区域内发生的行政案件。<br><br>人民法院审理民族自治地方的行政案件，并以该民族自治地方的自治条例和单行条例为依据。<br><br>第五十三条　人民法院审理行政案件，参照国务院部、委根据法律和国务院的行政法规、决定、命令制定、发布的规章以及省、自治区、直辖市和省、自治区的人民政府所在地的市和经国务院批准的较大的市的人民政府根据法律和国务院的行政法规制定、发布的规章。<br><br>人民法院认为地方人民政府制定、发布的规章与国务院部、委制定、发布的规章不一致的，以及国务院部、委制定、发布的规章之间不一致的，由最高人民法院送请国务院作出解释或者裁决。 | 第六十三条　人民法院审理行政案件，以法律和行政法规、地方性法规为依据。地方性法规适用于本行政区域内发生的行政案件。<br><br>人民法院审理民族自治地方的行政案件，并以该民族自治地方的自治条例和单行条例为依据。<br><br>人民法院审理行政案件，参照规章。 |

| 修改前 | 修改后 |
|---|---|
|  | 　　第六十四条　人民法院在审理行政案件中，经审查认为本法第五十三条规定的规范性文件不合法的，不作为认定行政行为合法的依据，并向制定机关提出处理建议。<br>　　第六十五条　人民法院应当公开发生法律效力的判决书、裁定书，供公众查阅，但涉及国家秘密、商业秘密和个人隐私的内容除外。 |
| 　　第五十六条　人民法院在审理行政案件中，认为行政机关的主管人员、直接责任人员违反政纪的，应当将有关材料移送该行政机关或者其上一级行政机关或者监察、人事机关；认为有犯罪行为的，应当将有关材料移送公安、检察机关。 | 　　第六十六条　人民法院在审理行政案件中，认为行政机关的主管人员、直接责任人员违法违纪的，应当将有关材料移送监察机关、该行政机关或者其上一级行政机关；认为有犯罪行为的，应当将有关材料移送公安、检察机关。<br>　　人民法院对被告经传票传唤无正当理由拒不到庭，或者未经法庭许可中途退庭的，可以将被告拒不到庭或者中途退庭的情况予以公告，并可以向监察机关或者被告的上一级行政机关提出依法给予其主要负责人或者直接责任人员处分的司法建议。 |
|  | 第二节　第一审普通程序 |
| 　　第四十三条　人民法院应当在立案之日起五日内，将起诉状副本发送被告。被告应当在收到起诉状副本之日起十日 | 　　第六十七条　人民法院应当在立案之日起五日内，将起诉状副本发送被告。被告应当在收到起诉状副本之日起十五日内向人民法院提交作出行政行为的证 |

| 修改前 | 修改后 |
|---|---|
| 内向人民法院提交作出具体行政行为的有关材料，并提出答辩状。人民法院应当在收到答辩状之日起五日内，将答辩状副本发送原告。<br><br>　　被告不提出答辩状的，不影响人民法院审理。 | 据和所依据的规范性文件，并提出答辩状。人民法院应当在收到答辩状之日起五日内，将答辩状副本发送原告。<br><br>　　被告不提出答辩状的，不影响人民法院审理。 |
| 　　第四十六条　人民法院审理行政案件，由审判员组成合议庭，或者由审判员、陪审员组成合议庭。合议庭的成员，应当是三人以上的单数。 | 　　第六十八条　人民法院审理行政案件，由审判员组成合议庭，或者由审判员、陪审员组成合议庭。合议庭的成员，应当是三人以上的单数。 |
| 　　第五十四条　人民法院经过审理，根据不同情况，分别作出以下判决：<br>　　（一）具体行政行为证据确凿，适用法律、法规正确，符合法定程序的，判决维持。<br>　　（二）具体行政行为有下列情形之一的，判决撤销或者部分撤销，并可以判决被告重新作出具体行政行为：<br>　　1. 主要证据不足的；<br>　　2. 适用法律、法规错误的；<br>　　3. 违反法定程序的；<br>　　4. 超越职权的；<br>　　5. 滥用职权的。 | 　　第六十九条　行政行为证据确凿，适用法律、法规正确，符合法定程序的，或者原告申请被告履行法定职责或者给付义务理由不成立的，人民法院判决驳回原告的诉讼请求。<br>　　第七十条　行政行为有下列情形之一的，人民法院判决撤销或者部分撤销，并可以判决被告重新作出行政行为：<br>　　（一）主要证据不足的；<br>　　（二）适用法律、法规错误的；<br>　　（三）违反法定程序的；<br>　　（四）超越职权的；<br>　　（五）滥用职权的；<br>　　（六）明显不当的。 |

| 修改前 | 修改后 |
|---|---|
| （三）被告不履行或者拖延履行法定职责的，判决其在一定期限内履行。<br><br>（四）行政处罚显失公正的，可以判决变更。 | |
| 第五十五条 人民法院判决被告重新作出具体行政行为的，被告不得以同一的事实和理由作出与原具体行政行为基本相同的具体行政行为。 | 第七十一条 人民法院判决被告重新作出行政行为的，被告不得以同一的事实和理由作出与原行政行为基本相同的行政行为。 |
| | 第七十二条 人民法院经过审理，查明被告不履行法定职责的，判决被告在一定期限内履行。<br><br>第七十三条 人民法院经过审理，查明被告依法负有给付义务的，判决被告履行给付义务。<br><br>第七十四条 行政行为有下列情形之一的，人民法院判决确认违法，但不撤销行政行为：<br><br>（一）行政行为依法应当撤销，但撤销会给国家利益、社会公共利益造成重大损害的；<br><br>（二）行政行为程序轻微违法，但对原告权利不产生实际影响的。<br><br>行政行为有下列情形之一，不需要撤销或者判决履行的，人民法院判决确认违法： |

| 修改前 | 修改后 |
| --- | --- |
|  | （一）行政行为违法，但不具有可撤销内容的；<br><br>（二）被告改变原违法行政行为，原告仍要求确认原行政行为违法的；<br><br>（三）被告不履行或者拖延履行法定职责，判决履行没有意义的。<br><br>第七十五条　行政行为有实施主体不具有行政主体资格或者没有依据等重大且明显违法情形，原告申请确认行政行为无效的，人民法院判决确认无效。<br><br>第七十六条　人民法院判决确认违法或者无效的，可以同时判决责令被告采取补救措施；给原告造成损失的，依法判决被告承担赔偿责任。<br><br>第七十七条　行政处罚明显不当，或者其他行政行为涉及对款额的确定、认定确有错误的，人民法院可以判决变更。<br><br>人民法院判决变更，不得加重原告的义务或者减损原告的权益。但利害关系人同为原告，且诉讼请求相反的除外。<br><br>第七十八条　被告不依法履行、未按照约定履行或者违法变更、解除本法第十二条第一款第十一项规定的协议的，人民法院判决被告承担继续履行、采取补救措施或者赔偿损失等责任。<br><br>被告变更、解除本法第十二条第一 |

| 修改前 | 修改后 |
| --- | --- |
| | 款第十一项规定的协议合法，但未依法给予补偿的，人民法院判决给予补偿。<br><br>　第七十九条　复议机关与作出原行政行为的行政机关为共同被告的案件，人民法院应当对复议决定和原行政行为一并作出裁判。<br><br>　第八十条　人民法院对公开审理和不公开审理的案件，一律公开宣告判决。<br><br>　当庭宣判的，应当在十日内发送判决书；定期宣判的，宣判后立即发给判决书。<br><br>　宣告判决时，必须告知当事人上诉权利、上诉期限和上诉的人民法院。 |
| 　第五十七条　人民法院应当在立案之日起三个月内作出第一审判决。有特殊情况需要延长的，由高级人民法院批准，高级人民法院审理第一审案件需要延长的，由最高人民法院批准。 | 　第八十一条　人民法院应当在立案之日起六个月内作出第一审判决。有特殊情况需要延长的，由高级人民法院批准，高级人民法院审理第一审案件需要延长的，由最高人民法院批准。 |
| | 第三节　简易程序 |
| | 　第八十二条　人民法院审理下列第一审行政案件，认为事实清楚、权利义务关系明确、争议不大的，可以适用简易程序：<br><br>　（一）被诉行政行为是依法当场作出的； |

| 修改前 | 修改后 |
|---|---|
| | （二）案件涉及款额二千元以下的； |
| | （三）属于政府信息公开案件的。 |
| | 除前款规定以外的第一审行政案件，当事人各方同意适用简易程序的，可以适用简易程序。 |
| | 发回重审、按照审判监督程序再审的案件不适用简易程序。 |
| | 第八十三条　适用简易程序审理的行政案件，由审判员一人独任审理，并应当在立案之日起四十五日内审结。 |
| | 第八十四条　人民法院在审理过程中，发现案件不宜适用简易程序的，裁定转为普通程序。 |
| | **第四节　第二审程序** |
| 第五十八条　当事人不服人民法院第一审判决的，有权在判决书送达之日起十五日内向上一级人民法院提起上诉。当事人不服人民法院第一审裁定的，有权在裁定书送达之日起十日内向上一级人民法院提起上诉。逾期不提起上诉的，人民法院的第一审判决或者裁定发生法律效力。 | 第八十五条　当事人不服人民法院第一审判决的，有权在判决书送达之日起十五日内向上一级人民法院提起上诉。当事人不服人民法院第一审裁定的，有权在裁定书送达之日起十日内向上一级人民法院提起上诉。逾期不提起上诉的，人民法院的第一审判决或者裁定发生法律效力。 |

| 修改前 | 修改后 |
| --- | --- |
| 第五十九条 人民法院对上诉案件,认为事实清楚的,可以实行书面审理。 | 第八十六条 人民法院对上诉案件,应当组成合议庭,开庭审理。经过阅卷、调查和询问当事人,对没有提出新的事实、证据或者理由,合议庭认为不需要开庭审理的,也可以不开庭审理。 |
| | 第八十七条 人民法院审理上诉案件,应当对原审人民法院的判决、裁定和被诉行政行为进行全面审查。 |
| 第六十条 人民法院审理上诉案件,应当在收到上诉状之日起两个月内作出终审判决。有特殊情况需要延长的,由高级人民法院批准,高级人民法院审理上诉案件需要延长的,由最高人民法院批准。 | 第八十八条 人民法院审理上诉案件,应当在收到上诉状之日起三个月内作出终审判决。有特殊情况需要延长的,由高级人民法院批准,高级人民法院审理上诉案件需要延长的,由最高人民法院批准。 |
| 第六十一条 人民法院审理上诉案件,按照下列情形,分别处理: <br> (一)原判决认定事实清楚,适用法律、法规正确的,判决驳回上诉,维持原判; <br> (二)原判决认定事实清楚,但是适用法律、法规错误的,依法改判; <br> (三)原判决认定事实不清,证据不足,或者由于违反法定程序可能影响案件正确判 | 第八十九条 人民法院审上诉案件,按照下列情形,分别处理: <br> (一)原判决、裁定认定事实清楚,适用法律、法规正确的,判决或者裁定驳回上诉,维持原判决、裁定; <br> (二)原判决、裁定认定事实错误或者适用法律、法规错误的,依法改判、撤销或者变更; <br> (三)原判决认定基本事实不清、证据不足的,发回原审人民法院重审,或者查清事实后改判。 <br> (四)原判决遗漏当事人或者违法 |

411

| 修改前 | 修改后 |
| --- | --- |
| 决的，裁定撤销原判，发回原审人民法院重审，也可以查清事实后改判。当事人对重审案件的判决、裁定，可以上诉。 | 缺席判决等严重违反法定程序的，裁定撤销原判决，发回原审人民法院重审。<br><br>原审人民法院对发回重审的案件作出判决后，当事人提起上诉的，第二审人民法院不得再次发回重审。<br><br>人民法院审理上诉案件，需要改变原审判决的，应当同时对被诉行政行为作出判决。 |
| | 第五节　审判监督程序 |
| 　　第六十二条　当事人对已经发生法律效力的判决、裁定，认为确有错误的，可以向原审人民法院或者上一级人民法院提出申诉，但判决、裁定不停止执行。 | 第九十条　当事人对已经发生法律效力的判决、裁定，认为确有错误的，可以向上一级人民法院申请再审，但判决、裁定不停止执行。 |
| | 　　第九十一条　当事人的申请符合下列情形之一的，人民法院应当再审：<br>　　（一）不予立案或者驳回起诉确有错误的；<br>　　（二）有新的证据，足以推翻原判决、裁定的；<br>　　（三）原判决、裁定认定事实的主要证据不足、未经质证或者系伪造的；<br>　　（四）原判决、裁定适用法律、法规确有错误的；<br>　　（五）违反法律规定的诉讼程序，可能影响公正审判的； |

| 修改前 | 修改后 |
| --- | --- |
| | （六）原判决、裁定遗漏诉讼请求的；<br><br>（七）据以作出原判决、裁定的法律文书被撤销或者变更的；<br><br>（八）审判人员在审理该案件时有贪污受贿、徇私舞弊、枉法裁判行为的。 |
| 第六十三条　人民法院院长对本院已经发生法律效力的判决、裁定，发现违反法律、法规规定认为需要再审的，应当提交审判委员会决定是否再审。<br><br>上级人民法院对下级人民法院已经发生法律效力的判决、裁定，发现违反法律、法规规定的，有权提审或者指令下级人民法院再审。 | 第九十二条　各级人民法院院长对本院已经发生法律效力的判决、裁定，发现有本法第九十一条规定情形之一，或者发现调解违反自愿原则或者调解书内容违法，认为需要再审的，应当提交审判委员会讨论决定。<br><br>最高人民法院对地方各级人民法院已经发生法律效力的判决、裁定，上级人民法院对下级人民法院已经发生法律效力的判决、裁定，发现有本法第九十一条规定情形之一，或者发现调解违反自愿原则或者调解书内容违法的，有权提审或者指令下级人民法院再审。 |
| 第六十四条　人民检察院对人民法院已经发生法律效力的判决、裁定，发现违反法律、法规规定的，有权按照审判监督程序提出抗诉。 | 第九十三条　最高人民检察院对各级人民法院已经发生法律效力的判决、裁定，上级人民检察院对下级人民法院已经发生法律效力的判决、裁定，发现有本法第九十一条规定情形之一，或者发现调解书损害国家利益、社会公共利益的，应当提出抗诉。<br><br>地方各级人民检察院对同级人民法 |

| 修改前 | 修改后 |
|---|---|
|  | 院已经发生法律效力的判决、裁定，发现有本法第九十一条规定情形之一，或者发现调解书损害国家利益、社会公共利益的，可以向同级人民法院提出检察建议，并报上级人民检察院备案；也可以提请上级人民检察院向同级人民法院提出抗诉。 |
|  | 各级人民检察院对审判监督程序以外的其他审判程序中审判人员的违法行为，有权向同级人民法院提出检察建议。 |
| **第八章　执　行** | **第八章　执　行** |
| 第六十五条　当事人必须履行人民法院发生法律效力的判决、裁定。 | 第九十四条　当事人必须履行人民法院发生法律效力的判决、裁定、调解书。 |
| 公民、法人或者其他组织拒绝履行判决、裁定的，行政机关可以向第一审人民法院申请强制执行，或者依法强制执行。 | 第九十五条　公民、法人或者其他组织拒绝履行判决、裁定、调解书的，行政机关或者第三人可以向第一审人民法院申请强制执行，或者由行政机关依法强制执行。 |
| 行政机关拒绝履行判决、裁定的，第一审人民法院可以采取以下措施： | 第九十六条　行政机关拒绝履行判决、裁定、调解书的，第一审人民法院可以采取下列措施： |
| （一）对应当归还的罚款或者应当给付的赔偿金，通知银行从该行政机关的账户内划拨； | （一）对应当归还的罚款或者应当给付的款额，通知银行从该行政机关的账户内划拨； |
| （二）在规定期限内不履 | （二）在规定期限内不履行的，从期满之日起，对该行政机关负责人按日 |

| 修改前 | 修改后 |
|---|---|
| 行的，从期满之日起，对该行政机关按日处五十元至一百元的罚款；<br><br>（三）向该行政机关的上一级行政机关或者监察、人事机关提出司法建议。接受司法建议的机关，根据有关规定进行处理，并将处理情况告知人民法院；<br><br>（四）拒不履行判决、裁定，情节严重构成犯罪的，依法追究主管人员和直接责任人员的刑事责任。 | 处五十元至一百元的罚款；<br><br>（三）将行政机关拒绝履行的情况予以公告；<br><br>（四）向监察机关或者该行政机关的上一级行政机关提出司法建议。接受司法建议的机关，根据有关规定进行处理，并将处理情况告知人民法院；<br><br>（五）拒不履行判决、裁定、调解书，社会影响恶劣的，可以对该行政机关直接负责的主管人员和其他直接责任人员予以拘留；情节严重，构成犯罪的，依法追究刑事责任。 |
| 第六十六条 公民、法人或者其他组织对具体行政行为在法定期间不提起诉讼又不履行的，行政机关可以申请人民法院强制执行，或者依法强制执行。 | 第九十七条 公民、法人或者其他组织对行政行为在法定期间不提起诉讼又不履行的，行政机关可以申请人民法院强制执行，或者依法强制执行。 |
| **第九章 侵权赔偿责任** | |
| 第六十七条 公民、法人或者其他组织的合法权益受到行政机关或者行政机关工作人员作出的具体行政行为侵犯造成损害的，有权请求赔偿。<br><br>公民、法人或者其他组织单独就损害赔偿提出请求，应 | |

| 修改前 | 修改后 |
|---|---|
| 当先由行政机关解决。对行政机关的处理不服，可以向人民法院提起诉讼。<br><br>第六十八条　行政机关或者行政机关工作人员作出的具体行政行为侵犯公民、法人或者其他组织的合法权益造成损害的，由该行政机关或者该行政机关工作人员所在的行政机关负责赔偿。<br><br>行政机关赔偿损失后，应当责令有故意或者重大过失的行政机关工作人员承担部分或者全部赔偿费用。<br><br>第六十九条　赔偿费用，从各级财政列支。各级人民政府可以责令有责任的行政机关支付部分或者全部赔偿费用。具体办法由国务院规定。 | |
| **第十章　涉外行政诉讼** | **第九章　涉外行政诉讼** |
| 第七十条　外国人、无国籍人、外国组织在中华人民共和国进行行政诉讼，适用本法。法律另有规定的除外。 | 第九十八条　外国人、无国籍人、外国组织在中华人民共和国进行行政诉讼，适用本法。法律另有规定的除外。 |

| 修改前 | 修改后 |
| --- | --- |
| 第七十一条　外国人、无国籍人、外国组织在中华人民共和国进行行政诉讼，同中华人民共和国公民、组织有同等的诉讼权利和义务。<br><br>外国法院对中华人民共和国公民、组织的行政诉讼权利加以限制的，人民法院对该国公民、组织的行政诉讼权利，实行对等原则。 | 第九十九　外国人、无国籍人、外国组织在中华人民共和国进行行政诉讼，同中华人民共和国公民、组织有同等的诉讼权利和义务。<br><br>外国法院对中华人民共和国公民、组织的行政诉讼权利加以限制的，人民法院对该国公民、组织的行政诉讼权利，实行对等原则。 |
| 第七十二条　中华人民共和国缔结或者参加的国际条约同本法有不同规定的，适用该国际条约的规定。中华人民共和国声明保留的条款除外。 | |
| 第七十三条　外国人、无国籍人、外国组织在中华人民共和国进行行政诉讼，委托律师代理诉讼的，应当委托中华人民共和国律师机构的律师。 | 第一百条　外国人、无国籍人、外国组织在中华人民共和国进行行政诉讼，委托律师代理诉讼的，应当委托中华人民共和国律师机构的律师。 |
| 第十一章　附　则 | 第十章　附　则 |
| | 第一百零一条　人民法院审理行政案件，关于期间、送达、财产保全、开庭审理、调解、中止诉讼、终结诉讼、简易程序、执行等，以及人民检察院对行政案件受理、审理、裁判、执行的监督，本法没有规定的，适用《中华人民共和国民事诉讼法》的相关规定。 |

| 修改前 | 修改后 |
|---|---|
| 第七十四条　人民法院审理行政案件，应当收取诉讼费用。诉讼费用由败诉方承担，双方都有责任的由双方分担。收取诉讼费用的具体办法另行规定。 | 第一百零二条　人民法院审理行政案件，应当收取诉讼费用。诉讼费用由败诉方承担，双方都有责任的由双方分担。收取诉讼费用的具体办法另行规定。 |
| 第七十五条　本法自一九九〇年十月一日起施行。 | 第一百零三条　本法自一九九〇年十月一日起施行。 |

说明：上表中按照修改后的行政诉讼法条文的先后顺序进行排序，为了便于对法条内容进行比较，修改前的行政诉讼法条文的顺序被打乱了。

# 参考文献

1. 李积霞主编：《行政法与行政诉讼法案例研析》，中国政法大学出版社 2013 年版。

2. 徐继敏著：《行政证据制度研究》，中国法制出版社 2009 年版。

3. 法律出版社法规中心编：《行政诉讼法律手册》，法律出版社 2013 年版。

4. 雷新明、彭海波编著：《公安行政执法案例精析》，中国人民公安大学出版社 2008 年版。

5. 应松年主编：《行政法与行政诉讼法学》，法律出版社 2010 年版。

6. 公安部法制局：《公安行政案件处罚裁量标准》，中国人民公安大学出版社 2010 年版。